二十年的演變與發展

轉型時期的
澳門經濟

Macau's Economy
in Transition

馮邦彥 ___ 著

目錄

前言

我對澳門經濟的研究起步稍晚。1987 年 9 月,我應聘到香港東南經濟信息中心工作。翌年仲夏,我奉公司安排從港島信德中心港澳碼頭乘船到澳門東亞大學(澳門大學前身)參加一個學術研討會。會後我從澳門東亞大學徒步走過嘉樂庇總督大橋,進入澳門半島來到亞洲最具規模的賭場 —— 葡京娛樂場。記得當時,我圍繞葡京轉了一圈仍猶豫不決,沒有貿然進入。我找了附近一位本地老者,小心翼翼地問他:可以進去嗎?老者大笑曰:"當然可以,不過你得注意,裏面三山五嶽的人馬都有。"葡京賭場人頭攢動、氣氛緊張和刺激的場面,以及它的喧鬧、雜亂、奇特、陳舊等都給我留下了深刻和難忘的印象。後來我還到了具有濃厚歐陸色彩的南灣海旁,遊覽了西灣主教山、議事亭前地以及著名的聖保祿教堂遺跡 —— 大三巴牌坊。這是我首次踏足澳門。我當時的感覺是:這是一個與香港有很大差別的地方、或者說是一個具有濃厚歐陸風情的博彩小鎮。

1991 年初春,我因為工作關係再次從香港來到澳門。當時,澳門經濟正處於一派繁榮之中,一系列大型基礎建設工程正相繼動工興建,地價、樓價節節飆升。然而,記憶猶新的卻是美國麥健時公司(McKinsey & Company)剛發表的研究報告 ——《澳門未來十年發展前景》。該報告以明確無誤的語調指出:"澳門已處於其發展的轉折點。其一直採取的'隨波逐流'(Ride with the Tide)的發展模式,迄今已走到盡頭。一些重大的、結構性的不利情況已在影響澳門的經濟。"數年之後,我才深刻地體會到,這實際上是對澳門的傳統經濟發展模式和當時的繁榮盛世敲響的第一聲警鐘。

如果說第一次到澳門給予我的只是一種表面的感性認識,那麼 1991 年初春的第二次澳門之行,則使我對澳門經濟有了更深入的瞭解。當時,我正對香港的資本財團展開研究,其中就包括對何鴻燊財團的研究。何鴻燊是澳門旅遊娛樂有限公司的大股東和掌門人,而澳門旅遊娛樂有限公司則壟斷了整個澳門博彩業的經營權。為了調查和瞭解澳門旅遊娛樂有限公司的發展情況,我走訪了澳門相關機構，包括澳門新華社、中國銀行澳門分行研究部、南光公司研究部、澳門基本法協進會等，並撰寫了相關的研究報告。這次澳門調研引發了我對澳門經濟的濃厚興趣，為後來的研究打下了基礎。

1994 年底，我回到廣州暨南大學特區港澳經濟研究所工作。不久，適逢全國港澳經濟研究會兼廣東港澳經濟研究會副會長周唯平教授計劃組團與澳門經濟學會合作，共同調研澳門經濟問題。周唯平教授邀請我參加調研小組，我欣然接受。由於得到澳門經濟學會的支援，我們有機會接觸到澳門社會的方方面面，調查了澳門經濟的各個領域。我們一行數人走訪了眾多相關機構，見到了後來出任澳門特區政府首任行政長官的何厚鏵先生，認識了澳門寶法德玩具有限公司常務董事楊俊文博士、滙業集團董事長區宗傑先生、勝生企業有限公司董事長梁維特先生、澳門經濟學會副會長楊允中博士、理事長劉本立先生、澳門基本法協進會高展鴻先生等一批澳門知名人士，與他們的接觸、聯繫使我對澳門經濟、社會有了更進一步的認識。1997 年 3 月，我們課題組完成了題為《澳門經濟發展的若干策略》的研究報告。該研究報告曾在澳門社會引起廣泛的反響。當時，澳門經濟實際上已步入衰退。

澳門回歸前夕的幾年間，我曾先後多次較長時間地到澳門從事調查研究，參與了當時澳門的一些知名社團組織，包括澳門經濟學會、澳門發展策略研究中心的一些研究課題。其時，席捲亞洲的金融危機已蹂躪東南亞諸國，連剛回歸不久的香港亦不能倖免。受外圍經濟影響，澳門經濟衰退加深，市民對回歸的期待更加迫切。澳門回歸中國後，其經濟將如何走出低谷，再創繁榮，已成為澳門社會各界普遍關注的焦點。在此期間，我查閱了大量澳門經濟的相關資料，拜訪了不少相關的澳門機構、企業，走遍了澳門的大街小巷。我還從澳門特區政府有關部門獲得了一批珍貴的圖片資料。在此基礎上，我撰寫了 30 萬字的《澳門概論》一書，該書於 1999 年 5 月經香港三聯書店出版，並於 2005 年被澳門基金會評為"澳門首屆社會科學哲學優秀成果著作類一等獎"。

澳門回歸後，我一直跟蹤研究澳門經濟的發展、轉型，從未間斷。轉眼間，澳門迎來回歸 20 週年。為此，筆者計劃將過去 20 年來撰寫、發表的有關澳門經濟的論文集結成書，定名為《轉型時期的澳門經濟》，以與 2017 年出版的《轉型時期的香港經濟》相呼應。全書共分四篇，包括第一篇〈整體經濟發展〉、第二篇〈產業發展與適度多元化〉、第三篇〈財政、金融與資本財團〉、第四篇〈粵澳合作與橫琴開發〉，分別從以上四個方面，回顧過去 20 年澳門經濟的發展與轉型，並就未來澳門經濟發展的一些方向和趨勢提出意見。本書的部分論文有所增刪，但筆者盡量保持它們原來的面貌。

第一篇〈整體經濟發展〉共收錄了 8 篇論文，包括〈澳門與香港兩地經濟、社會、政治的差異比較〉、〈澳門經濟發展模式反思與發展路向探索〉、〈論澳門競爭優勢的可持續性〉、〈回歸十年 —— 澳門經濟的輝煌成就與深層次矛盾〉、〈當前澳門經濟存在的主要問題與對策研究〉、〈港珠澳大橋建設與澳門戰略地位的提升〉、〈回歸以來香港與澳門經濟發展比較〉及〈澳門 —— 從 "東方蒙地卡羅" 到 "世界旅遊休閒中心"〉，主要分析了澳門與香港在經濟、社會、政治等方面的異同，並根據澳門在資源稟賦方面的比較優勢提出澳門在回歸後經濟發展的主導產業和戰略定位 —— 即 "以綜合性旅遊博彩業和中介性商貿服務業為主導產業"，發展成為 "亞洲的拉斯維加斯" 和 "中介性的國際商貿服務城市"。此一提法很可能成為目前澳門經濟發展的兩大定位 —— "世界性旅遊休閒中心" 和 "中國與葡語國家商貿合作的服務平台" 的最早溯源之一。本篇還深入剖析了回歸以來澳門經濟發展的總體態勢、所取得的輝煌成績與存在的深層次矛盾及問題等，可視為全書的總論。

第二篇〈產業發展與適度多元化〉共收錄了 9 篇論文，包括〈澳門博彩旅遊業的發展與制度改革〉、〈澳門博彩業開放的經濟效應分析及問題思考〉、〈微型經濟產業結構演變 —— 理論研究與案例分析〉、〈微型經濟體產業適度多元化理論與實證研究 —— 以澳門為例〉、〈香港與澳門產業結構比較研究〉、〈澳門經濟適度多元化的路向與政策研究〉、〈借鑒淡馬錫經驗，設立主權財富基金 —— 澳門經濟適度多元化的新選擇〉、〈澳門建設世界旅遊休閒中心的戰略內涵與發展策略〉、〈澳門經濟適度多元化的評估與策略〉，主要從產業發展的視角，深入分析了在博彩經營權開放的背景下，澳門博彩業快速發展所產生的經濟社會效應及面臨的潛在風險，特別是深入分析了博彩業 "一業獨大" 所產生的 "擠出效應" 和 "馬太效應"，並進一步深入研究了澳門作為微型經濟體在推進經濟適度多元化方面的基本路徑和相關策略，包括 "主導產業的垂直多元化：推動博彩旅遊業向旅遊休閒業發展"、"圍繞 '中葡商貿服務平台' 建設，大力培養和發展現代服務業，推動經濟橫向多元化發展"、"積極參與橫琴開發，實現橫琴與澳門產業的對接和錯位發展，形成區域經濟適度多元化"，以及 "借鑒淡馬錫經驗，設立主權財富基金" 等四個方面。本篇重點分析澳門經濟在產業發展方面的轉型。

第三篇〈財政、金融與資本財團〉共收錄了 7 篇論文，包括〈回歸前澳門資本結構的基本特點〉、〈澳門博彩財團的歷史演變與發展現狀〉、〈回歸以來澳門特區政府財政政策分析〉、〈澳門的貨幣發行制度〉、〈澳門銀行業的發展與特點〉、〈澳門金融業的戰略定位 —— 中葡商貿合作的金融平台〉、〈新時期澳門金融業的戰略定位與特色金融的發展〉，主要分析了回歸前後澳門資本結構的基本特點，澳門博彩財團的歷史演變與及其於博彩經營權開放和博彩經營權中期檢討背景下的發展狀況與發展策略。同時，深入分析了回歸以來澳門特區政府的財政政策，包括財政收入、財政支出、財政儲備、財政管理等方面的情況；分析了澳門特區的貨幣發行制度和銀行業的發展歷史、發展現狀與特點，並深入研究了在新的歷史發展時期澳門金融業的發展定位和特色金融業的發展策略。認為當前澳門金融業的發展定位，可確定為“區域性商貿合作的金融服務平台”，並應加強在“融資租賃、資產管理、債券發行”等特色金融領域的發展，以推動澳門經濟的適度多元化。本篇重點分析澳門經濟在財政、金融、資本財團方面的轉型。

第四篇〈粵澳合作與橫琴開發〉共收錄了 8 篇論文，包括〈新時期粵澳經濟合作的回顧、反思與前瞻〉、〈“十一五”時期粵澳合作熱點 —— 橫琴聯合開發研究〉、〈以橫琴開發為紐帶，推進粵澳區域合作〉、〈粵澳合作開發橫琴 ——“5 平方公里”做文章〉、〈粵澳合作開發橫琴的幾個關鍵問題與政策思考〉、〈CEPA 實施、服務貿易自由化與澳門經濟適度多元化〉、〈橫琴開發與澳門企業的發展商機〉、〈澳門參與區域合作的戰略目標與發展模式〉，主要分析回歸以來澳門與毗鄰的廣東珠三角地區之間的經濟合作，包括在 CEPA 框架下粵澳經濟合作的發展進程，其中重點研究了粵澳雙方在珠海橫琴新區的“合作開發”方面所面臨的發展機遇、合作重點及所存在的問題。在此基礎上，提出了澳門作為微型經濟體在參與區域合作方面的總體發展思路、發展戰略目標和合作模式的創新方向。本篇重點分析了澳門在參與區域合作方面的轉型發展。

以上是本書的一個基本脈絡。本書的出版，首先要衷心感謝三聯書店〔香港〕有限公司和澳門基金會的鼎力支持；衷心感謝香港三聯書店前總編輯侯明女士和出版二部經理梁偉基博士的全力支持和積極協助；衷心感謝責任編輯張軒誦先生認真的編輯和勘正。若沒有他們的專業精神和辛勤工作，本書實難以順利出版。

誠然，由於筆者水平所限，書中可能有不少錯漏之處，懇請讀者批評、指正。

馮邦彥　謹識

CHAPTER 1.

整體經濟
發展

澳門與香港兩地經濟、社會、政治的差異比較

　　長期以來，澳門和香港一樣，都是中國領土中被外國管治的地區，它們同屬海島型經濟體系，都實行自由港政策、簡單而低稅率的稅制，兩地之間存在不少相同之處。因此，它們通常被內地合稱為"港澳地區"。然而，兩地之間其實差別很大，就人口和面積而言，1997 年澳門人口為 42.2 萬人，土地面積為 21.45 平方公里，僅分別是香港的 6.5% 和 2.0%；以當年價格計算，1997 年澳門本地生產總值為 584.7 億澳門元，折算為港元僅為香港的 5.3%。就比較優勢來看，香港的優勢是全面的，不過，澳門亦有其獨特的優勢。雙方的差異主要表現在以下方面：

　　1. 香港是國際著名的商業大都會、現代化全方位對外開放的自由資本主義經濟體系；而澳門則主要是區域性的旅遊博彩城市，以及周邊地區的後勤服務基地，資本主義經濟尚未達到現代化的水準，國際化程度不高。

　　2. 香港是亞太區國際金融中心，貨幣金融體系已較健全、完整，金融市場發達，金融工具眾多，外匯儲備雄厚，財政穩健；而澳門的貨幣金融體系相對較薄弱、單一，對香港的依賴性強。

　　3. 香港憑著世界三大天然良港之一的優勢，充分發揮自由港的功能，是中國內地乃至亞太區最重要的貿易轉口港，與國際市場保持著極密切的商業、貿易、航運聯繫；而澳門則因缺乏深水港，其自由港的優勢長期受到制約，必須借助香港為中轉港。

　　4. 香港和澳門的國際聯繫面各有側重，香港在國際經濟中的聯繫是全球性的，但側重美、日、歐洲及東南亞；而澳門則因與葡萄牙的歷史關係，其國際聯繫面側重於歐盟、葡語系國家以及東南亞，有其特定的潛在優勢。

　　5. 香港與澳門的經濟均已轉向服務經濟，但香港的經濟結構仍呈多元化，金融、貿易、地產、旅遊以及資訊業等均較發達；而澳門的經濟結構則相對較單一，1997 年僅旅遊博彩業在澳門本地生產總值中所佔比重已高達 45%，正如美國

麥健時公司的研究報告所指出，澳門經濟結構呈現出"極性"的特點。

6. 與香港相比，澳門開埠的歷史更悠久，它在歷史上曾是中西文化、宗教長期交匯的城市，具有"博物館"式的都市風貌和豐富的歷史文化遺產。與生活節奏快速的香港比較，澳門洋溢著"歐陸小鎮"的悠閒情調。而且，澳門的博彩業早已聞名於世，享有"東方蒙地卡羅"之稱，長期以來都是周邊地區的旅遊博彩勝地。因此，澳門更具有發展旅遊博彩業的優勢。

7. 與營商成本相當高昂的香港相比，澳門具有低成本的優勢。據估計，澳門的生活費用只是香港的 40% 左右，地價和租金約為香港的 17%，僱員工資也只是香港的 40% 左右，澳門還有一套比較靈活的勞工輸入制度。

8. 香港與華南地區經濟的合作和融合程度較高，經過 20 年的發展，雙方已形成"前店後廠"的分工格局，香港在整個區域分工格局中處於商業大都會和服務中心的戰略地位；而澳門與毗鄰的珠海，在進入 90 年代以來反而逐步凸顯其競爭性。其中的重要原因之一，是澳門經濟體積細小，特別是缺乏深水港，無法與其背後的經濟腹地，尤其是珠海、珠江三角洲西部以及西江中下游地區形成緊密的戰略聯繫。不過，自從 1995 年底澳門國際機場落成啟用後，情況已開始改善，澳門作為台灣與中國內地的中轉站的角色開始凸顯。

9. 香港自 70 年代以來已逐步形成了一個較為完善的政府行政架構和公務員制度，形成了一支質素較高的公務員隊伍；而澳門在葡國的管治下，引進了一套葡式政制和公共行政架構，中高級公務員當地語系化進展遲緩。因此，澳門現行政制仍存在著行政效率低下等不少問題。

10. 香港已形成現代化法制和法治環境，其經濟方面的法律適應於香港作為現代商業大都會的發展；而澳門則實行源自葡國的大陸法體系，其經濟方面的法律仍滯後於社會經濟的發展，法治環境尚未最終形成。

11. 香港在過渡時期，在種種原因的推動下，已初步形成政黨政治的趨勢，政黨政治的影響力正逐步上升；而澳門社會的特色則是社團政治，其中，中總、工聯、街總等親中社團在政治生活中具有重要的影響力。

12. 與香港相比，澳門市民對國家、民族的觀念似乎更濃厚，在對待回歸問題上，香港部分市民曾持疑慮的心態；而澳門市民則普遍持期待心態，希望回歸成為澳門政治、經濟進入一個新時期的轉折點。

（原文摘自《澳門概論》序言，三聯書店〔香港〕有限公司，1999 年 5 月）

澳門經濟發展模式反思與發展路向探索

踏入過渡時期以後，澳門經濟是否能平穩過渡成為了矚目的社會問題。澳門經濟自 1993 年開始放緩之後日漸陷入不景氣之中，1996 年在持續增長數十年後首次出現負增長。1997 年以來，受到外部亞洲金融風暴的衝擊和內部治安日趨惡化的影響，澳門經濟的衰退從地產建築業、出口加工業逐漸擴散到旅遊博彩業以至其他重要環節，正面對前所未有的困局。

目前，澳門的九九回歸已日漸逼近，澳門即將進入一個嶄新的歷史新紀元。在新的歷史時期中，澳門經濟將如何再創繁榮，這是未來澳門特區政府所面對的最大挑戰。因此，澳門在新時期的經濟發展模式和經濟發展路向，將再度成為澳門社會各界關注的焦點。

一、經濟發展模式的反思

澳門經濟發展模式的研究，其實自從 1990 年澳葡政府委託著名的美國麥健時公司就澳門中期經濟發展規劃所做的研究報告《澳門未來十年發展前景》已經開始。其後，較有影響的研究除《澳門未來十年發展前景》之外，尚有 1994 年中國國家科委專家組的《澳門高技術產業發展之路》、1997 年廣東港澳經濟研究會和澳門經濟學會聯合課題組的《澳門經濟發展的若干策略》，以及 1998 年吳立勝、曾國堅主編的《平穩與繁榮 —— 澳門跨世紀經濟發展戰略研究》。這些研究報告實際上都對澳門新時期經濟發展模式作了頗有深度的研究。

1. "地區性的戰略樞紐" 的反思

首先揭開這一研究序幕的，是 1990 年底發表的美國麥健時公司的《澳門未來十年發展前景》。該份研究報告開宗明義即指出："澳門已處於其發展的轉折點。一直採取的隨波逐流式的發展模式迄今已走到盡頭，已能看到一些重大的、結構性的不利情況影響澳門經濟。" [01] 這是對當時仍呈現一派繁盛景象的澳門經濟響起的第一聲警鐘，從事後分析，這種判斷至今仍然是相當深刻、中肯的。該報告

01

麥健時公司著，周筠譯：《澳門未來十年發展前景》，《澳門日報》，1990 年 12 月 10 — 13 日。

認為澳門應趁當前大規模發展基礎建設的有利時機，重新確定經濟發展的路向，而最佳的選擇就是利用"靠近增長中的有潛力的、吸引人的華南經濟"這種戰略競爭優勢，爭取發展成"地區性的戰略樞紐"。[01] 這是麥健時公司對澳門經濟的明確定位。可惜的是，報告並無具體闡述這一定位的真正內涵，這是它的不足。不少人因而將所謂"地區性的戰略樞紐"誤解為華南地區的製造業中心。例如，有評論就批評："如果像麥健時公司建議的那樣，把澳門未來經濟的希望寄於工業，而又將工業發展的重點確定為，以內地特別是華南地區為目標市場，引進技術、資金，建立中等技術、有較高附加值、產品又是中國所需的工業，這是很難實現的。"[02]

其實，綜觀整份報告，所謂"地區性的戰略樞紐"的內涵，不僅包括製造業，而且包括服務業以及其中的旅遊博彩業。該報告認為，澳門要成為"地區性的戰略樞紐"，就必須採取短期防禦性措施和長期進攻性策略相結合的方針。從短期而言，必須保護現有的核心行業，包括製造業的紡織製衣業、玩具業，以及服務業的旅遊博彩業。報告明確表示："在服務行業，旅遊業將是保護性行動的焦點。"而從長遠來看，報告認為澳門在製造業方面應發展紡織製衣、食品加工、傢俬及木製品、包裝、裝飾紙品、印刷、製藥、塑膠製品、皮貨、玻璃和瓷器、工業機械和設備等具中等技術及有較高附加值的產業，在服務業方面則應發展旅遊、銀行、保險、運輸、教育、耐用品批發及其他商業服務。在旅遊業方面應向高附加值方向發展，包括包租旅行及國際商旅。可見，服務業尤其是旅遊業仍是其中的重要環節。

不過，無可否認，報告的側重點是在考慮澳門製造業的提升，這與當時的客觀環境有莫大關係。80 年代期間，製造業一度取代旅遊博彩業而成為澳門經濟最大的產業，而 80 年代末期，製造業的升級轉型已成為當時澳門經濟中一個極緊迫的任務。可惜的是，該報告並未能扭轉製造業日漸式微的頹勢。

2. 大力發展高技術產業的反思

踏入 90 年代，澳門出口加工業的增長明顯放緩，"加快工業轉型步伐，以求經濟持續繁榮"已成為當時澳門社會各界上下一致的呼聲。[03] 在這種背景下，1993 年 8 月澳門基金會委託中國國家科委國際合作司組織專家研究澳門科技發展與經濟繁榮之間的關係，探討以科技促進澳門持續繁榮的發展之路。1994 年 10 月，中國國家科委專家組經長達一年的調查研究，正式發表題為《澳門高技術產

01
麥健時公司著，周筠譯：《澳門未來十年發展前景》，《澳門日報》，1990 年 12 月 10—13 日。

02
吳立勝、曾國堅主編：《平穩與繁榮 —— 澳門跨世紀經濟發展戰略研究》，香港文匯出版社，1998 年，第 32 頁。

03
中國國家科委專家組：《澳門高技術產業發展之路》，澳門基金會，1994 年，第 1 頁。

表 1-1　│　《澳門高技術產業發展之路》預測澳門六大經濟支柱產業序位變化

序位	2000 年	2005 年	2010 年
1	博彩旅遊業	博彩旅遊業	生物技術產業
2	出口加工業	生物技術產業	博彩旅遊業
3	生物技術產業	出口加工業	信息技術產業
4	房地產業	金融保險業	出口加工業
5	金融保險業	信息技術產業	金融保險業
6	信息技術產業	房地產業	房地產業

資料來源：中國國家科委專家組：《澳門高技術產業發展之路》，澳門基金會，1994 年。

業發展之路》的研究報告。

　　該報告在引言部分即明確指出："發展高技術產業已成為當今世界經濟發展的主旋律。面對這一世界大潮，在 1999 年之後，澳門將如何保持繁榮？從當今世界的發展趨勢看，答案是明確的，那就是'乘世界之大趨勢，積極創造條件，大力發展高技術，求澳門經濟之振興。'"[01] 報告根據"立足現實，面向未來，有限領域，重點突出，形成特色"的原則，結合澳門發展高技術產業的戰略優勢和制約因素，提出了澳門面向 21 世紀的發展戰略，即"借中國大陸高技術人才之優勢，融澳門政治、經濟、社會之位勢，造澳門發展高技術產業之大勢，從生物和資訊兩大高技術領域入手，培育生長點，營造新產業，再顯澳門之輝煌。"[02] 據該報告的預測，到 2000 年，生物技術產業和資訊技術產業將與旅遊博彩、出口加工、地產建築，以及金融業一道成為澳門經濟的六大產業支柱，其中，生物技術產業將僅次於旅遊博彩；出口加工業則居第三位。而到 2010 年，生物技術產業將超過旅遊博彩業成為澳門經濟的第一大產業支柱。

　　不過，正如有評論指出："澳門需要以高技術來裝備和改造傳統產業，也可能在極其有限的領域發展高技術產業，但要像中國科委專家組設計的那樣，使高技術產業成為澳門的主導產業，並通過高技術產業的發展帶動整個澳門經濟的持續發展，前景不容過份樂觀。"[03]

3."區域性商貿綜合服務中心"的反思

　　1996 年，澳門經濟進入負增長時期，出口加工業在本地生產總值中所佔比重

01
中國國家科委專家組：《澳門高技術產業發展之路》，澳門基金會，1994 年，第 I 頁。

02
中國國家科委專家組：《澳門高技術產業發展之路》，澳門基金會，1994 年，第 92 頁。

03
吳立勝、曾國堅主編：《平穩與繁榮 —— 澳門跨世紀經濟發展戰略研究》，香港文匯出版社，1998 年，第 33 頁。

已降至不足 10%，高新技術產業的崛起尚未見蹤影。在這種背景下，廣東港澳經濟研究會和澳門經濟學會的專家組成聯合課題組，再次對澳門經濟進行全面深入的考察，並於 1997 年 3 月發表題為《澳門經濟發展的若干策略》的研究報告，該研究報告曾在澳門社會引起廣泛的反響。

該研究報告在全面而深刻地分析澳門經濟的種種優勢和制約因素的基礎上，提出了澳門經濟的具體定位 ——"區域性商貿綜合服務中心"，這一定位明顯是麥健時報告的"區域性的戰略樞紐"定位的具體化，而在其內涵上亦從側重於製造業轉向側重於商貿，包括旅遊博彩、金融服務和商業服務等。根據該報告的解釋，"商業服務包括貿易、商業諮詢、電訊服務、船務、倉儲，空運代理、會計、核數、法律、建築設計、工程及其他技術顧問、數據處理、廣告、市場研究、機械設備租賃服務等。"[01] 與《澳門高技術產業發展之路》截然不同的是，該報告將商貿服務取代高技術產業，視為"已經興起並日益發展的服務行業，將成為澳門未來經濟新的支柱產業"。[02]

不過，有評論批評說：將澳門經濟發展的路向定位為"區域性商貿綜合服務中心"值得斟酌，因為"按課題組的定義，顯然不能把博彩旅遊業包含在商貿服務業的範疇內"，而商貿服務是依附性很高的行業，沒有高度發達的商業，商貿服務是難以獲得大規模發展的。[03] 綜觀該份研究報告，將旅遊博彩業排除在商貿服務業之外顯然是一種誤解。事實上，旅遊博彩業是貿易行業中的無形貿易，這是眾所周知的常識。尤其是該報告在確定澳門經濟發展路向時已明確指出，澳門應該"形成以旅遊博彩業為先導，發展旅遊博彩、出口加工、建築地產、金融服務、商業服務等主要支柱產業，各業協調發展的多元化產業結構。"[04] 顯然，該報告在確定"區域性商貿綜合服務中心"這一定位時，是將旅遊博彩業列為整體經濟的先導行業，佔有舉足輕重的地位。報告並強調："當前振興經濟，首先要振興旅遊博彩"，"要發揮旅遊博彩的先導作用，帶動其他產業的發展。"與前兩份研究報告相比，旅遊博彩業在澳門經濟中的戰略地位已前所未有地提高了。這一判斷實際上也反映了當時澳門經濟的客觀現實。

不過，無庸否認，"區域性商貿綜合服務中心"的定位確有其不足之處，即容易使外界誤解旅遊博彩業在其中的地位，而商貿服務的涵義亦相對地顯得不夠清晰、準確。

01
廣東港澳經濟研究會、澳門經濟學會課題組：《澳門經濟發展的若干策略》，1997 年，第 21 頁。

02
廣東港澳經濟研究會、澳門經濟學會課題組：《澳門經濟發展的若干策略》，1997 年，第 21 頁。

03
吳立勝、曾國堅主編：《平穩與繁榮 —— 澳門跨世紀經濟發展戰略研究》，香港文匯出版社，1998 年，第 34—35 頁。

04
廣東港澳經濟研究會、澳門經濟學會課題組：《澳門經濟發展的若干策略》，1997 年，第 21 頁。

4. "國際性綜合旅遊中心"的反思

第 4 份研究報告就是以澳門新建業集團主席吳立勝為首的課題組在 1997 年 8 月發表的《平穩與繁榮 —— 澳門跨世紀經濟發展戰略研究》。與前 3 份報告相比較，該研究報告將振興澳門經濟的期望，明顯地寄託在旅遊博彩業上。報告認為，"澳門經濟可以定位為：保持自由港的制度框架，加強與香港及內地的分工協作，成為國際性的以博彩業為特色的綜合旅遊中心，並以綜合旅遊帶動整個澳門經濟的發展和社會的進步。" [01]

01

吳立勝、曾國堅主編：《平穩與繁榮 —— 澳門跨世紀經濟發展戰略研究》，香港文匯出版社，1998 年，第 36 頁。

該報告認為："澳門選擇以國際性的綜合旅遊中心為其發展目標，不僅僅依據於旅遊業誘人的前景，更重要的還在於它適合澳門的具體實際，可以揚澳門經濟之所長，而補其經濟之所短。澳門是聞名世界的三大賭城之一，事實上，旅遊業特別是博彩業長期一直是其重要的經濟支柱。捨棄這個最大的優勢，另闢經濟發展的新徑，恐怕難以實現的，或者會事倍功半。而在原有的基礎上發展成為國際性的綜合旅遊中心，可以利用原有的基礎和聲譽，又是輕車熟路，可以收事半功倍之效。" [02] 這些都是相當精闢的見解，也反映了近年旅遊博彩業日益坐大、出口加工業日漸萎縮的客觀現實。

02

吳立勝、曾國堅主編：《平穩與繁榮 —— 澳門跨世紀經濟發展戰略研究》，香港文匯出版社，1998 年，第 39 頁。

然而問題是：以澳門這彈丸之地，能否發展成國際性的旅遊中心，旅遊博彩業又是否具備帶動整體經濟走向繁榮的能力？有學者就指出："縱觀澳門歷史，旅遊博彩業並不具備帶動整體經濟走向繁榮的能力，澳門開埠以來出現的幾個經濟發展較快的時期，都不是依靠旅遊博彩業的發展帶動的。相反，往往是整體經濟處於淡景時，旅遊博彩業的地位才顯得較為突出。旅遊博彩業與其他行業關聯度較低，對其他行業缺乏足夠的帶動能力，在解決就業方面功能較有限，再加上該行業一直存在著來澳旅客滯留時間短、客源結構較單一，本身的擴張能力也受限制等問題，使該行業作為龍頭產業的功能進一步受到制約。" [03]

03

郭小東：〈澳門可選擇的龍頭產業 —— 仲介貿易〉，廣州《粵港經濟》，總第 26 期，第 53 頁。

姑且不論這一評論是否完全正確，將澳門經濟的主導產業全部寄託於旅遊博彩業，至少在長遠戰略上就值得磋商。深入分析澳門投資環境中的一個極其重要的優勢，就是它作為中國南大門，是與香港互成犄角之勢的另一個自由港及獨立關稅區。與香港相比較，澳門的經濟腹地和所聯繫的國際市場都有很大的不同，澳門背靠的，是珠江三角洲西部，沿西江往西北上溯是西江中下游廣闊的經濟腹地，而它聯繫的海外市場則以歐盟和拉丁語系國家為側重點。這是澳門不容忽略的戰略優勢。從長遠發展戰略角度分析，澳門這種極重要的仲介角色若不加以充分利用，無論對澳門還是對中國本身，都是一種重大損失。

二、新時期澳門經濟的重新定位

1999 年 12 月 20 日，澳門將回歸祖國，成為中華人民共和國繼香港之後轄下的第二個特別行政區，按照“一國兩制”的方針實行“澳人治澳”、“高度自治”。屆時，澳門與內地的關係將發生質的變化，從中葡兩國之間的外部關係轉變為一個國家內部兩種不同經濟制度之間的特殊關係，橫亙在兩地之間的主要政治障礙將隨之消除，澳門與內地之間經濟合作的前景更形廣闊，澳門的戰略地位將進一步提升。在新的歷史條件下，澳門經濟如何重新定位，無疑成為澳門社會各界以及中國內地關注的焦點之一。

1. 從競爭優勢確定經濟定位

事實上，從上述 4 份有影響力的研究報告中可見，澳門在新時期的經濟發展路向和經濟發展模式已漸次顯露，澳門經濟的重新定位，必須建立在澳門經濟具國際競爭優勢和戰略性潛在優勢的基礎上，而這些優勢最重要的就是以下兩方面：

（1）澳門旅遊博彩業在區域合作與分工中的競爭優勢。澳門的博彩業已有逾 150 年的悠久歷史，素以“東方蒙地卡羅”之稱享譽全球，它與美國的拉斯維加斯、摩納哥的蒙地卡羅並稱世界三大著名賭城，其獨特形象已深入人心，每年吸引了來自世界各地的數百萬名遊客前往。正因為如此，在一個相當長的時期內，旅遊博彩一直是澳門經濟最主要的產業支柱，其對整體經濟的帶動作用，對政府財稅、市民就業等各方面的貢獻不容低估。需要強調的是，澳門數百年歲月積累沉澱下來的豐富歷史、人文方面的旅遊資料尚未得到系統的、充分的開發，旅遊博彩業的發展潛力仍不容低估。因此，澳門作為綜合性旅遊博彩城市的定位應無異議。

（2）澳門的自由港優勢、區位優勢及國際網絡優勢的結合。如前所指出，澳門是中國除香港之外的另一自由港、獨立關稅區，實行簡單及低稅率的稅制，其經營成本遠低於香港，基礎設施亦在不斷改善之中。更重要的是，它毗鄰香港，與香港、廣州在地理上為相貫連的三點，所形成的經濟大三角是當今中國乃至亞洲經濟增長最快的地區。澳門的經濟腹地是珠江三角洲西部的富裕地區以及西江中下游的寬廣地帶，因而成為外商進入這一區域的重要橋樑和門戶。澳門與歐盟、拉丁語系國家長期以來一直保持悠久的經濟、文化等諸多方面的聯繫。澳門的這種仲介地位是它具有的最重要的戰略性優勢。無疑，因為種種主客觀的原因，這種優勢在很大程度仍是潛在的，尚未得到充分發掘。然而，澳門回歸之後，站在全域的戰略高度看，它顯得更加重要，更不容忽略。這種優勢賦予澳門經濟的定位，就是仲介性的商貿城市的角色。

綜合上述兩大戰略性優勢，新時期澳門經濟可重新定位為：在"一國兩制"的基本框架下，充分發揮自由港的功能，在區域合作與分工中成為綜合性旅遊商貿城市，並以綜合性旅遊博彩業和仲介性商貿服務業為主導產業，帶動整體經濟的持續發展和繁榮進步。

2. 亞洲的拉斯維加斯

澳門建設成綜合性旅遊博彩城市，目標是要成為亞洲的拉斯維加斯。事實上，近年不少學者對澳門旅遊博彩業的發展都提出了類似的概念。1997年11月29日，香港特區政府行政長官董建華的特別顧問、香港政策研究所主席葉國華在澳門一個專題演講會上就指出："假如將來香港成為中國的紐約，澳門可考慮爭取成為中國的拉斯維加斯，營造一個安全法治的環境，建設一個文明健康的城市，提供豐富多彩的娛樂消閒服務，再加一個帶良好設施和服務的會議中心，只要能正確地與香港配合，緊密依靠珠江三角洲，相信會走出一條長久穩定的發展道路。" [01] 澳門經濟建設協進會會長崔煜林也發表過類似的看法，他說："旅遊博彩業在澳門已有很長的歷史，並具有繼續發展的潛力和空間。長遠去看，在2001年博彩專營合約期滿後，宜引入拉斯維加斯的管理方式，引入內部競爭，澳門有條件發展成為亞洲的旅遊娛樂博彩中心。" [02] 中山大學港澳研究所教授鄭天祥、雷強也指出：澳門應發展成東方的拉斯維加斯。 [03] 拉斯維加斯和澳門一樣缺乏資源，但在政府政策的引導和有效監督之下，開放博彩業的內部競爭，以博彩帶動旅遊娛樂業和整體經濟，經過幾十年的發展，今日的拉斯維加斯已經發展成為一個具有安全法治環境的世界著名旅遊娛樂城市和會議、展覽中心，經濟蓬勃發展，在沙漠上創造出一個經濟神話。

近年來，澳門旅遊博彩業正面臨著亞太區內許多城市日趨激烈的競爭，泰國、馬來西亞、越南、澳大利亞等國家都在大力發展旅遊博彩業，尤其是金融危機爆發以來，東南亞地區的貨幣大幅貶值，對遊客的吸引力大大增強。澳門旅遊娛樂有限公司總經理何鴻燊也承認，澳門博彩業正面對外界的激烈競爭，他到澳大利亞墨爾本參觀的一個現代化賭場，就"有2,500個老虎機，300張（賭）檯，

01
葉國華：〈談香港回歸的體會〉，《澳門經濟》，1998年5月號，第24頁。

02
崔煜林：〈明確澳門定位，建設美好明天〉，《港澳經濟》，1998年第1期，第7頁。

03
鄭天祥、雷強：〈從東方蒙地卡羅到東方拉斯維加斯〉，《澳門資訊》，1998年4月號，第4頁。

佔地差不多 100 萬呎"。**01** 何氏參觀後讚嘆不已。近年，澳門的博彩業甚至受到香港的影響，香港原本是禁賭的地區，但目前遊弋在香港附近公海的賭船已增加到 7 艘，最大的一艘達 5 萬噸級，氣派豪華，博彩設施先進，各種娛樂服務一應俱全。而且賭博過後可以停泊在九龍附近，十分方便香港賭客。因此，澳門的博彩業要正面面對亞太區的競爭對手，以及間歇性地承受香港甚至內地個別地區非法賭業的挑戰，乃是無可避免的前景。

然而，在現行專營合約的制度下，澳門的博彩業缺乏內部競爭機制，經營傳統、保守、設備落後、形式單一，無力應付外界日益嚴峻的挑戰，尤其是 80 年代後期以來，疊碼式回佣制度泛濫，博彩業派生的外圍利益豐厚，每年有數十億港元營業額落入回佣灰色地帶，甚至被黑社會從中汲取財政資源、壯大勢力，並引發日趨激烈的利益衝突，進而令治安環境惡化，遊客望而卻步。這種情形若不能在短期內扭轉，一旦外圍城市的旅遊博彩形象確立，澳門博彩業的優勢將迅速被削弱。

從長遠的戰略考慮，澳門若要繼續維持和增強旅遊博彩業的國際競爭力，專營壟斷局面的打破，實際上只是遲早的問題。只有打破專營壟斷，引入內部競爭機制，澳門博彩業才能形成良性競爭，才能引進新的、現代化的經營管理模式，改善設施，並加強多元化發展，逐漸將澳門目前的旅遊博彩轉變為拉斯維加斯模式的綜合性旅遊。

現制度下，澳門的博彩與旅遊其實是分開的，主要為成年人提供服務，因而主要屬博彩旅遊。根據美國拉斯維加斯的經驗，在博彩經營開放之後，競爭機制將推動投資者轉變經營方式和經營觀念，並將競爭擴展到綜合性旅遊的各個方面，綜合的設施將包括賭場、酒店、配套娛樂設施、主題公園、食街、博物館、小型影院、大商場、民族文化館、表演場等，從而將旅遊及博彩原來惠及的對象，綜合性地結合起來，使服務對象從原來的成年人擴展到家庭的大小成員和工商團體，特別是來度假的家庭，從而大大增加客源。拉斯維加斯正是這樣創造了沙漠上的奇跡。

澳門完全有條件發展成為亞洲的拉斯維加斯，尤其是考慮到澳門具有豐富的歷史文化遺產，又是亞洲獨具特色的"歐陸小鎮"，發展綜合性旅遊具有不少潛在的優勢。香港政策研究所主席葉國華就有這樣的感受，他說："在我印象中，澳門最吸引人的是她的南歐風味、小鎮風情、恬靜港灣、林蔭大道，我會為了松山燈

01´

參閱〈何鴻燊妙語談治安問題〉，澳門《華僑報》，1997 年 8 月 26 日。

塔、市政廳前地、主教山、大三巴、氹仔的西洋大屋，甚至十月初五街的老式店舖而久不久來澳門勾留一、兩天，鬆一鬆緊張的神經。"他並指出："澳門的發展實在適宜新舊分隔，盡力修繕好老區，保留原來小巧精緻的風味，作為地區內帶異國情調的旅遊熱點。新區則可建成符合國際標準、綜合性的旅遊、娛樂、康體、會議中心，吸引國際訪客，既適宜喜歡追求刺激的人士，又適宜闔家歡樂，家長參加會議，家眷同行赴澳，觀光遊玩，一舉兩得，公私兼顧。"**01** 因此，新時期澳門經濟的定位之一，可確定為亞洲的拉斯維加斯 —— 一個綜合性的旅遊博彩娛樂城市。

3. 中介性的國際商貿服務城市

新時期澳門經濟發展的另一目標，是應該成為仲介性的國際商貿服務城市。歷史上，澳門就曾在相當長時期內成為遠東繁榮的轉口貿易商埠。70 年代澳門出口加工業崛興，仲介性的商貿服務更成為其中一個密不可分的重要組成部分。時至今日，澳門離岸性仲介商貿活動仍相當活躍，只是由於統計方法等方面的原因，該部分收益未能在澳門本地生產總值中準確反映出來。隨著國際經貿交往不斷深化，仲介性的商貿服務亦已日益多樣化，在商品實物貿易的基礎上，以技術、信息、服務等為對象的商貿活動正不斷發展。因此，澳門在 1999 年回歸祖國後，憑藉其背靠中國內地及與歐盟及拉丁語系國家的悠久歷史聯繫，其仲介性商貿服務業將具有廣闊的發展前景。澳門作為自由港，應該而且也可以成為繼香港之後聯繫中國和國際經濟的另一個樞紐和橋樑。

其實，澳門應該成為區域內仲介性或離岸性的商貿服務城市這一目標，在澳門商界和經濟學界已取得相當程度的共識。澳門銀行公會主席何厚鏵在一個研討會上就曾表示：一直以來，澳門已是中國跟世界聯繫的重要仲介者，在澳門回歸後，這一仲介作用更符合各地華商的需要。**02** 澳門經濟建設協進會會長崔煜林也表示，澳門應發展成為具有聯繫歐亞功能的小型國際城市。**03** 1997 年廣東港澳經濟研究會和澳門經濟學會聯合課題組發表的研究報告《澳門經濟發展的若干策略》亦將澳門經濟定位為"區域性商貿綜合服務中心"。

具體而言，澳門作為仲介性或離岸性商貿服務城市具有以下幾個方面的內涵：

（1）周邊地區尤其是香港的後勤服務基地。澳門的經濟制度和經濟體系，與香港有不少共同點，諸如都是實行資本主義的自由經濟制度，是歷史悠久的自由港；實行簡單及低稅率的稅制；基礎設施日漸完善；背靠祖國內地，與國際市場

01′
葉國華：〈談香港回歸的體會〉，《澳門經濟》，1998 年 5 月號，第 24 頁。

02′
參閱〈本澳工商界人士發表講話宣傳澳門獨特優勢〉，《澳門日報》，1998 年 6 月 7 日。

03′
參閱〈崔煜林謂發展澳門經濟，首先要明確長遠發展目標〉，澳門《華僑報》，1997 年 10 月 5 日。

有廣泛的聯繫等，而且澳門貨幣與港幣掛鉤，銀行體系穩健、信譽良好，與香港有密切的聯繫。但是，在經營成本方面，澳門則比香港具有優勢，澳門的生活費用只是香港的 40% 左右，地價與租金約為香港的 17%，僱員工資也只有香港的40%。與香港相比，澳門還有一套比較靈活的勞工輸入制度和良好的生活質素，因此澳門有條件成為周邊地區尤其是香港的後勤服務基地。事實上，這一趨勢已開始顯露，突出的例子是 1997 年香港和記傳訊將該公司在香港的控制中心轉移到澳門。其後，佳訊傳呼、香港電訊甚至部分東南亞國家的電訊傳呼公司也相繼表示有意將工序移師澳門。[01] 1998 年，為了讓香港工商界認同澳門是香港工商業後勤服務基地的概念，澳門滙業銀行和澳門貿易投資促進局聯合舉辦 "鴻圖展業在澳門" 拓展計劃，結果成功引進包括佳訊傳呼在內的 3 家公司來澳門發展。滙業財經集團主席區宗傑就表示，國際性公司逐漸將後勤部門移往澳門，絕對是一種趨勢。

01

參閱〈和記移師來澳設立控制中心〉，《澳門日報》，1997 年 3 月 18日。

（2）台商投資中國內地的中轉站。自 1995 年 12 月澳門國際機場落成啟用後，澳台兩地之間的經濟聯繫明顯加強，澳門作為台商投資中國內地的中轉站的角色亦大大凸顯。其中最大原因是澳台航線開通後，一方面機票較香港便宜，另一方面澳門對台灣旅客實行落地簽證，且 "一機到底"，大大方便了台灣旅客來澳或經澳轉往內地。隨著來澳台商的增加，台商對澳門的瞭解也逐漸加深，不再單純視澳門為一個賭城。在台商眼中，澳門有兩大優勢，一是與歐盟關係密切，享受其優惠待遇，方便台商拓展歐洲市場；二是作為聯繫台灣和內地的橋樑，方便台商拓展與內地特別是華南地區的經貿關係。

目前，台商投資內地的戰略格局基本上是以香港為中轉站，台商在港企業達數萬家，投資內地資金累計 200 多億美元，主要集中在福建和廣東珠江三角洲，其中在珠海投資企業就有上千家，在中山、江門、順德等珠三角西部地區更達上萬家。近年來，香港經營成本不斷增加，台商在香港的經營日益困難，澳門就成為了理想的替代地點，極有希望成為台商在珠江三角洲投資的控制中心。澳門作為台商投資中國內地的中轉站或控制中心還有一個有利的人文因素，就是澳門的閩籍移民多達 7 萬人，他們當中不少人有親屬在台灣，台商到澳門投資很容易就能找到熟悉澳門環境的合適人選協助管理業務。正因為上述種種有利因素，澳門作為台商投資內地的中轉站角色正日益明顯，不少台商已計劃到澳門投資。其中，台北中小企業銀行已獲准在澳門開設分行，澳門台灣總會會長陳忠勇亦在澳門機場附近購買一幅土地，準備命名為"台灣工業城"，在澳門大展拳腳。1997年，香港台灣工商協會會長王祿闓在考察澳門後就表示：以澳門的地理條件看，澳門同珠海、中山、江門、湛江等地的聯繫比香港更為優異，澳門完全可以成為台商進入中國內地投資、開展經貿活動的門戶。

（3）連結中國內地跟歐盟及拉丁語系國家的國際商貿城市。澳門背靠中國內地尤其是珠江三角洲西部地區，面向國際市場，與歐盟及拉丁語系國家有著悠久的經濟、文化等多方面的聯繫。因此，澳門完全有條件確立其作為連結中國和歐洲市場以至拉丁語系國家的仲介和橋樑的戰略地位。目前，歐盟在澳門已設立了不少戰略性機構，包括1992年成立的澳門歐洲資訊中心、1996年成立的澳門歐洲—中國企業家俱樂部等。歐盟並計劃建立歐盟—澳門—中國資訊共用系統，借助先進的資訊公路建立起歐洲與中國相互交流之路。1998年4月在澳門舉行的"尤里卡計劃（會合）亞洲"活動中，中葡兩國部長簽訂協議，決定每兩年在澳門舉行一次"尤里卡—亞洲"國際技術合作會議。因此，澳門是中國與歐洲國家發展商貿聯繫不容忽視的戰略據點。澳門應藉此優勢積極拓展相關的仲介性商貿服務，發展成為連接歐亞的國際商貿城市。

誠然，澳門要確立其作為進入中國市場的跳板和拓展歐洲市場的仲介戰略地位，必須要加強與中國華南地區，尤其是珠江三角洲西部以至西江中下游地區的商貿聯繫，包括貿易、產業、旅遊、科技等方面的聯繫。澳門如果能憑藉自由港的優勢，發展成珠江三角洲西部地區以至大西南對外貿易的轉口港，其仲介性國際商貿城市的角色將進一步凸顯。澳門國際機場啟用後，澳門的空運轉口港角色已開始顯現，尤其是1998年香港赤鱲角國際機場空運貨站電腦系統出現故障期間，澳門實際上已發揮部分分流作用。澳門若能發展出一個深水港口，這一戰略性地位將會進一步得到確立。

三、澳門經濟發展的若干重要策略

新時期澳門經濟的重新定位可明確為亞洲的拉斯維加斯和仲介性的國際商貿城市，這兩個目標之間不但沒有彼此衝突，而且可相輔相成。從中短期看，澳門經濟的定位可以亞洲的拉斯維加斯為重點，以仲介性的國際商貿城市相輔助。從中長期看，後者的戰略地位將隨條件的逐步成熟而逐漸提高，成為推動澳門經濟發展的兩股主要動力之一。為實現這種經濟定位，現階段的關鍵是制定若干相關實施策略，包括推進制度改革，徹底改善投資環境；改革博彩業的專營制度；建立深水港，加強與珠江三角洲基礎設施的配合；加強與內地尤其是珠江三角洲西部地區的經貿關係等等。

1. 推進制度改革，改善投資營商環境

近年來，澳門的投資營商環境日趨惡化，其癥結和制約因素主要是現行政制、法制嚴重滯後於經濟的發展，導致官僚作風嚴重，政府行政效率低下，法治程度低，貪污受賄盛行，黑社會活動猖獗，治安環境日趨惡化，令投資者望而卻步。澳門回歸祖國後，要推動經濟復蘇和持續穩定發展，成為綜合性旅遊博彩城市和仲介性國際商貿城市，首要的前提是推進制度改革，徹底改善投資營商環境。

澳門政府的官僚習氣、行政效率的低下，積習已久，多年來已為外界所詬病，令投資者氣結。近年來雖已有所改善，但至今仍是澳門投資營商環境中的一個制約因素。關於這一點，澳門社會已有共識，就是澳葡政府建制內的高官也深有同感。澳督顧問、澳門政府策劃暨合作辦公室主任苗藍圖就表示，澳門政府目前機構太過龐大、臃腫，職能重疊，不僅對澳門經濟不利，而且現行經濟也負擔不起。因此，澳門政府現行行政架構和公務員制度的改革勢在必行，繼續維持現狀已行不通。幸而，澳門九九回歸在即，澳葡政府的撤退和特區政府的成立，將為澳門政府公共行政架構和行政制度的改革提供了一個極難得的歷史性契機。澳門特區政府應把握這一良機，在保持政權交接平穩過渡的前提下，以循序漸進的方式去推行制度改革，以建立一個高效、精簡、廉潔及公正的政府，去適應時代的轉變和社會的需要，徹底解決行政效率低下等問題，以開拓一個嶄新的政治、經濟局面。

澳門投資營商環境中的另一制約因素，就是澳門法律體系，尤其是商法的現代化、國際化程度低，法治程度不高，公平競爭的市場環境遠未形成。澳門現行的商事法律，包括公司法、票據法、保險法、海商法、破產法等等，主要來源於1888年《葡萄牙商法典》和1901年《有限公司法》，已是嚴重滯後，不能適應當前澳門經濟的客觀發展。因此，澳門法律制度，尤其是商事法律的當地語系化、現代化和國際化已刻不容緩。特區政府有關機構應在保持自身特色的基礎上，借鑒所處地區內其他國家和地區的有關法律為出發點，使之符合澳門當今的經濟發展情況，並有利於促進澳門與鄰近地區尤其是香港的經濟交往。部分法律，如《物業轉移稅法》等，在修訂時應考慮到如何有利於簡化立契程序，提高立契效率，

以改變目前澳門立契程序繁複、緩慢的問題。為有利於吸引外商投資者，特區政府可考慮擴大對外商的優惠政策，簡化外商的投資程序，有關法律規例應盡量做到中、英、葡文並用，以符合國際通行的慣例。當然，建立一個健全、完善的司法體制和公平、公正的法治環境，更是其中不可或缺的重要環節。

長期以來，澳門政府缺乏一套有效的監察機制，導致內部資源浪費，個別部門尤其是紀律部門的少數害群之馬貪污受賄盛行，致使黑社會勢力日益猖獗，治安環境惡化，已成為澳門投資營商環境中另一制約因素。特區政府成立後，應致力建立有效的監察機制，可根據《基本法》的有關規定，借鑒香港的成功經驗，並根據澳門的歷史和現實情況重組審計署、廉政公署、海關等部門，重整警隊形象，厲行反貪倡廉，嚴厲打擊黑社會犯罪活動，從根本上改善澳門的治安環境。

2. 改革博彩業的監管制度

目前，澳門旅遊娛樂公司的博彩專營合約到 2001 年屆滿。澳門特區政府成立後，面對的另一項重大經濟政策，就是如何制定 2001 年後的博彩政策，究竟是結束博彩專營、引進競爭機制呢，還是繼續維持一段時間不變？哪一種辦法對澳門經濟發展更加有利？

一種意見認為，2001 年後立即取消目前的博彩專營制度可能過於急進，會對澳門經濟穩定發展造成負面影響，因為特區政府剛開始運作時，其收入的四成以上仍要靠博彩稅維持，且特區財政儲備欠缺，原有的土地基金亦不足以保證政府的開支，過早打破專營未必能保證收入穩定增長，故此還是多等幾年比較穩妥。娛樂公司總經理何鴻燊就明確表示：2001 年就結束博彩專營為期過早，"還應當再等幾年"。[01] 另一種意見則認為澳門博彩業應引入競爭機制。中山大學鄭天祥、雷強兩位教授認為，澳門博彩專營在博彩業興起階段功不可沒，現在卻不利競爭，必須迅速引入競爭機制並提高博彩收入用於澳門發展的比例，營造公平競爭的環境。[02]

即使引入競爭機制亦有多種方式，一是採取分割專營的制度，二是採取一般性發牌管制制度。所謂分割專營權制度，即將單一的壟斷局面轉變為寡頭壟斷局面，從發出一份專營合約改變為發出兩個以上的專營牌照。有評論認為："用這種有限度引進競爭的方法是不是真的能夠改進澳門博彩業的經營方法，仍是一個未知之數。最有機會參與的，當然是現有的專營者、為有專營者承包部分賭業的投資者和跟這人有聯繫的外資。"[03] 當然，採取分割專營權制度亦有可能達到預

01
參閱〈博彩合約 2001 年將屆滿，何鴻燊謂未宜結束專營局面〉，《澳門日報》，1998 年 5 月 5 日。

02
參閱〈澳門博彩業須引入競爭機制，急需現代化多元化改善經營〉，《澳門日報》，1998 年 2 月 24 日。

03
東風：〈籌劃四年的澳門博彩業的管制制度〉，《澳門資訊》，1998 年第 4 期，第 11 頁。

期效果，例如引入美國大型博彩業財團展開競爭等。

　　一般性發牌制度即美國拉斯維加斯採取的現行制度，它設定公開的經營條件、資格限制和收費、納稅條件，符合條件者就可以申請發牌經營。在這種制度下，政府以法律對博彩業經營者進行嚴格、有效的監管，並向經營者收取定額牌照費、保證金和稅款。理論上，一般性發牌制度是一種最有效引入競爭的方式，它可使經營者由純粹在博彩業的競爭擴展到在吸引遊客的旅遊業各個領域的競爭，並減少對博彩業的依賴。美國的拉斯維加斯亦因採取這種制度而成功發展為一綜合性旅遊娛樂城市。

　　不過，亦有評論認為：澳門要 "實行這種制度，要面對 3 個看來無論是澳葡政府和特區政府都不見得能夠解決的問題：第一是要有效清除造成適宜集團性貪污環境的行政障礙，否則，博彩業的回佣利益會迅即污染大批跟審查發牌資格有關的行政架構。第二是清除黑社會在警隊的滲透，有效監控黑社會，否則，各投資者不得不找靠山，治安問題更複雜。第三是設置適當的稅務監察機制，以保障稅收。畢竟澳門不像香港，擁有 4 千億港元的儲備。這三個問題解決不了，就不能去學拉斯維加斯。" **01** 特區政府將採取何種博彩管制制度，以及甚麼樣的配套政策，直接影響到澳門能否成為亞洲的拉斯維加斯這一發展目標。

3. 加強與珠海、珠江三角洲西部的利益整合

　　澳門經濟的發展有賴於 "中國因素"、"香港因素" 和 "國際因素" 與自身優勢的結合，澳門只有充分以內地尤其是廣東珠江三角洲西部地區為經濟依托，才能確立其作為區域內仲介性商貿服務中心的戰略地位。然而，80 年代中後期以來，澳門與珠三角西部尤其是毗鄰的珠海經濟特區的經濟合作有削弱的趨勢，由於種種主客觀的原因，澳珠雙方的合作似乎漸次被競爭取代，形勢的發展差強人意。因此，1999 年澳門回歸祖國後，澳門面臨的重要課題之一，就是如何加強與珠海以及珠江三角洲西部地區的利益整合，使雙方的合作得到加強，從而實現優勢互補、共同繁榮。

　　加強澳珠雙方的利益整合，可以選擇共同開發橫琴島為突破口。橫琴島是珠海眾多島嶼中，最靠近澳門的海島，它由大、小橫琴兩島組成，與澳門氹仔、路環兩島形成歷史上有名的十字門水域。橫琴島東與氹仔、路環一衣帶水，最近處相距僅 230 米，連貫路環、橫琴的蓮花大橋已動工興建，計劃中的廣珠鐵路和京珠高速公路將跨海經過橫琴島，通過蓮花大橋直到澳門國際機場和九澳港。橫琴

01 ╯

東風：〈籌劃四年的澳門博彩業的管制制度〉，《澳門資訊》，1998 年第 4 期，第 11頁。

島面積約 60 多平方公里，是澳門的 3 倍，可彌補澳門土地資源的匱乏。該島旅遊資源豐富，全島海岸線 76 公里，海灣 15 個，最高的山峰海拔 427 米，山青水秀，適宜發展旅遊業，尤其是度假式旅遊業。

　　橫琴島的開發，早已成為粵澳兩地學者的共識。1992 年橫琴被廣東列為 90 年代的重點開發區之一，可惜的是，由於種種主客觀原因，有關開發的進展差強人意。因此，1999 年澳門回歸祖國後，澳門與珠海以及珠江三角洲西部地區的利益整合，可以開發橫琴島為突破口。橫琴島的開發，可以綜合性旅遊娛樂業為重點，以配合澳門新時期的經濟定位，發展成與澳門的旅遊博彩互相配合的國際性度假式旅遊綜合開發區。

（原文摘自《澳門概論》第 4 篇第 16 章，三聯書店〔香港〕有限公司，1999 年 5 月）

論澳門競爭優勢的可持續性

一、競爭優勢理論與可持續性

　　哈佛大學教授邁克・E・波特以競爭三部曲（包括《競爭優勢》、《競爭戰略》和《國家競爭優勢》），從企業、產業、區域和國家三個層面建立了競爭優勢研究的框架，戰略上提出了競爭優勢的來源和培育途徑。其中，在《國家競爭優勢》中，波特指出了競爭優勢的可持續性，他認為長期競爭優勢必須依賴於難以被模仿或替代的資產，這種可持續性並可歸結為三個因素：一是特殊資源的優勢。表現為多個層次：較為廉價的勞動力成本和便宜的原材料較為容易被模仿或替代，屬於低層次優勢；技術所有權、品牌和客戶關係等地方根植性或嵌入式的優勢則有很高的壁壘，不易模仿；而最為長久的競爭優勢則是快速而持續地開拓和研發。二是競爭優勢的種類與數量。類似於分散投資的思考，競爭優勢如果多樣化，不但使對手難以追趕，而且也增強了自身抵禦外部環境風險的能力；三是競爭優勢的持續改善和自我提升能力。因為競爭優勢是有階段性的，此時的優勢完全有可能成為彼時的劣勢，持續的改善和自我提升能有效地揚棄對某些資源的"路徑依賴"。

　　若然對這三個因素進行再分析，可發現波特實際上是從競爭力寬度和深度上提出了競爭優勢的可持續發展：寬度上要進行競爭力的多樣化塑造，深度上要對競爭優勢施以大幅度的創新、培育和提升，將自己與對手之間的圍牆加寬加高，造成競爭雙方之間難以填補的勢差，從而保證競爭中自身的安全和競爭優勢的可持續性。

　　波特對競爭優勢的可持續性分析是建立在產業組織理論和企業戰略管理基礎之上、對一般化的產業和產業內部結構進行的研究，而且產業組織理論將競爭優勢等同於壁壘和壟斷的概念在某些情況下並不符合現實。儘管如此，波特對可持續性競爭優勢的分析框架有其完備性和區域特徵，我們試圖使用波特對競爭力可持續性的研究框架，對澳門產業競爭可持續性優勢進行分析。

二、澳門競爭優勢的主要表現

競爭優勢通常表現為成本優勢、差異優勢和時間優勢，考查區域內城市的經濟綜合表現，可以歸納澳門的相對競爭優勢為：

1. 成本優勢

澳門地理上與中國內地、香港、台灣和東盟國家相靠近，交通和通訊基礎設施完善，對致力於國際化的中小企業具有相對低廉的"趕路成本"優勢。正式制度方面，澳門實行資本主義自由經濟制度和貿易自由港制度，商業和進出口稅制簡單、稅務低廉，辦公室年租金和勞動力工資均較低（表1—2），這些優勢降低了交易成本。澳門本地民風樸實，講究誠信，回歸之後澳門社會治安大為改善，這在非正式制度上降低了產業發展的"道德風險"，節省了營商的監督和激勵成本。另外，澳門目前政治局勢穩定，首任行政長官何厚鏵自上任以來致力於澳門的經濟轉型和行政改革，取得良好績效，其連任已成定局，澳門的經濟政策連續性和投資環境的持續改善有了政治上的保證，[01] 降低了澳門發展經濟的社會成本。

2. 差異優勢

差異優勢就是區域內城市之間資源、制度、環境的異質性。基於此城市相互功能得以互補，從而產生競爭和合作的關係。澳門與區域內其他城市相比較，差異優勢主要表現為：

01′

The Economist Intelligence Unit limited, www.eiu.com.

表 1—2　｜　澳門與區域內其他城市營商成本比較

比較項目	台灣	香港	新加坡	澳門	中國內地
公司所得稅（corporate income tax）	25%	16%	24.5%	15%	33%
個人所得稅（personal income tax）	40%	15%	26%	15%	45%
辦公室年租金（USD/sq.ft.）	27.16	49.25	33.50	10.5	26.07（北京）
專業人員平均年薪（USD）	30,420	55,844	55,803	26,180	15,345（上海）

資料來源：李炳康：〈澳門：華人中小企業經貿交流與合作的平台〉，《當代亞太》，2003 年第 3 期。

（1）具有特色的產業結構。澳門以博彩旅遊、紡織品製造、建築、金融為四大支柱產業，其中博彩旅遊業佔有半壁江山。近年來，製造業和建築業在 GDP 中的比重逐漸降低，而博彩旅遊業在經濟整體不景環境下卻一支獨秀，更加凸現出差異優勢。

（2）具微型經濟特徵的產業制度。除澳門的博彩旅遊制度外，澳門在 1999 年公佈了離岸業務法例，之後離岸金融和商業服務業務得以長足發展，截至 2003 年 6 月，已有 212 家離岸服務機構通過審核，164 家公司完成商業登記，其中有將近 100 家是香港公司。

（3）國際聯繫的差異性。不可否認，在對外貿易和外向經濟聯繫上，澳門總體上是不如香港的。但澳門與葡語國家、歐盟國家在人脈網絡和經濟關係方面更加密切，這也是澳門"三個平台"定位的資源所在。

3. 時間優勢

產業經濟學認為競爭的時間優勢就是"先行一步"的優勢，包括可以提前建立產業規模，向對手發出"告示效應"，也可以通過先行一步所取得的壟斷地位攫取超額利潤，從而有動力和能力加大研發和創新的投資，進而建設更高的壁壘。從澳門的發展、起飛原因來看，每個階段都有制度先行的痕跡。本世紀 60 年代至 80 年代出口加工業帶動了澳門經濟的起飛，其根本原因在於澳門獲得了"多纖協議"給予的 2005 年之前的時間優勢。[01] 博彩業也是如此，在亞洲率先開賭獲得了吸引外界博彩資金進入的先發優勢，歷經百年之後築起"東方蒙地卡羅"和"亞洲拉斯維加斯"的品牌。尤為需要注意的一點是，當其他地區還在為開賭是否會引發道德淪喪、社會不安等極大的社會成本而討論時，澳門本地居民已經適應了這個特殊的行業。[02] 如果再加上澳門博彩業長期以來建立的人脈網絡、博彩旅遊文化、博彩規模和博彩技術等各方面的因素，即使許多學者在考慮周邊地區開賭對澳門博彩業可能的影響，我卻認為這種可能性存在但威脅不會太大。

三、澳門競爭優勢的可持續性因素分析

結合澳門的實際狀況，我們給出研究的基本條件包括：

（1）澳門是一個典型的微型經濟體，自然資源貧乏、單位面積人口眾多，市場狹小；

（2）澳門最具特色和優勢的產業是博彩旅遊業；

01'

非常可惜的是，澳門沒有加大研發和技術創新投資，失去了將產業根植本地的機遇。

02'

需要說明的是，澳門也是承受了許多的社會代價之後才能做到這一點，這也可以看作澳門博彩業的先發優勢之一。

（3）澳門屬於特別行政區，實行資本主義制度，並且一國兩制的體制框架將長期保持不變；

（4）澳門與內地經濟關係穩步開拓，與珠三角城市經濟融合程度逐步深化；

（5）短期內不會發生台海戰爭、周邊國家和地區不會出現類似於 SARS 的劇烈傳染性疾病大範圍擴散情況；

（6）對澳門產業整體競爭優勢，我們以澳門經濟的可持續發展和在鄰近區域內的經濟地位提升為目標。

基於條件（1），澳門競爭優勢不可能通過完備的產業結構多元化得到提升，而且囿於自身資源和市場的限制，澳門也不可能以要素稟賦獲得持續競爭優勢。但由於條件（2）、條件（3）和條件（4），我們發現，澳門最大的優勢產業在於博彩旅遊，最具潛力的條件是與內地在制度上的互補性及與內地建立更加緊密的合作關係。無論是從產業發展還是從區域合作的角度來說，澳門都必須從制度上挖掘競爭優勢的可持續源泉。需要說明的是，這裏的制度不僅僅包括了波特理論中的特殊競爭資源、競爭優勢多樣化的動力機制、競爭優勢持續改善和提高的制度保證，而且放到區域層面的競爭優勢中，制度還應該包括推動區域競合關係的合作機制，特別重要的是在區域競合關係中，制度作為一種雙方共同分享並且互惠的資源，在實踐中突破了產業組織經濟學家們對競爭優勢就是壁壘的概念局限。

我們將從澳門的特殊資源、競爭優勢種類與數量、競爭優勢的持續改善和自我提升能力及區域合作四方面對影響澳門競爭優勢的未來進行分析。

第一，特殊的資源。澳門在勞動力成本、稅費和辦公室租金等方面雖然具有一定的優勢，但是這些低層次優勢只能在承接某一產業或者引入外部資金時體現，並且隨產業的發展很容易就會消失。澳門天生缺乏自然資源，因此，依靠自然稟賦獲得長期競爭優勢也不現實。制度資源則不然，從正式制度來說，澳門的博彩業本質上具有長期差異性優勢和先發優勢，離岸服務業法案也是塑造差異性和成本優勢的商業制度。澳門具有廣泛的國際聯繫，是許多國際組織中的正式成員，與葡語國家和歐洲國家關係特殊，這些都是其他競爭主體難以複製和模仿的高層次競爭優勢，能夠在長期內體現，為澳門經濟發展服務。

第二，競爭優勢的種類與數量以及各競爭優勢間的關聯。當競爭優勢局限於較為單一的因素時，對手可以相對容易地通過集中資源克服壁壘。當競爭優勢的種類與數量較多時，對於對手來說難以通過點的突破達到化解壁壘的效果，對競爭主體來說則意味著抗風險能力的增強和經濟增長點的多元化。以澳門博彩旅遊業的發展為例，在澳門第一次發放賭權時，豪興公司第一次將賭場搬進了高級酒店，並且與歌舞、夜總會相結合，從而將澳門賭業的競爭優勢從單一博彩擴展到博彩和娛樂旅遊兩個相互促進的方面，相對來說對外地遊客的吸引力大為增加，競爭優勢得以加強。理論上說，建立多競爭優勢及加強其關聯是要拓展競爭力的寬度，並將點式的競爭優勢轉化為網狀優勢。

第三，競爭優勢的持續改善和自我提升能力。產業成長初期，區域依賴的產業競爭優勢往往浮於表面，難以達到可持續目的，尤其是某些競爭優勢可能會喪失甚至演化為劣勢。韓國的造船業最初興起於低廉的勞動力和原材料成本，但當地政府沒有一直依賴低成本優勢，而是通過不斷地開拓、創新，加大研發力度，開發出許多新設計和新技術，從而當韓國勞動力成本上升之後，其造船業的競爭優勢已經深化。以澳門紡織業為例，"多纖協定"和普惠制下的澳門紡織業起源於香港投資，最為興旺時以紡織業為首的澳門製造業佔據了 GDP 的四成，紡織業員工總數多達將近 5 萬人，然而，2005 年全球紡織品配額取消的效應預計將使得澳門紡織業規模大幅縮水，只有少數已經具有相當規模、先進設備和技術能力的公司能夠存活。對配額制的依賴成就了澳門紡織業，到今天卻成為紡織業難以前行的絆腳石。更令人擔憂的是，眾多低級的紡織工人失業在即，大量的失業補助金和就業指導必將導致社會成本增加。

第四，競爭優勢的區域共建共用。作為一個微型經濟體，澳門只是一個小城市的規模，融入區域大環境是必然選擇。因此，其競爭優勢的可持續性需要加入區域競爭與合作的因素。區域內的競合關係以各方的優勢條件為基礎，又對各方優勢的形成與深化起促進作用。

（1）區域競爭優勢的形成不是簡單的各主體相加，而是相互補充的共建過程，會產生 "1+1>2" 的協同效應。由於經濟功能的互補性和價值鏈趨於完整，在整體區域範圍內，各競爭主體的優勢條件得以更充分的發揮，資源的完全使用決定了更加持久的區域競爭優勢基於單個城市，同時又高於單個城市；

（2）當區域合作達到一定的融合程度，區域的競爭優勢會逐步顯現，這種顯現是區域內單個主體優勢功能的外化。在這種情況下，原來只有優勢主體才能利用的條件得以在區域內各主體之間共用；

（3）外化的優勢功能通過共用機制在區域內擴散，並不會產生競爭優勢的平均化。相反，由區域專業分工引致的彈性專精將要求各主體加強自身優勢的培育。因此，競爭優勢的可持續性在區域專業分工的條件下獲得了增強。

澳門是大珠三角城市圈的一部分，又是珠三角製造業基地的產業夥伴，同時還是規劃中的"9+2"泛珠三角經濟協作區的重要核心城市。無論是珠三角、大珠三角還是泛珠三角，澳門都具有自身的特徵優勢，要將這種優勢條件根植於本地形成持續性基礎，積極地參與區域內合作與分工是必要條件。

四、澳門維持可持續競爭優勢的幾點建議

1. 持續的制度創新是澳門經濟維持可持續競爭優勢的制度基礎。

澳門政府、商界和社會團體唯有在行政制度、商業和產業制度、國際關係制度、經濟運行機制、社會文化制度等諸多領域保持創新活力，才能彌補資源、市場、科技方面的缺陷，也才能塑造澳門競爭優勢的可持續性條件。具體來說包括，政府應繼續在提高行政效率、扶助中小企業、社會保障措施、引進外勞政策和改善教育質量等方面推動制度改革；作為有能力的企業，則應在擴張國際視野、積極引進先進技術和管理經驗、拓展內地和國際市場等方面進行企業戰略的改變；民間組織應當加強與政府的聯繫和協調，通過舉辦各類活動引導全體民眾融入澳門的社會發展之中，在非正式制度方面塑造澳門作為國際都市和民俗旅遊城市的形象。

2. 適度多元化的產業結構是澳門維持可持續競爭優勢的經濟基礎。

以"博彩旅遊為龍頭、服務業為主體、帶動其他相關行業共同發展，產業結構適度多元化"是澳門的經濟轉型目標，從近年發展情況看，博彩業的龍頭地位實際上已經進一步鞏固，但產業單一化的情形更加明顯，由此而帶來的潛在風險已逐步浮現。在"自由行"和CEPA等利好政策刺激下，澳門的酒店入住率、零售業銷售增長、交通等行業的增長速度仍然遠遠低於博彩業的發展，由此可以看出，澳門博彩旅遊業的整體發展狀況並不樂觀。

原因在於，澳門旅遊業競爭優勢過於單一地集中在博彩業上，遊客普遍存在為賭而來，賭了就走的心態。為改善這種狀況要做好兩項工作：（1）調整博彩業與其他旅遊項目的關聯。可以通過旅遊專案招標將旅遊設施建設與專案開發交給專業旅遊公司或者博彩業公司開發，因為他們最有積極性和能力引導遊客賭博與購物、遊玩並重。（2）積極引入旅遊新項目，培養旅遊業新的經濟增長點。澳門

目前的旅遊設施不少，歷史文化景觀也較為豐富，但都處於散點分佈，且大眾性的享受型、休閒型和商業型項目不多，難以進行整體推廣，不容易吸引最有消費能力的家庭式遊客。澳門可以學習香港引入迪士尼樂園的經驗 **01**，加大引入具有國際化品牌的旅遊投資力度，並且集中力量進行宣傳和推廣，爭取吸引除單身賭客外的其他類型的遊客。

從目前的情況看，澳門經濟要維持可持續的競爭優勢，最重要的就是要積極推動經濟的適度多元化。我們完全贊同澳門學者陳守信博士的觀點，即首先要推動博彩旅遊業內部的"垂直式"多元化，從博彩業推進綜合性旅遊業、會議展覽業，進而推進航空運輸及物流業。當然，澳門經濟的適度多元化，並不排斥"橫向式"的多元化，也正基於此，澳門特區政府提出了建立"三個商貿服務平台"的戰略構想。從長遠看，澳門的離岸服務業或仲介性商貿服務業具有廣闊的發展前景。隨著澳門"垂直式"產業多元化的發展，特別是商務會展業的發展，澳門的離岸服務業或仲介性商貿服務業的戰略地位將逐漸提高，最終可成為澳門經濟發展的一股新的重要發展動力。

3. 大珠三角經濟的全面融合以及與"泛珠三角"經濟區的合作是澳門競爭優勢得以持續改善和提升的重要機遇。

在合作機制的建立過程中，政策應該著重於澳門的優勢產業與具有優良潛質的產業。以旅遊業和物流業為例：旅遊業的競爭優勢融合能夠帶來巨大的吸引力，這在國際與內地盛行多年的"港澳遊"和"新馬泰遊"方面早有例證。而今，在區域範圍更加寬泛的大珠三角乃至"泛珠三角"區域，自然風光、歷史景觀、文化民俗、休閒娛樂、商業中心等旅遊特色交錯輝映，將之連接起來，完全可以吸引更多的國際和國內遊客，做大旅遊蛋糕，而澳門以博彩為特色的旅遊專案也能在其中佔據一席之地。合作過程中，澳門既可以充當吸引國際遊客到中國旅遊的起點和主辦方，也可以充當內地開發南中國和港澳遊的一部分。而在旅遊項目建設中，澳門既可憑藉旅遊業的豐富經驗和客戶關係作為內地旅遊專案的投資者，也可以吸引內地有實力的投資方來澳投資。

澳門的物流業頗具潛力，雖然航運物流受自然條件限制不可能有太大國際開拓能力，但在與珠海協調共建遠洋港之後當有大發展的可能。值得重視的是澳門的航空物流業，2004 年澳門機場獲得亞洲最具潛質的貨運機場稱號，一方面表現了澳門航空物流業的管理水準，另一方面則預示著極佳的發展潛力。由於澳門航

01′

據筆者在內地所做的隨機訪問顯示，香港對家庭遊客的吸引力很大，迪士尼樂園項目的宣傳也很廣泛。但許多人表示不會全家一起（包括兒童）去澳門遊玩，因此在澳門的逗留時間很短。

空物流業的腹地主要在以珠三角為主的內地，在區域合作機制形成中尤其要注重這一行業的發展潛力和優勢，一是澳門航空物流業應積極參與大珠三角區域內航空業的 "5A" 協調機制，避免惡性競爭；另一方面澳門航空物流業應積極拓展更為廣泛的內地市場，爭取成為內地與海外貨物聯繫的重要節點。另外，澳門航空物流業應積極培育例如航空路線、貨物加工處理和倉儲設施、管理方式及效率等業務特色，建立和持續改善符合自身特點的競爭優勢。

（原文發表於澳門《澳門經濟》，第 22 期，2006 年 10 月，作者為馮邦彥、王鶴）

回歸十年 —— 澳門經濟的輝煌成就與深層次矛盾

一、回歸十年澳門經濟發展取得的輝煌成就

澳門面積僅約 32.8 平方公里，人口有五十餘萬，是典型的微型經濟體。回歸十年來，在"一國兩制"、"澳人治澳"、"高度自治"等方針指導下，在中央政府和祖國內地的大力支持下，澳門經濟實現了跨越式發展，可以說取得了舉世矚目的輝煌成就，澳門在區域經濟中的戰略地位也因而大大提升。

1. 澳門博彩業取得了超常規發展，國際博彩旅遊中心地位大幅提升。

博彩業是澳門經濟中最古老的行業之一，也是最重要的龍頭產業。1847 年，澳葡當局為維持政府的財政收入，宣佈賭博合法化，並對博彩業實行專營制度。1962 年，澳門旅遊娛樂有限公司取得博彩專營權，根據合約規定，每年須向政府繳付博彩稅，稅率經多年修訂，至 2001 年為專營公司總收入的 31.8%。到 20 世紀 90 年代，政府約一半的年度稅收來自澳門旅遊娛樂有限公司，差不多佔澳門本地生產總值的三分之一。娛樂公司在專營權結束前幾年，每年毛利約在 130 億至 180 億澳門元之間，而政府的博彩稅收入則在 42 億至 58 億澳門元之間。

歷史上，作為政府最大的供給資源，澳門的博彩專營權為維護行業秩序、穩定社會以及城市建設均起到了積極的作用。然而，在專營權制度下，澳門的博彩業缺乏內部競爭機制，經營傳統、保守、設備落後、形式單一，無力應付外界日益嚴峻的挑戰。尤其是 1980 年代中期以來，迭碼回佣制度泛濫，博彩業派生的周邊利益豐厚，每年約有數十億港元的博彩營業額落入回佣灰色地帶，甚至被黑社會從中汲取財政資源、壯大勢力，並引發日趨激烈的利益衝突，進而令治安環境惡化，遊客望而卻步，已嚴重損害了澳門博彩業的競爭力。回歸前，澳門內受治安惡化的困擾，外則遭到周邊地區紛紛開賭的影響，區域博彩旅遊中心的地位受

到嚴峻的挑戰。

1999 年澳門回歸後，特區政府行政長官何厚鏵在嚴整治安、"固本培元"的同時，明確提出以"博彩旅遊業為龍頭，以服務業為主體，其他行業協調發展"的發展定位，並將"加強博彩業監管機制，提高經營管理水準"作為特區政府的施政綱領之一。2000 年 7 月，特區政府成立博彩委員會，研究博彩業的未來發展。隨後，政府草擬了《娛樂場幸運博彩經營法律制度》（即博彩法），決定開放博彩經營制度。2002 年，澳門特區政府通過公開競投的形式，向澳門博彩股份有限公司、銀河娛樂場股份有限公司和永利渡假村（澳門）股份有限公司發出 3 個博彩經營權牌照。其後，獲得博彩經營牌照的 3 家公司通過轉批給形式，分別向威尼斯人（澳門）股份有限公司（簡稱：威尼斯人，由銀河娛樂場股份有限公司轉批給）、美高梅金殿超濠股份有限公司（簡稱：美高梅超濠，由澳博轉批給）和新濠博亞娛樂股份有限公司（簡稱：新濠博亞，由永利轉批給）3 家公司發出博彩經營權牌照。

博彩經營權的開放，為博彩業經營者引入了競爭對手，為博彩市場引入了競爭機制。2004 年，美國博彩業投資者謝爾登‧埃德森旗下的金沙娛樂場和星河娛樂場相繼開業，結束了澳門娛樂公司長達 40 的壟斷經營。此後，外資紛紛投資澳

表 1—3 ｜ 近年來澳門博彩市場佔有率變化表

公司＼年份	2004	2005	2006 年 9 月	2007 年 8 月	2008 年 9 月	2009 年 3 月	2009 年 9 月
澳博	85%	74.7%	58%	40%	26%	29%	31%
威尼斯人	7.5%	16.7%	20%	18%	29%	27%	20%
銀河	7.5%	8.6%	15%	20%	10%	10%	10%
永利	—	—	7%	18%	19%	16%	14%
新濠博亞	—	—	—	4%	8%	10%	17%
美高梅超濠	—	—	—	—	8%	8%	7%
總計	100%	100%	100%	100%	100%	100%	100%

資料來源：《澳門日報》，2006 年 10 月 18 日；香港《明報》，2007 年 8 月 27 日；澳門《商訊》，2009 年 11 月。

門的賭場和酒店，大約有超過 200 億美元的外資湧入澳門博彩業。目前，澳門實際上共有 6 個賭牌，包括澳博、威尼斯人（即 "金沙"）、銀河、永利、新濠博亞和美高梅超濠，均已開業。從市場佔有率看，2004 年以前，澳門博彩市場由澳博一家獨佔。從 2004 年開始，隨著威尼斯人、永利等外資公司的進入，澳博市場佔有率逐漸降低。到 2009 年 9 月，澳博市場佔有率降至 31%，而威尼斯人、永利、美高梅超濠等美資博彩公司的市場佔有率則逐步上升（表 1—3）。

隨著國際博彩資本大舉進入，澳門博彩業呈現 "爆炸式" 發展態勢。根據博彩監察協調局提供的資料，截至 2008 年底，澳門賭場數已從回歸前的 11 家增加至 31 家，賭檯數和角子機數已從 2003 年的 424 張和 814 部分別增加至 2008 年的 4,017 張和 11,856 部，分別增長 8.5 倍和 13.6 倍。澳門博彩業（娛樂場）毛收入從 1999 年的 120 億澳門元躍升到 2008 年 1,098.26 億澳門元，9 年間增幅達 8.2 倍。澳門已超過美國拉斯維加斯而成為全球最大的博彩城市。2008 年，澳門博彩業相關稅收達 432.08 澳門元，約佔公共財政總收入的 69.4%。與此同時，博彩業增加值總額也在迅速增加，從 2002 年的 211.88 億澳門元增加到 2008 年的 771.23 億澳門元，佔本地生產總值比重從 2002 年的 31.94% 增加到 2008 年的 47.25%，成為澳門經濟中最重的支柱產業。

表 1—4　｜　回歸以來澳門博彩以及旅遊業發展概況

項目　年份	賭檯數	角子機數	博彩毛收入（百萬澳門元）	旅客入境數（千人次）	酒店入住率（%）	旅客人均消費（澳門元）	零售業總額（百萬澳門元）
2002	—	—	22,843	11,531	67.1	1,454	5,223
2003	424	814	29,476	11,888	64.3	1,518	6,268
2004	1,092	2,254	42,306	16,673	75.6	1,633	7,518
2005	1,388	3,421	45,800	18,711	70.9	1,523	8,779
2006	2,762	6,546	55,884	21,998	72.2	1,610	10,659
2007	4,375	13,267	83,847	26,993	77.2	1,637	14,195
2008	4,017	11,856	109,826	22,907	74.5	—	18,922

資料來源：澳門統計暨普查局及澳門博彩協調監察局網站。

2. 博彩業帶動了旅遊、酒店、零售、會展等相關產業的發展，拓展了澳門博彩旅遊業的產業鏈。

威尼斯人、銀河、永利、MGM 等國際資本以及競爭機制的引入，不僅有利於澳門博彩業推出新產品和新服務，引入國際化管理，拓展博彩旅遊市場的客源結構，鞏固和提升澳門博彩業的國際聲望；而且這些外來資本在澳門建設新的酒店、度假村、主題公園，並向全球推廣其博彩、休閒度假、商務服務和會展業務，有助於拓展和延伸澳門博彩旅遊產業鏈，實現博彩旅遊的"規模經濟"和"範圍經濟"，進而鞏固、提升澳門作為區域國際博彩旅遊中心的地位。

繼 2007 年 8 月澳門威尼斯人度假村開業、2009 年 6 月新濠博亞旗下的新濠天地開幕，銀河娛樂建設中的銀河度假城項目也預計於 2010 年開幕。目前，綜合性度假村模式已開始從美資賭場向其他合資和華資博企滲透。6 家賭牌持有者中，澳博成為唯一一家尚未發展綜合性度假村的博彩企業。目前，在香港招股上市的金沙中國計劃於 2010 年重啟澳門路氹金光大道項目，一期工程將於 2011 年 6 月前結束。一批綜合性度假村建設落成，無疑將有利於澳門博彩業向適度多元化轉型。

博彩業的發展，帶動了旅遊業的興旺。1999 年前後，澳門的遊客人數徘徊在 800 萬人次上下。2001 年，澳門入境旅客人數首次突破 1,000 萬人次。2003 年 7 月內地城市陸續實施赴澳門"個人遊"後，內地客源大幅增加，入境旅客總數呈現跨越式增長。2007 年，入境旅客達到約 2,700 萬人次。2008 年，由於統計中剔除外地僱員和學生入境人數，澳門全年入境旅客人數 2,290 萬人次，是當地人口的 42 倍多。2008 年，澳門的旅客入境數較 2002 年翻了 2.2 倍，其中 97% 以上的遊客來自中國內地、香港、台灣以及東南亞等亞洲地區。

澳門酒店業主要依附博彩業生存發展。2002 年博彩經營權開放以來，澳門酒店業進入了迅速發展的新階段。據統計，從 2002 年至 2007 年，澳門的酒店從 68 家增加到 82 家，可供客房數目從 8,954 間增加到 16,148 間，增幅分別為 20% 和 80%。2008 年，澳門再有 3 家大型豪華酒店落成開業，包括新葡京酒店、十六浦度假酒店及澳門四季酒店。到 2009 年 10 月底，澳門可供應客房總數增加到 18,447 間，較回歸前 1999 年的 9,431 間，大幅增加 95.60%（表 1—5）。酒店入住率也大幅上升，近 5 年均高達七成以上，2007 年達 77.2%。

隨著博彩旅遊業的發展，澳門零售業、會展業也獲得了矚目的發展。在零售業方面，一些大型超級市場、連鎖店和國際著名的專賣店相繼進入澳門，推動了

表 1 — 5 ｜ 2007 年至 2009 年澳門建成的大型娛樂項目

預建設項目	酒店房間數量（間）	預建設項目	酒店房間數量（間）
澳門皇冠酒店	227	銀河路氹城項目	N. A.
澳門帝豪綜合發展計劃	3,000	新文華東方酒店	210
美高梅娛樂場	600	海洋之神	N. A.
十六浦	420	金光大道首期項目	10,000
澳門威斯尼人度假村	3,000	澳門永利度假村	600
夢幻之城娛樂場	2,000		

資料來源：澳門第三屆國際酒店設備與用品展覽會，展會資料，http://www.brand-expo.com/2007%BE
%C6%B5%EA%D5%B9%D1%FB%C7%EB%BA%AF.doc。

澳門零售業的升級轉型。2002 年至 2007 年，澳門零售業營業總額年均增長 24%，2006 年突破 100 億澳門元大關。2008 年，澳門的零售業總額高達 189.9 億澳門元，比 2000 年的 45.2 億澳門元大幅增長 3.20 倍。在會展業方面，2007 年威尼斯人開業前，澳門只有會展場館約 4 萬平方米，不過，隨著威尼斯人會展中心的建成和投入使用，澳門的會展場館面積已擴大到 12 萬平方米，大中小型會展場館種類齊全，最大的會議室可容納 1.5 萬人，可以接待國際組織和跨國公司年會等超大規模的國際會議。2000 年，在澳門舉辦的會展活動不到 200 個，但到 2007 年已上升至 450 個。2008 年，澳門成功舉辦了第 2 屆 "亞洲國際博彩博覽會（GIE Asia）" 及第 13 屆 "澳門國際貿易投資展覽會"（MIF）；並且奪得一直在香港舉行的國際珠寶展的會展權。

3. 整體經濟實現跨越式發展，規模翻倍，國際地位大幅提高。

博彩業及相關產業的發展，推動了澳門整體經濟的繁榮。回歸前，澳門經濟經歷了長達 4 年的衰退。1999 年，以當年價格計算，澳門經濟的負增長仍然達 4.2%。回歸後，在中央政府的大力支持下，澳門特區政府屬行整治日趨惡化的治安環境，提出 "固本培元" 的經濟政策，使澳門經濟成功走出低谷，扭轉了回歸前連續 4 年負增長的局面。2000 年和 2001 年，澳門經濟增長率分別達 3.5% 和 1.5%。2002 年，受到博彩經營權開放、新博彩公司計劃在澳門大舉投資等一系列利好因素的刺激，澳門經濟復蘇步伐加快，當年經濟增長率高達 10.3%，整體經濟逐漸呈現勃勃生機。及至 2004 年，以當年價格計算，澳門經濟年增長率更高達 29.4%，即使以 2002 年價格計算，當年經濟增長率亦高達 27.3%，一時廣受國際矚目（表 1—6）。據統計，1999 年至 2008 年，澳門本地生產總值由 472.87 億澳門元增加到 1,662.65 億澳門元，年均增長達 14.99%。若從博彩經營權開放的 2002 年起計算，至 2008 年，澳門 GDP 年均增長率達到 21.2%；而最近 5 年，世界經濟平均增速僅為 3.6%。2000 年至 2008 年，澳門人均 GDP 從 11.3 萬澳門元增加至 31.3 萬澳門元，8 年間增長 1.77 倍，超越新加坡、文萊、日本，成為亞洲最富有地區。

隨著經濟的跨越式發展，澳門在國際上的聲譽逐步提升。2003 年 10 月，國際著名評估機構摩迪公司（Moody's Investors Service）將澳門的評級提升為 A1 級，同時也提升了澳門的貨幣評級，由 Aa1 升至 Aaa。2006 年英國《金融時報》所屬《外國直接投資》雜誌舉辦 "2005/06 年度亞洲最佳展望城市" 評選，澳門獲評為亞洲 "最具經濟發展潛力城市"。2009 年 1 月，美國傳統基金會與《華爾街日報》聯合

表 1—6 ｜ 回歸以來澳門本地生產總值（GDP）增長概況

年份	GDP（當年價，億澳門元）	GDP（2002 年價，億澳門元）
1999	472.87（-4.2%）	457.57（-2.4%）
2000	489.72（3.6%）	483.86（5.7%）
2001	497.04（1.5%）	497.84（2.9%）
2002	548.19（10.3%）	548.19（10.1%）
2003	635.66（16.0%）	625.84（14.2%）
2004	822.34（29.4%）	796.82（27.3%）
2005	921.91（12.1%）	851.94（6.9%）
2006	1137.09（23.3%）	992.45（16.5%）
2007	1501.44（32.0%）	1250.14（26.0%）
2008	1733.73（15.5%）	1411.67（12.9%）

註：（ ）內數字為年增長率。

資料來源：澳門統計暨普查局，《本地生產總值（按支出法估計）2009 年第 3 季》，http://www.dsec.gov.mo/getAttachment/111bf6cf-e12f-4be6-8f09-7e43cb148bfa/C_PIBP_FR_2007_Y.aspx。

發佈的 "全球經濟自由指數" 報告顯示，澳門在首次被納入調查的 21 個微型經濟體中排名第一，在全球 179 個經濟體中排名 21 位。

隨著經濟的發展，澳門的國際聯繫面迅速擴大。10 年來，適用於澳門的國際公約從原來的 156 項增加至 231 項，澳門與外國簽訂了 30 項民用航空、司法協助、投資保護等領域的雙邊協定；澳門特區作為中國代表團成員參加了 140 多次國際會議，以 "中國澳門" 名義參加了 240 多次國際會議；有 78 個國家或地區給予澳門特別行政區護照免簽證或落地簽證待遇。澳門成功舉辦了東亞運動會和 9 個大型國際會議，國際影響力進一步擴大。

4. 財政收入大幅增長，外匯儲備雄厚，金融體系穩健。

博彩專營權開放後，澳門整體財政運行良好，財政收入隨博彩業的持續繁榮和經濟迅速增長而大幅上升。2003 年，即賭權開放後的第一年，澳門的博彩稅收入即突破 100 億澳門元，到 2008 年更增加到 419 億澳門元，博彩稅收入佔財政收入的比重從 2002 年的 51% 上升到 2008 年的 73%。正由於此，澳門財政收入大幅增加，並且持續錄得盈餘。2008 年澳門特區政府的財政收入達到 510.77 億澳門元，約為 1999 年的 3 倍。同時，財政盈餘也持續增長，1999 年僅為 3.07 億澳門元，2008 年在世界經濟危機的背景下盈餘仍大幅增至 251.33 億澳門元，9 年來的財政盈餘加儲備基金累計超過 900 億澳門元，比剛回歸時澳葡政府移交的 28 億澳門元增加 31 倍。2008 年初，澳門特區政府外匯儲備達到 1,118 億元，比 2000 年的 267 億元增加了 3.19 倍。有評論認為，澳門特區政府可算得上是世界最有錢的政府之一。

回歸以來，澳門金融業發展迅速。2007 年，金融業在澳門本地生產總值中所佔比重為 9.4%，其中銀行業佔 7.8%，保險業佔 1.6%。目前，澳門共有 28 家銀行，包括離岸銀行 1 家，專營公務員存貸款業務的郵政儲金局 1 家。其中，12 家為本地註冊銀行，16 家為外資銀行在澳門的分行。澳門銀行業雖然規模細小，經營業務傳統，但銀行體系資產質量良好，2009 年 2 月不良貸款比率為 0.91%；資本充裕，2008 年底資本充足比率為 15.01%；流動性充沛，2009 年 4 月 16 日三個月流動比率為 68.50%；監管較穩健。不過，近年來，澳門銀行業面對的市場環境日趨複雜，金融全球化趨勢、人民幣升值的預期、國際社會加大反洗錢與反恐融資合作的力度，以及國際金融危機的衝擊，都對澳門金融業的經營和金融監管提出更高的要求。

5. 居民就業充分，收入增長，社會保障水準逐步提升。

回歸前夕，澳門的失業率居高不下，2000 年甚至一度大幅上升至 6.8%，但隨著經濟逐步復蘇和好轉，加上特區政府推行了促進就業的措施，失業率和就業不足率均不斷下降。1999 年至 2008 年，澳門失業率由 6.3% 降至 3%。按照國際上的通常標準，澳門已基本處於充分就業狀態。當然，並不排除仍然存在結構性失業。從每月工作收入中位數看，2002 年澳門居民總體的每月工作收入中位數為 4,672 澳門元，到 2008 年達到 8,000 澳門元，增長了 71.2%（表 1—7）。

為了使得全體居民能夠分享經濟增長的成果，特區政府分別於 2008 年和 2009 年推出 "現金分享計劃"，2008 年向每名澳門永久性居民發放 5,000 澳門元，非永久性居民撥發 3,000 澳門元；2009 年向每名永久性居民發放 6,000 元及總值 500 元的醫療券，向非永久性居民發放 3,600 元。2009 年，澳門特區政府宣佈將於 2010 年撥出 33 億澳門元啟動中央儲蓄個人賬戶，落實 "雙層社保" 制度，向每個符合資格開戶的居民賬戶注入 1 萬澳門元啟動資金。目前，80% 澳門人擁有私人住房，但特區政府仍出資修建了三萬多個單位的公共住房。

表 1 — 7 ｜ 澳門勞工及就業狀況

年份	失業率（%）	就業不足率（%）	勞動力參與率（%）	每月工作收入中位數（澳門元）
1999	6.3	1.3	65.5	4,920
2000	6.8	3.0	64.3	4,822
2001	6.4	3.6	64.8	4,655
2002	6.3	3.4	62.3	4,672
2003	6.0	2.7	60.9	4,801
2004	4.8	1.9	61.9	5,165
2005	4.1	1.4	63.1	5,765
2006	3.7	1.0	65.6	7,318
2007	3.1	1.0	69.2	7,800
2008	3.0	1.6	70.6	8,000

資料來源：澳門統計暨普查局，《澳門主要統計指標，2000—2006（各季度）》；《統計年鑑》，2008 年。

在教育方面，澳門特區政府於 2007—2008 學年全面落實 15 年免費教育，使澳門成為海峽兩岸和港澳地區中首個提供 15 年免費教育的地區。回歸十年來，特區政府用於免費教育的津貼開支由 1999—2000 學年的 3.7 億澳門元增至 2008—2009 學年的 10.2 億澳門元，增長 1.75 倍。平均在每名學生身上的投放由 1999—2000 學年的 6,500 澳門元增至 2008—2009 學年的 1.6 萬澳門元，增長 1.46 倍。

在社會保障方面，回歸十年來，向社保基金供款的受益人從 1999 年的 11.5 萬人增長到 2008 年的 25 萬人，增長 1.2 倍；同期，社保基金各項津貼總額由 1999 年的 1.41 億澳門元增至 2008 年 4.26 億澳門元，同比增長 2.0 倍。2005 年，特區政府首次發放 "敬老金" 1,200 澳門元給年滿 65 歲或以上的老人。這一款項在 2006 年和 2007 年分別升至 1,500 澳門元和 1,800 澳門元。2008 年特區政府，分別兩次發放 1,800 澳門元，2009 年一次性提升至 5,000 澳門元的標準。根據特區社會工作局提供的資料，2000 年，特區政府將本地 "最低維持生計指數" 提升至每月 1,300 澳門元，2006 年和 2007 年分別提升至 1,600 澳門元和 2,000 澳門元。到 2008 年，考慮到金融危機衝擊，特區政府再提升至 2,640 澳門元，比回歸時高出一倍多。

二、當前澳門經濟發展存在的深層次矛盾與問題

不過，回歸十年來，澳門經濟在實現跨越式發展的同時，一些深層次的矛盾與問題也逐漸暴露出來，並且對澳門經濟的穩定、可持續發展形成越來越嚴峻的挑戰。這些矛盾與問題主要有：

1. 博彩業 "一業獨大"，與相關產業的關聯度低，對其他產業 "擠出效應" 態勢凸顯，加劇了經濟的單一性。

2002 年博彩經營權開放以來，澳門博彩獲得了 "爆炸式" 的增長，"一業獨大" 的發展態勢進一步凸顯。1999 年，博彩業在澳門 GDP 的比重為 23.98%，到 2007 年已上升至 35.59%，其中 2004 年更曾一度高達 39.13%。相比之下，澳門傳統的支柱產業除了建築業由於受益於博彩業的迅速擴張而實現短期上升之外，其他兩大產業製造業和金融保險業的比重均隨博彩業的膨脹而不斷下降，尤其製造業更是萎縮嚴重，2007 年澳門的製造業比重僅剩 2.79%，第二產業的比重也僅有 17.69%，經濟單一化的特性日趨明顯。而且，澳門博彩業的產業鏈短，與相關產業之間的關聯度低，內部關係鬆散，連帶效應及穩定性弱，變化程度較大。博彩業的快速發展未能有效帶動關聯產業的發展。從表 1—8 看，同期酒店業、餐廳及

酒樓業的比重不升反降，僅批發零售業有所上升。據估計，目前澳門非澳居民（主要為外來遊客）平均每年在澳門的總消費中，博彩消費約佔 65% 以上；來澳遊客中不過夜的約佔遊客總數的一半左右，過夜遊客中大部分只住一晚，出現增人不增收的現象。

博彩業"一業獨大"使得生產資源過度聚集，進而擠壓了其他行業尤其是中小企業的生存空間；而其他產業的相對不振，更增加了政府對博彩業的依賴，使得生產資源進一步集中，形成所謂的"馬太效應"和"擠出效應"，使澳門經濟結構的單一化問題更加突出。以人力資源為例，2006 年和 2007 年，勞動力由其他行業轉入博彩業的速度加快，轉入率分別為 34.5% 和 40.8%，而其他行業的轉入率則

表 1－8 ｜ 博彩業及其相關產業產值佔本地生產總值比重（單位：%）

年份	1999	2002	2003	2004	2005	2006	2007
博彩業	23.98	31.94	36.64	39.13	34.93	33.31	35.59
酒店業	2.16	2.32	1.93	2.08	1.99	1.74	2.05
批發及零售業	4.68	5.79	5.83	6.22	5.89	5.96	6.35
餐廳及酒樓業	3.64	4.42	3.94	4.43	3.92	3.64	3.29
總計	34.46	44.47	48.34	51.63	46.74	44.65	47.28

資料來源：澳門統計暨普查局：《本地生產總值（按生產法估算）2007 年》http://www.dsec.gov.mo/getAttachment/111bf6cf-e12f-4be6-8f09-7e43cb148bfa/C_PIBP_FR_2007_Y.aspx。

表 1－9 ｜ 澳門勞動力轉工前後的主要行業分佈（單位：%）

行業 \ 年份	2006		2007	
	轉工前	轉工後	轉工前	轉工後
文娛博彩及其他服務業	16.3	34.5	20.4	40.8
酒店及飲食業	24.1	17.6	20.0	17.5
批發及零售業	18.0	12.5	18.1	9.7
製造業	10.4	3.8	12.0	3.7

資料來源：澳門統計暨普查局網站。

持續下降，製造業下降至 3.8% 和 3.7%（表 1—9），製造業和酒店及飲食業的職位空缺總數一直在 11,000 個以上，佔空缺總數的 60% 以上。產業間的人力資源嚴重失衡。

2. 經濟結構單一導致整體經濟的波動性風險增加，經濟的可持續發展問題表面化。

長期以來，由於澳葡政府奉行不干預政策，澳門經濟發展基本上處於隨波逐流的狀態，產業結構已呈現單一化的特點。1990 年，美國麥健時公司在其研究報告《澳門未來十年發展前景》中就明確指出，"澳門的經濟具有高度的極性"的特點。當時，博彩業已具有 "極性" 的特徵，80% 的來澳旅客是被博彩業吸引而來的香港居民，該地區財政收入的 45% 來自博彩業。2002 年以後隨著博彩業的 "爆炸式" 發展，澳門經濟結構的單一性更加凸顯。在外向型經濟的前提下，經濟結構的單一性必然導致經濟發展的不穩定性和波動性。這種波動性無疑將大大提升宏觀經濟和微觀經濟的風險。表 1—10 表明，澳門博彩業迅速擴張但實際市場需求又相對不足，已使得澳門博彩業毛收入缺乏彈性且有下降趨勢。2002 年以來，澳門 GDP 的增長呈現出與博彩業同步的波動趨勢，長遠來看不僅加大澳門經濟增長的風險，更對澳門的營商環境造成嚴重的負面影響，使澳門經濟增長乏力（圖 1—1）。

據統計，澳門經濟從 1990 年代後期已開始經歷大幅波動，實質本地生產總值增長的波幅從 1998 年的 -4.6% 至 2004 年的 29.4%，在 6 年間高峰至谷期底共相差超過 33 個百分點。2002 以來，澳門的經濟雖實現飛速增長，但是增長率極為波動；而同期香港、新加坡以及作為微型經濟的盧森堡，其經濟增長均較為平穩。2002 至 2007 年期間，香港、新加坡和盧森堡的經濟增長率方差分別為 8.73、4.39 和 3.57，而澳門的經濟增長率方差則為 60.23，經濟發展的風險迅速大增。從圖 1—1 看，澳門經濟增長的波動性遠遠要高於香港、新加坡和盧森堡。在經濟大幅波動的情況下，正常的經濟及商業活動運作受到干擾，對經濟個體的規劃及經濟政策的制定均造成壓力，經濟的可持續發展受到嚴峻的挑戰。2008 年全球金融海嘯及經濟危機對澳門經濟的衝擊，深刻反映了經濟單一性所潛伏的風險。

3. 土地、勞動力等生產要素對經濟的可持續發展制約明顯。

澳門土地面積狹小，僅有 32.8 平方公里，其中，私有土地約佔 4%，已批租土地佔 37%，澳門政府正在使用土地約佔 27%，換言之，澳門目前剩餘土地僅

表 1—10 │ 澳門博彩業毛收入彈性

項目 \ 年份	2004	2005	2006	2007	2008
賭檯博彩毛收入彈性	0.28	0.30	0.22	0.86	-3.78[1]
賭場博彩毛收入彈性	1.20	0.62	0.53	3.00	2.89
投資博彩毛收入彈性[2]	—	-0.45[3]	0.53	0.42	—

註：（1）2008 年澳門賭檯數量減少，但是博彩業毛收入保持增長，故該項彈性符號為負。

　　（2）投資博彩收入彈性即博彩業毛收入對固定資本形成總額的彈性。

　　（3）2005 年，澳門博彩業的固定資本形成總額減少，但毛收入保持增長，故該項彈性符號為負。

資料來源：根據澳門統計暨普查局網站及澳門博彩協調監察局網站相關數據計算所得。

圖 1—1 澳門及部分經濟體生產總值增長率

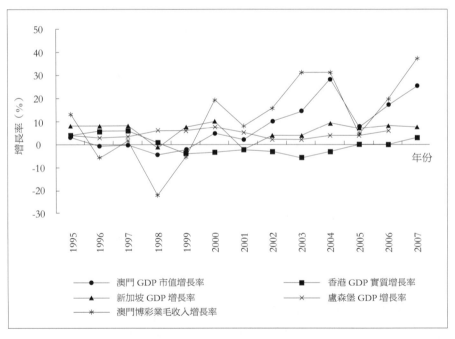

資料來源：澳門統計暨普查局網站 2000 年至 2008 年各季度《澳門主要統計指標》和《本地生產總值（按生產法算）》、香港政府統計處網站《本地生產總值》、新加坡統計局網站 http://www.singstat.gov.sg/stats/themes/economy/hist/gdp1.html 以及中國國家統計局網站 http://www.stats.gov.cn/tjsj/qtsj/gjsj/。

為 32%，其中包括山體、水塘等不適合發展的土地，實際可供批租的土地已不足 10%。在 32.8 平方公里土地上，居住著 54.9 萬的人口，人口密度高達 1.88 萬人 / 平方公里。近幾年來，澳門每年自然新增人口約 2,500，再加上每年獲准居澳的 7,000 多人，即每年淨增居民約 10,000 人。居住人口對居住用地的龐大需求，進一步凸顯了澳門的人地矛盾。而且，2002 年以來，特區政府為配合博彩經營權的開放，在路氹填海區批出大量土地，土地供應更形短缺。更值得注意的是，2006 年爆發的"歐文龍貪污案"凸顯了澳門在土地供應制度方面的漏洞和缺失，土地供應的無序、透明度不高、缺乏公眾監督機制，以及官員貪腐等問題也加劇了土地問題的嚴峻性。可以說，隨著整體經濟的快速發展，土地資源短缺已成為制約澳門經濟發展的"瓶頸"。

2008 年，澳門就業人口有 32.3 萬人，其中，在文娛博彩及其他服務業有 7.89 萬人，佔 24.4%；在酒店及飲食業有 4.13 萬人，佔 12.8%；在批發零售業有 3.96 萬人，佔 12.3%。即在博彩業及相關行業就業的就有 15.98 萬人，佔就業人口的 49.5%。近年來，隨著博彩業的開放及經濟的高速增長，澳門人力資源短缺的問題也日益凸顯，各個行業均面臨著人工短缺的情形，特別是博彩業及與博彩相關的行業，包括批發零售、餐廳及酒樓業等。外勞已成為彌補澳門勞動力資源不足的重要途徑。目前，澳門輸入外勞已達 8 萬至 9 萬人，約佔就業人口的 27%—28%。然而，外勞的大量輸入並未能緩解澳門勞工匱乏的瓶頸，且越來越遭到澳門本地勞工階層的反對。表 1—11 顯示，2008 年 1 月職位空缺數較 2000 年 1 月增加了 20%；並且，博彩業的擠佔更是大大削弱了澳門的實體經濟和中小企業對勞動力的吸引力，200 人以下企業職位空缺數一直佔到澳門總空缺數的 60% 以上，且空缺數和比重均不斷增加。人力資源短缺已成為制約澳門經濟可持續發展的重要障礙。

隨著經濟發展，對勞動力質素的要求也大大提高，但目前澳門勞動人口老化，質素偏低，嚴重制約著澳門經濟的升級轉型。據 2006 年中期人口統計顯示，勞動人口中，從未入學至未完成小學的佔 8.8%，小學至初中文化程度的佔 48.5%，具有高等教育學歷的只有 16.4%。《澳門主要統計指標》顯示，至 2008 年第四季度，就業人口中高中以上學歷的也僅佔 21.9%。博彩業高工資、低技術、低學歷、低門檻的特點，使其在吸納大量沒有工作經驗的勞動力的同時，也使澳門許多青年的就業求學觀發生了變化。正如有評論所指出，"賭權開放以來澳門居民對博彩旅遊業在環境和青少年價值觀方面的負面效應有著強烈的感知"；[01] 長此以

01

歐陽軍、屈傑豪、肖玲、張遠兒、陳朝隆、陳淳：〈澳門博彩旅遊業的多維效應 —— 一個 5 年的歷時性對比研究〉，《旅遊學刊》，2009 年第 2 期，頁 18-24。

表 1—11 ｜ 按規模劃分的澳門企業近期職位空缺狀況（單位：人）

時間 規模	2000 年 1 月	2000 年 9 月	2004 年 1 月	2004 年 9 月	2008 年 1 月
100 人以內	3,458	3,413	4,564	6,185	5,039
100—199 人	1,527	1,291	982	1,038	1,329
200—499 人	2,291	2,014	1,431	1,799	1,151
500 人以上	739	650	442	448	2,122
合計	8,015	7,368	7,419	9,470	9,641

資料來源：澳門統計暨普查局網站。

往，"只要賭桌不要書桌"對本地人價值觀造成的負面影響必然導致人力資源質素下降，澳門經濟也將因此失去進一步增長的源泉。澳門青年就業求學觀的變化，對澳門人口質素的提升將造成深遠的影響。

4. 經濟快速發展的同時，通脹壓力加大，貧富差距拉大，社會矛盾趨尖銳化。

在博彩業的帶動下，澳門經濟實現了跨越式的發展，同時也推動了澳門的房地產價格飆升。在成本推動和需求拉動的雙重作用下，澳門通脹壓力不斷加大。表 1—12 顯示，與 2002 年相比，2008 年澳門的住宅單位平均成交價升幅高達 272%，2007 年辦公單位平均成交價以及中區辦公單位平均成交價的升幅也達到 117% 和 149%。由於博彩業的擴張在成本方面推動了澳門房地產價格，人力資源成本飆升，同時又由於受到主要進口來源地的通貨轉嫁效應，以及澳門元對人民幣的相對貶值，在成本上推動了澳門的通貨膨脹。另外，博彩業帶來的大量外地遊客的巨大消費需求，以及本地居民的收入上漲帶動的需求增量和財政支出的增長又在需求方面拉動了澳門的通脹壓力。據統計，2002 年至 2008 年，澳門的綜合物價指數上升了 29%，其中上漲最多的即住屋及燃料部分，升幅達 53%。

回歸以來，澳門貧富差距不斷拉大。表 1—13 顯示：自回歸以來其中僅有建築業和文娛博彩及其他服務業的每月工作收入中位數超過總體增幅均值；而製造業不僅收入增長緩慢且收入絕對數長期遠低於整體均值，2007 年僅為整體的 51%；但截至 2007 年，僅有 40% 的就業人口分佈在建築業和文娛博彩及其他服務

表 1－12　│　博彩經營權開放後澳門物價主要情況

項目＼年份	2002	2003	2004	2005	2006	2007	2008
綜合消費物價指數	94.94	93.46	98.77	103.11	108.42	114.46	124.32
住宅單位平均成交價 （澳門元／平方米）	6,261	6,377	7,984	11,621	13,881	20,729	23,316
辦公單位平均成交價 （澳門元／平方米）	10,245	9,364	10,383	13,472	19,474	22,229	－
中區辦公單位平均成交價 （澳門元／平方米）	10,241	9,950	12,015	20,157	15,297	25,482	－

資料來源：澳門統計暨普查局網站。

表 1－13　│　回歸以來澳門各行業每月工作收入中位數（單位：澳門元）

行業＼年份	1999	2001	2003	2005	2007
總體	4,920	4,658	4,801	5,773	7,800
製造業	2,921	2,758	2,834	3,101	4,000
水電及氣體生產供應業	11,726	9,955	11,010	12,969	14,100
建築業	4,660	4,300	4,593	5,922	8,500
批發及零售業	4,711	4,445	4,355	4,888	6,000
酒店及飲食業	4,443	4,005	4,074	4,468	5,500
運輸通訊及倉儲業	5,675	5,630	5,802	6,455	7,800
金融業	7,549	7,696	8,588	8,691	9,800
不動產及工商服務業	4,385	3,823	3,700	4,198	5,500
公共行政及社保事務業	13,767	13,805	14,019	14,521	14,900
文娛博彩及其他服務業	6,494	6,187	6,466	7,837	11,600

資料來源：澳門統計暨普查局網站。

業。2008 年，澳門博彩業員工平均月工資約為 14,000 澳門元，而製造業員工工資僅為近 5,000 澳門元，兩者相差近 3 倍。在博彩業的帶動下，一方面，澳門的人均生產總值已位居亞洲前列，但另一方面，澳門仍約有 60% 的居民屬於中低收入階層，形成鮮明的反差。其中，部分居民在整體經濟蓬勃發展時期，不僅未能夠很好的分享經濟繁榮的成果，而且由於房地產價格上漲、通脹壓力加大等等原因，生活水準甚至有所下降，導致社會矛盾趨尖銳化。近年來，多個 "五一" 節均發生規模不小的市民上街遊行，就是一個警號。

5. 經濟規模細小，比較優勢較單一，難以發揮對經濟腹地的幅射作用，區域合作遲遲未能取得突破性進展。

澳門作為典型的微型海島經濟，原有的比較優勢就比較單一。20 世紀 80 年代中期以來，隨著内地對外開放的擴大，澳門的低成本優勢為廣東珠江三角洲地區所取代。20 世紀 90 年代以後，澳門更因經濟規模細小，特別是缺乏深水港，無法與其背後的經濟腹地，尤其是珠海、珠江三角洲西部地區以及西江中下游地區形成緊密的戰略聯繫，其作為這一地區對外開放的 "橋樑" 和 "窗口" 的優勢，亦隨著内地開放程度的提高而逐步削弱。因此，到 90 年代中期以後，澳門經濟因外來資金投入大幅減少，逐漸陷入困境。

澳門回歸後，成為中華人民共和國的一個特別行政區，實行 "一國兩制" 方針，維持原有資本主義制度和生活方式 50 年不變。澳門與内地在經濟合作發展中獲得了新的制度優勢。然而，"一國兩制" 無疑又是兩地經濟合作的一種 "硬約束"。由於澳門與廣東的社會、經濟制度不同，且分屬不同的行政區劃，經濟運作相對獨立性高，這在相當程度上降低了區域協調、整合的效率，提高了交易成本，並制約著區域經濟整合的廣度和深度。其中，橫琴島的聯合開發長期議而未決就是一個明證。早在 20 世紀 80 年代中期，粵澳兩地有識之士已提出聯合開發橫琴島的建議，但是，由於兩地對經濟合作缺乏共識，發展思路不一致，特別是缺乏從區域經濟一體化的高度對牽涉兩地的空間、產業、城市功能等重大佈局進行規劃和協調的高瞻遠矚，以致橫琴島的開發遲遲無法取得突破。1999 年澳門回歸後，澳粵兩地高層會晤雖然達成了共同開發橫琴島的共識，但在開發的具體模式等一系列實質性問題上仍存在分歧，所謂共同開發橫琴仍停留在 "只打雷不下雨" 的階段。一直到 2009 年國務院批准、頒佈《珠江三角洲地區改革發展規劃綱要》，明確提出要開發 "橫琴新區"，橫琴島的區域合作才正式起步。

在澳門的區域合作中，另一個重要議題就是如何發揮澳門的自由港優勢、區位優勢以及國際網絡的優勢，建設發展成為"中葡商貿服務平台"。澳門背靠珠三角西部，沿西江往西北上溯是西江中下游廣闊的經濟腹地，而它聯繫的國際層面，以歐盟和葡語國家為重點。長期以來它與這些地區和國家一直保持著悠久的經濟、文化等各方面的聯繫。澳門的這個"仲介"角色是其獨特的、不容忽略的優勢。然而，也正由於澳門自身種種主客觀方面的原因，這一優勢在很大程度上仍然是潛在的，尚未得到充分的發掘、利用。回歸以來，隨著中國經濟實力的不斷增強，背靠龐大內地市場的澳門吸引眾多葡語系國家設立機構以開展與中國的經貿交流。2003 年，中央政府決定將"中國—葡語國家經貿合作論壇"設在澳門。但是，澳門作為聯繫中國內地，特別是廣東珠三角地區與歐盟、葡語國家的"仲介性"商貿服務平台的功能也才剛開始發揮作用。區域合作的滯後發展，嚴重制約了澳門經濟的穩定、可持續發展。

三、強化政府的調控監管能力，穩步推進經濟適度多元化

我們認為，解決澳門各深層次矛盾的關鍵，是在推動博彩業有序、規範發展的同時，穩步推進澳門經濟的適度多元化，而其核心問題則是強化政府的調控、監管能力。

1. 積極推動博彩業有序、規範發展，穩步推進經濟適度多元化。

根據我們的研究，從解決澳門深層次矛盾著手，政府必須制定推動產業適度多元化的明確產業政策。

澳門經濟適度多元化的方向，首先必須在加強對博彩業的有效監管的同時，推動博彩業適度、有序發展，並著力優化其發展模式。要發揮博彩業的"發動機"和"助推器"作用，充分利用博彩業開放和"自由行"政策實施所帶來的契機，將服務超過 2,000 萬個旅客的旅遊休閒業做大做強，包括觀光、文化旅遊、度假、休閒旅遊、購物旅遊，甚至會議、展覽等商務旅遊，積極推動酒店業、餐飲業和娛樂業的升級轉型和現代化、多元化發展；並重點發展批發零售業、會議展覽業，打造經濟適度多元化的新增長點。

圍繞澳門的"中葡商貿服務平台"建設，大力培養和發展現代服務業。這幾年來，澳門的區域性商貿服務平台的建設雖然取得了明顯的進展，但更多的是政府在引導，缺乏市場、特別是企業的有力推動，給外界一種"虛"的感覺。究其

原因，主要是澳門還缺乏圍繞著平台建設的相關服務企業的支撐。因此，中葡商貿服務平台的建設，必須與相關現代服務業的扶持、培育緊密結合起來，特別是可以重點發展總部經濟、商貿服務業、物流運輸業、金融保險業等產業，從而為澳門經濟的長遠發展注入新的動力，有效推動澳門經濟的適度多元化。

2. 強化政府的調控、監管能力，實行有指導性的宏觀產業政策。

澳門回歸以來，特別是 2002 年博彩經營權開放以來，隨著國際資本的大規模進入和經濟的急速發展，澳門經濟、社會正面臨著一個歷史上從未經歷過的轉型時期，整體經濟發展正顯示出與過去不同的許多特點。因此，必須強化政府的調控、監管能力，實行有指導性的宏觀產業政策。

政府應逐步加強對澳門宏觀經濟的調控能力，特別是對博彩業發展的監管能力。從國際經驗看，世界各國政府對博彩業都實行一套嚴格的監管制度。然而，2002 年開放博彩經營權以來，隨著博彩業的“爆炸式”發展，政府對博彩業的監管卻相對滯後。根據澳門第 16／2001 號法律《娛樂博彩幸運博彩經營法律制度》第 7 條第 2 款的規定，特區政府開放博彩經營權後，對博彩經營的牌照的“批給至多為三個”。然而，實際運作中，三個牌照一分為二，變成六個。其中，永利集團以 9 億美元的價格分拆次特許經營權給 PBL，即還沒開業已收回其在澳門的幾乎全部投資。這使特區政府對博彩業的監管陷於被動地位。有評論指出：“在強大盈利驅使下，無形之手只會推動業者朝最短時間賺取最大利益的方向邁進，這種市場行為可能會與本澳整體經濟的穩定發展相矛盾。”[01] 有部分評論更指出，目前社會不少資源正流向博彩業，帶動了企業的營運成本上升，如租金、工資不斷上漲，令中小企業競爭加劇。[02] 2008 年 4 月 22 日，澳門特區政府在各方面的壓力下，決定限制澳門博彩業現有規模，不再增發新的賭牌，不再批給土地建新賭場，並嚴控賭桌數目。但是，博彩業“一業獨大”的態勢已經形成，如何使其有序、規範發展，已成為特區政府監管當局面對的重大挑戰。

實施傾斜性的財政稅收政策，建立產業適度多元化基金。近年來，特區政府因賭稅源源不絕的增加而導致財政盈餘龐大。因此，如何有效利用手中的財政盈餘成為政府必須面對的重要課題。澳門政府必須居安思危，銳意進取，有效運用現有的龐大財政盈餘和稅收政策等宏觀經濟手段，實施傾斜性的財政稅收政策，積極推進產業適度多元化，特別是旅遊博彩業多元化的發展，培育新的強大的產業鏈，提升科創新的產業模式，為澳門經濟發展的強盛後勁奠定紮實的根基。對

01

參閱〈調教龍頭，產更大效益〉，《澳門日報》，2006 年 3 月 12 日。

02

參閱白志健：〈蛋勿盡放一籃〉，《澳門日報》，2006 年 3 月 6 日。

重點發展的新興產業，可考慮從龐大的財政盈餘中撥出一定數額的款項，成立產業適度多元化基金，對符合政府重點發展的新興產業中的一些具標誌性意義或良好發展前景的項目，提供財政資助或進行風險投資，以逐步達至經濟適度多元化的宏觀政策目標。

改善澳門的投資營商環境。對一些配合政府產業發展政策所需要的重要領域，特別是有利於營造良好投資環境的一些非營利性的社會公益領域，包括高科技領域、基礎設施領域和教育領域等，進行有針對性的投資。這些投資領域的共同特點是投資週期長、投資數額大、具有風險和不確定性，但對經濟發展、產業升級轉型具有重要意義。

3. 重視並強化對土地、人力資源的規劃、管理和開發，制定科學、合理的相應政策。

根據產業政策重新修訂土地發展規劃，建立並完善土地分配、土地利用及土地開發制度。針對當前澳門土地分配和土地利用失衡的問題，應加快修訂對土地發展的規劃，參考香港城市分區發展大綱規劃的做法，對澳門城區的現有土地進行分區規劃、管理，並制定相應的土地發展策略，就區內各類用地，包括工商業區、居民住宅區、公共社區等作出系統性的規劃，特別是根據經濟適度多元化的產業政策對新城區的發展和舊城區的重整作出有長遠戰略意義的規劃，以提高土地的利用效率。同時，借鑒和引進香港的土地批租制度，推行土地拍賣制度，以保證土地分配的公平、公正。為此，建議成立專職監察土地開發、分配和利用的土地諮詢及監察委員會。土地發展規劃的修訂，還必須考慮到填海計劃。由於填海主要圍繞海港兩岸展開，如何平衡填海與海港保護成為一個難題。從更長遠的發展考慮，還包括如何與廣東聯合開發橫琴島的問題。

加強對人力資源的開發和引進，制定科學、合理的外勞政策。特區政府有必要進一步加強對人力資源的調查研究，如完善本地主要行業的“人力資源需求及薪酬調查”的官方統計，建立人力資源資訊庫，切實瞭解澳門各行業短、中、長期人力資源的動態需求情況，包括勞動力和各類人才的存量、動向、流量、輸出及輸入的基本情況，根據這一動態發展情況制定並調整澳門人力資源的短、中、長期開發規劃。特區政府應根據澳門經濟發展的實際需要制定勞工輸入政策，使之逐步規範化、透明化，以將可能引發的社會矛盾減至最低限度。同時，要簡化現時申請輸入外勞的繁瑣手續，縮短等候審批的時間；制定外勞最低薪金保障標準，確保本地僱員與非本地勞工和諧共處；制定保障本地低學歷和中壯年人士有被聘用的優先權的規定，減低澳門失業率；政府的有關執行部門應加強對勞工輸入政策的監督、落實，使輸入外勞政策透明化、公開化，加強對 "黑工" 的打擊，以保障本地勞工的合法權益。

4. 積極推進橫琴的聯合開發與區域合作。

澳門要實現經濟適度多元化，必須參與和推動粵港澳大珠三角區域合作，特別是要積極推進與廣東方面在橫琴島開發上的合作，以突破澳門空間狹小和資源短缺的制約。橫琴島的最大優勢就是毗鄰澳門，且其面積是澳門的 3 倍。澳門經濟適度多元化發展所面臨的最大制約在於土地、人力資源的短缺。而一水之隔的橫琴島是一塊未開發的處女地，可供開發的面積有 53 平方公里。因此，橫琴開發最重要的戰略價值，就是可以彌補澳門經濟發展面臨的土地、人力資源短缺等問題，使澳門優勢產業得到延伸、擴充，相關產業得到發展。

2009 年，國家有關部門提出將澳門大學遷址橫琴，作為橫琴開發的第一個標誌性項目；國務院常務會議也原則上通過《橫琴總體發展規劃》，多年來一直停滯不前的橫琴島開發，已提到國家經濟發展的戰略層面並將正式啟動。《橫琴總體發展規劃》提出：要充分發揮橫琴地處粵港澳結合部的優勢，推進與港澳緊密合作，把橫琴建設成為帶動珠三角、服務港澳、率先發展的粵港澳緊密合作示範區。這一定位不僅符合國務院頒佈的《綱要》中對橫琴開發的要求，而且也密切契合當前粵港澳緊密合作、日趨融合的客觀需要，特別是對澳門經濟的適度多元化發展，具有重要意義和深遠影響。

以橫琴開發為載體，通過加強澳門與珠海的合作，可以大力吸納國外和港澳的優質發展資源，打造區域產業高地，促進珠江口西岸地區的產業升級轉型。因此，橫琴開發將成為打造澳、珠一體化或同城化的珠澳都會圈的重要契機，以橫琴為結合部，包括澳門、珠海在內的都會圈將發展成為珠江西岸一個高能量級的增長極，即一體化或同城化的珠澳都會圈。

（原文發表於澳門《澳門研究》，2010 年第 2 期）

當前澳門經濟存在的主要問題與對策研究

一、當前澳門經濟存在的三大問題

1. 關於澳門博彩業"一業獨大"和經濟適度多元化的問題。

1999 年澳門回歸以來，尤其是 2002 年博彩經營權開放和 2003 年中央對內地居民開放港澳地區"自由行"以來，澳門的博彩業獲得高速發展，並推動整體經濟在經歷連續多年的衰退以後，恢復強勁增長。不過，與此同時，博彩業發展出現了"一業獨大"的趨勢，產業結構呈現越來越明顯的單一性特徵。據統計，2002 年至 2011 年，澳門經營博彩的公司從 1 家增加至 6 家，賭場從 11 家增加至 34 家，賭桌和角子機分別從 339 張和 808 部急增至 5,302 張和 16,056 部，9 年間分別增長 14.64 倍和 18.87 倍。博彩毛收入從 2002 年的 234.96 億澳門元增加至 2010 年的 1,985.88 億澳門元，8 年間增長了 7.45 倍，年均增長超過 28%。博彩業在澳門本地生產總值中所佔比重也從 1999 年的 23.98% 上升至 2009 年的 32.3%，其中 2004 年更高達 39.13%。這種單一性的產業結構，給澳門經濟帶來越來越大的風險，並對其可持續發展構成了挑戰。有鑒於此，國家在"十一五"規劃、"十二五"規劃都明確提出要"促進澳門經濟適度多元發展"，澳門特區政府亦多次強調要推動澳門經濟的適度多元化。

在本次調查研究中，博彩業"一業獨大"和經濟適度多元化問題成為受訪者關注的一個主要經濟問題。來自教育界的劉校長認為，隨著博彩業的高速發展，澳門經濟將會越來越單一，其中隱含著相當大的風險。她說："如果國內取消出入境自由行，不給這麼多人過來，我們就沒了！你看我們的經濟支出現在多麼的浪費，我們怎麼去支撐？"來自企業界的黃先生認為，澳門是微型經濟體，博彩業一業獨大，很難發展多元經濟。

根據我們召開的兩場中小企業人士座談會，受訪者反映最多的就是博彩業"一業獨大"所導致的人力資源短缺和經營成本上升兩大問題。澳門飲食業商會副理事長馮先生表示，澳門開放賭權後，飲食業的勞工短缺已顯現出某種程度的慘況，如今可以從勞動力市場招聘本地勞工的比率已經由以前的 50% 下降到當前的 5% 左右。來自手信業的凌先生表示：政府希望我們手信業能打造澳門製造的品牌，我們作為企業當然很願意，但是需要政府相應的人力資源政策配合，我現在有四家門店，只要給我人力，開個十間八間分店是沒有問題的。來自旅遊業的胡先生指出，2011 年，澳門社會出現了一個即便在世界上都極為少有的現象 —— 司機這個工種的工資在一個月內上升了 50%，而且工資上漲後企業還是招聘不到足夠的司機。受訪者普遍反映，博彩業 "一業獨大" 使得人力資源過度聚集，擠壓了其他行業尤其是中小企業的生存空間，使澳門經濟結構的單一化問題更加突出。

本次調查結果顯示，在接受調查的中小企業主中，被問到 "為了改善中小企業的營商環境，您對特區政府主要的訴求是甚麼？" 時，佔前三位的訴求分別是 "積極推動澳門經濟適度多元化"、"進一步完善政府的人力資源政策" 和 "提高政府的行政效率，加強對澳門企業的服務功能"。其中，將 "積極推動澳門經濟適度多元化" 作為第一主要訴求的佔 29.8%，作為第二主要訴求的佔 6.4%，作為第三主要訴求的佔 8.5%；將 "進一步完善政府的人力資源政策" 作為第一主要訴求的佔 23.4%，作為第二主要訴求的佔 19.1%，作為第三主要訴求的佔 14.9%；將 "提高政府的行政效率，加強對澳門企業的服務功能" 作為第一主要訴求的佔 12.8%，作為第二主要訴求的佔 14.9%，作為第三主要訴求的佔 14.9%（表 1—14）。

近年來，特區政府積極推動澳門企業參與區域合作特別是珠海橫琴新區的聯合開發，以作為澳門推進經濟適度多元化的一個路徑。在本次調查中，受訪的中小企業主在被問到 "您認為橫琴開發是否會為您的業務發展提供機遇" 時，認為 "提供很大機遇" 和 "有一定機遇" 的合共佔 34.0%，"機遇不大" 的佔 23.4%，"沒有機遇" 的則佔 31.9%，其餘為 "不清楚" 和 "不回答"。不過，耐人尋味的是，在本次調查中，受訪的澳門市民被問及 "您認為澳門社會在以下哪些方面最需要改善？" 時，"推進粵澳區域合作（包括橫琴開發）" 被排在倒數末位，最期待改善佔 0.1%，第二期待改善佔 0.4%，第三期待改善佔 1.0%；而 "增加經濟適度多元化" 亦排在相當後的位置，最期待改善佔 1.3%，第二期待改善佔 2.0%，第三期待改善佔 1.9%（表 1—15）。這在一定程度反映出在澳門市民關於社會經濟事務的優先次序上，"推進粵澳區域合作（包括橫琴開發）" 及 "增加經濟適度多元化" 仍然居於較不重要的位置，顯示特區政策的導向與整體社會發展需求形成強烈反差。

表 1 — 14 ┃ 受訪中小企業主就改善營商環境對特區政府的主要訴求

訴求	第一	第二	第三
積極推動澳門經濟適度多元化	29.8%	6.4%	8.5%
在稅收、金融等方面加強對中小企業政策扶持力度	8.5%	25.5%	10.6%
進一步完善政府的人力資源政策	23.4%	19.1%	14.9%
加強區域合作，引導企業參與橫琴開發	6.4%	2.1%	4.3%
加強城市交通等基礎設施的建設	2.1%	8.5%	12.8%
提高政府的行政效率，加強對澳門企業的服務功能	12.8%	14.9%	14.9%
其他	2.1%	0.0%	4.3%
不清楚	10.6%	10.6%	12.8%
不回答	4.3%	12.8%	17.0%

2. 關於改善澳門中小企業投資營商環境的問題。

根據徐雅民等人的研究，[01] 從澳門微型經濟的特點出發，按企業人數這一最常用的指標，澳門企業可劃分為微型企業（109 人）、小型企業（10-99 人）、中型企業（100-499 人）和大型企業（500 人以上）等四種類型，前三種類型統稱為中小企業。據統計，中小企業一般佔澳門企業總數的 99% 以上。在澳門經濟適度多元化的進程中，中小企業將扮演重要角色，因而，中小企業的投資營商環境成為本次調查的焦點之一。

回歸以來，隨著博彩業開放及整體經濟的快速增長，澳門中小企業的投資營商環境得到一定程度的改善，中小企業主的個人收入也有了相當的改善。本次調查中，接受調查的中小企業主，被問及 "與 5 年前相比，您個人的收入水準是提高了還是下降了？" 時，認為 "有很大提高" 和 "有所提高" 的合共佔 78.3%，認為 "沒有變化" 的佔 13.0%，認為 "有所下降" 和 "下降幅度很大" 的合共佔 6.5%（圖 1 — 2）。在被問到 "與 5 年前相比，您認為澳門中小企業的營商環境是改善了還是惡化了？" 時，認為 "有很大改善" 和 "有所改善" 的合共佔 55.4%，認為 "沒變化" 的佔 6.4%，認為 "有所惡化" 和 "嚴重惡化" 的合共佔 36.2%（圖 1 — 3）。在被問到 "在現有投資營商環境下，你對擴大經營規模、開拓新經營領域的興趣

01

徐雅民等：《提升澳門中小企業競爭力研究》，澳門理工學院，2004 年 8 月，第 39 頁。

表 1－15 | 受訪澳門市民認為澳門社會最需要改善的方面

方面	第一	第二	第三
控制物價上漲	26.8%	21.2%	11.8%
控制房價上漲	18.0%	27.0%	11.4%
提高政府廉潔程度	10.9%	7.3%	4.3%
提高政府施政水準	10.2%	2.7%	4.0%
消除貧富懸殊現象	8.0%	6.3%	10.6%
提高政府施政透明度	5.5%	6.0%	6.4%
增加個人經濟收入	4.0%	3.8%	5.1%
改善交通狀況	2.7%	4.6%	10.7%
增加就業機會	2.6%	5.5%	6.5%
完善社會醫療保障	2.5%	2.8%	5.9%
提高教育水準	2.0%	2.9%	8.2%
推進民主建設	1.6%	2.3%	2.0%
增加經濟適度多元化	1.3%	2.0%	1.9%
改善社會治安	0.9%	0.9%	3.0%
生態與環境保護	0.8%	1.1%	2.0%
推進粵澳區域合作（包括橫琴開發）	0.1%	0.4%	1.0%
其他	0.7%	0.4%	0.4%
不清楚	0.9%	0.9%	1.4%
不回答	0.6%	1.8%	3.3%

圖 1－2 受訪中小企業主在過去 5 年個人收入情況

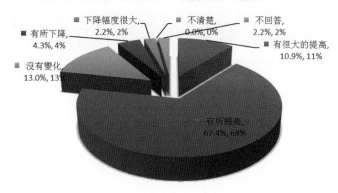

圖 1－3 受訪中小企業主對澳門中小企業在過去 5 年營商環境的評價

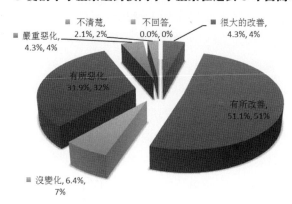

圖 1－4 受訪中小企業主對在現有投資營商環境下擴大經營、拓展業務的興趣

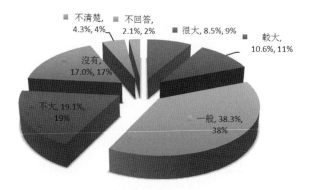

和動力有多大？"時，認為"很大"和"較大"的合共佔19.1%，認為"一般"的佔38.3%，認為"不大"和"沒有"的合共佔36.1%（圖1—4）。反映中小企業投資營商環境儘管有所改善，但仍存在不少問題，使得企業擴大規模、拓展業務的動力有限。

被問到"如果您認為澳門中小企業營商環境改善，最重要的三個原因是甚麼？"時，佔前三位的分別是"回歸以來澳門經濟快速增長"、"澳門博彩業開放帶動相關行業發展"和"內地'自由行'政策的實施"。其中，認為"回歸以來澳門經濟快速增長"是最重要原因的佔29.4%，是第二重要原因的佔12.1%，是第三重要原因的佔6.1%；認為"澳門博彩業開放帶動相關行業發展"是最重要原因的佔26.5%，是第二、第三重要原因的分別佔27.3%和6.1%；而認為"內地'自由行'政策的實施"是最重要原因的則佔14.7%，是第二、第三重要原因的分別佔12.1%和15.2%（表1—16）。這在一定程度上從一個側面反映了博彩業開放和內地"自由行"政策實施，推動澳門經濟快速增長，對中小企業發展所帶來的好處。另外，值得重視的是，"粵澳區域合作順利推進"及"CEPA框架下內地對澳門開放服務業"這兩大因素在改善澳門中小企業營商環境中的排名處於倒數末二位，在一定程度上反映出相關政策的實施對企業特別是中小企業實際帶來的效益有限。

對於認為澳門中小企業營商環境惡化的中小企業主，在被問到"如果您認為澳門中小企業營商環境惡化，主要原因是甚麼？"時，佔前三位的分別是"企業人力資源短缺"、"租金上升、房價過高"和"澳門博彩業'一業獨大'，擠壓中小企業發展空間"。其中，認為"企業人力資源短缺"是最重要原因的佔31.7%，是第二重要原因的佔19.0%，是第三重要原因的佔9.5%；認為"租金上升、房價過高"是最重要原因的佔19.5%，是第二、第三個重要原因的分別佔11.9%和9.5%；而認為"澳門博彩業'一業獨大'，擠壓中小企業發展空間"是最重要原因的則佔12.2%，是第二、第三主要原因的分別佔4.8%和4.8%（表1—17）。表面上看，導致澳門中小企業投資營商環境惡化的主要原因中，博彩業"一業獨大"僅排第3位，但深入分析，它卻是造成澳門"企業人力資源短缺"和"租金上升、房價過高"兩大原因背後的重要因素。

其中，對中小企業投資營商環境影響最大的是人力資源的短缺。在本次調查中，中小企業主在被問到"您所在的企業對人力資源的充裕或短缺的情況"時，認為"充裕"的佔13.0%，認為"剛剛好"的佔17.4%，認為"短缺"和"嚴重短缺"

表 1—16 | 改善澳門中小企業營商環境最重要的原因

原因	第一	第二	第三
回歸以來澳門經濟快速增長	29.4%	12.1%	6.1%
澳門博彩業開放帶動相關行業發展	26.5%	27.3%	6.1%
內地"自由行"政策的實施	14.7%	12.1%	15.2%
特區政府財政收入增加，擴大了中小企業的扶持政策力度	2.9%	15.2%	21.2%
政府的行政效率提高	2.9%	0.0%	6.1%
粵澳區域合作順利推進	2.9%	0.0%	3.0%
CEPA 框架下內地對澳門開放服務業	0.0%	0.0%	3.0%
其他	0.0%	3.0%	3.0%
不清楚	5.9%	6.1%	9.1%
不回答	14.7%	24.2%	27.3%

表 1—17 | 受訪中小企業主認為澳門中小企業營商環境惡化的主要原因

原因	第一	第二	第三
企業人力資源短缺	31.7%	19.0%	9.5%
租金上升、房價過高	19.5%	11.9%	9.5%
澳門博彩業"一業獨大"，擠壓中小企業發展空間	12.2%	4.8%	4.8%
外勞輸入政策	9.8%	9.5%	2.4%
政府的中小企業扶持政策力度不夠	7.3%	7.1%	23.8%
通脹惡化、經營成本上升	4.9%	16.7%	11.9%
交通擁擠、城市發展規劃滯後	0.0%	4.8%	2.4%
政府的行政效率不高	0.0%	2.4%	11.9%
其他	0.0%	2.4%	0.0%
不清楚	4.9%	4.8%	4.8%
不回答	9.8%	16.7%	19.0%

圖 1 — 5 受訪中小企業主認為自己所在企業對人力資源的充裕或短缺情況

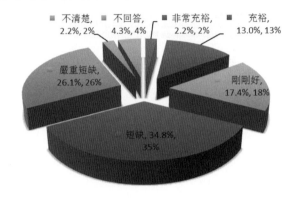

圖 1 — 6 受訪中小企業主認為所在企業的職位空缺對業務發展的影響

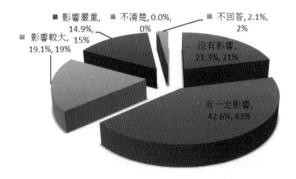

的合共佔 60.9%（圖 1 — 5）。在被問到"您所在企業的職位空缺對業務發展的影響"時，認為"沒有影響"的佔 21.3%，認為"有一定影響"的佔 42.6%，認為"影響較大"和"影響嚴重"的合共佔 34.0%（圖 1 — 6）。

在我們召開的澳門中小企業主座談會上，反映最強烈的也就是企業人力資源短缺的問題。來自企業界的胡先生表示，當前澳門中小企業的投資營商環境與前幾年相比，應該說是差了，或者更確切的說是難了。同樣來自企業界的馮先生認為，2003 年之前是營商不妙但暢順，因為職員是不會離職的，人工低，生意少；現在生意好，但是人手不足。來自運輸界的李先生說，目前人力資源的工資太高，以前我們找個跟車運輸工只要 7,000 塊錢，現在沒有 10,000 塊都很難找到；不然的話，他也是騎牛找馬，做兩個月就跑掉了，要請新的員工重新培訓非常耗費精力。受訪的中小企業主認為，企業的人力資源短缺與政府的勞工政策及申請外勞的繁複程序密切相關。馮先生表示，這令澳門的微企深感困擾，因為他們本來就很缺乏人手，現在還要走這麼多政府程序，真是分身乏術，倒不如結業去受僱於人。

3. 影響民生的突出問題：高房價、高物價、高通脹。

本次調查中，受到澳門社會普遍關注的另一個經濟問題就是高房價、高物價、高通脹對民生的影響。接受調查訪問的市民在被問到"與 1999 年回歸前相比，您生活的哪些方面變壞了？"時，佔前三位的分別是"物價穩定"、"房價穩定"和"交通狀況"，分別佔 89.7%、86.5% 和 45.6%（表 1—18）。接受調查訪問的市民在被問到"您生活中最感無力解決的問題是甚麼？"時，高居前兩位的分別是"房價過高"和"通貨膨脹"。其中，認為"房價過高"是最無力解決的問題的佔 36.3%，認為是第二、第三無力解決的問題的分別佔 17.3% 和 7.2%；認為"通貨膨脹"是最無力解決的問題的佔 29.0%，認為是第二、第三無力解決的問題的分別佔 35.3% 和 10.1%（表 1—19）。

當前，澳門的民生問題中，最突出的要算高房價問題，特別是中低收入人群的住房問題。回歸前，政府曾為中低收入人士提供公共房屋，包括社會房屋與經濟房屋 **01** 兩個部分。1999 年回歸以後，特區政府針對疲弱不景的地產市場，停建了公營房屋。除了居住在公營房屋的家庭外，大多數的家庭要透過私營房屋解決他們居住與投資的需求。2002 年澳門博彩專營權開放後，大量外來投資及外來勞工湧入澳門，加上經濟快速增長，極大地拉動了房地產市場的需求，短短數年間房價急升，市民收入遠遠趕不上樓價升幅，對低下階層市民、沒有自置物業的居民包括年青一代及年長者的住房壓力大增。據統計，2002 年至 2009 年間，澳門就業人口收入中位數由 4,764 澳門元，增加至 8,500 澳門元，平均年增長率為 8.9%，就業中位數實質增長約 5.5%；同期，私人物業平均售價由 2002 年每平方米 6,259 澳門元，增加至 2009 年首三季每平方米 19,008 澳門元，平均年增長率為 17.2%，實質平均年增長率為 13.8%，遠高於就業人口收入中位數的增幅。**02** 由於在新的經濟大環境下，政府的公共房屋政策並沒能及時調整，未能為中低下階層市民提供足夠的公共房屋，導致社會怨聲四起，高房價實際上已成為社會不穩定的重要因素之一。

澳門民生問題中，另一個突出問題是高物價、高通脹。這也是在本次調查中

01'

社會房屋，是指由政府興建或由政府提供土地批予發展商投資興建，完工後將單位回報給政府，政府以低廉的租金租予低收入或有特殊困難的家庭租住。經濟房屋，是指由政府與本地建築企業簽訂土地批給合同的方式，建築企業利用批給的土地興建價格較低的房屋。建成的房屋，部分單位撥歸政府作為批地補償，其餘單位由承批企業按合同所定條件及價格，透過房屋局審核後出售。比較起來看，經濟房屋是提供給收入較少，無法承擔私人樓宇價格而又想自置居所的人士；而社會房屋是租住形式，主要對象是低收入或有特殊困難的家庭。

02'

王于漸、郭國全、蔡小慧、黎寧：《澳門公共房屋政策研究》，2010年 3 月，第 51 頁。

表 1－18 ｜ 受訪市民認為與 1999 年回歸前相比個人生活變好或變壞情況

	變好	差不多	變差	不清楚	不回答
經濟收入	57.3%	28.3%	11.9%	2.3%	0.1%
就業機會	53.9%	29.0%	12.2%	4.5%	0.3%
社會保障	56.1%	32.9%	7.4%	3.5%	0.1%
交通狀況	25.0%	27.2%	45.6%	2.1%	0.2%
社會治安	47.8%	34.6%	15.1%	2.3%	0.2%
房價穩定	2.4%	7.9%	86.5%	2.9%	0.3%
物價穩定	2.3%	6.2%	89.7%	1.7%	0.2%

表 1－19 ｜ 受訪市民認為生活中最感無力解決的問題

問題	第一	第二	第三
保障個人權益	2.9%	2.8%	4.7%
身份歧視	1.5%	1.3%	2.3%
機會不公	5.0%	3.6%	7.2%
人際關係	2.7%	2.9%	2.8%
房價過高	36.3%	17.3%	7.2%
通貨膨脹	29.0%	35.3%	10.1%
社會治安	2.4%	4.1%	6.4%
就業困難	3.6%	4.7%	6.3%
工作不穩	2.0%	2.7%	4.5%
薪酬偏低	3.3%	4.8%	9.4%
社會保障（如：就醫）	1.9%	6.1%	11.9%
子女就學	2.3%	2.3%	6.8%
其他	0.8%	0.2%	0.8%
不清楚	3.5%	4.8%	6.5%
不回答	3.0%	7.1%	13.1%

市民反映最強烈的民生問題之一。來自基層的李先生說：我記得我 13 歲出來學師，開始時每月收入是 150 元，但每個月都有盈餘；現在我月薪 1 萬多元，卻未必有盈餘，當然這當中也有我的年紀和家庭開支等因素的影響。來自青年界的駱女士表示，當前通貨膨脹非常之厲害，回歸之前飲食可能十幾元就可以，但是現在得花上三四十元，這個幅度太大，讓年輕人的壓力很大，剛剛畢業出來上班，甚麼都沒有，沒有甚麼東西可以讓他們安定下來。通貨膨脹太大的話，會影響年輕人的發展，成為一個障礙。當前，高物價、高通脹正成為侵蝕澳門廣大市民分享經濟增長成果的 "元兇"，成為社會矛盾漸趨勢尖銳的因素之一。

在本次調查中，接受訪問的市民在被問到 "您認為澳門社會在哪些方面最需要改善？" 時，佔前三位的分別是 "控制物價上漲"、"控制房價上漲" 和 "提高政府廉潔程度"。其中，認為 "控制物價上漲" 是最需要改善的佔 26.8%，第二、第三需要改善的分別佔 21.2% 和 11.8%；認為 "控制房價上漲" 是最需要改善的佔

表 1 — 20 ｜ 受訪澳門市民中各類人士認為澳門社會最需要改善的方面

各類人士	方面	第一	第二	第三
25-34 歲人士	控制物價上漲	30.0%	15.5%	18.2
	控制房價上漲	13.8	33.5%	12.6%
35-44 歲人士	控制物價上漲	30.3%	18.8%	9.9%
	控制房價上漲	18.3%	33.2%	10.8%
工人、農民、漁民、個體戶、保安、非專業外勞	控制物價上漲	28.0%	24.2%	18.9%
	控制房價上漲	11.4%	25.0%	14.2%
退休人員	控制物價上漲	39.4%	23.3%	14.9%
	控制房價上漲	11.9%	33.3%	10.1%
家政人員、學生	控制物價上漲	25.8%	22.6%	11.5%
	控制房價上漲	22.0%	28.0%	10.4%
市民（總體）	控制物價上漲	26.8%	21.2%	11.8%
	控制房價上漲	18.0%	27.0%	11.4%

18.0%，第二、第三需要改善的分別佔 27.0% 和 11.4%（表 1—15）。這在相當程度上反映出澳門普羅大眾對特區政府改善施政的期待。值得注意的是，接受訪問的市民中，有兩類人群在被問到這一問題時，認為"控制物價上漲"是最需要改善的所佔比例更高。其中，25 歲至 34 歲和 35 歲至 44 歲受訪市民，分別佔 30.0% 和 30.3%；而"工人、農民、漁民、個體戶、保安、非專業外勞"；"退休人員"；"家政人員、學生"這三大階層的受訪市民分別佔 28.0%、39.4% 及 25.8%（表 1—20）。這幾類人士對特區政府"控制物價上漲"和"控制房價上漲"的強調比例更高，要求更加迫切。

二、相關政策建議

1. 積極、有效推動澳門經濟適度多元化。

從本次調查的情況看，要降低整體經濟的風險、拓寬中小企業發展空間，澳門需要從產業發展戰略和相關政策配套上，有效推動經濟適度多元化。其中的亮點包括：

制定傾斜性的產業配套扶持政策。國際經驗證明，推動產業升級轉型必須要有政府的強而有力的指導和政策指引。如微型經濟體盧森堡，就為重點扶持行業提供強有力的政策和法律支持。澳門特區政府應該借鑒國際上的成功經驗，制定一個明確的短、中、長期的產業發展政策，對重點扶持、培育的產業，制定傾斜性支持政策，從稅收、財政、金融、土地、人力資源等多方面給予扶持；對一些配合政府產業發展政策所需要的重要領域，特別是有利於營造良好投資環境的一些非營利性的社會公益領域，包括基礎設施領域、高科技領域和教育領域等，進行有針對性的投資。要創造條件，以政策引導，培育、扶持一批具國際競爭力的現代服務企業。

建立產業適度多元化基金，加大資助中小企業拓展業務的力度。近年來，特區政府因賭稅源源不絕的增加而導致財政盈餘龐大。如何有效利用手中的財政盈餘成為政府必須面對的重要課題。澳門政府必須居安思危，銳意進取，有效運用現有的龐大財政盈餘和稅收政策等宏觀經濟手段，實施傾斜性的財政稅收政策。對重點發展的新興產業，特別是旅遊業、批發零售業、會議展覽業和文化產業等，實施傾斜性的財政稅收政策，給予適當的政策扶持；甚至可以考慮從龐大的財政盈餘中撥出一定數額的款項，成立產業適度多元化基金，對符合政府重點發展的新興產業中的一些具標誌性意義或具良好發展前景的項目，提供財政資助或進行風險投資，以逐步達至經濟適度多元化的宏觀政策目標。

研究和發展社區經濟。受訪者在座談中認為，隨著澳門經濟繁榮、人口增加、生活水準提升，特別是每年有超過 2,000 萬遊客來到澳門，澳門應該積極研究和發展社區經濟。在這方面，香港有成功的例子。近年來，香港旺角的朗豪坊，運用新的消費模式去發展社區經濟，吸引大量年輕人消費，帶動了整個社區的經濟。澳門過去也有成功的例子。20 世紀 60 年代，澳門人口僅有十多萬，當時受東南亞排華影響的華人，攜帶大量資金暫居澳門，他們補充了澳門當時緊缺的人力資源以及資金，並聚居在“三盞燈”地區，使得該區產生集聚效應，展現良好的經濟狀況，這是一個很好的社區經濟經驗。但是，目前澳門的經濟資源向博彩旅遊區傾斜，舊區經濟毫無生氣。澳門現在的社區搞經濟，還停留在賣東西的階段。在這方面，政府應該研究、制定鼓勵社區經濟發展的優惠政策，引進新的消費發展模式，盤活舊區經濟。

研究、發展具經濟效益的文化創意產業。受訪者在座談中認為，近年來特區政府為推動經濟多元化，花了相當多的精力和資源發展文化創意產業，並且寄予厚望。但是，現實發展中的文化產業仍然差強人意。其中一個例子是風堂創意園，主辦方很努力，花的錢不少，但是出來的效果有限；另一個例子是“藝墟”，同樣花了不少資源和精力，結果卻冷冷清清。在這方面，澳門應該借鑒歐洲的經驗。歐洲的休閒旅遊中心一般都有文化產業的配套設施，其中比較成功是倫敦的柯芬園（Convent Garden）。柯芬園是世界有名的，其空間結構是三個圓的佈局。最核心部分是頂尖的文化創意產業，包括介於手工藝園和工廠文化創意之間的產品，有十幾個攤位，美術學生在那裏定期表演戲劇、默劇或小提琴名曲，氣氛非常之好；周邊則與相關旅遊休閒業緊密結合起來，形成一個具很高效益的“藝墟”。特區政府應該配合旅遊休閒產業的發展，規劃一到兩個類似柯芬園的“藝墟”，從而發展具經濟效益的文化創意產業。

2. 大力改善澳門中小企業投資營商環境，特別是企業的人力資源狀況。

積極、有效推動澳門經濟適度多元化的另一條重要路徑，就是大力改善澳門中小企業投資營商環境，特別是企業的人力資源狀況。

根據我們的調查，當前影響澳門中小企業投資營商環境最重要的因素，就是人力資源的短缺。正如有來自企業界的座談者所指出，目前，在面對經濟快速增長、人力資源嚴重短缺的情況，政府相關部門仍然是因循守舊，缺乏前瞻性。在博彩業開始騰飛時，沒有估計到會帶來人力資源需求的膨脹，這是情有可原的，但是後來隨著威尼斯人等各大賭場相繼落成，這些餐飲、住房、人員的需求量都有數可算，很多專家在落成前就已經掌握了相關的資料，而且需求明顯是擴張了很多的；但是澳門政府的人力資源政策仍然是一成不變，而且外勞申請週期耗時過長，一般要等 6 至 9 個月，這對中小微企來說是個致命打擊。政府當務之急是要重新評估澳門人力資源的需求，特別是來自非博彩行業的中小企業的勞工需求，制定切實可行的外勞輸入政策，在不影響本地工人就業的前提下，滿足中小企業的招聘需求，並且大幅精簡、縮短企業申請外勞的程序。

從中長期看，根據經濟發展需要制定人力資源開發的發展規劃。澳門特區政府有必要進一步加強對人力資源的調查研究，切實瞭解澳門各行業短、中、長期人力資源的動態需求情況，制定澳門人力資源的短、中、長期開發規劃。從中期來看，澳門應加強對各類短缺的專業人才的引進和培訓，特別是如博彩業、旅遊業、會展業、物流業、高附加值及高技術製造業人才的引進和培訓。從長期來看，特區政府應大力發展教育事業，提高本地高等教育機構的教學和科研能力，積極推動澳門人力資源向“高質素”、“優化結構”方向發展，以適應澳門社會向知識經濟轉型。

積極協助中小企業參與橫琴新區聯合開發。特區政府應深刻檢討中小企業對參與橫琴開發缺乏興趣和動力的原因，通過政策引導企業參與橫琴開發，為企業發展提供更廣闊的空間和資源。為推動澳門中小企業參與大型專案的配套服務，政府應制定相應的傾斜政策，強化和增加部門處理或協助本澳企業參與區域投資相關事務的責任和職能，包括引資推介及簡化行政手續等。特區政府要將最早收到的有關資訊，以更快捷、更透明的方式傳遞給澳門工商界和社會各界，並加強對企業的相關引導及培訓。而澳門的研究團體、工商企業和市民更要加強對橫琴新區開發動態的跟進和研究，從中尋找有利的投資機會，及時參與。

修改、完善澳門經營管理制度上已經過時的舊條文和舊制度。以稅制為例，澳門現在的稅制跟國際不對接。比如 183 日的稅例，該條文規定了企業應該在何處交稅，在某地待超過 183 日就應該在當地納稅。但是澳門不是這樣，許多來澳門經營的美國企業，他們在澳門待了超過 183 日，按理已經享受了澳門很多基礎設施，應該交稅，但是在澳門卻不用交納。此外，還有環球稅、地域稅的問題，澳門沿用舊有的稅制實行環球稅，即那些公司在當地交了稅，回來澳門還要交稅，這並不利於推動澳門發展成為"中國與葡語國家商貿合作的服務平台"。

政府設立創業基金鼓勵青年創業發展。據來自教育界的大學教師反映，他們在 2011 年在大學生中推出一個創業計劃的試點，結果反應非常理想。他們也瞭解了青年學生創業的情況，有部分很成功，其中有位學生開糖水舖，月入三萬元。現階段澳門旅遊休閒業越來越發達，到節日的時候旅客很多都接待不了，有很好的商機。政府若能在這方面設立創業基金予以支持，實有利於推動經濟發展。

3. 積極平抑房價、物價、通脹，切實改善民生。

切實解決民生問題是維持澳門社會繁榮穩定、和諧發展的關鍵之一。因此，特區政府必須採取切實可行的措施，積極平抑高房價、高物價和高通脹。

進一步完善公共房屋政策，滿足廣大中低層市民的住房需求。在新的歷史條件下，特區政府必須從長遠經濟發展、社會穩定來重新研究並修訂公共房屋政策。現階段，公共房屋政策應以照顧最有迫切住屋需要的家庭為優先，要加大社會房屋特別是經濟房屋的建設力度，提供廉租公屋，照顧有住屋困難的低下階層，特別是年長及缺乏能力照顧自己者；為了更好規劃未來的公屋建設及紓緩低下階層的居住困境，特區政府可考慮將現有租金津貼計劃擴展至新社屋輪候冊內的家庭。要研究、推出置業現金津貼計劃，積極協助及鼓勵低收入階層特別是年輕人士家庭置業；要適當放寬經屋申請人的入息及資產限制，簡化和縮短合資格市民輪候公共房屋的程序和時間，加快中低收入市民住上公共房屋的速度。此外，對於私人房地產市場，特區政府應採取措施加強監管，針對短期轉售住宅樓宇單位或樓花，徵收物業轉移特別印花稅，防止逃漏稅，以增加"炒家"的投機成本，並提高樓市買賣的透明度，以利房地產市場健康發展。

進一步強化調控通脹措施，以緩解澳門中低階層市民之困。從 2008 年起，特區政府為了紓解市民面對高通脹的壓力，開始現金派發計劃。2011 年 4 月，行政長官崔世安宣佈，特區政府再次推出一次性抗通脹措施，向每名永久性居民和非永久性居民分別發放 3,000 澳門元和 1,800 澳門元現金，並推出一系列措施支援弱勢社群，包括在保證食品安全的前提下拓寬貨源，從保障貨源入手，達至平抑物價的目標。至此，特區政府已先後 5 次"派錢"，向每位澳門市民派發總值 24,000 澳門元現金。可以說，這些措施是必要的，可以在一定程度上緩解澳門市民特別是中低收入市民之困。但是，這些措施對於弱勢社群來說力度似仍有不足。澳門特區政府應在加強支援弱勢社群的同時，切實考慮澳門中產階層的實際需要，在稅務方面相應進行適當減免，例如為進修、供養同住老年人或嬰幼兒、慈善捐款等提供免稅項目和額度等等。另外，在社會貧富日益懸殊，樓價攀升，通脹不斷加劇，怨氣累積的情況下，澳門的夾心階層近年實際的生活質素也大不如前，有些人更有淪為社會低下層之虞。澳門特區政府應推行覆蓋面更廣泛的"還富於民"政策和社會保障體系，檢討公共領域的服務開支水準，在基礎建設、醫療、教育、社會保障等方面做更多工作，進一步完善社會安全網。

深化財政政策的力度，調控通脹的根源。近年來，澳門通脹的主要原因之一，是過熱的內部需求。可以說，澳門博彩業超高速發展和房地產市場投機風盛是造成澳門通脹急升的主要原因之一。因此，特區政府應在加強監管博彩業的同時，為它們的發展創造更好的環境，對於一些有利於旅遊業多元化發展的項目（並不是單純的博彩項目）予以更多的政策支持。同時，特區政府對房地產業發展要有中長期發展規劃，盡快研究和建立澳門的土地規劃、土地儲備、土地公開拍賣、房地產仲介人等制度，增加在房地產方面的施政透明度，減少社會上對房地產價格的不必要預期。另外，由於澳門是自由經濟體系，特區政府對輸入型通脹，不可能干預國際油價或國內的食品價格，但特區政府可以加強監管澳門經營石油或相關製品的公司，防止它們聯合壟斷。同時，特區政府應當適時檢討現時供澳食品的制度和管道，積極與內地商討擴闊供澳食品貨源的可行性，盡量減少澳門部分食品供應壟斷經營的負面影響。

（未公開發表文稿，完成於 2012 年 4 月）

港珠澳大橋建設與澳門戰略地位的提升

　　港珠澳大橋是一座連接香港、澳門和珠海的大橋，該橋主體建造工程於 2009 年 12 月 15 日正式動工興建，計劃於 2015 年至 2016 年完成，建造需時 6 年，總投資超過 700 億元人民幣。該橋建成通車後，開車從香港到澳門、珠海的時間將由目前的 3 個多小時縮減為半個多小時。這標誌著香港、澳門與廣東三地將進入一個新的融合發展階段。港珠澳大橋的興建將使人們更加注重香港、澳門與珠三角西部地區的產業資源的對接，加上中央政府批准粵澳兩地合作開發珠海橫琴島，讓人們憧憬粵澳產業資源的進一步整合。可以預期，港珠澳大橋建成後，澳門將會進一步增強與香港、廣東的經濟聯繫，擺脫獨處一隅的尷尬局面，其戰略地位將得到進一步的提升。

一、港珠澳大橋建設的發展歷程

　　港珠澳大橋的建設最早可追溯到 20 世紀 80 年代初期。1983 年，香港商人胡應湘先生率先提出了建設貫通香港與珠海的跨海大橋的設想，旨在促進香港與廣東珠江西岸地區的經濟聯繫，胡應湘的設想成為了港珠澳大橋建設藍圖的雛形。1989 年，作為對胡應湘設想的回應，珠海方面提出了伶仃洋大橋計劃；1993 年，珠海市委書記梁廣大公佈了興建伶仃洋跨海大橋的具體方案，梁希望藉此改善珠海偏居一隅的交通狀況。在梁廣大的推動下，1997 年 12 月 30 日，伶仃洋大橋項目獲國務院批准立項。1997 年亞洲金融危機後，香港特區政府為振興香港經濟，尋找新的經濟增長點，也認為有必要盡快建設連接香港、澳門和珠海的跨海陸路通道，以充分發揮香港、澳門的優勢，於是在 2002 年向中央政府提出了修建港珠澳大橋的建議。2003 年 4 月，國家發展與改革委員會會同香港特別行政區政府共同委託研究機構完成了《香港與珠江西岸交通聯繫研究》，正式確定興建港珠澳大橋。2003 年 8 月和 2007 年 1 月，由國家發展改革委牽頭，相繼成立了“港珠澳大橋前期工作協調小組”及“港珠澳大橋專責小組”。2008 年 2 月 28 日，港珠澳大橋融資正式方案敲定。2009 年 10 月 28 日，國務院常務會議批准港珠澳大橋工程可行性研究報告，確定了大橋兩端的登陸點、跨珠江的主要線位和技術方案、口岸設立模式和大橋融資方案等重大問題，保障了項目前期工作的順利開展。

2009 年 12 月 15 日，港珠澳大橋正式動工，珠澳口岸人工島填海工程開工儀式在珠海情侶南路東延長線一段舉行，中共中央政治局常委、國務院副總理李克強出席儀式並宣佈工程啟動。港珠澳大橋建設計劃於 2015 年至 2016 年完成，總投資超過 700 億元人民幣。根據設計規劃，港珠澳大橋以公路橋的形式連接香港、珠海和澳門，整個大橋將按 6 車道高速公路標準建設，設計行車時速為每小時 100 公里。據相關數據顯示，大橋將使珠江西岸與香港港口之間的距離平均縮短 41%，物流運輸成本和時間平均分別減少 39% 和 34%。港珠澳大橋的建成，將改善香港與珠三角西岸的陸路聯繫，使得從珠海、中山、江門到香港的時間距離縮短到 1 小時左右，與從東岸的深圳、東莞、惠州到香港的時間距離大致相當，從而便於接受香港作為金融服務業和物流中心的輻射作用（表 1—21）。

表 1—21 ｜ 珠三角主要城市距香港的時空距離

		目的地			
		西岸		東岸	
	地區	現狀	港珠澳大橋建成	地區	現狀及港珠澳大橋建成
空間距離（公里）	珠海	211	66	深圳	32
	中山	171	116	東莞	82
	江門	217	157	惠州	96
		西岸		東岸	
	地區	現狀	港珠澳大橋建成	地區	現狀及港珠澳大橋建成
時間距離（小時）	珠海	2.8	1	深圳	0.4
	中山	2.2	1.7	東莞	1.1
	江門	2.8	2.2	惠州	1.3

註：以葵涌碼頭為起點。

資料來源：港珠澳大橋工程可行性報告及有關專題（專家初審會議）資料，2007 年。

港珠澳大橋工程包括海中橋隧工程、港珠澳三地口岸、港珠澳三地連接線等3項主要內容。橋隧工程自香港大嶼山,穿越珠江口航道,止於珠澳口岸人工島。全長35.6公里,雙向6車道,設計壽命為120年,可抗8級地震。根據內地有關研究機構的估算,港珠澳大橋主體預算大約為300億元人民幣,其中需由三方政府補貼的約為120億元人民幣。不過,香港有財務和工程專家表示,由於通脹和利率等動態因素影響,加上大橋建設難度很大,還難以準確估算成本,但主橋預算很可能超過400億元人民幣。從動工算起,港珠澳大橋工期大約需時6年。收費收入按跨界交通車輛配額政策及最高收費方案情況下的交通流量計算,收費期限為50年。而按照國家相關法規,港珠澳大橋項目所需資本金比例約35%,其餘可由銀行貸款等其他方式解決。據有關方面預計,大橋建成後二十年內,每日車流量達5萬至6萬輛次,過境人流達23萬至25萬人次,會為三地帶來400億元的效益。[01] 大橋無疑為澳門經濟發展提供了歷史契機,注入了一針強心劑。這也是與港珠澳大橋的建設初衷相吻合的。

港珠澳大橋是在"一國兩制"條件下粵港澳三地首次合作共建的超大型基礎設施項目,大橋東接香港特別行政區,西接廣東省(珠海市)和澳門特別行政區,是國家高速公路網規劃中珠江三角洲地區環線的重要組成部分和跨越伶仃洋海域、連接珠江東西的關鍵性工程,對粵港澳三地經濟的可持續發展和更緊密的融合具有重大和深遠的意義。

二、港珠澳大橋建設將提升澳門的戰略地位

1. 港珠澳大橋對澳門確立 "世界旅遊休閒中心" 戰略地位的影響

澳門作為 "世界旅遊休閒中心" 的戰略定位,首先由國務院頒佈的《珠江三角洲地區改革發展規劃綱要》提出。國家 "十二五" 規劃綱要也明確提出:"支持澳門建設世界旅遊休閒中心"。《粵澳合作框架協議》進一步提出:"以澳門世界旅遊休閒中心為龍頭、珠海國際商務休閒度假區為節點、廣東旅遊資源為依托,發揮兩地豐富歷史文化旅遊資源優勢,豐富澳門旅遊業內涵,發展主題多樣、特色多元的綜合性旅遊服務" ,共同 "建設世界著名旅遊休閒目的地"。然而,作為微型經濟體的澳門,地域狹小,自然資源貧乏,博彩業 "一業獨大",這些都是澳門發展成 "世界旅遊休閒中心" 的掣肘。港珠澳大橋的建設,無疑將有利於提升澳門作為 "世界旅遊休閒中心" 的戰略地位。主要表現在:

01'

楊興洲等:〈一橋飛架粵港澳,兩翼三地變通途〉,《珠江水運》,2010年第1期,第28—31頁。

（1）港珠澳大橋的建成將為澳門增添一項無與倫比的旅遊項目。

眾所周知，旅遊作為一種特殊的商品，具有極大的外聯性或者說聯塊效應。[01] 遊客在選取某一地區作為旅遊目的時，通常會將其周邊環境聯繫起來進行考慮。澳門作為"世界旅遊休閒中心"，其中一項重大缺失，是欠缺具有標誌性的大型旅遊景點和設施，而港珠澳大橋的興建，將彌補這一缺陷。港珠澳大橋的設計特色可以歸納為"三最四亮點"。"三最"即內地最長壽，有 120 年使用壽命；世界最長，跨海逾 35 公里；世界最難建設，足有 6 公里長的海底隧道。"四亮點"分別為：既是中轉站，也是藝術品；斜拉橋索塔造型像鑽石；人工島設平台觀賞海景；設立中華白海豚觀賞區。據大橋工程可行性研究報告，港珠澳大橋工程計劃單列 5,000 萬元人民幣作為景觀工程費。港珠澳大橋建成後，將在海灣出現三座大型橋塔（Y 字分岔處及兩端），類似於三座相互呼應的海上觀光塔，並與情侶路和澳門海岸風光相輝映，從而成為造型獨特、具有強烈視覺魅力和審美價值的珠澳雙城地標景觀，為珠江口增添一道令世人嘆為觀止的亮麗風景線。這座世界上最長、橫跨粵港澳三地的橋樑，將成為世界上最巨集偉的大橋工程，其知名度將可超過美國西岸舊金山著名的金門大橋。

（2）港珠澳大橋建成後，將形成粵港澳三地的"單 Y"旅遊走廊，從而推動澳門旅遊休閒產業的快速發展。

無可否認，博彩業發展為澳門經濟發展注入了強大的動力。然而，博彩業的一業獨大，觸發了產業規模集聚與產業多元化的經濟矛盾，導致經濟發展的不穩定。澳門學者陳守信曾對澳門經濟波動程度進行量化衡量，發現澳門的本地生產總值實質增長標準差要遠高於選取的其他 8 個與澳門作比較的經濟體，這其中既包括冰島、盧森堡等與澳門相類似的微型經濟體，也包括美國、新加坡等發達國家經濟體。

要解決澳門博彩業"一業獨大"的問題，需要推動澳門經濟的適度多元化。首先是推動澳門經濟從目前以博彩業為核心的經濟結構，轉變成以綜合性旅遊業為主導的經濟體系，做大做強旅遊休閒產業，以及與旅遊休閒業密切相關的行業，如批發零售業、會議展覽業、文化創意產業等，從文化旅遊、購物旅遊、會展旅遊發展起新的行業、新的經濟增長點，在推動綜合旅遊業發展的同時，為經濟的長遠發展注入新的元素和活力，推動經濟適度多元化，以減低澳門的經濟風險和政治風險，提升澳門對區域經濟合作的貢獻程度和國際競爭力。

01

王一鳴：〈強化粵港澳旅遊大三角概念聯塊效應推區域旅遊合作〉，《澳門社會經濟論集》，澳門理工學院經濟研究所，2004 年。

港珠澳大橋建成後，珠江口東、西兩岸的旅遊資源將以"大珠三角半小時交通圈"為中心進行整合，形成"大珠三角半小時旅遊圈"：一方面，大橋成為了聯結珠江三角洲東西兩岸旅遊資源的"橋頭堡"和"中轉站"。澳門—橫琴休閒旅遊走廊、澳門—香港休閒購物走廊以及澳門明珠島—珠海情侶路濱海走廊的形成，使得粵港澳一站式的旅遊通道更加順暢。港珠澳大橋的建成有利於將珠江三角洲地區豐富的旅遊資源補充到澳門"世界旅遊休閒中心"的建設中來，既可以讓遊客飽覽珠三角東西兩岸秀麗風光，領略獨具嶺南特色的民族風情，又可以感受到澳門"華洋共處、中西合璧"的城市建築與城市文化，體驗世界級的賭城風貌。另一方面，博彩旅遊業可以說是澳門在大珠三角旅遊圈的拳頭產品，是澳門吸引中國內地、香港甚至是世界各地遊客的獨有產品。港珠澳大橋的落成，更為各地遊客提供了除空運、水運之外的又一條交通通道——甚至更加便利，提高了兩岸三地居民和世界各地遊客來澳消費和旅遊的頻率。

2. 港珠澳大橋對澳門發展"中葡商貿合作服務平台"戰略地位的影響

　　澳門另一個戰略定位是"區域性商貿服務平台"。澳門開埠要比香港早近300年，是歐洲人來到中國的第一塊落腳地，是東西商貿往來的第一個口岸，也是西方世界瞭解東方的第一個視窗。在悠久的歷史長河中，澳門扮演了東西方經濟與文化交流的橋樑與紐帶的作用。由於歷史的原因，長期以來澳門與歐盟，特別是葡語系國家和地區一直保持著緊密的經濟、社會等多方面聯繫。因此，澳門有優勢發展成為聯繫歐盟、葡語國家與中國內地特別是廣東珠三角地區的區域性商貿服務平台。圍繞著平台建設，澳門可以培育出相關的現代服務業，包括會議展覽業、商貿服務業、物流運輸業、金融保險業等等，有效推動澳門經濟的適度多元化。正是基於此，國家"十二五"規劃明確指出：支持澳門發展為中國與葡語國家商貿合作的服務平台。

　　但是，必須要認識到的是，相比於香港，澳門經濟活動總量細小，缺乏海運空運的優良基礎與條件，現代服務業發展相對滯後。因此，作為微型經濟的澳門需要借用周邊力量，接受香港輻射以及與珠江三角洲地區開展合作與交流，成為了澳門現前經濟發展的不二法門。然而，由於珠江的阻隔，澳門成為大珠三角地區的交通邊緣，與區域的交通樞紐中心隔江相望；珠三角運輸網絡被珠江給分割開來，是"喇叭口"狀的交通結構，成不了環狀。從香港到達珠海、澳門最快的陸路通道經深圳繞道虎門大橋再南行到珠澳，行程約200多公里，耗時4個多小時；即使經海運也只有少量人流可以通過高速客輪實現。港珠澳大橋的建設，有效地解決了澳門這一交通"瓶頸"，將香港與珠江西岸的距離縮短到 30 公里。香港的資金、技術、人才可以通過最快捷的交通介質輻射到包括澳門在內的珠江三角洲西岸地區，推動澳門會議展覽業、商貿服務業、物流運輸業等現代服務業的發展，從而有效發揮澳門作為"中國與葡語國家商貿合作的服務平台"的作用，並且更好地發揮使珠江三角洲東岸地區利用澳門的國際平台走向世界的作用。

3. 港珠澳大橋建設對澳門城市空間結構及珠江西岸城市圈的影響

（1）港珠澳大橋的建設將有力地促進澳門城市圈層空間的優化。

目前，港珠澳大橋已成為影響澳門城市圈層規劃建設發展的最重大因素之一。為配合大橋的整體景觀，大橋沿岸海岸線區域將得到合理利用。尤其是濱水地區的城市生態空間將得到提升，海岸旅遊空間也將得到優化。這不僅與特區政府提出的"尊重歷史、立足現實、放眼未來"的城市總體規劃設計理念以及"特色化發展、整體化引導、綠色化生態"三大原則相呼應，能有序地將市民的休憩生活引向水岸地區，同時也有利於澳門整體城市空間利用的集成體系的形成。尤其是大橋濱水區域城市規劃的成功經驗對於半島、氹仔、路環以及新填海區四大區域包括生態整治、公共綠化空間與出行空間的差異化建設都會是很好的經驗。澳門新城、舊區以及歷史核心區由外而內的環狀結構逐步形成，而新城的現代、快捷、準時以及區域對接功能，舊區的滿足社區生活便利和移動需要功能以及歷史核心區的休閒、慢行、展現歷史情懷的功能交相輝映。三個圈層的核心功能進一步得到明確。

（2）大橋的建設有利於加強澳門與珠江三角洲東西兩岸地區特別是與珠海的城市空間聯繫。

對於澳門而言，港珠澳大橋的建設，使港澳之間出現了第一條陸路快速通道，這比以往的兩地陸路交通節省三分之二的交通成本，意味著澳門已進入整個港珠澳的一小時經濟圈。一方面，大橋建成後將推動珠海市的拱北—灣仔—橫琴一體化發展和城市功能梯度轉移。大橋在拱北落地後下隧道，以昌盛大橋東為隧道出口和分流樞紐，將帶動城市功能重心向昌盛大橋兩端轉移積聚。顯然，只有河西南灣地區才有足夠空間作為承載城市功能轉移的平台。另一方面，港珠澳大橋的建成將使澳門步入以高速運輸網絡為基架的現代化城市發展階段。目前，澳門與珠海之間的四個通關口岸中就有三個集中在澳門的西部地區，港珠澳大橋的建成將有力地促進澳門的東北部地區與珠海鄰近區域在地理空間上的銜接，連同西部的蓮花大橋以及廣珠城市輕軌在橫琴的延長段、灣仔口岸、西北部的青洲跨境工業園區、北部的拱北口岸，形成東、北、西包圍圈。同時也實現了澳門與香港乃至整個大珠三角地區通過立體化交通網絡的快速對接，促使澳門成為珠三角城市群多核心發展模式中的區域中心之一。

（3）大橋的建成將促進澳門"大橋經濟"的形成，在區域經濟合作中爭取更大主動。

以港珠澳大橋為契機和紐帶而生成、強化的區域合作經濟可以稱之為"大橋經濟"。港、澳、珠以及中山、江門等珠三角西部城市也因而形成一個"大橋經濟體"，其周邊成員還可包括受大橋影響的粵西沿海各市。澳門、珠海作為承東啟西的橋頭堡，完全可以而且應該發揮更大的作用，將珠三角西部和粵西其他城市之間的合作需求更好地串聯起來，也隨之提升澳珠在大珠三角地區的戰略地位，使其"區域性中心城市"一名得副其實。而提及澳門參與區域合作，不能不提澳珠的合作開發與共建。港珠澳大橋的聯合開發建設，連同珠澳共建的橫琴島、青洲跨境工業園區，都邁出了珠澳跨境合作"先行先試"的重大步伐。澳門、珠海作為珠江三角洲地區承東啟西的橋頭堡、排頭兵，可以以澳珠共建的模式參與到更大範圍的區域合作中去。

改革開放 30 年以來，廣東珠江東、西岸地區經濟發展水平形成了較大的落差，其中的重要原因就是香港增長極帶動作用遠超過澳門，深港一體化的程度遠勝過澳珠一體化。《珠江三角洲地區改革發展規劃綱要》指出："以珠海市為核心，以佛山、江門、中山、肇慶為節點的珠江口西岸地區，要提高產業和人口集聚能力，增強要素集聚和生產服務功能，優化城鎮體系和產業佈局。"澳門作為世界旅遊休閒中心和中葡商貿服務平台的角色，在珠江西岸都市圈形成中將發揮重要作用，澳門與珠海、中山、江門等城市，以港珠澳大橋和橫琴開發為紐帶形成珠江西岸地區具國際競爭力的都市圈，形成一個高能量級的增長極，即一體化或同城化的珠澳都會圈，承擔起縮小珠江東、西岸經濟發展落差的重要戰略功能。

三、利用"大橋因素"提升澳門戰略地位的政策建議

港珠澳大橋的建設，意味著珠三角東西兩岸將逐步邁入大橋經濟時代。澳門作為東部地區通向西部地區的橋頭堡，應以大橋建設為契機，努力放大預期效

應，不斷推進澳門的產業結構以及城市空間佈局的優化，以更加積極的姿態參加到區域經濟合作的浪潮中。

1. 科學規劃，將 "港珠澳大橋" 打造成世界著名的旅遊景觀品牌。

綜觀全球旅遊經濟，很多世界性旅遊勝地，都充分利用了 "大橋因素"。很多大橋由於與周邊地貌、景觀非常協調，形成了複合景觀並成為當地地標性建築和世界著名景觀。例如，澳大利亞的悉尼大橋與悉尼歌劇院伴生成為世界著名的旅遊景點；湖北的武漢長江大橋與大橋兩端的龜山、蛇山伴生成為我國著名的旅遊景觀。因此，應該借鑒國際經驗，科學規劃，將 "港珠澳大橋" 打造成世界著名的旅遊景觀品牌。

（1）打造 "世界橋樑藝術博覽園"，構建澳門旅遊觀光的世界性景點。

根據大橋規劃，港珠澳大橋沿途不僅有橋樑，還有人工島和海底隧道。這種橋、島、隧三位一體的跨海大橋屬世界首創，成為橋樑史上一個新亮點。因此，設計者在人工島與島之間築橋建景，將形成 "世界橋樑藝術博覽園"，特別是港珠澳大橋珠澳人工島一段的橋樑景觀，必須體現澳門的特色，與澳門的景觀相協調，同時又具有現代化、世界性的時代感，建設成為具有強烈視覺魅力和審美價值的珠澳雙城地標景觀。

（2）圍繞 "大橋經濟"，做好大橋延伸區域的旅遊產業規劃和功能定位。

港珠澳大橋的建設，其自身就是澳門城市旅遊的一個獨具特色的景點，同時也是澳門多元旅遊的助推器。大橋延伸區域將成為澳門未來經濟發展的新增長點。因此，在進行旅遊產業佈局時，要保證資源的合理利用和有效配置，以獲得良好的經濟效益。利用 "大橋旅遊"，大力發展包括觀光旅遊、文化旅遊、購物旅遊、休閒旅遊和會展旅遊在內的多元化旅遊。與大珠三角，特別是珠江西岸的旅遊資源協調合作，在更廣大的空間上，壯大澳門旅遊業，使澳門成為 "人的一生最想去的地方" 之一。

2. 積極推進港珠澳大橋及其配套設施建設，加強對生態環境的保護。

興建港珠澳大橋，有利於整合粵港澳三地的經濟資源，打破條塊分割和地方諸侯經濟，強化和提升珠江三角洲的區域合作和經濟發展，進而溝通西江流域並配合中國西部的開發，極具經濟戰略意義。就積極推進港珠澳大橋及其配套設施建設而言，當前有幾個需要關注和重視的問題：

（1）澳門和珠海兩地要加強對大橋配套設施的規劃的研究及密切跟進。

大橋一經建成，落腳點的相關配套設施應逐步加以完善。大型交通基礎設施的使用，都必須輔以完善的交通配套設施，以吸引更多的客流和貨流，才能有效地提高設施的使用效率。澳門需考慮在大橋落腳點附近興建綜合的交通中心，讓客貨抵澳後，可以馬上接駁到目的地，減省交通成本；同時，過境的車輛可以迅速裝卸客人和貨物後離開本區，加速本區的客貨流量。此外，國外有案例顯示，繁榮的橋頭經濟有助增強人流，當局可在大橋附近闢地發展商業區，提升經濟活力，聚集人流，反過來亦可以提高大橋的人流量和物流量。因此，當前珠澳政府應積極考慮在大橋落腳點附近選址興建相關的交通配套設施和商業設施。

（2）在大橋建設過程中要加強對生態環境的保護。

大型交通基礎設施建設都不可避免地會對生態環境產生一定的影響，大橋的建設需要時刻關注對珠江口生態環境的保護。首先是對該區生物物種的保護。舉例說，珠江口是我國目前數量最大的中華白海豚棲息地，港珠澳大橋途經中華白海豚自然保護區，在大橋施工與營運期間，施工過程應盡量避免使用水下爆破和撞擊式打樁作業。其次是對該區域水質環境的保護。例如禁止將施工過程中產生的渣、廢水直接排入海域，所有泥沙和廢渣要投入運泥船運往指定地；大橋管理中心及服務區等沿線附屬要配套生活污水處理系統；加強對運輸危險品的車輛管理，建立危化品事故的防污染應急系統，制定環境風險應急預案等。

3. 加強區域經貿合作，積極融入區域一體化。

大橋的興建，克服了伶仃洋的海路阻隔，為澳門與周邊地區，尤其是與香港、珠海的合作提供了便利。進一步加強區域合作與共建，對澳門來說刻不容緩。

（1）深化澳門與珠海橫琴、珠江三角洲地區的旅遊業合作。

港珠澳大橋的建設，將珠江三角洲東西兩岸旅遊資源以半小時交通圈及其輻射區的形式連接起來，為共建大珠三角一站式旅遊服務區提供了契機。澳門與珠海要加強對橫琴的聯合開發，大力發展與澳門博彩旅遊業對接及錯位發展的休閒旅遊業，以利於將澳、珠兩地各具特色的旅遊資源進行整合，再與香港及廣東的旅遊資源相配合，把粵港澳特色旅遊資源串聯成“一程多站”的旅遊路線，開闢旅遊共同市場，增強澳門旅遊業對珠江口西岸地區的輻射力，從而形成一個具競爭力的、關聯度高的旅遊休閒產業鏈和產業集群，共同打造“世界旅遊休閒中心”。

（2）深化澳門與珠海橫琴新區的商貿服務業合作，共同建設“中葡商貿合作的服務平台”。

從近幾年的發展實踐看，澳門要真正成為"中葡商貿合作服務平台"，還需廣東珠海方面的配合，而橫琴則提供了合作的平台。未來進一步發展的問題是，澳門與珠海兩地如何協調發展和錯位發展商務會展業。從澳門的角度看，澳門的優勢在博彩業及與葡語國家的聯繫，澳門可以博彩業為"賣點"，精心打造兩、三個具比較優勢又能配合澳門博彩旅遊業發展的會展業知名品牌，特別是與葡語國家相關的會展品牌，從而真正發展成為中國與葡語國家經貿、文化交流的平台。澳門可以會議為主、展覽為輔。珠海方面則可發展澳門不具備比較優勢的會展業，如航空展覽、重工業展覽、遊艇展覽、印刷機展覽等；或者展覽在珠海、橫琴舉辦，而相關的會議則安排在澳門。通過兩地的協調發展和錯位發展，共同做大做強會展業的"蛋糕"，共同打造"中葡商貿合作服務平台"。

（原文載於吳志良、郝雨凡主編：《澳門經濟社會發展報告（2012-2013）》，澳門基金會、社會科學文獻出版社，2013 年 4 月，作者為馮邦彥、彭薇）

回歸以來香港與澳門經濟發展比較

　　長期以來，香港、澳門都是中國領土中被外國管治的地區，它們同屬海島型經濟體，地理位置優越。在回歸中國之前，它們都是殖民管治下經濟發展比較快的地區；回歸後，都實行"一國兩制"的方針政策。當然，兩地之間的經濟發展也存在相當大的差異。值得注意的是回歸前，就經濟走勢而言，是香港強澳門弱，香港處於繁榮的高峰期，澳門則陷入持續數年之久的經濟衰退的低谷。不過，回歸後不久，兩地的經濟形勢就發生了逆轉，呈現香港弱澳門強的態勢。

一、港澳經濟呈現不同的增長態勢

　　回歸前，香港經濟呈現出空前繁榮景象：香港經濟在地產、股市兩個環節出現嚴重的過熱"泡沫"，1997 年首三個季度整體經濟的實質增長率分別為 5.9%、6.8% 和 6.0%。不過，回歸後不久，香港即受到席捲亞洲的金融危機的嚴重衝擊。受此影響，銀行利率高企、港元資產大幅貶值，形成嚴重的"負財富效應"。香港經濟更從 1998 年第一季度起連續 5 個季度陷入二戰以來最嚴重的衰退。1999 年第二季度以後，經濟開始復蘇，但其後又受到 2001 年美國 "9 · 11" 事件及 2003 年"非典"事件影響，整體經濟維持在低增長狀態，並經歷了長達 6 年的通貨緊縮。

　　2003 年，內地與香港簽署 CEPA 協議，大量內地居民赴港 "自由行"，刺激需求，香港經濟才開始走出困境。若以當時市價計算，在亞洲金融危機衝擊下，香港 GDP 直到 2005 年才超越 1997 年水準；人均 GDP 直到 2006 年才超越 1997 年水準。2008 年，香港無論在 GDP 或人均 GDP 都創歷史新高，然而受到 2008 年全球金融海嘯的衝擊，整體經濟於 2009 年再次陷入衰退，2010 年才重新恢復增長。總體而言，回歸以來香港經濟增長基本上是走過了 1 個 "W" 型的發展軌跡（表1—22）。據統計，過去 20 年間，香港經濟年均增速為 3.95%，而同期新加坡經濟年均增長 6.6%，這導致 2011 年新加坡經濟總量超過香港。

　　與香港相比，這一時期澳門經濟卻表現出截然不同的發展態勢，呈現出 "V"

表 1—22 | 回歸以來香港經濟增長概況（單位：億港元）

年份	GDP（當年價格）	GDP（以 2010 年環比物量計算）	人均 GDP（當年價格，美元）
1997	13,730.83（11.2）	11,474.18（5.1）	27,127（10.2）
1998	13,080.74（-4.7）	10,799.19（-5.9）	25,628（-5.5）
1999	12,859.46（-1.7）	11,069.89（2.5）	24,955（-2.6）
2000	13,375.01（4.0）	11,918.21（7.7）	25,728（3.1）
2001	13,211.42（-1.2）	11,985.06（0.6）	25,226（-1.9）
2002	12,973.41（-1.8）	12,183.61（1.7）	24,662（-2.2）
2003	12,566.69（-3.1）	12,555.97（3.1）	23,936（-2.9）
2004	13,169.46（4.8）	13,648.35（8.7）	24,890（4.0）
2005	14,121.25（7.2）	15,767.62（7.4）	26,572（6.8）
2006	15,033.51（6.5）	16,876.50（7.0）	28,108（5.8）
2007	16,507.56（9.8）	17,967.53（6.5）	30,599（8.9）
2008	17,074.87（3.4）	18,349.86（2.1）	31,462（2.8）
2009	16,592.45（-2.8）	17,898.61（-2.5）	30,508（-3.0）
2010	17,763.32（7.1）	19,109.93（6.8）	32,430（6.3）
2011	19,344.30（8.9）	20,030.02（4.8）	35,100（8.2）
2012	20,370.59（5.3）	20,370.59（1.7）	36,557（4.1）
2013	21,318.04（4.7）	20,960.63（2.9）	38,025（4.2）
2014	22,457.47（5.3）	21,446.45（2.3）	39,758（4.6）

注：（ ）內數為年增長率（%）。

資料來源：香港特別行政區政府統計處：《本地生產總值》，2014 年第 4 季。

型的走勢。回歸前，澳門經濟經歷了長達 4 年的衰退，營商環境惡化。回歸後特別是 2002 年開放博彩經營權和 2003 年內地開放"自由行"後，整體經濟逐漸呈現勃勃生機。2004 年，澳門經濟增長高達 29.4%，成為全球經濟增長率最高的經濟體之一。2008 年受到全球金融海嘯的嚴峻衝擊，澳門經濟增長率一度從 2006 年的 23.4% 下降到 2009 年的 2.3%，但其後憑藉著博彩業的強勁增長，2010 年再次取得 33.4% 的高速增長。據統計，1999 年至 2014 年，以當年價格計算，澳門 GDP 由 472.87 億澳門元增加到 4,432.98 億澳門元，15 年間增長了 8.37 倍，年均增長率超過 16%。澳門人均 GDP 從 2001 年的 15,005 美元增加至 2014 年的 88,812 美元，13 年間增長了 4.92 倍，居亞洲首位（表 1—23）。而同期，香港人均 GDP 從 25,226 美元增加至 39,758 美元，僅增長 57.61%。

二、港澳經濟結構演變呈現不同特點

回歸後，香港經濟結構的深層次問題逐漸暴露：製造業大規模北移導致的產業空心化、轉口貿易轉向離岸貿易、高通脹及高房價下的高成本壓力等，經濟增長的動力疲弱。經濟轉型已成為特區政府和整個社會面對的迫切任務。然而，從回歸後的實踐看，香港經濟轉型並沒有取得突破性的進展。這一時期，製造業進一步式微；四大產業中金融、旅遊在 GDP 的比重呈上升趨勢，而貿易及物流、專業服務業則基本持平甚至有所下降；"六項優勢產業"[01] 雖有所發展，但仍然未能成為香港服務業增長的引擎。整體經濟仍然缺乏新的增長動力。

不過，值得重視的是，回歸以來，香港金融業儘管先後遭遇到 1997 年亞洲金融危機及 2008 年全球金融海嘯衝擊，然而在"中國因素"的支持下，仍然取得了矚目的發展，金融業增加值從 1998 年的 1,263 億港元增加到 2012 年的 3,139 億港元，14 年間增加了 1.49 倍；所佔 GDP 比重從 10.5% 上升到 15.9%，其中 2007 年全球金融海嘯前夕還一度上升到 20.1%。根據倫敦金融城公司與 ZyenZ/Yen 公司合作發表的《全球金融中心指數》所指出，自 2007 年 3 月以來，除了 GFCI4、GFCI5 及 GFCI15 3 期（2008 年 9 月、2009 年 3 月及 2014 年 9 月）外，香港一直排在第三位，僅次於倫敦和紐約，居於新加坡之前。

與香港相對多元的經濟結構相比，澳門經濟結構在回歸後則呈現出單一化的趨勢。回歸後，特別是 2002 年澳門特區政府開放博彩經營權，刺激外資大規模進入，形成澳博、銀河、永利、威尼斯人、美高梅及新濠博亞等 6 家博彩公司相

01

六項優勢產業，包括文化及創意產業、檢測和認證、環保、創新科技、教育、醫療等，由曾蔭權政府在 2009 年提出。

表 1—23 | 回歸以來澳門經濟增長概況（單位：億澳門元）

年份	GDP（當年價格）	GDP（以 2012 年環比物量計算）	人均 GDP（當年價格，美元）
1999	472.87（-4.2）	N.A.	N.A.
2000	489.72（3.6）	N.A.	N.A.
2001	523.32（1.4）	875.77（2.9）	15,005（0.5）
2002	562.99（7.6）	953.75（8.9）	15,986（6.5）
2003	635.79（12.9）	1,073.78（12.6）	17,781（11.2）
2004	822.94（29.4）	1,362.44（26.9）	22,418（26.1）
2005	944.71（14.8）	1,479.04（8.6）	24,696（10.2）
2006	1,165.70（23.4）	1,692.35（14.4）	29,142（18.0）
2007	1,450.85（24.5）	1,934.85（14.3）	34,670（19.0）
2008	1,662.65（14.6）	2,000.46（3.4）	38,327（10.5）
2009	1,701.71（2.3）	2,034.71（1.7）	39,529（3.1）
2010	2,269.41（33.4）	2,594.24（27.5）	52,609（33.1）
2011	2,937.45（29.4）	3,146.58（21.3）	66,559（26.5）
2012	3,434.16（16.9）	3,434.16（9.1）	75,136（12.9）
2013	4,134.71（20.4）	3,842.42（11.9）	86,081（14.6）
2014	4,432.98（8.1）	3,787.66（-0.4）	88,812（3.2）

注：（ ）內數字為年增長率（％）。

資料來源：澳門統計暨普查局，《本地生產總值（按支出法估計）》，2014 年第 4 季。

互競爭的局面。及至 2003 年中央開放內地居民赴港澳 "自由行"，更大大促進了博彩業的快速發展。據統計，2003 年，澳門博彩業（娛樂場）毛收入為 303.15 億澳門元，到 2013 年增加到 3,618.66 億澳門元，10 年間增幅達 10.9 倍。1999 年，博彩業在澳門 GDP 的比重為 23.98%，到 2012 年已上升至 45.90%，成為澳門經濟的 "半壁江山"。2006 年，澳門博彩業毛收入首次超過美國拉斯維加斯；到 2013 年，澳門博彩業毛收入已相當於拉斯維加斯的 7 倍，成為全球最具規模的博彩旅遊中心。

　　不過，博彩業的 "一業獨大" 也給快速發展中的澳門帶來一系列隱憂。博彩業的快速發展，對其他行業尤其是中小企業形成 "擠出效應"，並導致了經濟單一化，進而潛伏並引發經濟發展不穩定性和波動性的風險。為此，2006 年以來，無論是中央還是特區政府都提出 "經濟適度多元化" 的要求，特區政府還提出要重點扶持會議展覽、文化創意等產業，積極推進與廣東的區域合作，以拓展發展空間。但從實踐來看，成效並不大。無論是特區政府的財政收入、社會就業乃至整體經濟對博彩業的依賴都日趨嚴重。2014 年以來，在北京嚴厲反腐的背景下，澳門博彩業收益連續 9 個月下跌，震動社會各界，就是一個明證。

三、港澳均面臨經濟結構轉型的迫切需要

　　因此，無論是香港，還是澳門都面臨經濟轉型的迫切需要。目前，香港經濟最大的優勢和戰略價值是其金融業。2008 年 1 月，美國《時代》週刊（亞洲版）發表一篇由該雜誌副主編邁克爾・埃利奧特（Michael Elliott）所寫的題為〈三城記〉（A Tale of Three Cities）的署名文章。該文章創造了一個新概念 ——"紐倫港"（Nylonkong），認為在金融全球化時代，香港金融業的重要性正迅速提升，香港有可能成為金融全球化總體格局中的重要一級。然而，香港要成為與倫敦、紐約並駕齊驅的全球性國際金融中心，仍然受到經濟規模細小、經濟腹地有限等因素的制約。香港要躋身全球性金融中心的行列，必須突破制度上的制約，有效拓展其經濟腹地，真正發展成為中國企業首要的境外上市和投融資中心、亞太地區首要的國際資產管理中心，以及全球主要的人民幣離岸業務中心、亞洲人民幣債券市場，並且與廣東珠三角特別是深圳和廣州合作，共同構建大珠三角金融中心圈。[01]

　　除了金融業之外，香港在貿易及物流、旅遊及相關產業、科技創新等方面也

01

馮邦彥：《香港：打造全球性金融中心 —— 兼論構建大珠三角金融中心圈》，三聯書店〔香港〕有限公司，2012年。

01

馮邦彥:《香港產業結構轉型》,三聯書店〔香港〕有限公司,2014年。

存在現實或潛在的比較優勢。根據筆者的研究,香港經濟轉型的理想方向,是邁向全球性國際金融中心,同時鞏固和提升其作為國際貿易及物流中心、國際旅遊中心和國際創新中心的戰略地位,構建"1+3"的產業體系。[01] 當然,成功的前提是:香港要成功維持政治、經濟、社會的繁榮穩定,進一步改善投資營商環境;特區政府和香港社會要改變"積極不干預"的思維方式,制定和實施"適度有為"的產業政策;深化與內地特別是廣東珠三角的經濟融合,重建香港在國際經濟中的戰略優勢。

至於澳門方面,可借鑒美國拉斯維加斯的經驗,利用其博彩業及每年超過3,000萬遊客的優勢,大力發展旅遊休閒產業,邁向"世界旅遊休閒中心"。實際上,近年來澳門的博彩企業興建了一批大型度假村式的高檔酒店,並開始注重非博彩項目的發展,已為澳門旅遊休閒業發展注入了新元素。澳門應一方面以這批大型度假村和主題酒店為載體,推動發展具創意的非博彩旅遊休閒業;另一方面,以整個具"歐陸小鎮"風采的城市為載體,發展"精緻都市旅遊休閒"。同時,由於澳門與葡萄牙及葡語國家長期形成的經濟、文化的聯繫,再加上中央政府的戰略需求,澳門還應積極推進會展商務、電子物流等產業的發展,成為"中國與葡語國家商貿合作服務平台"。當然,由於澳門作為微型經濟體的緣故,無論是邁向"世界旅遊休閒中心"還是"中國與葡語國家商貿合作服務平台",都需要得到廣東的配合,特別是得到珠海橫琴的配合與合作。

（原文發表於香港《信報財經月刊》,第 457 期,2015 年 4 月）

澳門 —— 從 "東方蒙地卡羅" 到 "世界旅遊休閒中心"

　　澳門地處中國東南沿海的珠江口西岸，西與廣東省珠海市的灣仔一衣帶水，北面透過古老砂堤與珠海拱北相連，東隔伶仃島與香港相望，距離僅約 40 海里，南面則瀕臨浩瀚的南海，位居東北亞和東南亞航線的中繼站。澳門自 1535 年開埠以來的數百年間，其經濟因外部環境的轉變而大起大落，呈現出 "隨波逐流" 式的發展態勢。本文從歷史發展的脈絡出發，深入分析澳門經濟的發展、演變，並分析其向 "世界旅遊休閒中心" 轉型的發展前景。

一、早期發展：從遠東繁榮商埠到 "東方蒙地卡羅"

　　1553 年，葡萄牙人藉口商船觸礁，貨物被海水淹泡，要求澳門借地方晾曬，並賄賂當時在澳門的清政府官員，從而獲得澳門的居留權。澳門逐漸從昔日南海的一個小漁村發展起來，在 16 世紀後期至 17 世紀前期的 100 年間，澳門發展成為遠東最繁榮的商埠之一，轉口貿易進入全盛時期。這一時期，澳門成為聯結歐洲、亞洲、拉丁美洲海上絲路貿易大循環的樞紐。這一循環以澳門為中心，以廣州乃至整個中國大陸，特別是東南沿海地區為腹地，以絲綢為大宗商品，形成了三條國際性貿易航線，即葡萄牙里斯本—印度果阿—澳門，澳門—日本長崎以及澳門—菲律賓馬尼拉—墨西哥等，澳門一時間成為聯繫亞洲、歐洲和美洲航線的中心港口，成為遠東最重要的國際貿易中心和轉口港。澳門的這一角色一直維持到 1840 年。

　　1840 年鴉片戰爭爆發後，英國侵佔香港。1841 年 1 月 25 日，英國 "遠征軍" 強行佔領香港島，登陸地點就在今天的港島上環水坑口街附近。同年 6 月 7 日，英國殖民當局宣佈香港開埠，成為自由港。香港憑藉天然深水良港的優勢迅速崛起，澳門的地位一落千丈，經濟逐步陷入困境。不過，鴉片戰爭後一段時期，澳門的轉口貿易仍因鴉片走私和"苦力"販賣而得以維持，並逐漸帶動起賭博業的崛興。19世紀40年代至70年代，隨著苦力販賣的興盛，大批人販子、地痞、流氓彙聚澳門，他們把賭博作為陷阱，誘使負債的華工被迫賣身，由此催生了澳門的賭博業。

1847年，澳葡政府宣佈賭博業合法化，刺激了澳門賭博業的空前繁榮。據鄭觀應在其著作《盛世危言》中所記載，19世紀50年代，澳門的"番攤"賭館已經有二百多家。1872年，港英政府開始在香港厲行禁賭，使大批香港賭客紛紛轉往澳門。1875年，廣東禁止盛行一時的"圍姓"賭博，經營"圍姓"賭博的賭商遂移師澳門，澳門的賭博業更形繁榮。1895年11月6日，澳門的《濠鏡叢報》曾對賭博業的興盛作過這樣的報導："自省城禁絕番攤後，澳之攤館16家異常熱鬧，每至燈時，幾無坐立之處。蓋城鄉來澳之眾，多有賭癖也。連日圍姓各廠，更為熱鬧，初十、十一兩日，京電飛馳，投猜恐後，門限幾為之穿。"**01** 鼎盛的賭博業，使澳葡政府獲得可觀的財政收入，其中，僅圍姓賭博的賭稅每年就達數十萬銀元。這一時期，賭博娛樂業迅速發展成為澳門經濟的主導行業，澳門逐步演變成畸形繁榮的的東方賭城，"東方蒙地卡羅"之稱不脛而走。

19世紀後期，澳葡政府開始公開招商開賭，對各項賭博的開設實行逐項開標承投。投標的方法式是以"暗標出投"，"投標者須先交壓票銀200銀元，存在國課銀庫"，申明每年出規限若干，"誰出高價併合公會意者得"，投得者由澳葡政府與其簽專營合約。這種賭博承投方式後來逐步形成制度，到1891年12月政府明確訂定有關章程，在澳門《憲報》公佈實行，一直沿襲了數十年。**02** 19世紀末20世紀初，澳門最有名的賭博商是盧九和盧若廉父子。盧九父子去世後，盧家後人無意經營賭博業，賭權遂被來自廣州的賭業集團奪去。到20世紀20、30年代，澳門各種賭場約有20多家，有稱"快活林"、"高慶坊"，有稱"德成公司"、"榮生公司"，林林總總，不一而足。從事賭博業的人員約有700至800人。**03**

1937年，澳葡政府對賭博經營權進行重大改革，將所有賭博經營權集中，統一承投，結果被香港富商傅德榕和高可寧合組的"泰興娛樂總公司"以30萬澳門元投得，與澳葡政府財政廳簽訂專營合約，取得了專營賭博業的壟斷權，控制了整個澳門賭博業。根據合約，泰興娛樂總公司每年須向澳葡政府交納賭稅約180萬澳門元，賭稅成為了澳葡政府的主要財政收入來源。**04** 泰興娛樂總公司先後在中央酒店、福隆新街和十月初五街開設了3家賭場，經營番攤、百家樂等賭博品

01
梅士敏：〈澳門博彩專營權逾百年（之六）〉，《澳門日報》，1997年8月13日。

02
梅士敏：〈澳門博彩專營權逾百年（之五）〉，《澳門日報》，1997年8月12日。

03
李鵬翥：《澳門古今》，三聯書店〔香港〕有限公司、澳門星光出版社，1998年，第47頁。

04
元邦建、袁桂秀：《澳門史略》，中流出版社有限公司，1988年，第172—173頁。

種。票賭則設有富貴廠、榮華廠，每月開彩 6 次；白鴿票則設有泰興廠，每天早午夜開彩 3 次，全澳共設有四、五十家收票店。

這一時期，與賭博業相輔相成的，是鴉片煙業、妓業、娛樂業等。據統計，20 世紀 20、30 十年代，澳門公開售賣鴉片煙的商店有八十多間，公開吸食鴉片煙的場所有五十多處，合計鴉片煙床約上千張。泰興設置賭場的福隆新街、怡安街一帶，僅上等的妓院就有約 60 家，妓女約千人。**01** 伴隨賭博業、鴉片煙業、妓業而來的是酒店、酒樓等相關行業的發展，當時最繁華的新馬路、福隆新街一帶，大小酒店近百家。其中，高級酒店如 1941 年興建的國際酒店，設有旅店、酒家、酒吧、舞廳、餐廳、遊戲場等。

20 世紀 30、40 年代，澳門的賭博業、鴉片煙業、妓業等曾一度呈現出畸形的繁榮。1937 年抗日戰爭及 1941 年太平洋戰爭相繼爆發，廣州、香港先後淪陷，澳門因葡萄牙保持中立而免遭戰火，導致人口急增，從 1936 年的 12 萬人增加到 40 年代初期的約 40 萬人，湧入的難民中不乏腰纏萬貫的富豪，令賭博業、鴉片煙業、妓業更加活躍，酒樓酒店林立。不過，這種虛假的繁榮景象很快便隨戰爭的結束而消失，1960 年澳門人口下降到 17 萬人。直到 20 世紀 60 年代初，澳門的經濟基本上仍以這種古老的賭博業為中心，維持著一枝獨秀的局面。

二、回歸前的發展：從傳統賭博業向現代博彩旅遊業演變

踏入 20 世紀 60 年代，澳門的賭博業進入了現代化發展的新時期。1961 年，葡萄牙政府根據澳門政府的建議，頒佈了第 18267 號法令，確定澳門地區（包括氹仔和路環）為旅遊區，特許開設賭博旅遊，作為一種"特殊的娛樂事業"在澳門經營。從此，澳門的賭博娛樂業成為正式的、完全合法的行業。當時，澳門一代賭王傅德榕、高可寧已經先後去世，泰興娛樂總公司的賭業合約也於 1961 年 12 月 31 日屆滿。澳葡政府遂籌備再次公開招商承投賭博專營權，並於 1961 年 7 月和 12 月先後頒佈《承投賭博娛樂章程》和《承投山舖票條例》。新條例將競投的底價提高到 300 萬澳門元，規定賭權持有人必須在三年內興建一家大型賭場和豪華酒店，並須提出一系列投資計劃，包括聯繫港澳兩地及澳門半島與離島的定期高速客輪和直升機的交通運輸計劃，以及建造游泳池、公園等都市發展計劃，在港澳及外地推廣與旅遊有關的澳門文化藝術及工藝，發展酒店業以及促使澳門成為一個旅遊中心等等。

01

元邦建、袁桂秀：《澳門史略》，中流出版社有限公司，1988 年，第 173—174 頁。

當時，參加競投賭博專營權合約的有兩大集團，即泰興娛樂總公司和由港澳商人何鴻燊、葉漢、葉得利、霍英東等合組的財團。結果，何鴻燊等人合組的財團因提出的條件對澳門的旅遊、交通及整體經濟的發展更加有利，最終以 316 萬澳門元的標價，僅比泰興娛樂總公司高出 8 萬澳門元，成功投得澳門賭博專營權。1962 年 1 月 1 日，新財團開設的賭場——新花園賭場正式開業，標誌著澳門的賭博娛樂業進入一個新的發展時期。同年 3 月 30 日，何鴻燊代表新財團在葡萄牙首都里斯本與澳門總督羅必信簽訂專營合約。同年 5 月，何鴻燊等人創辦 "澳門旅遊娛樂有限公司"。

60 年代末，娛樂公司斥資 6,000 萬港元，在澳門最佳地點興建氣派豪華的葡京酒店，並附設兩層大面積的賭場。1970 年，葡京酒店建成開業，五花八門的賭局和吃角子老虎機 24 小時全天候開放，很快便成為澳門最主要的賭博勝地，成為娛樂公司採之不盡的金礦。到 80 年代初，娛樂公司已發展至擁有 4 家賭場，共有 99 張賭桌及 600 部吃角子老虎機，每年盈利數以億計。[01] 何鴻燊、霍英東等人又根據專營合約條款，於 1962 年創辦信德船務公司，購入水翼噴射船，經營香港與澳門之間的海上客輪服務。信德船務公司的水翼噴射船隊將港澳之間的海路交通時間縮短至 1 小時，大大便利了港澳兩地的往來。其時，香港經濟已經起飛，市民生活水準有了很大的提高，因而刺激了澳門旅遊業的發展。

1982 年，澳葡政府頒佈《澳門幸運博彩新法例》，以立法形式將賭博定義為 "其結果不可預料且純粹靠運氣的博彩"，並將其重新命名為 "幸運博彩"，指定澳門是 "永久博彩區"。澳葡政府並承諾："以旅遊博彩繁榮澳門，把澳門建成旅遊娛樂勝地。" 這一時期，澳門的博彩旅遊業以博彩業為核心，包括遊覽業、酒店業、飲食業、娛樂業及旅運業、珠寶金飾業、古玩業、典押業等。其中，博彩業主要包括幸運博彩（以百家樂最具商業價值，佔 90%—95%）、跑狗、賽馬、賽車、回力球以及彩票等。到 1999 年澳門回歸前，娛樂公司共設有 10 家賭場，其中最重要的是 "葡京娛樂場"。1997 年，澳門旅遊娛樂有限公司收入為 178.2 億澳門元，資產淨值為 234.45 億澳門元。澳門傳統古老的賭博業也逐漸蛻變成為現代化旅遊博彩業。

隨著博彩旅遊業的發展，澳葡政府的博彩稅收也逐年增加。1975 年政府財政收入僅有 690 萬澳門元，到 1976 年增加到 2,000 萬澳門元，1981 年超過 1 億澳門元，1988 年超過 9 億澳門元，到 1993 年更增加到超過 42 億澳門元。據統計，1993

01

譚隆：〈雄視港澳菲三大賭博機構〉，香港《南北極》，第 146 期，第 11 頁。

年至 1997 年，博彩稅在澳門的直接稅中所佔比重一直在 75% 以上，1997 年更高達
78.7%；同期，博彩稅在澳門政府一般收入中所佔比重從 45.1% 上升到 59.5%。博
彩業不僅給澳門帶來了特有的繁榮，而且博彩稅也成為澳門政府財政收入的最主
要來源。

這一時期，澳門經濟發展的另一個重要方面，是出口加工業的崛起。二戰之
後一段時期，東亞的日本、韓國、台灣、香港等國家和地區相繼抓住了國際產業
轉移的機遇，加速了本地產業的結構轉換和升級換代步伐，但澳門由於經濟規模
細小，加上澳葡政府對經濟事務的"不作為"方針，使澳門經濟結構並沒有大改
觀，第三產業中仍以賭博娛樂業為主，工業則保持了以手工業為主體的特徵。20
世紀 60 年代，西方國家將配額制度作為保護本國產業的首選政策，澳門作為一個
"似乎無足輕重"的微型經濟體，得到了"用不完的紡織品配額"；加上有相對便
宜的勞動力資源，吸引了大批香港企業投資澳門。澳門經濟發展重心迅速轉向出
口加工業，產品以成衣、紡織品、玩具等產品為主。

80 年代，隨著新移民人口的增加，提供了充足的廉價勞動力，澳門以製衣
業、紡織業、玩具業為核心的勞動密集型加工業進入全盛時期。據統計，1984
年，出口加工業在澳門本地生產總值中所佔比重達到 35.9%，超過博彩旅遊業的
23.6% 而成為澳門經濟中的第一大產業。[01] 出口加工業和博彩旅遊業的發展帶動
了地產建築業和銀行保險業的發展，形成了包括旅遊博彩業、出口加工業、地產
建築業、銀行保險業等四大支柱產業在內的經濟結構。據統計，1971 年至 1981 年
間，澳門本地生產總值創下每年平均增長 16.7% 的歷史性紀錄，成為全球經濟增
長最快的地區之一。

不過，20 世紀 80 年代後期以後，隨著內地改革開放的大規模推進，港澳地區
的勞動密集型製造業向內廣東珠三角地區轉移，加上世界紡織品配額壁壘逐步消
除；與此同時，澳門土地、人力成本上升，加上科技人才缺乏等因素，澳門出口
加工製造業的競爭力逐步喪失，逐漸走向衰退。1989 年，博彩旅遊業在澳門本地
生產總值中所佔比重再次超過出口加工業而躍居首位。在此階段，澳門結合博彩
業合法且城市具歐陸風情等自然、制度和社會資源，重新回到以博彩旅遊業為主
導產業的經濟體系發展的軌道。

從 1993 年起，澳門經濟因內部和外部的種種因素開始放緩，1996 年進入戰後
最嚴重衰退，其中 1998 年經濟負增長達 4.6%；失業率高企，居民收入下降，1999

01

楊允中：《澳門與現代
經濟增長》，澳門經濟
學會，1992 年，第 71
頁。

年就業人口每月工作收入比 1996 年還低；營商環境惡化，治安不靖，亦使投資者卻步。在長達 4 年的經濟衰退中，首當其衝的是地產建築業，經歷了 10 年低迷；出口加工業亦因紡織品配額制的出口優勢削弱、生產成本上漲而內遷至毗鄰的廣東珠江三角洲地區。1999 年澳門製造業在 GDP 中所佔比重已下跌至 9.4%。即使是作為主導產業的博彩旅遊業，亦因為長期實行的專營制度而陷入停滯不前的發展狀態。

三、回歸後的發展：全球最具規模的博彩旅遊中心

長期以來，澳門一直實行博彩專營權制度。在此制度下，澳門的博彩業缺乏內部競爭機制，經營傳統、保守、設備落後、形式單一，無力應付外界日益嚴峻的挑戰。尤其是 20 世紀 80 年代中期以後，迭碼回佣制度泛濫，博彩業派生的周邊利益豐厚，每年約有數十億港元的博彩營業額落入回佣灰色地帶，甚至被黑社會從中汲取財政資源、壯大勢力，並引發日趨激烈的利益衝突，進而令治安環境惡化，遊客望而卻步，嚴重損害了澳門博彩業的競爭力，使澳門作為區域博彩旅遊中心的地位受到了嚴峻的挑戰。

1999 年澳門回歸後，特區政府即著手研究開放博彩專營權的問題。2000 年 7 月，特區政府成立研究博彩業發展的專責委員會，並聘請安達信國際顧問公司研究澳門博彩業的發展。根據安達信的建議，特區政府決定在澳門旅遊娛樂有限公司經營博彩的專營權期滿後，開放 "賭權"，引入競爭機制，以推動博彩業的現代化與國際化。2002 年 2 月，特區政府通過公開競投的形式，將娛樂場幸運博彩經營權批給由澳門旅遊娛樂有限公司改組而成的 "澳門博彩股份有限公司"（簡稱 "澳博"）、"銀河娛樂場股份有限公司"（簡稱 "銀河"）及 "永利渡假村（澳門）股份有限公司"（簡稱 "永利"）。2002 年至 2006 年，獲得博彩經營牌照的 3 家公司通過轉批給形式，分別向威尼斯人（澳門）股份有限公司（由銀河轉批給）、美高梅金殿超濠股份有限公司（由澳博轉批給）和新濠博亞娛樂股份有限公司（由永利轉批給）3 家公司發出博彩經營權牌照，從而形成博彩業 "三正三副" 的競爭格局（表 1—24）。

2002 年博彩經營權的開放，再加上 2003 年中央政府開放內地居民赴港澳 "自由行"，從供應和需求兩個方面極大地推動了博彩業的發展。1999 年前後，澳門的遊客人數一直徘徊在 800 萬人次上下。2002 年，澳門特區政府開放博彩經營權，赴澳旅遊人數開始上升。2003 年 7 月，中央政府開放廣州、深圳、珠海以

表 1－24 ｜ 2004 年以來澳門博彩市場佔有率變化表（單位：%）

年份	2004	2005	2006	2007	2009	2011	2012
澳博	85.08	74.73	62.20	39.88	29.36	29.00	26.69
威尼斯人	8.00	16.74	17.89	17.87	23.36	15.62	19.00
銀河	7.45	8.66	13.32	14.28	11.62	16.01	19.06
永利	—	—	3.77	15.85	14.64	14.01	11.81
新濠博亞	—	—	0.27	4.56	12.36	14.75	13.53
美高梅超濠	—	—	—	0.18	8.65	10.61	9.91
總計	100.00	100.00	100.00	100.00	100.00	100.00	100.00

資料來源：澳門特區政府博彩監察協調局；澳門統計暨普查局：《澳門產業結構》，歷年。

表 1－25 ｜ 2002 年以來澳門博彩業發展概況

年份	賭場（家）	賭檯（張）	角子機（部）	博彩毛收（億澳門元）	博彩稅收（億澳門元）	博彩業增加值佔 GDP 比重（%）
2002	11	—	—	234.96	77.66	28.9
2003	11	424	814	303.15	105.79	36.6
2004	15	1,092	2,254	435.11	152.36	34.2
2005	17	1,388	3,421	471.34	173.19	30.8
2006	24	2,762	6,546	575.21	207.48	27.7
2007	28	4,375	13,267	838.47	319.20	29.9
2008	31	4,017	11,856	1,098.26	432.08	29.6
2009	33	4,770	14,363	1,203.83	456.98	32.3
2010	33	4,791	14,050	1,895.88	687.76	41.1
2011	34	5,302	16,056	2,690.58	996.56	45.6
2012	35	5,242	16,585	3,052.35	1,133.78	45.9
2013	35	5,750	13,106	3,618.66	1,343.82	—

資料來源：澳門特區政府博彩監察協調局網站；澳門統計暨普查局：《統計年鑑》，歷年。

及北京、上海等城市的居民赴港澳自由行，其後更擴大到全國 22 個省區的 49 個城市，大大推動了澳門旅遊業的發展，澳門入境遊客總數呈現跨越式增長。據統計，2013 年，訪澳遊客人數達到 2,932.5 萬人次，比 2000 年的 916.2 萬人次大幅增長 2.2 倍。其中，中國內地遊客達 1,863.2 萬人次，香港遊客達 676.6 萬人次，台灣遊客達 101.1 萬人次，分別佔澳門遊客總數的 63.5%、23.1% 和 3.4%，即來自大中華地區的遊客佔澳門遊客總數的 90%。

在上述因素的強力推動下，澳門博彩業取得了超常規的發展。根據澳門博彩監察協調局提供的資料，1999 年，澳門的賭場數目為 10 家，到 2013 年增加到 35 家。2003 年，澳門的賭檯數和吃角子老虎機數分別為 424 張和 814 部，到 2013 年增加到 5,750 張和 13,106 部，換言之，澳門的賭檯數和吃角子老虎機數在過去 10 年間分別增長 12.6 倍和 15.1 倍。在博彩業急速擴張的情況下，博彩業（娛樂場）毛收入從 2003 年的 303.15 億澳門元增加到 2013 年 3,618.66 億澳門元，即 10 年間增幅達 10.9 倍。2006 年，澳門博彩業毛收入首次超過美國拉斯維加斯；到 2013 年，澳門博彩業毛收入相當於拉斯維加斯的 7 倍，已成為全球最具規模的博彩旅遊中心。2013 年，澳門博彩業相關稅收達 1,343.82 億澳門元，比 2003 年的 105.79 億澳門元大幅增長 11.7 倍。與此同時，博彩業增加總值在澳門本地生產總值中所佔比重持續上升。1999 年，博彩業在澳門 GDP 的比重為 23.98%，到 2012 年已上升至 45.9%，成為澳門經濟的"半壁江山"（表 1—25）。

在博彩業的帶動下，酒店娛樂業、批發零售業也取得了良好的發展。2002 年以前，澳門的酒店經營是以賭場加住宿的模式為主，2002 年賭權開放把綜合性酒店經營模式引入澳門，多家集博彩、品牌酒店、高檔零售商場、會展、表演娛樂等多種設施的綜合體落戶澳門，改變了澳門城市面貌的同時，更為澳門非博彩旅遊休閒業的發展注入了新元素。例如，威尼斯人度假村酒店的大運河購物中心、世界頂級奢侈品牌聚集的名店街；新濠天地綜合娛樂度假城的全球最大型水上匯演"水舞間"、360 度多媒體表演"龍騰"及活色生香歌舞薈萃（cabaret show）"Taboo 色感"等；澳門銀河綜合度假城的面積達 5.2 萬平方米的平台花園"天浪淘園"（人工沙灘、空中衝浪池），[01] 有 9 個銀幕、提供近 1,000 個座位的擁有 3D 視覺享受的電影院等，這些項目在文化、休閒、綜合度假等方面各具特色，深受遊客歡迎。正如有評論指出，澳門不再僅僅是"蒙地卡羅"，"她正在向國際旅遊休閒之都邁進"。

01

銀河酒店面積達 52,000 平方米的平台花園"天浪淘園"，其空中衝浪池為全球最大規模，總面積達 4,000 平方米，能掀起高達 1.5 米的巨浪；衝浪池旁的人工沙灘，由 350 噸白沙鋪成，且"海岸線"長達 150 米，可容納超過 1,000 位賓客，住客便可感受"城市中的綠洲"。遊客在沙灘上可享受滑水趴板、攀岩牆等熱帶海濱設施。夜幕低垂，在綠蔭密佈的池畔餐廳悠閒地品嘗美酒、聆聽音樂，仿佛置身熱帶的椰風蕉雨之中。

這一時期，一批國際零售企業積極進駐澳門，在推動批發零售業急速擴張的同時，也推動了這一產業的升級轉型。2006年，澳門就有漁人碼頭、永利名店街及文華東方名店街等主題式商場開幕，提供除街舖外的其他選擇，並引入底租加分成制度。2008年，在威尼斯人度假村開業的大運河購物中心、四季‧名店更為這一地區的購物模式樹立了一個樣板。四季‧名店是澳門首座豪華購物中心，其中展示了180個世界知名品牌，或古典、或現代、或前衛，各種風格琳琅滿目。目前，歐美大型零售商正逐步在金光大道中心地帶建立高級奢侈品陳列銷售店，將金光大道地區發展為亞洲最獨特的娛樂、消閒及購物設施集中地。10年前，澳門居民要買國際名牌產品，只能到香港或者外出旅遊時才能買到，不過"今時唔同往日"，如今澳門名牌商店林立，國際知名品牌大舉進駐，站在澳門著名的旅遊區議事廳前地，每隔一兩分鐘，幾乎都會看到提著名牌購物袋的人經過。可以說，澳門的批發零售業正迎來了歷史上最好的發展時期。

這一時期，在博彩業的帶動下，澳門經濟進入了快速增長的新時期。1999年澳門回歸後，澳門特區政府厲行整治日趨惡化的治安環境，提出"固本培元"的經濟政策，使澳門經濟成功走出低谷，扭轉了回歸前連續4年負增長的局面。2000年和2001年，澳門經濟增長率分別達3.6%和1.4%。到2001年，澳門本地生產總值基本恢復到回歸前的最高點，即1995年的水準。2002年，特區政府開放博彩經營權，刺激外來投資進入，加快澳門經濟復蘇步伐，當年經濟增長率高達7.6%，整體經濟逐漸呈現勃勃生機。據統計，從1999年至2013年，以當年價格計算，澳門本地生產總值由472.87億澳門元增加到4,134.71億澳門元，14年間增長了7.74倍，年均增長率達17%。同期，澳門人均GDP從12.06萬澳門元增加至69.75萬澳門元，14年間增長了4.78倍，超越新加坡、文萊、日本而成為亞洲最富有地區（表1—26）。

隨著經濟的跨越式發展，澳門在國際上的聲譽迅速上升。2006年英國《金融時報》所屬《外國直接投資》雜誌舉辦"2005/06年度亞洲最佳展望城市"評選，澳門獲評為亞洲"最具經濟發展潛力城市"。2007年4月，世界貿易組織對澳門進行每六年一次的貿易政策審議，在報告中認同特區政府過去6年經濟發展所取得的成就，再次肯定澳門作為開放經濟體系的表現。2013年，美國傳統基金會發佈的"全球經濟自由指數"報告顯示，澳門在全球177個經濟體中排名26位，在亞太地區排第七位，被評為"較自由"地區。

表 1—26 | 回歸以來澳門本地生產總值（GDP）增長概況（單位：億澳門元）

年份	GDP（當年價格：澳門元）	GDP（以 2012 年環比物量計算）	人均本地生產總值（當年價格：澳門元）
1999	472.87（-4.2）	—	
2000	489.72（3.6）	—	
2001	523.32（1.4）	875.77（2.9）	120,555（0.5）
2002	562.99（7.6）	953.75（8.9）	128,433（6.5）
2003	635.79（12.9）	1,073.78（12.6）	142,854（11.2）
2004	822.94（29.4）	1,362.44（26.9）	180,108（26.1）
2005	944.71（14.8）	1,479.04（8.6）	198,406（10.2）
2006	1,165.70（23.4）	1,692.35（14.4）	234,123（18.0）
2007	1,450.85（24.5）	1,934.85（14.3）	278,539（19.0）
2008	1,662.65（14.6）	2,000.46（3.4）	307,917（10.5）
2009	1,701.71（2.3）	2,034.71（1.7）	317,575（3.1）
2010	2,269.41（33.4）	2,594.24（27.5）	422,657（33.1）
2011	2,937.45（29.4）	3,146.58（21.3）	534,734（26.5）
2012	3,434.16（16.9）	3,434.16（9.1）	603,495（12.9）
2013	4,134.71（20.4）	3,842.42（11.9）	697,502（15.6）

資料來源：澳門統計暨普查局：《本地生產總值（按支出法估計）》，2014 年第 1 季。

四、澳門的發展定位："世界旅遊休閒中心"

2002 年博彩經營權開放以來，澳門博彩業獲得了"爆炸式"的增長，"一業獨大"的發展態勢進一步凸顯。2002 年，以當年價格計算，博彩業的增加值為 128.36 億澳門元，到 2012 年達到 1,009.12 億澳門元，比 2002 年大幅增長 6.9 倍。博彩業佔澳門本地生產總值的比重亦從 1999 年的 22.3% 大幅上升到 2012 年的 45.9%，幾佔澳門經濟的半壁江山。相比之下，澳門傳統的支柱產業除了建築業由於受益於博彩業的迅速擴張而實現短期上升之外，其他兩大產業製造業和金融保險業的比重均隨博彩業的膨脹而不斷下降，製造業尤其萎縮嚴重，比重從 1999 年的 9.3% 急劇下降至 0.7%，銀行、保險及不動產業亦從 26.4% 下降至 17.6%，經濟單一化的特性日趨明顯（表 1—27）。

博彩業的"一業獨大"，使得生產資源過度聚集，進而擠壓了其他行業尤其是中小企業的生存空間；而其他產業的相對不振，更增加了政府對博彩業的依賴，使得生產資源進一步集中，對其他行業尤其是中小企業形成"擠出效應"，使澳門中小企業的經營環境日趨不利。經濟結構的單一性必然導致經濟的高度集中，在

表 1—27 ｜ 1999 年至 2012 年澳門以當年價格按生產法計算的本地生產總值的結構（單位：%）

年份	1999	2002	2005	2007	2009	2011	2012
製造業	9.3	6.9	4.3	2.9	1.5	0.7	0.7
建築業	3.0	2.5	9.0	15.1	8.2	4.9	4.7
批發零售、酒店及飲食業	8.8	11.2	10.8	10.3	14.1	15.6	15.5
運輸、倉儲及通訊業	7.3	6.6	4.8	4.0	3.6	3.3	3.2
銀行、保險及不動產業	26.4	21.7	22.6	22.8	23.7	17.8	17.6
博彩業	22.3	28.9	30.8	29.8	32.1	44.7	45.9
其他	22.9	22.2	17.7	15.1	16.8	13.0	12.4
合計	100	100	100	100	100	100	100

資料來源：澳門統計暨普查局：《統計年鑑》，歷年。

外向型經濟的前提下必然導致經濟發展的不穩定性和波動性。這種波動性無疑將大大提升宏觀經濟和微觀經濟的風險。在經濟大幅波動的情況下，正常的經濟及商業活動運作將受到干擾，亦對經濟個體的規劃及經濟政策的制定造成壓力。

與此同時，博彩業的"一業獨大"還衍生出種種社會問題，影響澳門社會的穩定，拉高社會成本。首先，博彩業高工資、低技術、低學歷、低門檻的特點，使其在吸納大量沒有工作經驗的勞動力的同時，也使澳門許多青年的就業求學觀發生了變化，對澳門青少年的價值觀和澳門人口質素造成深遠的影響。其次，產生病態賭徒和問題賭徒，危害社會穩定。據澳門大學博彩研究所的統計，2003年澳門的病態賭徒約佔人口的1.8%，到2010年已增加至2.8%。據此估計，目前澳門社會中的病態賭徒和問題賭徒已超過1萬人，由此引發的諸如家庭暴力、離婚、犯罪等，已在一定程度危上害了社會穩定與和諧。

正是在這種背景下，2005年國家頒佈的"十一五"規劃綱要正式將澳門的經濟發展納入其中，明確提出要"促進澳門經濟適度多元化"。為與此相呼應，2006年，行政長官何厚鏵表示："博彩業為澳門旅遊業的一個重要組成部分"，明確指出澳門博彩業除了要繼續發展好、管理好，也須帶動旅遊業的全面發展，服務於澳門經濟適度多元化的戰略。他解釋，由"龍頭"轉移到"重要組成部分"，意味著要繼續支援和管理好澳門博彩業，更要利用這產業的動力，推動澳門旅遊業的全面發展，創造更多不同的工種、職位，有別於原來大量創造的賭場內部服務性職位。2008年4月22日，特區政府為推動澳門經濟適度多元化，宣佈對博彩業採取7項調控措施，包括不再增發新的賭牌、不再批給土地建新賭場、嚴控賭桌數目、新填的土地都不會用來發展博彩業等。

2009年初，國務院頒佈的《珠江三角洲地區改革發展規劃綱要（2008-2020）》提出："鞏固香港作為國際金融、貿易、物流、高增值服務中心和澳門作為世界旅遊休閒中心的地位。"國家"十二五"規劃進一步明確提出："支持澳門建設世界旅遊休閒中心"，"支持澳門推動經濟適度多元化，加快發展休閒旅遊、會展商務、中醫藥、教育服務、文化創意等產業"。其後，粵澳兩地政府簽署的《粵澳合作框架協議》進一步提出："以澳門世界旅遊休閒中心為龍頭、珠海國際商務休閒度假區為節點、廣東旅遊資源為依托，發揮兩地豐富歷史文化旅遊資源優勢，豐富澳門旅遊業內涵，發展主題多樣、特色多元的綜合性旅遊服務"，共同"建設世界著名旅遊休閒目的地"。

國家"十二五"規劃的相關發展綱要將澳門的戰略定位確定為"世界旅遊休閒中心",其背後的戰略內涵是明確的。主要有兩方面:

第一,將澳門定位為"旅遊休閒中心"而不是"博彩旅遊中心",反映了國家的戰略意圖,即澳門必須積極推動產業適度多元化,將澳門經濟從以博彩業為核心的經濟結構,轉變成包括博彩旅遊、觀光旅遊、休閒度假旅遊,乃至購物旅遊、會展旅遊等多元化的綜合性旅遊為主導的經濟體系,做大做強旅遊休閒產業,以及與旅遊休閒業密切相關的行業,包括會議展覽業、批發零售業、文化創意產業等。在推動旅遊休閒業發展的同時,為經濟的長遠發展注入新的元素和活力,推動經濟適度多元化,提升澳門的國際競爭力。

第二,將澳門的"旅遊休閒中心"從區域的層面提升到世界的範疇,反映了國家對澳門的期待正大幅提升。長期以來,澳門在全球經濟中的戰略定位,一般是在區域的層面上,如"東方拉斯維加斯"等。將澳門的戰略定位為"世界"級的"旅遊休閒中心",可以說大大提升了澳門的戰略位置。這也從一個側面反映了在回歸15年來,特別是2002年特區政府開放博彩經營權以來,澳門的經濟規模和經濟影響已大幅擴大的客觀事實。但是,澳門要成為"世界旅遊休閒中心",僅靠本身的實力尚難以做到,必須加快與廣東、香港的合作,包括加快橫琴開發的步伐,通過區域合作打造以澳門、珠海為核心的珠江西岸旅遊休閒都市圈和"世界旅遊休閒中心"。

五、澳門發展"世界旅遊休閒中心"的基本方向

從國家"十二五"規劃綱要及其背後的戰略涵意分析,未來一段時期,澳門發展"世界旅遊休閒中心"的基本方向,主要有以下幾個方面:

1. 加強對博彩業的有效監管,推動博彩業適度、有序、規範發展,優化其發展模式。

從國家的戰略意圖來看,將澳門定位為"世界旅遊休閒中心",首先要求澳門推進經濟適度多元化,解決博彩業"一業獨大"、無序發展的問題。近年來,儘管特區政府已採取了一些措施控制博彩業的過快發展,但博彩業在澳門GDP中所佔比重仍不斷提高,從2006年的32.74%提高至2008年的37.2%。一般估計未來幾年博彩業所佔比重仍會徘徊在45%左右的高位。如果任由博彩業一味盲目擴張,將會進一步擠壓其他產業發展的空間。

因此，必須進一步強化對博彩業的有效監管，推動博彩業適度、有序、規範發展。從建設"世界旅遊休閒中心"的中長期戰略出發，特區政府必須將博彩業在 GDP 的比重穩定在 35%—40% 左右，並致力優化博彩業的發展模式。特區政府當務之急是應借助博彩業優勢和龐大收益反哺其他行業，如帶動休閒旅遊業，增加更多非博彩旅遊元素，推動澳門經濟從目前以博彩業為核心的經濟結構，轉變為以綜合性旅遊業為龍頭、產業適度多元的經濟體系，以減低澳門的經濟風險和社會風險，提升澳門經濟的國際競爭力。這是打造"世界旅遊休閒中心"的首要一環。

2. 大力發展主題多樣、特色多元的綜合性旅遊休閒業。

當然，規範發展博彩業並不意味著降低其在整體經濟中的重要作用。相反，博彩業作為澳門經濟的主導產業，將強化、突出、發揮其作為澳門發展綜合性旅遊服務業的"發動機"和"助推器"的帶動作用，充分利用博彩業在區域和全球經濟中的競爭優勢，包括每年吸引來自世界各地——當然主要是來自大中華地區的約 3,000 萬人的遊客資源，以及每年逾千億澳門元的博彩業收益，積極推動旅遊休閒業的發展。在規範博彩業發展的基礎上，以旅遊休閒業為中心，大力發展美食、購物、商業、會展、體育、文化、動漫、金融、創意等多元化的產業，推進旅遊產業與多元產業的有效融合，順勢發展旅遊休閒的上下游產業。

澳門可以博彩業為基礎和紐帶，充分發掘澳門的歷史文化旅遊資源，深入研究如何增加澳門的休閒元素，精心包裝澳門歷史城區的旅遊路線，大力發展文化歷史、休閒度假、民俗旅遊、宗教旅遊、療養健身、文化娛樂、商務會展、體育旅遊等精品旅遊項目，形成全國性、世界性的節慶活動，構建不同主題、特色、檔次的多元旅遊產品體系，將澳門建設成集娛樂、度假、觀光、購物、美食、文化體驗為一體的，具歐陸風情的亞洲旅遊度假勝地、大型娛樂體育活動中心。按照"城市即景區"的理念，實施全城全域旅遊化，把旅遊休閒發展融入城市整體發展之中，做到無處不景觀，無處不休閒，無處不賞心悅目，形成無處不旅遊的氛圍。同時，積極推動酒店業、餐飲業和娛樂業的升級轉型和現代化、多元化發展，包括推廣美輪美奐的中西特色餐飲，將澳門打造成"世界美食天堂"。此外，還要提高旅遊產品與服務質素，推行"優質誠信澳門遊"計劃。

在博彩業帶動下，澳門的批發零售和會議展覽都有了不同程度的發展。從購物環境看，這幾年澳門的購物條件有趕超鄰埠香港之勢，既有價廉物美的中低檔商場，更有世界頂級奢侈品牌聚集的名店街。澳門應因勢利導，積極引進中高檔次的、不同類型的專門店、零售商，利用其自由港、低稅制的優勢，打造大中華地區的"購物天堂"。

有序發展文化產業、動漫產業，重視文化和教育，提升澳門的文化品位和對外形象。根據國際經驗，文化產業與博彩旅遊業具有相輔相成的促進作用。文化產業發達，才能在全世界打響知名度，提升城市的文化品位和對外形象，帶動人氣，讓那些即使不賭博的人群，也有到澳門休閒度假的意願。

3. 加強城市發展規劃和城市建設，打造具國際高知名度的城市品牌。

隨著全球化和城市化的進程，城市形象的問題日益受到重視。城市形象是城市內部經濟、政治、社會諸要素長期綜合後在國際社會的一種反映和評價，它具有獨特性、綜合性和歷史文化性。澳門應加強城市規劃發展，投入更多資源以加快推動優質旅遊城市建設。在城市規劃和城市建設中，要重視文化遺產的保護；積極推動舊區重整工作，結合各區的特色與區情，發掘舊區的文化底蘊；以高標準設計和建設澳門半島與氹仔兩岸海邊的城市景觀；進一步整合"大三巴—中區噴水池—西灣"一線的世界文化遺產的城市風貌。

在發展歷史城區過程中，要重視如何重現過去的迷人氣氛及人居環境，說明歷史建築的價值，凸顯歷史建築背後的歷史內涵，進一步凸顯澳門作為中西文化融匯的"歷史博物館"、亞洲地區的"歐陸小鎮"的精品城市的特色。要加強舊區與新城規劃之間的銜接協調，重視人與自然環境的協調，保護生態環境。重視營造一個社會和諧、安全衛生、怡人休閒的環境，改善空氣質量，打造綠色空間，使澳門這一"歐陸小鎮"越益散發其獨特的固有魅力。

4. 加快澳門交通基礎設施建設，構建一個通達國際的、高效快捷的區域交通運輸體系。

通達性對一個世界旅遊休閒中心來說十分重要，即使是世界上最好的地方，如果交通不方便，其吸引力就會大幅下降。澳門特區政府必須據此檢討、修改並制定澳門的短、中、長期的交通規劃，盡快落實輕軌建設，加快城市道路網絡建設，以解決城市交通擁擠的問題，並通過實施 24 小時通關等便利化措施，為旅客提供豐富的綜合休閒體驗，延長他們的逗留時間。

在重大跨境基礎設施建設方面，要深入研究如何推進重大基礎設施協調規劃和對接，包括港珠澳大橋、廣珠城際輕軌等項目，澳門與廣東珠海、香港在城市規劃、城際軌道交通網絡、資訊網絡等方面的協調規劃和對接，構建高效、快捷的區域交通運輸體系，開拓多元國際客源。另外，考慮到國際機場是世界旅遊休閒中心不可或缺的設施，從長遠來看，澳門要發展成為世界性旅遊目的地，需要自行或者與鄰近地區合作建設更具規模和覆蓋全球航線網絡的國際機場。

5. 提升澳門的人力資源質素，打造領先國際的服務水準。

打造"世界旅遊休閒中心"，除了需要一流的硬體設施，更需要高質素的軟件配套 ── 領先國際的服務水準，這就需要大幅提升澳門的人力資源質素。根據澳門經濟學會、澳門社科學會近年來所做的多項關於澳門人力資源的調查報告，澳門的人力資源處於短缺與失衡狀態，無論是在數量上還是在質素上都不能配合博彩業和旅遊休閒產業的可持續發展。特別博彩業、酒店管理、會議展覽、文化創意、旅遊接待等產業的發展，都需要大量高學歷、高質素的人才。

因此，澳門必須加強對人力資源的開發與引進，對旅遊休閒業未來的發展規模和速度制定策略性和前瞻性的規劃和政策，包括對人力資源數量和質素作出合乎現實的規劃並制定相應的政策。一方面，要加強大學教育，特別是加大職業教育和職業培訓力度，加強對本地人力資源的充分挖崛和有效利用；另一方面，要根據經濟發展的實際需要，制定合理的人才輸入計劃，引進澳門急需的人才資源。從短期看，輸入高質素的人才是最快捷、直接的辦法；但從長期看，加大培訓力度才是提高人力資源質素的根本辦法。只有擁有高質素的人力資源，才能使澳門的經營管理和服務水準與國際通行的旅遊服務標準全面接軌，發展出高質素的旅遊休閒產業，為世界各地遊客提供一流的服務，打造領先國際的服務水準。

（原文發表於鄭宏泰、梁佳俊編：《澳門對外關係：區域整合與交流》，香港中文大學香港亞太研究所，2016 年）

CHAPTER 2.

產業發展與

適度多元化

澳門博彩旅遊業的發展與制度改革

一、回歸前澳門博彩旅遊業的現狀及其主要癥結

長期以來，旅遊博彩業一直在澳門經濟中佔有重要地位，除 80 年代中期的一段時期以外，它一直是澳門經濟中最大的產業支柱，到 90 年代中已成為澳門經濟的半壁江山。博彩旅遊業的收益在澳門公共財政收入中一直佔有舉足輕重的特殊地位，其中又以博彩收益為絕大部分。1999 年的公共收入中，由專營權批給所得的公共收入佔總收入的 52.4%。

不過，從 1997 年起，受到內部自身條件的局限，尤其是外部亞州金融風暴的衝擊，澳門旅遊博彩業受到頗大打擊，來澳旅客人數、旅客消費額及博彩收入等均告下跌。1997 年和 1998 年，來澳旅客人數分別是 700 萬人次及 695 萬人次，分別下跌 14% 和 0.7%；1998 年澳門的博彩稅收入為 50.57 億元，比 1997 年大幅下跌 14%。到回歸前夕，澳門的博彩旅遊市場已陷入空前的不景，其治安之不靖，更引起國際社會高度關注。

澳門博彩旅遊業的不景，原因是多方面的，從澳門社會經濟內部來看，主要是：

1. 黑社會活動猖獗，社會治安環境惡化。

從 90 年代中期起，澳門的治安情況就明顯趨於惡化，殺公務人員、綁架富商、縱火燒車等連串暴力事件不斷發生，其背後原因是澳門黑社會幫派因賭場利益分歧而爆發衝突，最後演變為向澳門治安當局的公然挑釁。迅速惡化的治安環境不僅嚴重地影響了澳門的民生及社會穩定，而且沉重打擊了澳門的旅遊博彩業和整體經濟，外界輿論甚至將澳門喻為 "西西里島"。據香港大學一項民意調查的結果顯示，當時超過七成被訪香港市民表示因澳門治安差，會完全不涉足或減少去澳門。

2. 博彩專營權制度嚴重阻礙博彩旅遊業的發展。

澳門長期實行的博彩專營制度雖然曾對澳門的博彩旅遊業起步發展起過積極的推動作用，然而，經過 30 多年來的實踐，到澳門回歸前夕，其弊端亦已逐漸暴露，諸如使澳門博彩業經營出現壟斷局面，造成博彩業經營保守，傳統色彩過濃，設施陳舊，在國際及區域的競爭中逐漸落伍等問題。相比之下，鄰近地區則相繼放寬禁令，引入競爭機制，發展賭業，就是鄰近的香港，新近也發展起遊弋公海的賭船，對澳門博彩旅遊業構成了相當大的衝擊。在博彩專營合約的制度下，澳門的博業缺乏內部競爭機制，經營傳統、保守、設備落後、形式單一，無力應付外界日益嚴峻的挑戰。尤其是 1980 年代後期以來，疊碼式回佣制度泛濫，博彩業派生的周邊利益豐厚，每年約有數十億港元的博彩營業額落入回佣灰色地帶，甚至被黑社會從中汲取財政資源、壯大勢力，並引發日趨激烈的利益衝突，進而令治安環境惡化，遊客望而卻步。這種情形都嚴重削弱了澳門博彩業的競爭力。

3. 公平競爭的市場機制和環境遠未建立。

由於種種歷史因素，長期以來澳門的資本主義經濟並未得到完善的發育，市場的對外開放程度較低，在經濟的一系列重要領域，諸如博彩業、電訊業以及其他公用事業等均存在壟斷因素，公平競爭的市場機制尚未形成。因此，即使到了 90 年代，澳門的資本結構仍以港資、中資及本地華資為主體，國際化程度不高。這種情況表現為社會較封閉、觀念保守，無論政府或商人都存在不同程度的排外心態。由於缺乏外資的進入，整體經濟失去活力，陷入病態。這可以說是澳門經濟衰退更深層次的原因。此外，當時澳葡政府行政程序的繁鎖和行政效率的低下，以及澳法律制度的嚴重滯後業已成為經濟發展的障礙。

二、澳門經濟的新定位：以博彩旅遊業為龍頭

1999 年澳門回歸中國前後，澳門社會各界就澳門在新時期的經濟發展定位曾進行了相當深入的探討，並逐步取得共識：澳門應充分發揮博彩旅遊業的國際競爭優勢，發展為 "亞洲的拉斯維加斯"。拉斯維加斯和澳門一樣缺乏資源，但在政府政策的引導和有效監督之下，開放博彩業的內部競爭，以博彩帶動旅遊娛樂和整體經濟，經過幾十年的發展，今日的拉斯維加斯已經發展成為一個具有安全法治環境的世界著名旅遊娛樂城市和會議、展覽中心，經濟蓬勃發展，在沙漠上創

造了一個經濟神話。

　　事實上，澳門素以"東方蒙地卡羅"之稱享譽全球，其博彩業不但歷史悠久，而且規模宏大、設備齊全、豐富多彩，與美國的拉斯維加斯、摩納哥的蒙地卡羅並稱世界三大賭城，其獨特形象已深入人心，每年吸引了來自世界各地的數百萬名遊客。正因為如此，在一個相當長的時期內，旅遊博彩業一直是澳門經濟的最大產業，它對政府的財政收入、市民的就業乃至整體經濟的帶動，都具有重大的影響。歷史上，澳門曾是中西文化、宗教長期交匯的城市，具有"博物館"式的都市風貌和豐富的歷史文化遺產。這些獨特的旅遊博彩業的發展潛力不容低估，因此，澳門旅遊博彩業具有發展成"亞洲的拉斯維加斯"的競爭優勢與潛力。

　　從長遠的戰略考慮，澳門要繼續維持和增強旅遊博彩業的國際競爭力，就必須打破專營壟斷的局面。只有打破專營壟斷，引入內部競爭機制，澳門博彩業才能形成良性競爭，才能引進新的、現代化的經營管理模式，改善設施，並加強多元化發展，逐漸將澳門目前的旅遊博彩轉變為拉斯維加斯模式的綜合性旅遊。在專營制度下，澳門的博彩與旅遊其實是分開的，主要為成年人提供服務，因而主要屬博彩旅遊。根據美國拉斯維加斯的經驗，在博彩經營開放之後，競爭機制將推動投資者轉變經營方式和經營觀念，並將競爭擴展到綜合性旅遊的各個方面，綜合的設施將包括賭場、酒店、配套娛樂設施、主題公園、食街、博物館、小型影院、大商場、民族文化館、表演場等，從而將旅遊及博彩原來惠及的對象，綜合性地結合起來，使服務對象從原來的男性成年人擴展到家庭的大小成員和工商團體，特別是來度假的家庭，從而大大增加客源，拉斯維加斯正是這樣創造了沙漠上的奇跡。

　　澳門要成為區域內的綜合性旅遊博彩城市，即"亞洲的拉斯維加斯"，就要在繼續發展博彩業的同時，大力發展非博彩旅遊業，將澳門目前以博彩業為核心的旅遊博彩業拓展為博彩旅遊、家庭式度假旅遊、觀光旅遊、文化旅遊、商務旅遊、保健旅遊、會議旅遊、展覽旅遊互相融合及互相帶動的綜合性旅遊服務業。

三、特區政府的改革措施：開放"賭權"，引入競爭機制

　　1999 年澳門回歸後，特區政府對澳門經濟的長遠發展，作出明確的方向，即"以博彩旅遊業為龍頭，以服務業為主體，各行業協調發展"。特區政府並採取了一系列措施推動經濟發展，就博彩旅遊業而言，主要有：

1. 重整警隊，厲行反貪倡廉，徹底打擊黑社會犯罪活動，改善治安環境。

長期以來，澳門的紀律部隊紀律渙散，其中的害群之馬貪污受賄，對日益猖獗的黑社會勢力打擊不力，令社會治安環境日趨惡化，已經成為澳門投資營商環境中最突出的制約因素。澳門特區政府成立後，行政長官何厚鏵即將打擊黑社會犯罪活動列為首項任務，並致力於建立有效的監察機制。按照澳門《基本法》的有關規定，澳門特區政府重組了審計署、廉政公署、海關等部門，並重整警隊，厲行反貪倡廉，打擊黑社會犯罪活動。目前，澳門的治安環境已得到很大程度的改善。這為澳門博彩旅遊業的健康發展提供了重要的前提條件。

2. 改革博彩專營制度，開放"賭權"，推動旅遊博彩業向多元化、綜合性方向發展，提高旅遊博彩業的國際競爭力。

澳門回歸後，特區政府立即面臨著一項無法回避的重要決策 —— 檢討長期實施的博彩專營制度，並決定是否開放"賭權"。這一決策對於澳門能否發展成"亞洲的拉斯維加斯"起著關鍵性影響。在歷史發展的重要時刻，澳門特區政府採取了果敢的決策，開放"賭權"，引入競爭機制，將澳門發展為綜合性博彩旅遊城市。

為迅速、有效地推進"亞洲的拉斯維加斯"的國際地位和知名度，同時通過競爭推動投資，促進經濟增長，澳門特區政府於 2001 年 7 月 13 日通過《幸運博彩經營法律制度》法案，積極推行博彩全民化，並將賭權開放，積極引進新的資金，甚至是國際資金，以減少澳門經濟的脆弱性。內容大致包括：

（1）澳門政府準備發出最多三個博彩經營牌照，有效期 8 至 12 年；

（2）引入互動博彩的概念，即透過電腦網絡、電話、傳真及視像進行博彩。此類賭牌不設上限。網上賭博勢必吸引相當數量的外地公司來澳門投資網站，並會給當地甚至是珠江三角洲的 IT 人才帶來就業機會；

（3）禁止限制競爭的行為，法案條文中訂明防止在博彩業內有主導地位的產生；

（4）規範了競投方式，會採用預先評審制度，有關的評審制度以競投者是否為本地區爭取最大利益為大前提，如是，則毋須採取預先評定資格的方式；

（5）實行賭權全民化，讓澳門全民認購賭場的股權，並將要求競投賭牌人士承諾會在澳門作多方面投資，令當地居地得到實際利益等。

2002 年 2 月 8 日，三個賭牌的歸屬塵埃落定，澳門博彩股份有限公司、永利渡假村（澳門）股份有限公司、銀河娛樂場股份有限公司三分天下，其中何鴻燊旗下的澳門旅遊娛樂有限公司預計將再投資 40 億元以上，以增加就業機會，降低失業率；永利渡假村是由美國西岸賭王史提芬‧永利（Steve Wynn）、有 23 年賭場營運經驗的 Marc Dennis Schorr 和澳門製衣及地產發展商人黃志成共同投資，打算為澳門建立一個全新風格的賭場標誌，適當引進拉斯維加斯具有吸引力的東西，融合澳門文化特點；銀河娛樂場股份有限公司將投資近 100 億澳門元，在冰仔興建一個糅合拉斯維加斯規模和威尼斯特色的娛樂場，並為澳門提供 5,000 個新職位，該公司的合夥人之一是美國拉斯維加斯規模最大的威民斯人酒店集團，亦是國際上經營商貿會議的佼佼者，因此，該公司除了可以為澳門的博彩業增加色彩以外，還可以為會議展覽業提供一個機會，對澳門旅遊業產生一定的正面影響。澳門特區政府認為，該三家公司是最有利於澳門長遠發展的"最佳組合"，期望各自發揮所長，將澳門發展成珠江三角洲休閒度假及會議展覽中心之一。

澳門特區政府在改革博彩專營制度的同時，又積極向世界大力推薦澳門旅遊形象。2001 年八九月間，澳門政府撥款 5,000 萬澳門元（約 650 萬美元），作為推行"賓至如歸澳門歡迎您"旅遊宣傳經費，計劃主要包括旅遊認知的宣傳運動、宣傳推廣以及產品發展計劃。其中最重要的是全民宣傳運動，透過各種形式的活動，向居民灌輸旅遊業對澳門的重要性以及與旅遊相關的知識，務求引發全民效應，讓大眾齊來擔當"旅遊大使"，向全世界推廣澳門。

澳門特別行政區還積極申辦 2005 年亞太旅遊協會年會，旨在通過年會，向世界各地人士推廣、宣傳澳門的旅遊項目及中西文化特色，加深世界各地人士對澳門的認識。不僅如此，澳門特區政府還規劃了多項未來旅遊專案。包括於 2001 年9 月 15 日動工的"漁人碼頭"大型旅遊景觀，預計工程造價達 9 億澳門元；投資 3億港元的澳門東亞衛視影城以及澳門街總計劃在 2001 年 11 月份舉辦為期 1 個月的嘉年華會，屆時分 4 個區域展示澳門的不同特色，推廣澳門旅遊形象。在政府的大力推動下，回歸後澳門整體經濟，特別是博彩旅遊業取得了矚目的發展。據統計，2001 年，澳門全年入境旅客突破 1,000 萬人次大關，超過 1996 年最高水準。2002 年上半年，澳門入境旅客達 547 萬人次，比 2001 年同期增長 9%。上半年博彩稅為特區政府庫房帶來 34.5 億澳門元收入，比 2001 年同期增長 19%，估計全年可達 58 億澳門元。在博彩旅遊業的帶動下，澳門經濟的各個環節，包括運輸、飲食、酒店、零售等都活躍起來。據特區政府估計，2002 年澳門本地生產總值至少有 5%—6% 的強勁增長，同時可望有 10 億澳門元的財政盈餘。

在旅遊博彩業和觀光業的帶動下，其他行業也朝著升級設施和服務的現代化方向進行經營和管理。特別值得提起的是澳門的航空運輸業，它由澳門航空公司和澳門國際機場的運作組成。短短幾年，其發展引人注目，結束了澳門長期以來依靠香港民航的歷史。2000 年共接待 11,811 架次的航班，155 萬人次的載運旅客，客票銷售收入額為 13 億 2,700 萬澳門元。其中澳台航線是澳門航空最主要的生命線，2000 年 75% 的客源和收入即來自該航線。

四、未來發展：以博彩業推動旅遊業的多元化發展

澳門的賭城形象是保持其城市未來旅遊及經濟發展的基礎，但博彩業並非健康產業，長期發展亦會帶來嚴重的社會治安問題，降低其旅遊價值和吸引力。因此，澳門政府在努力推行旅遊博彩業的同時，應大力發展其他旅遊產業，使澳門旅遊朝多元化產業結構發展，並努力改變從前僅對單身男性具有吸引力的局限，轉向吸引香港及廣東內地家庭來澳門休閒度假，停留 2 日以上。其實，澳門也具有發展家庭式度假的潛力。

澳門要將現行以博彩業為核心的旅遊業發展成為博彩、觀光、文化、度假、保健、商務、會議、展覽融為一體的綜合性旅遊服務業，就必須加強對澳門潛在的歷史、人文等旅遊資源的深度開發，要充分利用澳門在歷史上曾是中西文化交匯的樞紐，具有 "博物館" 式的城市風貌和豐富歷史文化遺產的優勢，突出澳門作為亞洲的 "歐陸小鎮" 的特色。充分利用和發揮澳門現有旅遊資源的潛在優勢，重點搞好旅遊配套，將是能保存原有特色的、投入少但見效快的可行性策略。在發展策略上，澳門應加強整體城市的發展規劃，對具有歷史價值的以西灣 —— 議事亭前地 —— 大三巴牌坊一線為主軸的歷史古城區加強保護及重建工作，強化其南歐風格和休閒情調。地產業界亦應重點發展歐陸特色的建築。與之相配合的，可創建葡國風味食品街、步行街、土風舞表演亭、現代化並具有澳門特色的跳蚤市場、葡語短期培訓班，進而強化澳門在粵港澳旅遊大三角中的特色和差異。此外，澳門應在繼續辦好現有的國際性文化活動，如國際音樂節、國際藝術節、格蘭披治大賽車、國際煙花匯演、國際龍舟賽的同時，重點興建一些小巧玲瓏的、具豐富文化內涵的主題景觀，致力將澳門建設為具歐陸風情的亞洲旅遊度假中心和中小型國際會議、展覽中心。

澳門還應進一步加強其與廣東的經濟合作，尤其是與珠海在旅遊方面的合作。目前，珠海市已決定將毗鄰澳門的橫琴島開發為"國際特別旅遊區"。澳門應積極加強與珠海的合作，研究聯合開發橫琴島的可行性，使澳門旅遊博彩業的發展與橫琴島開發相配合和銜接，避免形成正面競爭並達到相互補充、相得益彰的效益，將澳門興建成粵港澳大三角旅遊區中獨具特色的、不可或缺的重要環節。澳門還應充分發揮粵港澳三地官方或半官方機構的區域旅遊協作功能，辦好"粵港澳大三角旅遊區"。粵港澳三地應形成各自的旅遊特色，將"購物天堂"與"博彩勝地"、"歐陸小鎮"以及"南粵風情"結合起來，形成分工互補、互惠互利的旅遊路線，共同提高競爭力和開拓新的旅遊市場。

（原文發表於深圳《特區經濟》，2003 年 10 月）

澳門博彩業開放的經濟效應分析及問題思考

一、澳門博彩業開放的經濟背景

　　長期以來，博彩旅遊業在澳門經濟中一直佔有舉足輕重的地位，除 20 世紀 80 年代中期的一段時間外，它一直是澳門經濟中最大的產業支柱，到 20 世紀 90 年代更佔據了澳門經濟的半壁江山。在澳門公共財政收入中，由博彩經營權批給和博彩稅所得收入已經超出了澳門政府收入的一半。據資料顯示，澳門居民有三成以上的就業與博彩業直接相關，如果加上為博彩業服務及由博彩業帶動的旅遊、餐飲、交通、酒店、建築與裝飾、金融和公共服務等，則這個比例甚至會達到 50% 以上。另外，由於博彩專營權批給的附帶條件，博彩經營還負有為澳門建設公共基礎設施、協辦公共事務、資助慈善事業及學術研究機構的義務。毫不誇張地說，博彩業是澳門經濟社會發展的發動機，正是依靠博彩業這張城市和產業名片的國際吸引力和輻射能力，澳門才得以在亞太地區乃至全球逐步確立自身極具特色的國際地位。

　　2002 年以前，澳門博彩業實行的是由一家公司壟斷經營的博彩專營合約制度，政府授予簽約公司一定時期內在澳門壟斷經營博彩業的權力，簽約公司則按照合約規定向政府繳納相應的稅費及承擔公共義務。歷史上，作為政府最大的供給資源，博彩專營權為維護行業秩序、穩定社會以及城市建設起到了積極的作用。然而，長時期完全壟斷的市場格局使得專營權制度的弊端逐步顯現，例如不思進取地保守經營思路、過分傳統的經營氛圍、陳舊的娛樂設施等等，相比國際上的競爭對手，澳門賭業發展已經落伍，就是面對來自周邊地區相繼開賭的威脅，澳門博彩業也感受到了相當大的衝擊。

　　在專營權制度下，澳門的博彩業缺乏內部競爭機制，經營傳統、保守、設備落後、形式單一，無力應付外界日益嚴峻的挑戰。尤其是 20 世紀 80 年代中期以來，疊碼回佣制度泛濫，博彩業派生的周邊利益豐厚，每年約有數十億港元的博彩營業額落入回佣灰色地帶，甚至被黑社會從中汲取財政資源、壯大勢力，並引發日趨激烈的利益衝突，進而令治安環境惡化，使遊客望而卻步，嚴重損害了澳門博彩業的競爭力。因此，為從根本上消除澳門博彩業制度的弊病和發展惰性，改革專營權制度、引進競爭機制顯得極為必要。

二、澳門博彩業開放的經濟及社會效應分析

2001 年舊賭牌即將到期時，澳門特區政府對新賭牌的發放實施了"引入競爭機制"的制度變革，通過招標將專營權"一分為三"，分授給澳博、銀河（其後賭牌分拆由銀河和威尼斯人金沙共同持有）以及永利渡假村三家公司。至此，澳門博彩業市場為一家所壟斷的局面徹底結束。

自 2002 年澳門新賭牌開始實施已有兩年多時間，配合中國內地遊客"港澳自由行"政策的推廣實施，澳門遊客數量已經超過千萬。目前，澳門已有金沙和銀河華都兩家非澳博所屬賭場開業，並且開業後遊客的追捧使得投資者信心倍增，同時第三張賭牌持有人永利渡假村也列出了 2006 年正式營業的時間表，而澳博除繼續改善硬體設施、強化軟體管理以鞏固現有實力外，則拋出一系列投資新計劃，其中包括重新裝修葡京、再開設兩三家新賭場和假手信德集團與美國 MGM集團合資興建新的旗艦賭場，向博彩、會展、酒店和度假村等範疇全面發展。澳門博彩業群雄逐鹿的市場競爭大幕正式開啟，以此為基礎，澳門博彩業顯示出了良好的發展勢頭。

開放博彩專營權並不在於簡單的改變市場結構，而是意圖將博彩業乃至整個澳門經濟"蛋糕"做大、做強、做活。具體來說，其經濟效應體現為以下幾個方面：

1. 從博彩業產業結構來說，專營權有限開放能夠形成行業競爭格局，盤活博彩業市場。

博彩經營權開放的直接結果是為博彩市場的在位者引入競爭對手，這些博彩產品供給的新主體為消費者提供了經濟學意義上的選擇價值，實現了競爭中的替代性和互補性。所謂替代性是指消費者能夠在不同賭場享受到相同的娛樂服務，如角子機和各種賭桌博彩項目。消費者選擇賭場的基礎在於賭場的不同位置、服務環境、業務風格及配套設施如餐廳、劇院、酒店等；互補性則體現為博彩經營

者各具差異的產品和服務，為不同嗜好的消費者提供各具特色的產品和服務，例如葡京的特色在於具有中國傳統賭博氛圍的賭廳、而金沙的優勢則在於適合大眾遊玩的中場博彩遊戲。

替代性和互補性直接導致行業競爭機制與學習機制的形成，徹底改變了被壟斷行業沉悶和保守的氣氛，盤活了整個博彩業。一方面，競爭導致的壓力使得經營者在賭場設備、博彩技術、遊客行銷、員工培訓和內部管理上絲毫不敢懈怠，進而間接地提升了行業整體質素和市場活力。這種競爭壓力的表現十分直接，在賭權已經確定而新投資者尚未開始經營時就已經顯現出來，例如，澳博在處理新賭牌下勞資新合同關係時就一次性解決了賭場員工向顧客強索"茶錢"的問題，並實施了提升員工質素的培訓計劃和規範管理、加強行銷的計劃。澳博管理層也一再表示新競爭條件下要致力於改善屬下賭場的硬體設施和軟體管理方面的問題，使澳博的服務能夠達到國際水準以應對新競爭者的挑戰；另一方面，具有不同地域和行業優勢背景的投資者在博彩及相關服務上可以形成相互學習和優勢互補。澳博的優勢在於其對中國包括台灣、香港貴賓賭客的吸引力，在賭廳的分包管理上也有其先進之處，其他投資人則分別在跨國賭業投資、酒店管理、綜合旅遊推介以及會展業發展上有豐富經驗，並且以金沙為代表的拉斯維加斯資本對於東南亞以外的遊客具有更大吸引力，因而相互之間學習及互補的可能空間很大。

2. 引入具有豐富博彩旅遊經驗的國際資本，調整博彩旅遊產業結構。

銀河、威尼斯人和永利等新賭權持有人都是具有相當豐富行業經驗和國際地位的博彩經營者，他們加盟澳門博彩業對於調整澳門博彩結構顯然具有特殊意義：一是可以通過國際資本的介入推出新型產品和服務、引入國際化管理以吸引歐美地區的遊客，調整和拓展澳門博彩旅遊市場的客源結構和博彩業務結構，樹立和鞏固澳門在博彩業上的國際聲望；二是這些外來資本在澳門建設新的酒店、度假村、主題公園並向全球推廣其博彩、休閒度假、商務服務和會展業務，有助於拓展和延伸澳門博彩旅遊產業鏈，實現博彩旅遊的"規模經濟"和"範圍經濟"，進而提升澳門國際旅遊中心的競爭力。

3. 博彩業開放的示範和帶動效應可以引導其他行業外資進入，改變澳門本地的資本結構，由此催生打破二元結構的可能性。

由於歷史和結構上的原因，澳門投資結構中以本土資金、港資和華資為主，外資所佔比例很小，這在一定程度上降低了澳門經濟的活力。澳門引入外資加強博彩業市場的投資與競爭的一個示範和帶動效應便是其他行業外資的增長,原因主要是博彩業規模擴大造成本地旅遊和服務市場的興旺。事實證明,由博彩業開放所帶動的投資效應極為顯著,2002年澳門上半年外來投資比上年同期增加兩成多,主要是投資不動產、工商業專案如餐飲、酒店等。綜合性項目也有一定的增長,其中以非金融的離岸公司增長幅度最大,共增加了89家,較上年同期有成倍增長,發展勢頭相當強勁。

外資具規模的進入澳門,更深遠的影響在於推動澳門經濟制度成熟化。長期以來,澳門的經濟制度表現為典型的專營壟斷和自由競爭二元並存的特徵,一方面在博彩和交通、電訊等公用事業中專營壟斷色彩濃厚,一兩家公司獨享市場利潤;另一方面在製造業、商業中大量企業激烈競爭。這種二元經濟結構表現出澳門的資本主義經濟制度並不成熟,造成了保守封閉的心態和踟躕不前的發展惰性。事實上,澳門有些壟斷行業就是由博彩業的壟斷延伸而成,例如港澳海上客運和直升機客運就是在博彩專營合約中規定由澳博的母公司澳娛建設和壟斷經營。博彩業和其他行業外資具規模進入澳門市場必然要求政府將受管制的市場逐步開放,二元經濟勢必被更為自由、開放和成熟的經濟體制所代替。

4. 賭權開放的意義還在於吸納博彩業大型資本,對周邊競相計劃開賭的地區形成威懾。

合法賭權一直是澳門經濟最大的制度資源,也是澳門在區域競爭中最大的比較優勢,但賭業興旺帶來的豐厚利潤使得澳門周邊地區對於在本地開賭躍躍欲試,香港已經開禁賭球,賭船也遊弋於公海,馬來西亞有富麗輝煌的雲頂賭場,越南、緬甸等東南亞小國早已在臨近中國邊境的地區設立賭場,中國北部的蒙古、朝鮮和俄羅斯邊境也都設立了專門針對中國遊客的賭場,近日新加坡政府也開始正式研究開賭事宜。他們都對澳門博彩客源中最大的中國內地、香港和台灣市場形成直接威脅。在此情況下,澳門賭權開放能夠吸納國際博彩業資本,減少競爭對手的資本供給,並且通過多家投資商的巨額投資抬高博彩業的進入門檻,提升自身的國際競爭優勢,對競爭對手形成有效威懾。

5. 博彩業蓬勃發展促進澳門形成更為積極開放的社會心態,有助於"一國兩制"治澳方針的實施。

有學者研究指出,專營合約制度下澳門經濟的活力不強,長期以來造成了社會對於自由經濟制度的理解不夠深刻,普遍形成封閉、保守和排外的意識和心態。博彩業引入競爭機制帶動其他行業興旺發展，不僅能夠促進澳門本地居民就業率，使其財富增加，而且市場競爭的活力有助於推動澳門居民尤其是青年形成更為積極向上、崇尚競爭的價值觀，進而帶動整體社會更為開放和有序地發展。澳門特區政府能夠利用大幅增長的博彩稅收進行社會基礎建設，如投放更多的教育資源、建設更多的公共設施、制定更為完善的社會保障和社會福利等。同時，政府也能利用更多的財力扶持本地科技進步和中小企業發展。這些因素都將對一國兩制下澳門的持續、穩定發展產生積極影響。

儘管當前博彩業與澳門經濟表現了種種利好，但是也出現了一些如博彩業客戶分流、利潤攤薄的問題，同時如何有效形成博彩業與其他行業及澳門整體經濟社會良性互動的關係機制也值得深思。本文認為，在賭權開放的巨大短期經濟效益背後，我們需要未雨綢繆，預先思考澳門未來經濟、社會發展幾個方面的問題：

首先，由賭權開放所帶來的競爭效應是否會在未來出現競爭失控的情況，從目前市場投資情況來看主要是競爭過度的情況是否可能發生，政府應當如何發揮監管者和協調者的作用預防和控制此類風險？

其次，需要進一步解讀博彩旅遊業的內涵，思考博彩業與旅遊業的統一對立關係，關於如何建立博彩與旅遊對接乃至共生發展、相互促進的關係機制是需要謀劃的重點。

再次，博彩業在澳門一業獨大會產生甚麼負面效應，包括澳門產業結構轉型是否有可能再次走向畸形化，以及社會意識形態和居民質素是否會發生不良轉變。

三、澳門博彩業開放後的風險因素分析

總體而言，引入競爭機制後的澳門博彩業是否能夠按照當初設計的那樣進入完全良性的競爭發展軌道，博彩業蛋糕是在競爭中迅速做大還是會形成競爭對手搶食同一個市場空間的情況，博彩業會不會從完全壟斷的市場一極走向惡性競爭的另一種局面，其負面因素不可忽視。

首先，賭權開放後澳門博彩業投資增長極其迅速，可能會出現投資過熱、供給過度的泡沫現象。目前，澳博、銀河、威尼斯人金沙的初期投資基本到位，逐漸形成三足鼎立之勢，永利渡假村的首期投資項目也正在進行中，2006 年永利開業後將會成為第四股大勢力。根據德意志銀行的分析，日後四大賭團為搶佔市場，必將大增旗下賭檯的數量，德意志銀行估計澳門在未來四年內賭檯將增加

2,500 張，總數增長近 9 倍，供應過度會令每張賭檯的平均淨收入在五年內急降 72%，由 2003 年平均日收 26,900 美元急跌至 2008 年的 7,400 美元。他們認為投資過熱所導致的賭場供應急增會導致博彩業泡沫的產生，這將成為澳門當地賭業回報的風險因素。

其次，穩定增長的客源與投資速度形成矛盾，供需增長反差可能會引發各大賭團為搶佔市場份額而展開競爭，甚至可能轉化為惡性競爭。賭權開放初期恰好配合了全球經濟轉好和內地遊客"自由行"的天時，遊客數量的迅速增長直接支持了澳門博彩業迅速擴大規模，但未來幾年內地遊客數量估計會趨向穩定增長，博彩蛋糕的增大速度會小於投資速度，因而供需之間的矛盾因素將逐步浮出水面。儘管當前金沙主攻中場，澳博和銀河的優勢在貴賓廳，永利尚未加入競爭且有意在博彩借貸上拓展優勢，能夠形成一定差異，相互之間還能保持相安無事，但隨著今後各自規模的擴充，直接交手將不可避免。事實上，這種相互搶客源的競爭已經出現，據報導，金沙開業期間澳博客流就減少一成多，而根據德意志銀行的推算，銀河已經搶佔了澳博將近一半的貴賓市場份額。一些遊客表示，如今在個別小型賭場裏的賭客已經寥寥無幾，往日熱鬧的人群早已被幾個新賭場搶去。按照此類情況分析，澳門博彩業必將重新洗牌，其間相互爭奪市場的行動很可能升級為惡性競爭行為。

再次，由於各大賭場的競爭升級必然引起博彩周邊利益爭奪的擴大，可能會給博彩業乃至澳門整體經濟社會帶來某些不安定因素。

綜合上述，儘管澳門本地博彩業的重新洗牌不可避免，一部分沒有競爭力的投資被淘汰也是理所當然，如何盡量減少未來相互之間可能發生的內耗、塑造具有更大比較優勢的互補性，應當成為博彩業界和政府考慮的重點。在澳博、金沙、銀河、永利以及可能通過合資合作方式加入澳門賭業的投資人來說，對市場進行進一步細分、保持並鞏固各自的差異化優勢，同時在行銷和管理上學他人所長，使得澳門博彩蛋糕能夠實現由內力帶動的可持續增長，這對企業自身和業界來說都是好事；從經濟整體利益的維護者、規則制定者和監管者的角度說，政府應當將重點放在兩個方面：一是加強城市經營和行銷，鞏固澳門的國際化旅遊形象，提升澳門旅遊特色與容納能力；二是要加快博彩業相關法規和協調機制的建設，對博彩投資行為、競爭行為和周邊利益實施有效監管，維護良性的市場秩序。

四、解讀博彩 — 旅遊關係機制：塑造澳門 "亞洲拉斯維加斯" 形象

在專營權制度下，澳門的博彩與旅遊其實是分割的，其市場對象局限在成年人尤其是單身男性。2004 年，筆者曾經在珠海拱北海關主要針對進入澳門的內地遊客做過一項非正式調查，發現在所有去澳門短期旅遊的遊客中，單身男性佔了絕對比例，女性及家庭出遊的比例甚少，男性遊客中表示要參與博彩娛樂的遊客比例也遠遠高於女性遊客，帶著未成年人一起遊玩的許多家長則明確表示不會前往賭場。故而，澳門博彩旅遊業要將市場蛋糕真正做大，最重要的不是如何增加賭檯、招徠賭客，而是應當思考如何設立更多的旅遊設施和項目，將博彩旅遊鏈完善起來，吸引更多、更廣泛的遊客，使他們延長在澳門停留的時間、不但在賭場活動，而且能夠通過整個博彩旅遊鏈享受服務，增加消費。

要完善澳門博彩旅遊業產業鏈，首先需要對博彩旅遊的關係進行解讀，進而才能建立起博彩旅遊，實現良性推動、共生發展的機制。在博彩與旅遊的關係中，博彩應當作為澳門最為重要的特色，成為向遊客推介的重點，但其未來產業發展則應轉向綜合旅遊方向。故而，博彩雖則是龍頭，但旅遊才是箇中關鍵。博彩是勝負相抵的零和遊戲，旅遊才是真正創造社會財富、提升城市內涵的重頭戲。

博彩旅遊共生發展關係機制的關鍵之處在於博彩與旅遊的對接埠的設立。要讓遊客不僅僅在澳門體會到勝負的刺激，還要能讓其感受到城市的魅力，願意帶著家人、帶著員工前來享受生活、商業等各方面的休閒。總之，這個產業對接埠的目的是使不願賭的遊客也能被吸引到澳門，而賭客也願意走出賭場，本質上說就是將澳門博彩與旅遊的市場基本面擴大。

根據美國拉斯維加斯的經驗，在博彩經營開放之後，競爭機制將推動投資者轉變經營方式和經營觀念，並將競爭擴展到綜合性旅遊的各個方面，綜合的設施將包括賭場、酒店、配套娛樂設施、主題公園、食街、博物館、小型影院、大商場、民族文化館、表演場等，從而將旅遊及博彩原來惠及的對象，綜合性地結合起來，使服務對象從原來的男性成年人擴展到家庭的大小成員和工商團體，特別是來度假的家庭，從而大大擴闊客源。拉斯維加斯正是這樣創造了沙漠上的奇跡。澳門要成為區域內的綜合性旅遊博彩城市，即 "亞洲的拉斯維加斯"，就要在繼續發展博彩業的同時，大力發展非博彩旅遊業，將澳門目前以博彩業為核心的旅遊博彩業拓展為博彩旅遊、家庭式度假旅遊、觀光旅遊、文化旅遊、商務旅遊、保健旅遊、會議旅遊、展覽旅遊互相融合並互相帶動的綜合性旅遊服務業。

事實上，澳門得天獨厚的區域位置以及在區域合作中的角色是旅遊業發展值得大力開發和利用的資源。澳門背靠經濟發展迅速的祖國內地，毗鄰香港，聯繫台灣，面向太平洋，與歐美、日本均保持著深厚的經濟聯繫，尤其在歷史文化中有著濃厚的歐陸色彩，這些都賦予了澳門不可多得的區域合作資源。澳門特區政府已經提出要將澳門發展成為"粵西、世界華商、葡語國家三個商業服務平台"的定位，近年來，澳門與內地更緊密經貿關係（CEPA）、中國與東盟自由貿易區（CAFTA）、泛珠三角經濟協作體系（PPRD）以及中葡論壇等區域合作制度安排進一步推動了澳門在區域合作中平台地位的形成。可以預想到，澳門博彩旅遊業將成為澳門平台地位中重要的產業支撐，反之，更緊密的區域經貿關係也將推動澳門博彩旅遊產業鏈條的完善和發展。

澳門經濟最大的制約因素是土地資源短缺、發展空間狹小。當前，澳門在區域合作中實現自身經濟定位的重要機遇和策略是在泛珠三角框架內與珠海聯合開發橫琴島，以擴大博彩旅遊產業的發展空間。橫琴島全部開發後的總面積達106平方公里，是澳門土地面積的數倍，它將在很大程度上突破澳門產業和城市發展面臨的瓶頸，成為澳門經濟發展空間的延伸和補充。因此，如何充分利用橫琴島來解決澳門發展空間的不足並延伸其產業功能，成為澳門經濟發展的關鍵之一。橫琴島的開發，關鍵是澳門與珠海聯合開發模式的確定。目前主要有三種可行的模式：包括股份制模式、"租賃制"模式（"關閘"模式）、租借給澳門管轄模式等。三種模式中，第一種模式比較容易實行，但在實際操作中可能會遇到相當多的矛盾和摩擦，運作成本較高。第二種模式已有"關閘"的成功先例，同樣相對容易實行。不過，實行這一模式需要進一步解放思想，大膽創新，充分發揮"一國兩制"的政策優勢。第三種劃歸模式對澳門最有利，它的實施可有力彰顯國家對推行"一國兩制"的誠意和決心，亦是改革開放的一種重大制度創新。無論採用哪種開發模式，可以預見的是，更大空間和平台的形成將進一步推動博彩旅遊產業在澳門發揮經濟龍頭的作用。

五、博彩業一業獨大所產生的經濟社會結構性問題

賭權開放後博彩旅遊產業的壯大已是不爭的事實，但澳門必然要面對的問題是博彩業一業獨大會不會成為澳門發展新路徑的依賴，導致產業結構畸形，新的經濟和社會結構問題會不會發生，這些問題會不會成為未來經濟和社會危機的潛

在因素。

　　事實上，由於市場狹小、經濟資源貧乏、人口質素相對偏低等因素的制約，澳門的微型經濟模式一直具有較為嚴重的外向依賴性，無論是香港開埠前澳門作為轉運中心時期、80 年代配額制度下澳門出口加工業鼎盛時期，還是上百年來號稱世界三大賭城的博彩專營時期，澳門經濟始終存在著產業結構平衡性差和內生可持續發展性不足的缺陷。

　　與某些觀點不同，筆者認為在有形經濟資源絕對缺乏的條件下，澳門只能依靠如博彩業、離岸服務業等特殊的制度資源來獲取外部市場，在這個常住人口只有 50 萬，面積不到 30 平方公里的經濟體內，一業獨大的現象在邏輯上是具有一定合理性和必然性的。經濟學上也認為，產業資本在一定空間的大量聚集是具有配置效率的。博彩業一業獨大並不可怕，值得擔憂的是獨大卻無法獨強，在面對其他地區同業的競爭時，缺乏比較優勢才是澳門博彩業乃至整體經濟未來真正的危機所在。因而，回到前面已經討論過的問題，澳門未來的發展只有將博彩業與旅遊業有效結合，促使產業鏈擴張延伸，同時配合教育和科技手段使博彩旅遊人才和技術升級，才能使博彩旅遊業足以在全球產業鏈內樹立優勢，進而能夠在產業內部分散和抵禦風險。

　　其實，如果經過仔細考量，便知道賭權開放後澳門未來的產業結構由博彩業完全統領江山的可能性也不是很大。博彩旅遊業是一個綜合性服務的行業，其內容廣泛涉及博彩、娛樂、旅遊、餐飲、酒店、金融、商業、交通、建築、會展、商務服務等行業，各行各業在博彩旅遊的框架內的市場替代性遠遠低於互補性，博彩業對其他行業的帶動程度強於壓制性。從澳博合資美國 MGM 及永利投資綜合功能極強的旗艦酒店的計劃便能看出，賭權開放後各競爭對手謀劃的並不只是單獨的賭桌利潤，而是意在培育完整的旅遊和商務服務市場。因而，正如 2002 年澳門特區政府施政報告所言，賭權開放後的澳門正在形成的是具有 "以博彩業為龍頭、服務業為主體、其他行業協調發展" 特徵的產業結構，像拉斯維加斯一樣，博彩旅遊產業鏈的深度發展將會使得澳門服務業成為更大的一塊蛋糕。

　　博彩旅遊業的發展也將決定澳門社會結構的變化，當前，澳門社會心理結構異化的問題應當受到更多的重視。澳門賭業百多年來發展中，堅持傳統品德教育和逐步完善的社會制度使得澳門居民能夠 "出淤泥而不染"，有報導就曾驚詫於澳門居民極低的參賭率，不齒於到賭場工作的良好社會品格和心理結構。但近年來世道低迷，賭業一支獨秀的經濟狀況及青少年缺乏遠離賭博的教育，導致澳門社會心理結構發生變化，越來越多的澳門青年接受賭業是正行的觀念，不少澳門青年開始頻頻涉足賭場一試運氣，高中甚至大學畢業生競相參加博彩業的招聘考試。儘管在經濟社會中這些現象並非完全是壞事，但表現出澳門社會心理結構的異化已經初露端倪，為防止博彩心理在社會泛濫，預防博彩業的負面影響滲透進社會深處，澳門特區政府需要在博彩業發展與社會結構變化之間設立更為緊密的法律和教育防火牆。

（原文發表於澳門《澳門博彩》，2005 年第 2 期）

微型經濟產業結構演變 —— 理論研究與案例分析

一、微型經濟的界定及其基本特徵

對於微型經濟體的界定，多數文獻都是從其特點入手。根據《簡明不列顛百科全書（1989 年）》，微型經濟的特點主要有：（1）人口不足 100 萬人，地域狹小，發展空間受限；（2）經濟運作具相對獨立性；（3）其地位受到國際社會普遍承認；（4）大多數屬於海島型經濟；（5）相當部分與原英、法、荷、葡等國有宗主國關係；（6）經濟發展普遍良好。

1992 年，澳門學者楊允中博士曾對"微型經濟"作出界定。他認為對微型經濟的界定標準有三：（1）人口不超過 100 萬人。因為人口百萬人以上的國家、地區均已被主要國際經濟組織列為統計對象，受到正當的關注與重視，而人口少於百萬的國家、地區則往往容易被忽略；（2）經濟運行具有相對獨立性。以澳門為例，它的財政、稅收自成一體，獨立運行，甚至擁有自己獨立的貨幣；（3）獨特的地位受到國際間認同。如澳門，它是兩大最有代表性的國際性組織 —— 世界貿易組織（WTO）和聯合國教科文組織（UNESCO）的正式成員，它可以作為獨立的一個成員參加地區性或全球性的國際組織、國際會議，享受同等的權利並履行同等的義務。楊允中博士先後在其專著《微型經濟：定位與發展》及與蕭志成博士合著的 *Macau: a Model of Mini-Economy* 中，對微型經濟的界定作出補充。他表示，微型經濟界定標準亦可以定為 5 項：（1）人口規模少於 100 萬人；（2）經濟活動的內容容量細小、企業規模以中小型為主；（3）經濟運行體制具相對獨立性；（4）產業結構具對外依賴性；（5）對外經濟地位受到國際間認同。

目前，全球約有 190 個國家，其中人口不足 100 萬的微型經濟國家和地區約有 50 多個，即全世界有將近 30% 的國家或地區為微型經濟體。其中，人均國民生產總值達 1,000 美元以上者有 36 個，佔全世界微型經濟的三分之二。

從某種程度上來說，微型經濟體是世界經濟的潤滑劑，是大國經濟的有效延伸。大多數微型經濟體的產業發展都存在著一些共同特徵。

1. 經濟規模細小、資源稟賦和比較優勢單一。

產業發展的比較優勢是由一國（地區）的資源稟賦結構所決定的在各個產業間所體現的成本優勢。根據 Harvey W. Armstrong 與 Robert Read 的研究（1998年），微型經濟體的關鍵特徵之一，是微小的國內市場規模和有限的資源基礎。很多微型經濟土地資源有限，自然資源的種類稀少。突出的例外，是幾個石油豐富的阿拉伯海灣小國，它們是有價值的自然資源的受益者。微型經濟的這種資源約束直接影響到本地的生產要素的供給，這即是說，經濟增長的源泉必須更大程度上仰賴於人力資本、先進技術和資本等方面的投資。當然，也有論者說，發展中的小國或微型經濟體很可能受制於資本稀少的困境，因為本地相對缺少投資機會。發展中的小國或微型經濟體不可能寄希望於在低技術的勞動密集的出口部門與發達的西方工業國家競爭，但是在以特殊技術為基礎的高附加值的部門則有發展前景。

因此，微型經濟體由於人口少、資源有限，對於勞動密集型產業、土地密集型產業等，一般不具備比較優勢。微型經濟體有兩種比較優勢產業可以選擇：其一是具有特殊資源比較優勢的產業；其二是能夠發揮知識的技術型產業。當然，不排除某些微型經濟體在特有的機遇和框架下發展資本技術密集型產業的可能，這也是本文在探討微型經濟體產業結構演變規律時重點探討的問題。這裏要說明的是：依賴特殊資源的比較優勢的微型經濟體容易陷入比較優勢陷阱；某些微型經濟體即使好不容易發展起知識技術型比較優勢產業也同樣面臨著規模比較優勢指數低下的困境。

2. 缺乏多樣化需求和本地市場競爭，具有天然對外依賴性。

現代產業發展所需的多樣化需求和本地市場競爭對微型經濟體也是不小的挑戰。微型經濟體由於人口狹小，加上資源與本地需求——尤其是本地多樣化需求有限，無法使產品細化，也就無法產生更深層次的專業化。沒有多樣化的需求，就無法形成多樣化的本地市場競爭，這將是一個企業無法做大做強的根本缺陷所在。因而，在微型經濟體內，除非有某種特殊的安排或機遇，又或者依賴某種特殊的自然資源，否則，利用微型經濟體自身力量一般無法建立起強大的工業產業。

研究表明，在微型經濟體內，由本地提供的商品和服務是很有限的，存在不相關的生產模式與消費模式的顯著的不對稱性。這樣，進口就成了國內消費總量的一個重大組成部分。可貿易貨物對微型經濟的這種致命的重要性迫使它們必須去追求高度開放的貿易體制、有限範圍的進口替代和有限範圍的對幼小工業的保護政策。因為奉行保護主義或者自給自足的貿易政策將會給本地經濟帶來極為不利的價格、收入與競爭力的影響。因此，微型經濟體大部分都是高度開放的經濟體系。由於他們的高度開放和貿易額在 GDP 中佔有的結構性優勢，許多微型經濟都與國際經濟高度結合，同時也很容易受到全球化趨勢的影響。換言之，微型經濟一般高度暴露於國際經濟的外部衝擊，從而對全球貿易環境發展極度敏感。

3. 制度創新成本低，容易形成有利資本集聚的環境。

微型經濟體經濟規模小，產業比較單一，因而只存在相對單一的利益集團，價值觀走向比較單純，公民之間的經濟利益對立少，政府的政策大都反映僅有的單向利益集團的訴求，因而達成制度創新的交易成本比較低。另一方面，新制度的運行成本相對來說也比較少，因為制度創新的機會成本比較容易計算。而且微型經濟體大都是外向型經濟體，其接受外來新生事物比大國來得容易，經濟波動性強的同時也孕育了制度的易變性，因而對舊制度的路徑依賴比較小。因此，微型經濟體有更強的制度創新的可能。澳門的博彩制度、巴哈馬的註冊制度、安道爾的稅收制度、巴巴多斯的離岸金融制度等制度的創新，無不是在大國制度的缺陷中尋找良機，獲得成功。

由於經濟規模小，微型經濟體經常被視為擁有很高程度的和諧、一致。因而，小國或微型經濟體有能力對變化做出更快的反應，制定政策的時候也更具有彈性。社會成員追求共同的目標，促進了責任的分享，促進了強烈的團結一致的感情的形成，其社會的凝聚力被認為更加強大。這些機構的有效性和他們促進社會團結的角色促進了社會資本的積聚，從而支援了經濟增長的進程。這些特質鼓勵了社會資本與有利經濟增長的環境的形成。

二、微型經濟產業結構演變的理論分析

大國發展最終的目標一般都是建立比較齊全的產業結構體系，因而都會經歷相似的產業結構演變階段。但對於微型經濟體，由於它本身產業發展的內在缺陷和比較優勢的差別，由於它所賴以生存的基礎資源的不同，賴以建立的最終產業結構目標的不同，它的產業結構演變的規律也會因應不同類型的微型經濟體而有

所不同，而且不同類型的微型經濟體之間也會相互轉化。根據我們的研究，二次世界大戰以來主要微型經濟體產業結構的演變基本呈現出一些共同的規律性發展趨勢：

1. 由於經濟規模細小、比較優勢單一，絕大部分的微型經濟體都表現出產業結構的單一性或 "極性" 的特徵。

在資源有限的情況下，微型經濟體要想在經濟全球化的大趨勢下佔據有利位置，在參與國際分工與貿易中保持自身的競爭優勢，一般必須把有限的資源集中在某一、二個產業上，選擇具有比較優勢的產業進行發展，走專業化的發展道路，從而產生規模經濟效應。綜觀全球絕大所數的微型經濟，從它們所賴以生存和發展的角度可劃分為：

（1）自然資源型：其經濟發展主要依靠某種或某幾種自然資源的有效開發為前提，產業結構大都是圍繞特有的自然資源而選擇的。如阿魯巴（Aruba）和卡塔爾（Qatar）的石油、吉布地（Djibouti）的鹽和地熱資源、葛摩聯邦（Union of Comoros）的香草及製品。

（2）轉口貿易型：這類微型經濟體主要處於交通要道，有良好的區位條件，是發展轉口貿易的最佳位置，而且這些地方恰恰是周圍政治大國之間的獨立緩衝地帶，這類微型經濟體和轉口貿易的雙邊國家有著高度的經濟依賴性。如吉布地是烏干達等非洲內陸國家前往法國、歐洲的中轉站，是歐、亞、非的交通樞紐。

（3）旅遊帶動型：根據全球微型經濟體的資料，幾乎對所有的微型經濟體而言，旅遊業都是它的重要產業。這和旅遊產業本身的發展特點以及微型經濟體本身的不足是分不開的。因為微型經濟體不可能在所有產業都得到全面發展，一般而言，旅遊產業在它僅有的幾個產業中所佔的比例也就不會很低。如加勒比地區的安堤瓜及巴爾布達（Antigua and Barbuda）和美國的關島（Guam）等。

（4）制度創新型：這類微型經濟體在形成和發展過程中，沒有比較良好的自然資源可以利用，或者原有的資源和區位條件已經喪失殆盡。只有通過制度創新來吸引投資，發展特定產業。如安道爾（Andorra）通過稅收創新所發展起來的金融業；巴哈馬（Bahamas）的註冊創新因而成了離岸金融中心；荷屬安的列斯（The Netherlands Antilles）把石油產業和金融創新聯繫起來形成以美國為目的地的離岸金融中心；百慕大群島（The Bermuda Islands）對金融保密法的創新開創了金融保險業的神話，其保險和再保險業務資產規模僅次於倫敦和紐約，約佔世界意外險種再投保量的 1/3。

　　微型經濟體系產業結構的單一性，源於其比較優勢的單一性。根據大衛‧李嘉圖的比較優勢理論，微型經濟體在開放自由貿易體系下，優先發展比較優勢產業在經濟上是明智選擇，其實質在於國際分工的基礎上形成專業化生產，並由此產生規模經濟效應。規模經濟的核心是指在投入增加的同時，產出增加的比例超過投入增加的比例，單位產品的平均成本隨產量的增加而降低。規模經濟能夠提高企業或地區的競爭力，是因為專業化導致的聚集有助於新思想、知識技能在個人或企業間進行交流，能夠創造高效的有特色的勞動力市場，利於集中培訓專業技術人員，企業能夠獲得各種技能的勞動力供給，促進專業化供應商隊伍的形成，並且共同享用公共基礎設施，降低企業運營成本。微型經濟體發展其具有比較優勢的產業，進行專業化的生產，極大程度提高了部門的生產效率，擴大了產業的發展規模，從而獲得規模經濟效應。因此，從經濟學的角度分析，微型經濟體系產業結構的相對單一性實有其合理因素。

2. 由於缺乏工業基礎，發展現代生產性服務業較為困難，而比較適合消費型服務業的發展。

　　Godfrey Baldacchino 在其論文〈反方向：小國製造業是服務業的延伸〉（1998）中，曾對小國產業演變的特殊規律進行了詳細的分析，認為小國不太可能遵守工業化的邏輯，製造業最好被視為服務業的延伸，而不是像通常一樣的相反。[01]
Godfrey Baldacchino 指出，由於進出小島的高門檻與高昂的交通成本、典型的高薪人群、當地就可得到的投入（原材料等）缺乏、市場的細分等等，微型經濟體的大規模商品出口的製造業策略 —— 無論是本地的資本或者引進的外資 —— 很可能失敗，無論是進口替代工業或者是出口導向的製造業，情況都是如此。因此，這些經濟一般缺乏工業基礎。

　　由於缺乏強大的工業作支撐，微型經濟要發展現代化的生產性服務業也面臨著許多困難。現代生產性服務業，包括產品研製開發、生產管理、售後服務、證券金融、不動產業、諮詢業、科技開發、商務服務和教育培訓等行業的發展，要求比工業發展更大的市場，更多的資金，更高的技術水準，更強的產業前後向聯繫，更好的品質管理和組織管理水準，因而微型經濟體發展現代生產性服務業通常較為困難（不包括那些通過制度創新建立起來的生產性服務業）。與此同時，微型經濟體在發展消費性服務業方面卻有著相對較強的比較優勢。首先，微型經

01

Godfrey Baldacchino, "The other way round: manufacturing as an extension of services in small island states", *Asia Pacific Viewpoint*, Vol. 39, No. 3, December 1998 ISSN: 1360-7456, pp.267-279.

圖2－1　小國與發達國家在充分就業條件下的三次產業演變（留尼汪島和德國）
（Godfrey Baldacchino, 1998）

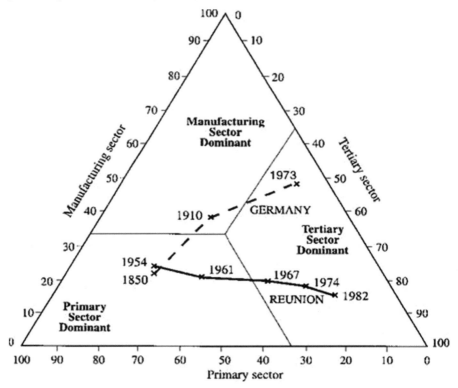

濟體一般實行零關稅政策，因而本地產品價格和外來產品價格基本趨於一致。其次，微型經濟體有某種共性的文化和價值觀，這種共性和價值觀適應於某種休閒型產業的發展，而這種文化和價值觀在大國一般不允許存在。

　　Godfrey Baldacchino 在 1998 年的研究中發現，小島國家在下列領域的發展最為成功：

　　（1）租金收入。許多小國依靠在世界經濟中的食利者身份得以生存。他們的收入主要依靠其他國家生產租金的經濟活動，包括援助、國外證券所派的股息紅利、印花稅、關稅、土地或者漁業稅、租賃、提供各種各樣的服務所取得的貸款或者報酬，這些服務包括旅遊、銀行服務、避稅場所、金融、娛樂場所、遊艇停泊等等。微型經濟體提供的這些服務，對前來投資的廠商來說是一種"地理戰略性"的服務。這些服務貿易成為許多小島國家主要的經濟推力。

（2）行銷地點。對微型經濟體特別重要的另一個領域是關於對被佔領的特權市場的商品供給（服務除外），包括一些特定的消費中心。海外消費者傾向於從島上購買商品，不是因為商品和服務的內在品質或者價格競爭力，而是因為這些商品來源於小島這個特別地方。通過這樣的市場標識，附加的生產成本、規模的不經濟、交通裝運費等結構性的劣勢一定程度上得到了補償。有兩種主要的特權出口地點類型：一個是短期的旅遊市場，小島上的遊客比一般的遊客更加富有，他們可能通過鑒賞和沿用當地的消費習慣，品嘗到更加真實的小島體驗。二是"特權出口"關於散居在國外的島上居民和他們的住在國外的家屬。他們組成了精緻的人力資本的出借，是跨國公司的親屬的重要成分，他們共同對小島上的家庭成員的匯款作出了貢獻。

（3）知識為基礎的服務業。微型經濟體的另一個可獲利領域來源於栽培以知識為基礎的小行業。知識已經被標榜為後工業時代的制高點，誰會比小國更好的利用這種發展呢？因為小國一般錯過了工業化的階段，並正處在一個後工業化的服務主導時代。如果有合適的基礎設施供應（包括互聯網容量、光纖電話系統、世界範圍的衛星通訊網絡），有支援性的學習知識、技術訓練的教育系統，那麼，有用的、有利的、高附加值的交易就可能被重點抓住。小國的"小"可以證明是在這個領域的祝福，因為外國的客戶可能希望從那些以大國為基礎的顧問身邊走開，大國他們可能具有凌駕於國際貿易關係之下的政治野心。進一步地說，利用新的有前景的技術來採用更加創新的、小規模的製造業過程和推廣更大的出口市場，包括上面提到的"有特權的出口"市場類型，小國的這種潛能依然是存在的。

3. 產業結構的單一性使微型經濟發展具有波動性、脆弱性的風險。

研究發現，產業結構單一化給微型經濟體帶來很大風險。自然資源型微型經濟體高度依賴國際市場對這些資源的進口。如卡塔爾 95% 的國民收入是靠石油及其製品，安堤瓜及巴爾布達的旅遊業佔國民收入的 70%。而區位型微型經濟體也越來越受到其他國家多邊開放、運輸方式日益多樣化、國際交易網絡化和生產網絡當地語系化的嚴重挑戰。這種高度依賴於某種產品或服務的單一經濟受國際市場波動的影響很大，稍微的市場波動將會對整體經濟導致重大打擊。單一化的風險主要表現在：

（1）容易引起經濟增長的波動性和經濟績效低下。當今時代的發展使得生產和消費出現了難以預測的變換節奏，產品生命週期縮短，市場需求的不確定性增加。面臨如此形勢，微型經濟選擇單一的產業模式，其增長率和收益率必然為該產業的生產產品需求動向所左右，很容易由於這一產品的失誤使整個產業遭受重大損失。在現代經濟週期理論中，通過乘數和加速數的相互作用，較大的經濟增長波動和投資波動是相互影響的。如果微型經濟體產業結構單一，其經濟增長波動性很大——很大部分的原因是投資波動很大（外在需求的波動同樣會引起投資的波動）；而經濟增長的波動同時又會導致投資的波動；投資的波動容易導致投資績效以及整體經濟效率的低下。

（2）經濟應對外在環境變化的脆弱性。靠發展單一產業的經濟，因為基礎產業薄弱，生產能力差，大部分產品消費依賴進口，將導致外債沉重。小國的許多重要的經濟特徵都成了其脆弱性的來源，因為這些經濟特徵都放大了小國對全球經濟環境中的外部條件的敏感性，而全球的經濟環境跟大國有著密切的聯繫。經濟的脆弱性可能跟政治的、戰略的、生態的、天氣的脆弱性結合起來，特別是在小島國家尤其如此（Harvey W. Armstrong and Robert Read, 1998）。單一的產業結構容易受外界單一的需求所影響，加上由於經濟規模小，在加入各種國際經濟組織的同時，談判議價的能力弱，基本上是國際秩序的接受者，在國際經貿合作中始終處於不利地位，被世界經濟和區域經濟邊緣化的風險越來越大。而且靠有限的出口優惠發展起來的產業也面臨極大的風險。根據亞行的報告，由於美國對斐濟服裝產品給予的出口優惠於 2005 年 1 月 1 日起終結，斐濟的經濟發展速度有較大幅度的下降，GDP 年增長率將徘徊在不到過去 3 年平均速度一半的水準上。[01] 而格林伍德與印尼的肉豆蔻卡特爾協議崩潰，國際市場價格下跌，收入銳減，直接導致了格林伍德的經濟衰退。[02]

（3）內部經濟活力不強。建立在單一產業基礎之上的微型經濟體，所有的經濟活動和利潤都是圍繞這個單一產業進行的，由此會產生一種產業過分凌駕於其他產業之上的壟斷風險，使得很多產業喪失了通過平等競爭發展的機會。這樣容易造成整個小型社會產品對外的高度依賴性和人文思想的高度封閉性依存，內部競爭性不強，活力不夠。由於產業結構的單一化，相對集中的地理環境使得各個企業通過根植性關係交織成網絡，產業內各個環節結合非常緊密，容易使整個產業形成封閉結構，阻礙產業結構升級。另一方面，單一的產業結構沒有其他產業做依託，一旦受到外界衝擊，需要進行產業升級時，相當於放棄成熟產業而進入一個全新的領域，一切都要從頭開始，這對於資源稀缺，人口較少，經濟總量小

01

中華人民共和國駐斐濟大使館經濟商務參贊處；亞行報告：斐濟宏觀經濟評估與展望，2005 年 4 月 20 日，http://fj.mofcom.gov.cn/aarticle/jmxw/200504/ 20050400074675.html。

02

格林伍德經濟概況，http://www.6532.net/world/economy/gd.html。

的微型經濟體來說是極其困難的一件事。

三、微型經濟發展的國際借鑒：以盧森堡為例

　　研究發現，幾乎所有的微型經濟體都有產業結構適度多元化的願望。早在 1960 年代，很多微型經濟體都把產業結構適度多元化作為它們主要的施政目標之一。要想應對單一產業結構帶來的高風險，必須轉為多元化的發展結構來解決這一缺陷。但是，廣泛的多元化對於微型經濟體來說是不現實的，將有限的資源過度分散，會使每個產業無法獲得規模經濟，削弱競爭力，這是由微型經濟體的特點所決定，受客觀條件所限制的，要在專業化和廣泛多元化之間找到一個適合微型經濟體生存的黃金領域 —— 適度多元化。適度、恰當的多元化在一定程度上可以分散風險，減輕外部環境對經濟的衝擊，為微型經濟體的發展提供適度保障，為其應對風險提供一定程度的緩衝。

　　這類綜合發展型的微型經濟體和大國的產業結構變遷基本相似，都有一個從傳統產業向現代產業發展、產業升級化的過程，都對產業的升級轉型持一個積極主動的態度，其人口質素也是根據國際新興產業的變化而不斷加強，因而其支柱產業有更強的穩定性和可持續發展能力。這類微型經濟體一定比其他微型經濟體具有更強的外向性和競爭性。其中的典型包括：盧森堡的鋼鐵工業、金融業和廣播電視業；巴巴多斯（Barbados）的旅遊業、農業、製造業和離岸金融服務業；巴哈馬的旅遊、國際金融服務和船舶註冊業等。

　　盧森堡位於歐洲西北部，國土面積 2,586.3 平方公里，截至 2004 年，人口 45.16 萬，其中盧森堡人約佔 61.4%，外籍人佔 38.6%。盧森堡是國際上微型經濟體的典型，但微型經濟並未制約它的發展，反而成了盧森堡經濟迅速發展的有利條件。1990 年以來，盧森堡 GDP 總量有較快的增加，2002 年 GDP 總量是 1990 年的 2.33 倍，而人均 GDP 將近 2 倍；如果考慮近兩年的經濟發展，人均 GDP 已經比翻一番還要多，有關資料表明，其人均購買力已經位居世界第一位。近年來，盧森堡經濟雖然沒有 1990 年代末期的高增長速度，但是基本上維持了平穩的增長態勢，截至 2002 年，其 GDP 總量已經達到 224 億美元，人均 GDP 達到 49,150 美元。

　　從產業結構來看，盧森堡的產業結構亦呈現出某種單極化的趨勢，第三產業產值佔總產值的比重相當大。盧森堡的第一產業以畜牧業為主，糧食基本不能自

給，自 1990 年來，農、林、牧、漁業等第一產業佔國民生產總值的比重從 1.5%
下降到 0.5%。盧森堡的第二產業以鋼鐵工業為主，鋼鐵工業也是其三大支柱產
業之一，盧森堡素有 "鋼鐵王國" 之稱，人均鋼產量約 5.9 噸（2003 年），居世
界首位。盧森堡的鋼鐵工業歷史悠久，最早可追溯到 19 世紀中葉。但從 1975 年
開始，鋼鐵工業的發展遇到了嚴重的危機。在國家的幫助下，盧森堡鋼鐵工業進
行了調整，逐漸放棄生產標準鋼材，轉而生產高科技含量、高附加值的特種鋼。
從表 2—1 可以看出，在 1990 年代初，工業與能源產業佔國民生產總值的比重為
21.9%，加上第二產業即建築業後的比重為 28.7%，到 2003 年，工業與能源產業僅
佔到 10.4%，加上建築業後其比重也只有 16.3%，這說明第二產業，其中最主要的
是鋼鐵產業在國內生產總值中所佔的比重不斷下滑。但是，有一個奇怪的現象，
盧森堡的鋼鐵產業在國際市場上的分量卻與日俱增，如阿爾貝德鋼鐵公司現今已
成為全球第三大鋼鐵集團。取得如此輝煌的成就，可能既要歸功於技術進步，也
要歸功於公司所作的結構調整。

　　盧森堡第三產業高度發達，佔國民生產總值的比重也相當大，1990 年盧森
堡第三產業佔國民經濟的比重已接近 70%，到 2003 年更上升至 83.3%。第三產業
中，金融業和廣播電視業佔舉足輕重的地位，並且成為盧森堡的其他兩大經濟支

表 2—1 ｜ 1990 年至 2003 年盧森堡各產業增加值佔總產值的比重（單位：%）

年份	農、林、牧、漁	工業與能源	建築業	交通運輸、貿易賓館與餐飲	銀行、保險和其他商業服務業	政府支出、健康、教育和其他私人服務業
1990	1.5	21.9	6.8	23.1	29.2	17.4
1995	1.0	15.0	6.2	20.9	40.2	16.7
1999	0.7	12.0	5.5	21.3	44.8	15.7
2000	0.7	11.9	5.5	22.4	44.4	15.1
2001	0.6	11.7	5.9	21.8	44.2	15.7
2002	0.6	10.8	6.0	20.7	46.1	15.8
2003	0.5	10.4	5.9	20.4	47.2	15.7

資料來源：OECD（2004），National Accounts of OECD Countries. OECD Paris。

柱。盧森堡有國際金融中心的美稱，首都盧森堡市是歐洲重要的金融投資中心，在全球範圍內僅排在美國紐約、法國巴黎、日本東京之後居第 4 位。金融收入佔其國內生產總值的比重日益加大，與金融業相關的產業已經超越其傳統產業——鋼鐵工業——成為其第一大支柱產業。從表 2—1 也可以看到這種狀況，銀行、保險和其他商業服務業產業增加值佔總產值的比重在 1990 年還不到 30%，到 2003 年，該比重已經接近 50%，成為盧森堡財政收入的重要來源。另外盧森堡廣播電視業發達，歐洲歷史最悠久的商業廣播公司——盧森堡無線電廣播公司——與德國貝特爾斯曼公司下屬的烏髮電視公司合併後，已成為歐洲同類公司中最大的一家。盧森堡與德國聯合組建的媒體公司，擁有 18 家電視台和 22 家廣播電台。盧森堡的歐洲衛星公司是世界最大衛星運營商，共運營 41 顆衛星，向歐洲地區轉播 565 套模擬和數碼電視節目，以及 380 套電台節目，91.3% 的歐洲家庭收看該公司衛星傳送的電視節目。

盧森堡與澳門地區相比，都同屬於微型經濟體系，它們的產業結構也存在相似性，即產業結構單一化問題突出，經濟的外向依賴性很高，但是前者在抵禦外來衝擊和抗風險方面要優於澳門，這在很大程度上要得益於它們的產業結構模式和政策。盧森堡的鋼鐵工業是其傳統的支柱產業，近年來由於金融業和廣播電視業的迅速發展，鋼鐵工業在總產值中的比重有所下降，但是盧森堡的鋼鐵工業在國際上的地位卻有增無減，說明鋼鐵工業已經成為了盧森堡國民經濟發展的重要組成部分；金融業和廣播電視業發展迅速，並且有越來越強的趨勢，成為國民經濟最重要的兩大支柱產業，說明了盧森堡的產業結構總體上是以第三產業為主、適度多元化的發展模式。而且佔主導地位的產業如金融業、鋼鐵業都是產業關聯度高、擴散效應強、能創造更多附加值的產業，因此就是一種合理健康的結構模式。

作為一個微型經濟體，由於其自然資源、人力資源在數量上的限制，以及資源種類不夠多樣化，導致了盧森堡一方面要大量出口其國內的產品和服務，同時也要大量進口國外資源。因此盧森堡政府制定了一些相關的經濟與產業政策，[01] 目標包括保持可持續發展，擴大生產活動的範圍，發展、鞏固和轉換產業結構。早在 1993 年 7 月，盧森堡政府就制定了產業政策的法律框架，其目的就是促進經濟發展與多樣化，改善經濟結構與地區經濟平衡，該法律框架積極鼓勵投資、鼓勵企業結構重組和在原創性 R&D（Research and Design）上的投入、鼓勵創新以及

01

Ministry of Economy. 1998. "Main Orientations of Policies in Luxembourg for Industrial Development and Competitiveness", *Policies for Industrial Development and Competitiveness*, pp.95-97.

企業的合理化再定位等。

在改善商業環境方面，為了有助於提高企業的競爭力，盧森堡採取了一系列直接和間接的稅收政策，包括對企業在環境保護上的投資採取特殊的分期償還的制度；減少地方權利機構的財稅收入；廢除公共事業稅收；提供法律諮詢以鼓勵產權市場的租賃業務等。在中小企業的發展計劃方面，為了維持一個健康而有活力的中小企業市場，盧森堡政府採取了一系列的措施，包括鼓勵發展新的企業和現有企業的重組；為中高檔人才進入小型商業部門提供方便；增加資本的相互聯合，為那些中小企業中缺乏資金的年輕企業家提供支援；推動現代化來提高企業的競爭力，通過企業的相互協作來擴張與重組；確保公司領導的初始培訓與再培訓等等。

四、微型經濟體產業結構演變的國際借鑒

研究表明，二次大戰後以來，全球絕大部分微型經濟體的產業結構都建立在較單一產業的基礎上，它們賴以建立的產業基礎或者是自然資源型，或者是轉口貿易型；換言之，要麼是以農業、礦業為主的第一產業，要麼是以貿易、運輸、倉儲為主的第三產業。不過，它們在建立了優勢產業基礎之後，相當部分都致力於推動產業結構的優化或適度多元化，而它們的路徑一般是循優勢產業的下游延伸，即推行垂直式的產業多元化。

從以自然資源型產業為主的微型經濟體看，這種類型的微型經濟體一般依靠特殊的自然資源如石油等，建立起出口初級產品的自然資源型產業；然而，他們利用經濟發展積累起來的資金，改善投資環境並發展與自然資源型產業相關的製造業，如石油冶煉工業等，再利用工業化的剩餘資金專注幾個產品生產，如鋁、乙烯等，同時大力發展離岸金融服務業和旅遊業等。典型的例子如巴林（Bahrain），從石油工業向煉鋁業、金融業、旅遊業轉型，巴林鋁廠現已成為世界最大的煉鋁廠之一，而巴林也已成為中東地區最發達的離岸金融中心。[01]

從以轉口貿易型產業為主的微型經濟體看，這些地區一般擁有較優越的區位條件，因而得以發展起轉口貿易。這類微型經濟體因為相當開放，對產業結構的優化大多非常重視，一般會圍繞著轉口貿易發展起與之相配套的水電、港口等基礎產業，如倉儲運輸業、銀行業和郵電業等。隨著經濟的進一步發展，他們會將產業向相關行業延伸，並發展起旅遊業、金融保險業、通訊產業和會展業等，推

01

巴林經濟概況，http://
www.6532.net/world/
economy/bh.html。

動產業的動態多元化和高級化。研究發現，大部分微型經濟體都把旅遊業作為結構調整的重要方向。因為絕大部分微型經濟體不可能有很多的競爭力產品出口（除非有大量的特殊資源），而要滿足全體居民的基本需要，需要有大量的進口，因而國際貿易一般處於逆差。微型經濟體為了彌補逆差，積累外匯收入，就會以發展旅遊業作為產業政策的一個重要選擇。如巴哈馬就是從高度依賴美國的轉口貿易發展起船舶工業、旅遊業和國際金融服務業的。

1960 年代以後，西方發達國家開始大規模地將其勞動密集型產業向發展中國家轉移。部分微型經濟體抓住這個歷史性機遇，大力發展勞動密集型產業的出口加工業，完成了初步的資本原始積累過程。這些微型經濟體中，部分在完成資本原始積累和基礎設施建設之後，更專注於產業的分工細化和高級化，把本國的科技研發水準和發展中大國的製造水準、市場開放結合起來，形成了強大的國際競爭力產業，如盧森堡的鋼鐵工業即是。部分微型經濟體由於沒有讓這些勞動密集型產業逐漸特色化、逐漸高級化，因而這些產業在經濟全球化的激烈衝擊下逐漸衰弱，最終一蹶不振。如斐濟的制糖業、服裝業近年已急劇衰退。**01** 此外，也有部分微型經濟體通過制度創新，發展了新興服務業，如離岸金融服務業等，直接過渡到高級服務業階段（圖 2—2）。

從以上對微型經濟體產業結構演變規律的分析發現，首先，所謂微型經濟體的高端產業基本集中在旅遊業（包括像澳門的博彩旅遊業等特色旅遊業）、離岸金融業、註冊業、會展業、商業服務業、資訊服務業等，當中旅遊業是所有微型經濟體重點發展的產業。其次，微型經濟體積極保持經濟的穩定性和減少對外依賴

01
斐濟經濟概況，http://
www.china-ningbo.com/
nbfec/nbfec1/4world/
general/economy/
fj.html。

圖 2—2 微型經濟體產業結構演進的幾種趨勢

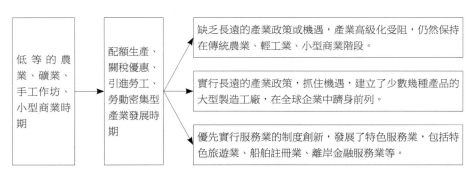

低等的農業、礦業、手工作坊、小型商業時期 → 配額生產、關稅優惠、引進勞工、勞動密集型產業發展時期

- 缺乏長遠的產業政策或機遇，產業高級化受阻，仍然保持在傳統農業、輕工業、小型商業階段。
- 實行長遠的產業政策，抓住機遇，建立了少數幾種產品的大型製造工廠，在全球企業中躋身前列。
- 優先實行服務業的制度創新，發展了特色服務業，包括特色旅遊業、船舶註冊業、離岸金融服務業等。

（實際原因是為了減少用匯需求），但都通過保護手段保留部分農業和輕工業的生產，以此滿足居民的基本需求。最後，作為第二產業中的製造業，如果專注於幾種產品的生產才能獲得比較大的成功，相反，那些在很多產業平均用力的微型經濟體基本上在經濟全球化的衝擊下已退回到以農業、輕工業、小型商業和旅遊業為主的原始階段。

我們在研究了近 50 個微型經濟體的資料後，對澳門在整個微型經濟體中的位置也有了一個概貌性的瞭解：首先，微型經濟體要實行產業結構適度多元化政策，必須要有一定的資金積累作支援，巴林、百慕大、盧森堡等微型經濟體，莫不如此。其次要有較高的人口質素和基礎設施、法律制度，這也是許多微型經濟體不能持續發展的重大缺陷所在。而綜觀澳門現況，雖然在直接的世界性交流方面還有所欠缺，但基本質素已經遠遠高於其他許多微型經濟體，而且又有中央強大的政策支持作後盾。因此，在澳門現今的產業結構適度多元化方面，政策將起到關鍵性作用。

（原文摘自廣東省社科哲學課題：《澳門產業結構優化研究》第三部分，2008 年，作者為馮邦彥、譚裕華）

微型經濟體產業適度多元化理論與實證研究 —— 以澳門為例

澳門作為典型的微型經濟體,由於地域空間狹小、自然資源數量有限、種類缺乏、人力資源不足、本地市場有限,導致經濟發展空間受到嚴重的限制。這些客觀條件決定了微型經濟體不可能走全面多元化的產業發展道路,因此,以微型經濟為特徵的地區,其產業發展也不可能完全符合產業發展的一般規律,沒有現成的結論可以套用,表現出鮮明的自身特色。

一、微型經濟體產業選擇的理論分析

1. 微型經濟選擇專業化生產的理論分析

鑒於微型經濟體本身受到發展空間的限制,以微型經濟為特徵的國家和地區要想在全球化的大趨勢下佔據有利位置,在參與國際分工與貿易中保持自身的競爭優勢,就必須把有限的資源集中在某一點上,選擇具有比較優勢的產業進行發展,走專業化的發展道路,從而產生規模經濟效應。

比較優勢原理最早由英國經濟學家大衛·李嘉圖在其代表作《政治經濟學及其賦稅原理》一書中提出。按照李嘉圖的論述,比較優勢是用來描述不同國家生產同一種產品的機會成本的差異,該差異來源於各國生產產品時的勞動生產率差異。世界上勞動生產率不同的國家,通過國際商品交換,都能在不同程度上實現社會勞動的節約,從而給交換的雙方在經濟上帶來利益。之後,瑞典經濟學家赫克謝爾和俄林又進一步將比較優勢理論發展為要素稟賦論,認為一國只有發展具有比較優勢的產業,才能在最大程度上節約社會勞動,並通過參與國際分工和交換獲取更多的經濟利益。根據比較優勢理論,微型經濟體在開放的自由貿易體系下,優先發展比較優勢產業在經濟上是明智的選擇。

微型經濟體發展優勢產業獲得更多利益的實質在於在國際分工的基礎上形成

專業化生產，進一步產生規模經濟。亞當‧斯密在其 1776 年出版的《國富論》一書中就相當重視分工問題。從勞動者角度來說，專業化分工使每個勞動者的工作更加簡單和容易掌握，且避免了從一種工作或動作轉向另一種工作或動作的時間損失；從資本設備的利用方面來說，當廠商擴大經營規模時，可以用效率更高的專門化的資本設備將連續化、系列化生產變為可能。專業化分工不僅能夠提高產品數量、品質，縮短生產時間，同時能夠最大限度地節省資源，降低生產成本，促進同類或者相關產業的聚集，而產業的集聚又進一步使微型經濟體獲得規模經濟效應。

規模經濟的核心是指在投入增加的同時，產出增加的比例超過投入增加的比例，單位產品的平均成本隨產量的增加而降低。規模經濟能夠提高企業或地區的競爭力，是因為專業化導致的聚集有助於新思想、知識技能在個人或企業間進行交流，能夠創造高效的有特色的勞動力市場，利於集中培訓專業技術人員，企業能夠獲得各種技能的勞動力供給，促進專業化供應商隊伍的形成，並且共同享用公共基礎設施，降低企業運營成本。微型經濟體發展其具有比較優勢的產業，進行專業化的生產，專注於自身產品和技術的研發，極大程度上提高了這一生產部門的生產效率，進一步擴大了此產業的發展規模，從而獲得規模經濟效應。

2. 單一化、開放型經濟體系所產生問題的理論分析

開放型的經濟體系與外界的經濟聯繫密切，經濟的風險性和波動性都比較大，這是微型經濟體對外部的高度依賴性所致，在此情況下，如果開放型經濟體系的產業結構還是單一化、專業化的，勢必在這種風險的基礎上更加增添了經濟的不穩定性，經濟發展將會表現出更大的波動性，主要表現在：

（1）開放型經濟的風險性與波動性在單一產業結構的模式下被加倍放大。微型經濟體在經濟總量小、資源稀缺等客觀條件下選擇單一的產業發展模式，這一選擇是建立在比較優勢的基礎上的。但當今時代的發展使得生產和消費出現了難以預測的變換節奏，產品生命週期縮短，市場不斷變化，市場需求的不確定性增加，尤其是周邊外部經濟環境的變化，將會使比較優勢不復存在。面臨如此形勢，如果微型經濟體只選擇單一的產業模式，其增長率和收益率必然會受到該產業生產產品需求動向所左右，很容易由於這一產品的失誤使整個產業遭受重大損失。單一產業結構不能依靠其他產業或者行業來平衡經濟風險，對於風險的應對能力很差，其最終的結果是將原有的風險加倍放大，從而對自身經濟體系的安全

構成極大威脅。

（2）多米諾骨牌效應。專業化的分工導致的產業結構單一化雖然能使微型經濟體以最優的規模進行經營運作，但是這種沿產業鏈的縱向專業化分工，使生產經營的各個環節銜接與依賴程度加深，當某一環節出現問題時，就容易產生多米諾骨牌效應，導致整個微型經濟體的衰落。

（3）增大產業轉型與升級換代的難度。微型經濟體在一定時期內的比較優勢可能會隨著時間和外界環境的變化而喪失，直接導致這一產業對經濟的推動效應的喪失，這時必然會要求產業升級和轉型。由於產業結構的單一化，相對集中的地理環境使得各個企業通過根植性關係交織成網絡，產業內各個環節的結合非常緊密，容易使整個產業形成封閉自守式的結構，阻礙產業結構升級。另一方面，單一的產業結構沒有其他產業做依托，一旦受到外界衝擊而需要進行產業升級時，相當於放棄成熟的產業而進入一個全新的領域，一切都要從頭開始，這對於資源稀缺、人口較少、經濟總量小的微型經濟體來說是極其困難的一件事。

3. 微型經濟體走適度多元化道路應對經濟風險的理論依據

要想應對單一產業結構帶來的高風險，我們必須轉為多元化的發展結構來解決這一缺陷。但是，廣泛的多元化對於微型經濟體來說是不可能實現的，將有限的資源過度分散，會使每個產業無法獲得規模經濟，削弱競爭力，這是由微型經濟體的特點所決定，受客觀條件所限制的。那麼我們就要在專業化和廣泛多元化之間找到一個適合微型經濟體生存的黃金領域 —— 適度多元化。適度、恰當的多元化在一定程度上可以分散風險，減輕外部環境對經濟的衝擊，為微型經濟體的發展提供適度保障，為其應對風險提供一定程度的緩衝。

降低經營風險是微型經濟體需要實施適度多元化發展戰略的最主要原因，多元化意味著可以在現實條件成熟的多項領域分別投資，通過適當的產業組合，分散經營風險，避免出現大起大落的局面。這種穩步發展的模式對微型經濟體來說尤為重要：

（1）多元化經營可為微型經濟體提供更大的發展空間。由於微型經濟體發展的局限性，我們在適度多元化的基礎上進一步強調相關產業的多元化，也就是說可以利用現有優勢，探索新的機會，進入相鄰行業。一個成熟的產業，市場佔有率比較穩定，想進一步發展壯大，在本行業已難有作為，這時必須盡量合理使用傳統產業帶來的資源，建立可以利用現有優勢的可持續發展的組織，吸引和留住人才。

（2）適度多元的產業結構可以有效應對產業週期進入衰退的情況，促進產業升級。發展多元產業結構為產業升級、調整打下了基礎，拓寬了調整範圍，能夠使微型經濟體更加主動的進行產業選擇，而不僅僅是被動的承擔風險。多元化產業結構可以解決單一產業需求增長停滯的問題。

（3）當單一產業的市場容量達到飽和的時候，只有通過多元化經營才能實現經濟的增長，特別是對於微型經濟體來說，其經濟必須與周邊地區相類似的產業相競爭，直接引發對其產業產品需求的降低。這時，必須要通過多元化經營來提高經濟體整體的需求量，以彌補以上損失，規避風險。

二、當前澳門產業結構特點及其存在問題

1. 澳門經濟現狀及產業結構特點

澳門回歸以來，在"一國兩制，澳人治澳，高度自治"的原則下，經濟、社會發展方面取得了顯著成效，經濟不僅擺脫了回歸前的負增長狀態，而且以年均10%左右的增速快速增長，2004年澳門的經濟增長率更是高達29.4%，GDP總量達到822.94億澳門元，經濟迅速升溫的同時，澳門在特區政府的管理下社會穩定，治安狀況良好，經濟社會的發展已經進入了新的歷史時期。隨著"泛珠三角區域合作"的逐漸展開以及CEPA的簽署和實施，澳門必將憑藉優越的地理位置、良好的對外關係和特殊的優惠政策贏得更為廣闊的發展空間和有利機遇。

澳門的產業結構比較特殊，除有限的漁業外，第一產業在澳門所佔的份額微乎其微，第二產業也主要是以出口加工製造業為主。總的來說，澳門屬服務型經濟體，從澳門近年來GDP及各個產業、主要行業的增長態勢觀察（圖2—3），我們也可看出澳門目前作為服務型經濟體的發展狀況——第二產業發展水準較第三產業低，且第三產業基本處於上升趨勢，對GDP增長的貢獻更突出。回歸後，特區政府確定了"以旅遊博彩業為龍頭、服務業為主體、其他行業協調發展"的產業政策。

當前，澳門所定位的四大產業支柱是出口加工業、地產建築業、旅遊博彩業和金融業，分析這些產業的發展狀況和特點，我們不難梳理出澳門經濟發展的脈絡。澳門與拉斯維加斯、蒙地卡羅並稱為世界三大賭城，素有"東方蒙地卡羅"之稱。長期以來，博彩業作為澳門經濟的支柱產業，為政府增加財政收入、

圖 2－3：澳門真實 GDP 增長率與各產業、行業年度增長率

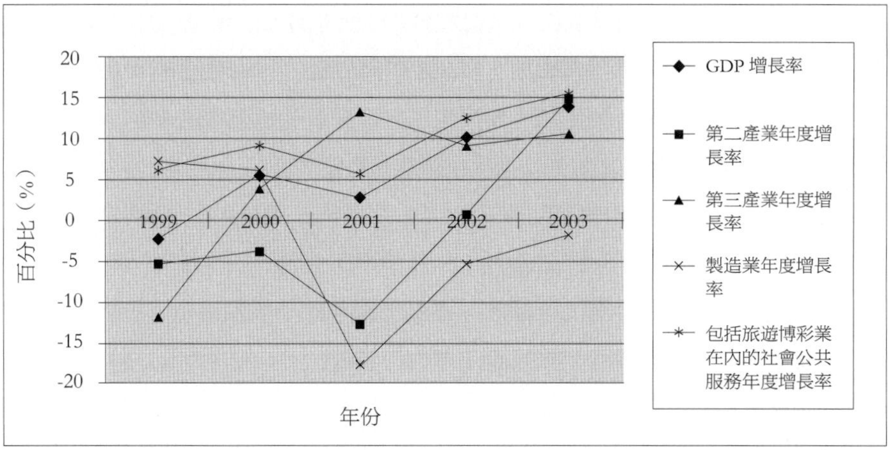

資料來源：《中國財政年鑑》，2004 年。

促進就業、推動經濟增長方面做出了重大貢獻。回歸後，澳門特區政府開放了在
澳門壟斷經營歷史最長的博彩業的經營權，這一舉措為澳門重塑了博彩業的比較
優勢，2004 年澳門僅博彩稅一項稅收達 147 億澳門元，佔當年財政收入的 75% 以
上，極大程度上帶動了旅遊、建築、房地產、零售業等相關行業的發展，同時也
為澳門的勞動力市場創造了大量的就業崗位，為回歸後澳門經濟的發展提供了強
勁的動力。

　　旅遊業的快速增長是回歸後澳門經濟的又一熱點，這和 CEPA 的簽署以及
"自由行" 政策的推行是息息相關的。"自由行" 政策為澳門帶來了最為直接和明
顯的經濟效益，近幾年，在 "自由行" 的推動下，赴澳旅遊的內地居民不斷增多，
2004 年內地來澳門的遊客佔入境總數的 57%，比 2003 年增長了 66%，這為澳門經
濟的復蘇、繁榮起到了很好的推動作用。同時，內地經濟良好的發展態勢也極大
程度上帶動了澳門旅遊業的快速發展，博彩業和旅遊業相互結合，相互促進，成
為澳門經濟發展直接而強勁的動力，由圖 2－3 可見，包括博彩旅遊業在內的公共
服務業增長率與 GDP 增長率曲線擬合得非常好，足以說明這一產業的發展對經濟
貢獻之大。

　　澳門出口加工業起步於 20 世紀 60 年代，在 80 年代進入全盛時期，其發展曾
一度超過博彩業而成為澳門經濟的第一大產業。澳門的出口加工業主要集中在製

衣、玩具、紡織等出口導向的勞動密集型行業，但由於其規模小、結構單一、技術相對落後，加上長期過分依賴香港和內地等種種弊端，在 80 年代中、後期，澳門出口加工業的比較優勢逐漸喪失，目前在經濟總量中的比重已不足 10%。回歸後，澳門的出口加工業逐漸進行產業轉型，但受到取消紡織品配額的影響，加上澳門勞動力成本的增加，出口加工業始終沒能有更快的發展。

澳門的金融業在整個澳門經濟中佔據重要地位，主要集中在銀行業和保險業。70 年代起，澳門金融業迅速發展，由於澳門自由港的特殊角色，而且沒有外匯管制，使得澳門的金融業高度開放，國際化程度高，但是也由於地域、人口的限制，澳門的銀行業規模較小，業務品種也比較單一，且對香港金融業的依附性較強，種種客觀條件限制了澳門金融業的快速發展。

澳門地產業在 90 年代初期有過一段空前的繁榮，但至 90 年代中後期，由於政府大量批地，外界大量資金湧入，引發了炒地炒樓的投機行為不斷發生，最終至 1996 年房地產泡沫破滅，地產業一蹶不振。澳門回歸後，特區政府對地產業採取了積極穩健的發展政策，同時伴隨澳門博彩旅遊業的快速發展，房地產業開始復蘇，並在 2003 年下半年呈現出較快的增長態勢。

當然，澳門回歸後經濟的復蘇和快速的增長很大一部分得益於澳門很好的利用了國家給予的優惠政策，包括"自由行"開放地域的增多、CEPA 的實施、泛珠三角區域合作的展開以及跨境工業區的建設等，都為澳門的產業帶來了更大的市場空間和機遇，澳門的投資出現大幅度增長，逐漸進入了經濟發展的旺盛期。

2. 當前澳門經濟運行中存在的問題

澳門的經濟結構相對單一，主要建立在以旅遊博彩業為主的服務業上，這樣的單一經濟結構是一把雙刃劍，在澳門很好地發揮其旅遊博彩業的比較優勢，借助這一產業的發展極大程度上推動經濟快速增長的同時，也為澳門經濟的持續快速發展帶來種種問題和隱患，最突出的表現莫過於博彩業"一業獨大"，支撐起澳門經濟半壁江山的同時，也使澳門的經濟懸於一線。單一產業的強勢發展，使澳門經濟運行中出現了"擠出效應"和"馬太效應"，我們用以下循環圖表來說明這一問題。

從圖 2—4 可以看出，"博彩業獨大"使得生產資源過度聚集，進而擠壓了其他行業尤其是中小企業的生存空間，而其他產業相對不振，更增加了政府對博彩業的依賴，使得生產資源的進一步集中，發展的結果是博彩業發展越來越快速，

圖2—4"一業獨大"引起的"擠出效應"和"馬太效應"循環圖表

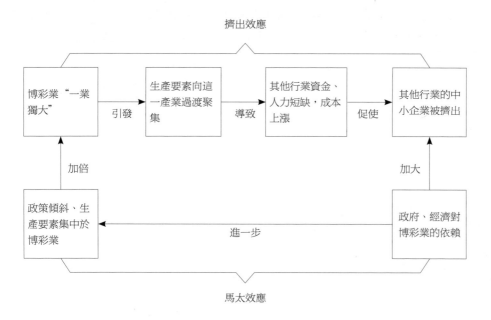

規模越來越大，而其他與之無關的行業則逐漸萎縮，使澳門產業結構的單一化問題更加突出。具體說來，這種"擠出效應"和"馬太效應"對經濟的影響主要有以下幾個方面：

（1）經濟風險不斷增大。"產業結構單一，博彩業獨大"，博彩業的發展狀況成了澳門牽一髮動全身的大問題。從長遠來看，博彩業很難發展成為長期依靠的產業：首先，澳門博彩業的發展極易受周邊環境的影響，得益於周邊國家和地區的禁賭政策而繁榮發展的博彩業隨著目前公海賭船不斷增多，這一比較優勢正在慢慢弱化，周邊國家的發展、政策都會影響到澳門博彩業的長遠發展；其次，博彩業作為一種風險投機行業，本身發展就表現出大起大落的不穩定狀態，並不是穩定發展的高成長行業；再次，博彩業產業鏈延伸較短，不能夠有效帶動工業、高技術產業的發展，帶動力和拓展力不夠，它的發展不能有效調整產業結構的缺陷，當單一產業受經濟波動的影響而下滑，多米諾骨牌效應下，與之連帶的產業均會受到打擊，沒有其他產業能夠挑起經濟發展的大樑。

（2）其他行業的發展空間不斷萎縮。博彩業的發展帶動了相關行業的快速發展，也引起了人力、資本等生產要素向這些行業聚集。就人力資源配置來說，從1999年至2004年，澳門文娛博彩服務業就業人口增長了87.6%，同時從事房地產和建築業的就業人口大幅增長，佔總就業人口的14%左右，而與此同時，從事製造業的人口從1999年的42,700人下降至2005年的36,400人，下降幅度達14.8%。博彩業為澳門創造了大量就業崗位，使澳門的失業率顯著下降，同時使大量人力資本向博彩業聚集。博彩業的發展使得其他產業人員流失嚴重，工資上漲、地價上漲使得成本增加，競爭力下降，這一切都使澳門其他行業中眾多中小企業面對國際競爭而陷入困境，發展空間進一步萎縮。據統計，澳門2003年第三產業的比重比2002年減少了1.4%，其中博彩業、零售業及保險業比重雖然有所上升，但無法掩蓋其他行業比重下降的趨勢，到2004年，博彩業的比重已接近60%，充分暴露了澳門產業單一的結構缺陷。

（3）社會問題更加突出。首先表現在教育問題，博彩業高工資、低技術、低學歷、低門檻的特點是其強大吸引力之所在，因此，博彩業吸納了大量沒有工作經驗的青年，也使澳門許多青年的就業求學觀發生了變化，很多青年都放棄升學而選擇投身博彩業，這使得澳門在居民受教育程度偏低的現實情況下又埋下了日後低學歷人群失業的伏筆。其次，澳門的貧富差距進一步拉大。在博彩業的帶動下，2004年澳門的人均生產總值與香港接近，位於亞洲前列，但另一方面，澳門約有60%的居民仍屬於中低收入階層，而2003/04年度澳門的堅尼系數為0.46，已接近警戒線。再次，博彩業在發展前期與黑社會聯繫緊密，致使澳門在20世紀90年代中期治安環境嚴重惡化，暴力事件頻頻發生，極大程度上影響了澳門的社會穩定。回歸後，特區政府通過一系列措施使這一狀況有明顯好轉，但是由於博彩業的特殊性質，行業內部錯綜複雜的關係和彼此的利益糾葛使得發展這一行業始終存在著影響社會治安的隱患。

（4）產業升級轉型有困難。由於澳門本身微型經濟體的特性，可能發展的產業很有限，雖然"博彩業獨大"，但產業鏈較短，對其他產業，尤其是高新技術產業的帶動作用有限，其他產業長期處於投入不足的狀態，基礎薄弱，給產業轉型升級帶來難度。另外，從長遠看，高質素人才的欠缺必將進一步限制產業的升級轉型。

三、澳門構建適度多元化產業發展模式的分析

1. 澳門構建適度多元化發展模式的有利條件

（1）區位優勢。澳門地處經濟發達的珠三角，背靠祖國大陸，與內地關係非常密切，面向香港，和東南亞各國地緣關係緊密，既有利於接受周邊地區的經濟輻射，同時又得珠三角腹地之利，地理優勢為澳門產業結構多元化創造了良好的外部條件。

（2）人文文化優勢。由於歷史原因，澳門早在兩百多年前就已經成為東西文明和中華文化的交匯點和橋樑，宗教、語言、種族、社會習俗等各方面中西合璧，多元並存，長久的歷史積澱和濃厚的文化底蘊使澳門形成了獨樹一幟的文化特徵，也因此，澳門與葡語系國家的天然聯繫成為中國和歐洲市場的一座橋樑。

（3）政策優勢。澳門是自由港，擁有自由港享受的眾多優惠政策，包括獨立關稅區和自由貿易，這些條件是其他地區難以擁有的。澳門回歸後，祖國對澳門經濟發展給予了眾多政策支持，如 CEPA 的簽訂、"自由行"政策的推行、泛珠三角區域合作的展開以及跨境工業區的建立，無一不給澳門經濟的發展注入了強大的推力。

2. 多元化產業結構模式下的新經濟定位

（1）構建亞洲休閒度假中心。旅遊業的發展是目前澳門進行產業多元化發展的最佳切入點，事實上，特區政府在成立之初就要"將澳門發展成為區域旅遊休閒中心"，考慮到澳門豐富的歷史文化遺產，其"博物館"式的都市風貌和亞洲獨具特色的"歐陸小鎮"風情為發展綜合性旅遊業打下了良好的基礎。原有的旅遊博彩業事實上更加偏重於博彩業，而要想打造休閒度假中心，澳門更應注重與旅遊業的綜合，多層次發展，與之相關的會展業、酒店業、城市觀光、遊樂園、主題公園、劇場、大型商場、特色表演等均應進行品牌開發，同時改善服務品質，開發適合不同層次人群的旅遊專案，將旅遊業的各個環節緊密結合起來，形成綜合性強、服務層次高、特色鮮明的旅遊服務平台。"自由行"政策為澳門的旅遊業帶來了生機，澳門應當緊緊抓住這一契機，向人口眾多的內地大力推廣其旅遊業，同時抓住泛珠三角合作的機遇，與內地多個城市聯手打造旅遊精品路線，吸引更多遊客來澳門，在不斷的整合中將旅遊業推向新的發展高潮。

（2）構建仲介性國際商貿服務城市。澳門的這一定位是在充分考慮澳門的人文環境和區位優勢的基礎上做出的明智選擇，在整個澳門的發展史中，其仲介性

的商貿服務作用已經形成，並起到過重要作用。澳門回歸後，特區政府指出澳門要在其他行業協調發展的基礎上，努力打造內地特別是泛珠三角地區的商貿服務平台、內地與葡語系國家經貿聯繫與合作的平台以及全球華商聯絡與合作的服務平台。實質上，這些平台是澳門原有的溝通內地與海外，特別是歐盟國家的橋樑作用的擴展和延伸，這恰恰突出了澳門在經濟合作中的地位，而平台作用是澳門比較優勢的最好體現，在平台作用的帶動下，澳門的金融業、專業服務業會取得進一步的發展。

澳門微型經濟體的特性使其在產業結構的選擇上不能面面俱到，其產業發展的態勢以及存在問題恰恰印證了前面談到的一般性理論，澳門進行產業結構的適度多元化改革還有很遠的路要走，並且在此過程中政府以及各部門要付出很大的努力，包括完善產業發展規劃，引導產業良性發展；完善立法，加強執法；有序引進各類專業人才，加快發展本地教育，提高人口質素；善用國家政策，完善基礎設施建設等等，努力將澳門建設成一個經濟結構完善、社會和諧發展的現代都市。

（原文發表於澳門《澳門理工學報（人文社科版）》，2006 年第 3 期，作者為馮邦彥、趙雪梅）

香港與澳門產業結構比較研究

　　長期以來，香港、澳門都是中國領土中被外國管治的地區，它們同屬海島型經濟體系，地理位置優越，背靠南中國，地處亞太地區要衝，是溝通遠東各地、聯結澳洲、歐洲、美洲的交通樞紐。香港和澳門經濟開放度高，都實行自由港和自由經濟政策，貨物、外匯、資金自由進出，人員出入境方便。在回歸中國之前，它們都是殖民統治下經濟發展比較快速的地區；回歸中國後，它們繼承了長期實施的有效的政治、經濟、法律體系，實行"一國兩制"的方針政策，成為中華人民共和國轄下高度自治的特別行政區。因此，兩者之間存在不少相同之處，它們通常被內地合稱為"港澳地區"。

一、香港與澳門產業結構演變的相同點

　　特殊的歷史發展背景和經濟體制，使得香港與澳門在產業結構演變過程中形成許多相似之處。總體而言，主要有：

1. 從歷史發展的長河來看，香港和澳門都經歷了以傳統的轉口貿易為主體的經濟發展時期。

　　根據配第一克拉克定律和美國著名經濟學家庫茲涅茨的研究，世界各國產業結構演變的一般規律是隨著人均國民收入的提高，勞動力首先由第一產業向第二產業轉移，然後再向第三產業轉移，相應的社會經濟變革次序是由農業社會轉向工業社會，再由工業社會轉向後工業社會或服務經濟社會。然而，香港和澳門現代經濟的發端則是從轉口貿易起步的。香港和澳門在開埠前都是不顯眼的漁村，基本上屬於海島型漁農社會。但它們在開埠後，憑藉其優越的地理位置和特殊的政治、歷史背景，都迅速成為亞太及遠東地區著名的轉口貿易港。澳門在 16 世紀中葉到鴉片戰爭前夕，堪稱遠東地區最重要的國際貿易口岸之一；香港在開埠後的 100 年，發展成為亞太地區最重要的轉口貿易港之一，其他行業基本上都是圍繞轉口貿易發展起來的。可以說，轉口貿易業在它們經濟發展歷程中扮演了重要

的角色。因此,香港和澳門在走上工業化道路時,都不是從漁農社會而是從轉口貿易港起步的。

2. 二次大戰後,香港和澳門都經歷了工業化快速發展階段,成為遠東地區重要的出口加工區域之一。

二次大戰後,隨著科學技術進步和先進工業國勞動成本的不斷提高,在世界範圍內出現了一次大規模的產業結構調整。在這次產業結構調整中,發達國家在實現產業結構升級的同時,將一些勞動密集型產業向發展中國家或地區轉移,自己則致力於發展資本、技術密集型產業。以香港為代表的一些發展中國家或地區,及時把握這一良機,它們利用自身的有利條件,適時採取"出口導向"的發展戰略,實現了工業化。據世界銀行的資料,1950年,製造業佔香港本地生產總值的比重僅為9.0%,到1970年已上升到31.0%。此時,製造業已經成為香港最大的經濟行業。反映在產業結構上,服務業從1950年的63.8%下降到1965年的46.8%,此時,服務業佔本地生產總值的比重已經低於工業的比重。[01] 從60年代起,在歐美給予紡織品配額的影響下,再加上香港的投資、組織和內地廉價勞動力的多重作用,澳門的出口加工業迅速發展,成衣、紡織品、鞋類、電子、玩具等製造業後來居上,在80年代中期一躍而為第一大產業。據估計,早在1984年,出口加工業在澳門本地生產總值中所佔比重已達35.9%,超過博彩旅遊業的23.6%,而成為澳門經濟的最大產業支柱。[02]

3. 20世紀80年代中期以後,在外部因素的推動下,香港和澳門都相繼進入了後工業化或服務經濟時代。

城市產業結構的演變規律雖然同樣遵循配第一克拉克定律,但它有自己的特點:當第一產業佔國民收入的比重大於10%時,表明該城市尚處於工業化的初始階段;當第一產業所佔比重小於10%,且第二產業所佔比重高於第三產業所佔比重時,表明城市處於工業的加速階段;當第一產業所佔比重小於5%,且第二產業所佔比重與第三產業大致相當時,表明該城市處於工業化的成熟階段;當第一產業所佔比重進一步下降,而第三產業所佔比重超過第二產業並達到70%以上時,表明該城市已進入後工業化階段。

香港和澳門作為城市經濟,其第三產業在整體經濟中一直佔有重要地位。即使在高速增長的"工業化"時期,出口導向型製造業成為經濟發展的主導產業,

01′
馮邦彥:《香港產業結構研究》,經濟管理出版社,2002年10月,第12—14頁。

02′
楊允中:《澳門與現代經濟增長》,澳門經濟學會,1992年,第71頁。

第三產業在國民經濟中仍佔相當大的比重。以香港為例，1980 年香港已完成工業化，但第三產業在本地生產總值中所佔比重仍高達 67.5%。80 年代以後，隨著內部勞工短缺、生產成本上升，外部國際貿易保護主義抬頭、來自台灣、韓國、新加坡等新興工業國家或地區的競爭壓力，特別是廣東珠江三角洲地區的改革開放，香港的製造業大規模向北轉移，香港經濟迅速走向後工業化及服務經濟。1997 年，第三產業佔香港 GDP 的比重為 85.2%，到 2008 年上升到 91.97%，其中，批發、零售、進出口貿易、飲食及酒店業佔 26.9%，金融、保險、地產及商用服務業佔 29.0%。[01] 這一時期，澳門產業結構也發生了相當大的變化，1984 年澳門第三產業的比重為 51.3%，至 2008 年上升至 88.3%。

01

香港政府統計處：《國民收入及國際收支平衡——本地生產總值》。

4. 在產業結構的演變過程中，香港與澳門的製造業本身都未經歷明顯的升級轉型。

現代產業結構理論表明，產業結構變動引起的轉型有幾個特徵：首先是新科技革命引起的工業或製造業的升級轉型，使之從勞動密集型產業轉向資本、技術密集型產業；其次是在結構協調化的基礎上通過產業關聯效應實現提升產業質素；再次是工業或製造業的升級轉型引起勞動生產力的提高，從而刺激服務業的需求和供應，推動服務業的發展和升級。因此，產業升級的前提條件是製造業本身的升級。

20 世紀 70 年代末 80 年代初以來，隨著世界產業結構的調整，及西方發達國家製造業從重化工業逐漸轉向高加工化工業以及以資訊產業為核心的新興工業，新興工業化國家或地區即緊跟西方發達國家的調整步伐，加快向工業化過渡。"亞洲四小龍"中，韓國、台灣、新加坡均能跟上這一調整，推動自身產業尤其是製造業從勞動密集型轉向資本、技術密集型。以新加坡為例，80 年代期間，通過引進外資，從而引進外國的先進技術，成功地建立起以電子電器、石油提煉、機械製造（主要是造船）為主體的製造業，實現了產業結構的升級和優化，建立起門類相對齊全、結構相對合理、以資本和技術密集型的重化工業為中心的產業結構。80 年代，香港也力圖跟上這一調整，然而，香港最終因種種主客觀條件的制約，始終未能完成製造業本身的升級轉型。80 年代中期以後，香港的製造業尚未完成升級轉型，基礎性工業和資本、技術密集型工業還未確立優勢的時候，其勞動密集型產業已大規模北移至廣東珠江三角洲。進入 90 年代，香港本土的製造業仍未能顯著改變內部的結構。因此，香港產業結構的演變有明顯的先天不足，其中一個重要的表現，是它與進步技術的脫節。

澳門製造業的發展路徑與香港大致相同。澳門的製造業是以輕紡工業為主，以勞動密集型為特徵，主要包括製衣、針織、玩具等。隨著內外經濟環境的變化，澳門勞動密集型工業的優勢日漸衰退，是以不少廠家把勞動密集型工序及有關的生產規模擴充轉移到廣東珠三角地區。工序外移，進而將工廠外遷，使澳門工業日漸萎縮。因此，可以說澳門的製造業也是在自身尚未成熟、尚未完成向知識、技術和資本密集型升級的時候已經匆匆的轉移出去，這一方面導致了工業萎縮，另一方面也導致了澳門產業結構的單一化趨勢越來越嚴重，增加潛在風險。

5. 在產業結構轉型中，香港與澳門都呈現出"產業空心化"的趨勢。

B·布魯斯和 B·哈里遜在合著的《美國的非工業化》一書中把"產業空心化"定義為"在一國的基礎生產力方面出現了廣泛的資本撤退"。香港和澳門在發展工業化的過程中都出現不同程度"產業空心化"的現象。20 世紀 80 年代中期以後，香港在大規模將勞動密集型產業轉移到廣東珠三角地區以後，本土經濟的"產業空心化"危機即開始顯露，製造業在香港經濟中的地位迅速下降、甚至萎縮。1984 年，製造業在香港本地生產總值中的比重仍維持在 24.3%，但到 1997 年已下降至 6.3%，到 2008 年更下降至 2.47%，包括建造業在內的第二產業所佔比重下降至 5.53%。澳門的產業結構在演變過程中亦出現同樣問題，1990 年代以後，澳門製造業受國際形勢影響，再加上內地的改革開放，其所佔比重逐年下降，到 2008 年下降至 1.97%，"產業空心化"趨勢日益明顯。

二、港澳兩地產業結構演變的差異

香港與澳門在經濟發展過程中雖然存在不少相同點，但是，由於兩地具體條件不同，其產業結構的演進實際上存在許多差異之處，主要表現在：

1. 產業結構演變中形成的主導產業（指龍頭產業）不同。

香港與澳門在工業化快速發展時期，製造業一度成為經濟中最大的產業部門，不過，20 世紀 80 年代中期以後，製造業的主導產業地位迅速被服務業的產業部門所替代。其中，香港進入後工業化階段後，並未出現某一產業或行業長期獨領風騷的局面。根據香港的產業分類，從 20 世紀 80 年代中期開始，香港包括批發、零售、進口與出口貿易、飲食及酒店業的"廣義貿易業"已取代製造業，成為香港經濟中最大的產業部門。1985 年，廣義貿易業佔香港本地生產總值的比重達到 22.8%，首次超過製造業 22.1%。20 世紀 90 年代中期以後，包括金融、保險、地產及商業服務的 "廣義金融業" 又開始超過廣義貿易業，成為香港經濟最大的產業。1994 年，廣義金融業佔香港本地生產總值的比重達到 26.8%，超過了廣義貿易業的 26.2%。2008 年，廣義金融業佔本地生產總值的比重為 26.7%，金融、地產業相結合，在香港經濟中發揮了主導作用。

與香港不同，長期以來，博彩業一直在澳門經濟中佔有主導地位，在工業化的歷史進程中，出口加工業曾經在一個較短的時期內佔有過主導地位（70 年代至 80 年代中）。不過，博彩業很快就重奪其主導地位。2002 年澳門開放博彩經營權後，博彩業在澳門經濟中 "一業獨大" 的趨勢日趨突出，博彩業在澳門 GDP 中的比重不斷增加，自 2001 年起超過 30%，其中 2004 年最高達到了 39.13%。[01]

2. 在產業結構演變中，澳門產業結構單一化特徵明顯，而香港產業結構則相對多元化。

20 世紀 80 年代中期以後，香港與澳門的經濟均轉向服務經濟發展，但相對而言，香港經濟結構仍呈現多元化趨勢，金融、物流、專業服務、地產、旅遊以及資訊業等均較發達；而澳門經濟結構則較單一。長期以來，由於澳葡政府奉行不干預政策，澳門經濟發展基本上處於隨波逐流狀態，產業結構呈現單一化的特點。1990 年，美國麥健時公司在其研究報告《澳門未來十年發展前景》中就明確指出，"澳門的經濟具有高度的極性" 的特點。[02] 澳門回歸後，特別是 2002 年博彩經營權開放以後，澳門產業結構單一化或極性的特徵更加明顯，主要表現為：

（1）澳門經濟日益呈現博彩旅遊業 "一業獨大" 的發展態勢。澳門回歸後，特區政府果斷開放本地博彩產業，又得到了中央政府開放內地居民到港澳的 "自由行" 政策支持，澳門博彩旅遊業獲得了迅速發展，由此帶動整體經濟從回歸前持續多年的衰退中全面恢復，博彩旅遊業的龍頭地位進一步突出，"一業獨大" 局面越發顯著，澳門經濟的單一性或極性更加凸顯。

（2）澳門的博彩旅遊業內部也呈現明顯的單一化特點，主要表現在整個博彩旅遊業對博彩業的過分依賴。

（3）澳門的博彩業內部同樣是極性特徵明顯，主要表現在博彩業中幸運博彩佔了 90% 以上的比重。

香港的產業結構相比澳門則較多元化。香港政府雖然也長期採取 "積極不干預" 政策，但是在市場失效的情況下，不排除必要的合理干預。同時，香港經濟

[01] 澳門統計暨普查局：《本地生產總值（2007 年）》。

[02] 麥健時公司著，周筠譯，《澳門未來十年發展前景》，《澳門日報》，1990 年 12 月 10—13 日。

能根據國際與國內環境的變化和形勢需要及時調整方向，從而實現結構轉型。如對外貿易業、製造業和金融地產業都在不同的歷史時期一度成為經濟中的主導部門。雖然，其產業結構與新加坡、台灣和韓國相比仍顯不足，但是比澳門卻要完善許多。

表2—2表明，香港和澳門回歸後製造業總體萎縮較快，但是在服務業中，香港佔比最大的部門（金融、保險、地產及商用服務業）與最小的部門（運輸、倉庫及通訊業）之比在1997年為2.84倍，2008年為3.46倍，其他部門佔比平均都超過10%，總體上結構比較多元化。澳門的服務業中結構分異明顯，表現在公共行政、文娛博彩及其他服務業比重過大，而運輸、倉庫及通訊業萎縮並存，同時金融保險、不動產、租賃及工商服務業也出現萎縮趨向。在GDP中佔比最大的部門（公共行政、文娛博彩及其他服務業）與佔比最小的部門（運輸、倉庫及通訊業）之比在1999年為5.88倍，2008年為16.02倍，結構分異比較嚴重。同時澳門最大的產業部門佔GDP的二分之一，而香港最大的產業部門佔GDP不到三分之一。

3. 相比較而言，澳門經濟結構中存在明顯的多重二元結構。

長期以來，在澳葡政府的管制下，澳門經濟發展缺乏長遠規劃指導，缺乏產業發展政策引導，至今仍處於傳統經濟向現代經濟轉換的過程中，社會各方面都呈現出較為明顯的二元結構特徵，如現代工業與傳統手工業並存，大型企業與小型、超小型企業並存，傳統經營模式與現代經營模式並存等。二元結構的制度安排更造成了產業結構演變長期悖於規律，制度創新遲滯，制約了技術創新和結構優化。

從產權制度安排和競爭機制角度看，澳門表現出獨特的二元結構——秉承自由放任和競爭精神的製造業和高度壟斷、特許專營的服務業（主要是博彩業）並存。對於製造業的發展，回歸前澳葡政府對產業結構的優化和產業技術的創新幾乎沒有任何策略安排和政策引導；而對博彩旅遊業、公用事業（電訊、電力、自來水、污水處理、垃圾焚化）和交通運輸（港澳客運、公共交通、機場和航空公司）則實行高度壟斷的專營制度。固然，這樣的結構為澳門創造了有活力的中小企業群和較高的專營財政收入，但正如諾斯所言"用產權換取收入是一種有效的短期解決辦法，但會產生長期的破壞結果"，造成了澳門產業結構演變長期悖於規律，制度創新遲滯，制約了技術創新和結構優化。因此，當新加坡、韓國發展重化工業以優化產業結構、鞏固產業基礎，台灣執行產業政策和新型工業道路以發

表 2－2：香港與澳門的製造業與第三產業佔 GDP 比重（單位：％）

地區	年份		1997	2002	2004	2006	2007	2008
香港	製造業		6.0	4.2	3.6	3.2	2.5	2.5
	服務業	總數	85.9	88.3	89.9	91.2	92.3	92.0
		批發、零售、進口與出口貿易、飲食及酒店業	24.1	25.4	27.7	27.9	27.0	28.2
		運輸、倉庫及通訊業	8.6	10.0	10.2	9.6	8.9	7.7
		金融、保險、地產及商用服務業	24.4	20.2	21.4	25.0	29.3	26.7
		社區、社會及個人服務業	17.0	21.2	20.7	18.0	17.0	17.9
		樓宇業權	11.7	11.5	9.9	10.6	10.1	11.5
澳門	製造業		9.8	7.2	5.1	3.9	2.8	2.0
	第三產業	總數	89.0	92.7	91.5	85.1	86.0	88.3
		批發、零售、酒店及飲食業	10.5	12.5	12.7	11.3	11.7	12.1
		運輸、倉庫及通訊業	7.6	6.8	5.0	4.2	3.7	3.1
		金融保險、不動產、租賃及工商服務業	26.2	21.7	18.8	23.1	22.7	23.0
		公共行政，文娛博彩及其他服務業	44.7	51.7	55.0	46.5	47.8	50.0
		減調整項	5.8	5.3	3.1	3.8	3.7	4.0

註：2008 年數據以後可能會有所調整。

數據來源：香港政府統計處；澳門統計暨普查局。

展資訊技術和產業時，澳門由於制度路徑的"鎖定"，喪失了優化經濟結構的機會。

三、港澳產業結構演變中的"中國因素"

香港與澳門同屬自由港，奉行自由經濟政策，其產業結構的演變雖受國際經濟形勢的影響較大，受國際市場需求調節，但是實際上"中國因素"也起到了極為重要的作用。正如美國學者恩萊特（Michael J. Enright）等人所說："中國對香港經濟所起的影響，儘管並非決定性，但也往往非常重要。香港從一個轉口港變成一個製造業中心，再變成一個服務和製造業活動精練的後援部隊，就是中國經濟的對外封閉和對外開放所促成的。"[01] 具體而言，主要表現為以下幾個因素：

1. 回歸前受中國內地改革開放政策的決定性影響。

改革開放後，珠江三角洲利用香港和澳門的資金、技術，外向經濟的經驗和先進的管理方法，香港和澳門則利用珠江三角洲廉價的土地、勞動力、輕工業品短缺的廣闊市場，三方合作創造了"珠三角奇跡"。以香港 90 年代中後期完成的經濟服務化轉型為例，理論上根據羅斯托的經濟成長階段論，當一個社會的經濟進入成熟階段以後，其經濟結構必然發生相應的變化，經濟主導部門將轉移到耐用消費品或服務業方面。更為重要的現實背景是，中國內地的改革開放，為香港勞動密集型產業的北移（往珠江三角洲地區移動），提供了極為有利的廉價勞動力和土地資源條件。使其勞動密集型產業得以利用內地的廉價資源，保持香港產品在國際市場上的競爭力。內地經濟的蓬勃興旺，也大大增加了對香港貿易、金融及交通運輸等的需求，極大程度上推動了香港的服務業發展。

根據 1991 年香港貿易發展局對 2,895 家香港公司作調查後發表的一份研究報告所指出，製造業大規模北移後，留在香港的公司主要從事貿易融資檔案處理、業務洽談、運輸、產品設計、商品買賣、研究與開發、市場推廣、市場研究、售後服務等，並作為集團的總部，而其他的加工工序大部分內移至珠三角地區。香港與內地形成了所謂"前店後廠"的模式，香港成為中國內地，主要是廣東珠三角為核心的華南地區的工業支援中心，而廣東珠三角則成為香港龐大的生產基地。很明顯，香港產業結構轉型的直接動因是中國內地改革開放促使香港製造業大規模北移，並由此為香港的服務業提供了更龐大的需求。

澳門的製造業雖未經歷明顯的升級轉型，但是在中國內地改革開放以後，尤其是 1992 年鄧小平南巡以後，澳門的製造業便大規模向廣東珠三角地區轉移。與

01

恩萊特 等：《香港優勢》，牛津大學出版社，1997 年，第 68 頁。

此同時，澳門本地的博彩旅遊業在一系列有利的條件下迅速發展起來，並帶動了其他低端或低附加值的服務業迅速發展，形成了所謂的產業"過早成熟"。

2. 回歸後受中國內地加入 WTO 和 CEPA 實施的雙重影響。

香港和澳門回歸前後，由於深受亞洲金融危機的雙重影響，兩地經濟都在不同程度上出現衰退和調整。暴露出香港和澳門產業結構中的深層次問題，產業結構亟待轉型與升級。隨著中國內地加入了 WTO 和之後 CEPA 的實施，對兩地的產業結構轉型和升級提供了契機。背靠祖國內地，一直以來是香港經濟發展的一大優勢。在戰後香港經濟幾次轉型中遇到險象之時，內地因素每次都發揮了很大的作用。在香港經濟轉型的關鍵時刻，如何加強與祖國內地的經濟聯繫和合作，無疑是要優先考慮的問題。中國加入 WTO 一事，無論對香港還是澳門，都是重要的機遇，同時亦是重大的挑戰。近期看，中國加入世貿組織，國內市場將會逐漸全面開放，其經濟結構、制度和運作模式均需逐漸與國際接軌，這為佔有地理和經驗優勢的香港帶來無限商機。如在內地投資設廠的港商的經營成本將下降，而進入內地市場和海外市場也將取得更大的保障。這將進一步推動香港製造業的北移，推動香港產業結構的調整。除此之外，對香港轉口貿易、服務業都可帶來新一輪的發展商機。香港貿易發展局在 2000 年 5 月曾進行一項有關《港商對中國內地投資環境的看法》的研究調查，發現有 60.5% 的受訪港商在未來兩三年仍會維持目前在內地的投資計劃，25% 的公司將增加投資，以期把握中國入世的機遇。當然，中國內地加入 WTO 對香港和澳門也會帶來挑戰，如港澳的產品在內地市場將會面對其他國家進口產品的激烈競爭，港澳作為內地貿易樞紐和視窗的角色將會經歷根本性的變化等等。正如香港貿易發展局的研究報告所指出："面對這些挑戰，港商應重新……檢討其公司策略。……它們應考慮採取其他業務策略，例如致力創造價值而並非盡量壓低成本。"[01] 從而推動製造業升級轉型，化挑戰為機遇。

港澳回歸後，中央和港澳政府嚴格執行"兩制"，得到國際社會的信任。如何消除經濟制度障礙，加強內地與港澳經貿關係成為三方內在要求。CEPA 的出台，為落實香港特區政府制定的"背靠內地、面向世界"發展戰略，盡快實現經濟轉型提供了更好的外部條件，同時，也推動了澳門的產業適度多元化。CEPA 的實施與以後修訂的原則就是：遵循"一國兩制"的方針；符合世界貿易組織的規則；順應雙方產業結構調整和升級的需要，促進穩定和可持續發展；實現互惠互利、

01'

香港貿易發展局研究部：《中國加入世貿及其對香港的影響》，2000 年，第 13 頁。

優勢互補、共同繁榮;先易後難,逐步推進。

　　目前,香港已啟動第三次產業轉型,香港能否憑藉自身的優勢、祖國大陸的利好因素以及 CEPA 實施的契機,成功進行第三次產業結構轉型,我們且拭目以待。CEPA 實施後,澳門與內地經濟的合作也進入一個新的階段:CEPA 配合了特區政府將澳門建設成 "三個商貿平台" 的經濟定位,有助於提升澳門服務業的質素和發展水準,推動澳門經濟多元化發展。

（原文發表於澳門《澳門經濟》,第 30 期,2011 年 4 月）

澳門經濟適度多元化的路向與政策研究

一、澳門經濟的單一性及其潛在風險

澳門回歸以來，尤其是 2002 年博彩經營權開放和 2003 年中央對內地居民開放港澳地區"自由行"以來，隨著博彩業的高速發展，澳門的經濟總量大幅攀升，到 2008 年達到 1,662.65 億澳門元，比 1999 年的 472.87 億澳門元大幅增長了 2.52 倍，年均實質經濟增長率高達 14.99%。澳門人均 GDP 從 1999 年的 13,844 美元增長到 2008 年的 38,327 美元，增長 1.77 倍，超過香港、台灣、汶萊和新加坡，而澳門人均 GDP 更一躍成為亞洲第三。[01] 不過，與此同時，澳門經濟結構的一些深層次問題也逐漸凸顯，對澳門經濟的長期繁榮穩定和可持續發展，構成了隱患和風險。主要表現在：

1. 博彩業 "一業獨大" 的態勢凸顯，整體經濟單一化的特性日趨明顯。

2002 年博彩經營權開放以來，澳門經營博彩的公司從 1 家增加至 6 家，賭場從 11 家增加至 31 家，賭桌和角子機分別從 2003 年的 424 張和 814 部急增至 2008 年的 4,017 張和 11,856 部，分別增長 8.5 倍和 13.6 倍。博彩毛收入從 2001 年的 195.41 億澳門元增加至 2008 年的 1,098.26 億澳門元，增長了 4.62 倍，年均增長高達 28.7%。澳門已超過美國的拉斯維加斯成為世界第一大賭城。博彩業在澳門本地生產總值中所佔比重持續上升：1999 年，博彩業在澳門 GDP 的比重為 23.98%，到 2007 年已上升至 35.59%，其中 2004 年更曾一度高達 39.13%。相比之下，澳門傳統的支柱產業除了建築業由於受益於博彩業的迅速擴張而實現短期上升之外，其他兩大產業 —— 製造業和金融保險業的比重均隨博彩業的膨脹而不斷下降，尤其製造業更是萎縮嚴重，2007 年澳門的製造業比重僅剩 2.79%，第二產業的比重也僅有 17.69%，經濟單一化的特性日趨明顯。

2. 博彩旅遊業內部也呈現單一化特點，博彩業開放未能有效帶動非博彩旅遊業發展。

長期以來，澳門的旅遊業是在博彩業的帶動下發展起來的，博彩業在博彩旅

01

人均 GDP 亞洲排名第一為卡塔爾（全球排名第三），亞洲排名第二為阿聯酋（全球排名第十六）。

表 2－3 博彩旅遊業產值佔本地生產總值比重（單位：%）

年份	1999	2000	2001	2002	2003	2004	2005	2006	2007
博彩業	23.98	27.86	30.2	31.94	36.64	39.13	34.93	33.31	35.59
酒店業	2.16	2.24	2.4	2.32	1.93	2.08	1.99	1.74	2.05
批發及零售業	4.68	5.23	5.19	5.79	5.83	6.22	5.98	5.96	6.35
餐廳及酒樓業	3.64	3.71	4.24	4.42	3.94	4.43	3.92	3.64	3.29
總計	34.46	39.04	42.03	44.47	48.34	51.63	46.82	44.65	47.28

資料來源：澳門統計暨普查局：《按生產法估算的本地生產總值》，2008 年。

遊業中一直處於核心地位，約 80% 以上來澳旅客是為了賭博，博彩消費在澳門旅客消費總得中所佔的比重超過七成。相比之下，旅遊業的開發明顯不足，現有歷史和人文景觀缺乏深度開發，旅遊景點和旅遊設施數量不足，致使遊客居留時間過短。2002 年博彩業開放以後，博彩業並未有效帶動非博彩旅遊業的發展，酒店業、餐廳及酒樓業的比重不升反降，僅批發零售業有所上升（表 2－3）。此外，澳門遊客結構也較為單一，2008 年，澳門遊客高達 2,290.7 萬人，其中內地遊客有 1,159.5 萬人，佔 51%。

3. 博彩業對其他產業和中小企業的 "擠出效應" 凸顯，社會資源日益向博彩業集中。

近年來，博彩業 "一業獨大" 使得生產資源過度聚集，進而擠壓了其他行業尤其是中小企業的生存空間；而其他產業的相對不振，更增加了政府對博彩業的依賴，使得生產資源進一步集中，形成所謂的 "馬太效應" 和 "擠出效應"，使澳門經濟結構的單一化問題更加突出。以人力資源為例，2006 年和 2007 年，勞動力由其他行業轉入博彩業的速度加快，轉入率分別為 34.5% 和 40.8%，而其他行業的轉入率則持續下降，製造業下降至 3.8% 和 3.7%，製造業和酒店及飲食業的職位空缺總數一直在 11,000 個以上，佔空缺總數的 60% 以上。產業間的人力資源嚴重失衡。

值的重視的是，澳門經濟結構日趨單一化，導致經濟、社會的潛在風險增加。主要表現在：

1. 經濟風險：結構單一可能造成經濟的波動性和低效性。

經濟結構的單一性必然導致經濟的高度集中，在外向型經濟的前提下必然導致經濟發展的不穩定性和波動性。這種波動性無疑將大大提升宏觀經濟和微觀經濟的風險。在經濟大幅波動的情況下，正常的經濟及商業活動運作將受到干擾，亦對經濟個體的規劃及經濟政策的制定造成壓力。據統計，澳門經濟從 1990 年代後期已開始經歷大幅波動，實質本地生產總值增長的波幅從 1998 年的 -4.6% 至 2004 年的 29.4%，在 6 年間高峰與谷底共相差超過 34%。2002 年以來，澳門的經濟雖實現飛速增長，但是增長率極為波動；而香港、新加坡以及作為微型經濟體的盧森堡，其經濟增長均較為平穩。2002 年至 2007 年期間，香港、新加坡和盧森堡的經濟增長率方差分別為 8.73、4.39 和 3.57，而澳門的經濟增長率方差則為 60.23，經濟發展的風險迅速大增。澳門經濟增長的波動性遠遠要高於香港、新加坡和盧森堡。

2. 社會風險：種種衍生問題可能影響社會穩定。

首先，是教育問題。博彩業高工資、低技術、低學歷、低門檻的特點，使其在吸納大量沒有工作經驗的勞動力的同時，也使澳門許多青年的就業求學觀發生了變化，對澳門人口質素的提升造成深遠的影響。其次，貧富差距將進一步拉大。在博彩業的帶動下，一方面，澳門的人均生產總值已位居亞洲前列，但另一方面，澳門約有 60% 的居民仍屬於中低收入階層。再次，回歸前博彩業與黑社會的聯繫，曾導致澳門治安環境嚴重惡化，極大程度上影響了澳門的社會穩定。回歸後，特區政府通過一系列措施使這一狀況有明顯好轉，但是由於博彩業的特殊性質、行業內部錯綜複雜的關係和彼此的利益糾葛，使得發展這一行業始終存在著影響社會治安的隱患。

二、澳門經濟適度多元化的戰略定位

根據國際經驗，澳門要推動經濟適度多元化，必須從其在國際經濟中的比較優勢出發，確定其在全球或區域經濟中的戰略定位。[01] 因此，澳門經濟適度多元化的發展目標及戰略定位，可以確定為以下 3 點：

1. "世界旅遊休閒中心"

長期以來，澳門素以 "東方蒙地卡羅" 之稱享譽全球，其博彩業不但歷史悠久，而且規模宏大、設備齊全、豐富多彩，與美國的拉斯維加斯、摩納哥的蒙地

01

澳門經濟學會課題組：《澳門博彩旅遊業垂直多元化研究》，澳門經濟學會，2009 年 1 月，第 10—12 頁。

卡羅並稱世界三大賭城，其獨特形象深入人心，每年都吸引了來自世界各地超過 2,000 萬名的遊客。值得指出的是，歷史上，澳門曾是中西文化、宗教長期交匯的城市，具有"博物館"式的都市風貌和豐富的歷史文化遺產。這些獨特的旅遊資源若能得到充分挖掘，與博彩業結合起來後的發展潛力將不容低估。

2002 年以來，隨著澳門特區政府開放博彩經營權，澳門博彩業獲得超常規的快速發展。2008 年，澳門博彩公司增加到 6 家，賭場增加至 31 家，賭桌和角子機分別從 2003 年的 424 張和 814 部急增至 2008 年的 4,017 張和 11,856 部，分別增長 8.5 倍和 13.6 倍。博彩毛收入從 2001 年的 195.41 億澳門元增加至 2008 年的 1,098.26 億澳門元，增長了 4.62 倍，年均增長高達 28.7%，使澳門超過美國的拉斯維加斯成為世界第一大賭城。值的注意的是，隨著博彩業的發展，與博彩業相關的一些旅遊休閒產業也獲得了相應的發展，並開始展現出旅遊休閒業的巨大發展前景。

正是基於此，2009 年初國務院頒佈了《珠江三角洲地區改革發展規劃綱要（2008-2020）》（以下簡稱《綱要》），明確地提出將澳門發展為"世界旅遊休閒中心"。根據我們的理解，將澳門的戰略定位確定為"世界旅遊休閒中心"而不是"世界博彩旅遊中心"，至少包涵兩層戰略意義：其一，澳門經濟應該從目前以博彩業為核心的經濟結構，轉變成以旅遊休閒業為主導的經濟體系，從博彩旅遊逐步轉向休閒旅遊，並積極發展與旅遊休閒業密切相關的行業，如批發零售業、會議展覽業、文化創意產業等，為經濟的長遠發展注入新的元素和活力，推動經濟適度多元化，以減低澳門的經濟風險和政治風險，提升澳門對區域經濟合作的貢獻程度和國際競爭力。其二，長期以來，澳門的戰略定位，一般都是在區域的層面上，如"東方蒙地卡羅"等。《綱要》將澳門長遠的經濟發展，定位為"世界"級的"旅遊休閒中心"，大大提升了澳門在全球經濟發展中的戰略位置。但是，澳門要成為"世界旅遊休閒中心"，僅靠本身的實力難以做到，必須加快與廣東、香港的合作，包括加快橫琴開發的步伐，通過區域合作打造以澳門、珠海為核心的珠江西岸旅遊休閒都市圈和"世界旅遊休閒中心"。

2. 聯繫歐盟、葡語國家與中國內地特別是廣東珠三角地區的區域性商貿服務平台

澳門經濟另一個重要的比較優勢，就是它的自由港優勢、區位優勢及國際網絡優勢的結合。歷史上，澳門就曾作為一個國際著名的自由港而成為東西方經貿

交流的平台。澳門是中國南大門，是與香港互成犄角的另一個自由港、獨立關稅區，也是繼香港之後的第二個特別行政區，在"一國兩制"方針下實行原有的資本主義制度和生活方式50年不變。與香港相比，它的經營成本較低，基礎設施已在不斷改善之中，而且，澳門的經濟腹地和所聯繫的國際市場與香港有所區別。澳門背靠的，是珠江三角洲西部，沿西江往西北上溯是西江中下游廣闊的經濟腹地，而它聯繫的國際層面，則以歐盟和葡語國家為重點。

由於歷史的原因，長期以來，澳門與歐盟特別是葡語系國家和地區一直保持著緊密的經濟、社會、文化等多方面的聯繫。回歸以來，隨著中國經濟實力的不斷增強，背靠龐大內地市場的澳門吸引了眾多葡語系國家設立機構以開展與中國的經貿交流。2003年，中央政府決定將"中國—葡語國家經貿合作論壇"設在澳門。因此，澳門有優勢、有條件發展成為中葡商貿服務平台 —— 聯繫歐盟、葡語國家與中國內地特別是廣東珠三角地區，甚至包括香港、台灣地區的區域性商貿服務平台。圍繞著中葡商貿服務平台的建設，澳門可以培育出相關的現代服務業，包括總部經濟、商貿服務業、物流運輸業、金融保險業等等，從而有效推動澳門經濟的適度多元化。

3. 以橫琴開發為紐帶，澳門與珠海、中山等城市形成珠江西岸地區具國際競爭力的都市圈。

改革開放30年以來，廣東省珠江東、西岸地區經濟發展水準形成了較大的落差，其中的重要原因，就是香港增長極帶動作用遠超過澳門，深港一體化的程度遠勝過澳珠一體化。《綱要》指出："以珠海市為核心，以佛山、江門、中山、肇慶為節點的珠江口西岸地區，要提高產業和人口集聚能力，增強要素集聚和生產服務功能，優化城鎮體系和產業佈局。"然而，珠海要成為珠江西岸地區的核心城市，除了要加強與中山、江門的聯繫外，最重要的就是要加強與澳門的合作、融合及一體化。因此，澳門作為"世界旅遊休閒中心"和中葡商貿服務平台的角色，在珠江西岸都市圈的形成中將發揮重要作用，並在與珠海聯合開發橫琴的過程中，共同形成一個高能量級的增長極，即一體化或同城化的珠澳都會圈，承擔起縮小珠江東、西岸經濟發展落差的重要戰略功能。

三、澳門經濟適度多元化的發展路向

從澳門經濟的長遠戰略定位出發，澳門經濟適度多元化的發展路向，可以循以下三個方向推進：

1. 主導產業的垂直多元化：推動博彩旅遊業向旅遊休閒業發展。

根據國際經驗，微型經濟的適度多元化首先應該從其最具比較優勢的主導產業出發，推動主導產業的垂直多元化。因此，從中短期來看，澳門經濟適度多元化的方向，首先必須是博彩旅遊業的垂直多元化。

具體而言，是以主導產業——博彩業為產業垂直多元化的"發動機"和"助推器"，在加強對博彩業的有效監管的同時，推動博彩業適度、有序發展，並著力優化其發展模式。[01] 現階段博彩業作為澳門經濟的主導產業，應該而且必須強調、突出、發揮其對關聯產業及整體經濟的帶動作用。[02] 可以說，這是成功推動博彩旅遊業垂直多元化的關鍵所在。

大力發展旅遊業，包括觀光、文化旅遊，度假、休閒旅遊，購物旅遊和會議、展覽等商務旅遊等，積極推動酒店業、餐飲業和娛樂業的升級轉型和多元化發展。澳門應充分利用博彩業開放和"自由行"政策實施所帶來的契機，做大做強為湧入澳門的超過 2,000 萬遊客服務的旅遊休閒業，包括觀光、文化旅遊，度假、休閒旅遊，購物旅遊，甚至會議、展覽等商務旅遊，積極推動酒店業、餐飲業和娛樂業的升級轉型和現代化、多元化發展。

重點發展批發零售業、會議展覽業，打造經濟適度多元化的新增長點。澳門博彩業垂直多元化的重點，是發展批發零售業和會議展覽業，以此打造博彩旅遊業的新增長點，拉長主導產業的產業鏈。會展業是一個國家或地區第三產業發展日趨成熟和完善後出現的一種綜合性更大、關聯性更強、帶動性更大、收益率更高的產業，在國際上享有"城市麵包"的美譽，越來越呈現出專業化、規模化、品牌化、國際化的特點，整個產業的發展也日趨完善。可以說，發展批發零售業和會議展覽業是澳門主導產業垂直多元化最重要的內容。

有序發展文化產業，提升澳門的文化品位和對外形象。根據國際經驗，文化產業與博彩旅遊業具有相輔相成的促進作用。澳門應在推動旅遊產業垂直多元化的同時，有序發展文化產業。文化產業發達，才能在全世界打響知名度，提升城市的文化品位和對外形象，帶動人氣，讓那些即使不賭的人群，也願意到澳門休閒度假。

01′
根據美國經濟學家羅斯托（Walt W. Rostow）的定義，主導產業（leading industry, dominant industry or trigger industry）是"在這些部門中，革新創造的可能，或利用新的有利可圖或至今尚未開發的資源的可能，將造成很高的增長率並帶動這一經濟中其他方面的擴充力量"。羅斯托把經濟的各部門分為三類：主導增長部門、輔助增長部門、派生增長部門。他強調主導產業部門對輔助增長部門、派生增長部門乃至整體經濟的帶動作用，以及革新的力量。

02′
澳門發展策略研究中心：《澳門博彩專營權開放後社會經濟發展狀況評估與展望》，2008年4月，第70—71頁。

2. 圍繞"中葡商貿服務平台"建設，大力培養和發展現代服務業，推動經濟橫向多元化發展。

澳門經濟適度多元化還可以循另一條新路徑發展：即圍繞著構建"中葡商貿服務平台"，推動澳門經濟的橫向多元化發展。[01] 這幾年來，澳門的區域性商貿服務平台的建設雖然取得了明顯的進展，但深入研究，更多的是政府在引導，缺乏市場、特別是企業的有力推動，給外界一種"虛"的感覺。究其原因，主要是澳門還缺乏圍繞著平台建設的相關服務企業的支撐。因此，中葡商貿服務平台的建設，必須與相關現代服務業的扶持、培育緊密結合起來，特別是可以重點發展總部經濟、商貿服務業、物流運輸業、金融保險業等產業，從而為澳門經濟的長遠發展，注入新的動力，有效推動澳門經濟的適度多元化。

總部經濟　澳門通信、交通發達，資金進出自由，對外聯繫方便，是優越的自由港和獨立關稅地區，具備建設區域性總部基地的有利條件。因此，澳門要研究如何吸引國際、國內著名企業來澳設立總部基地，通過改善投融資環境，制定優惠政策等，吸引一些上市公司、跨國公司或世界連鎖商業集團來澳門設立區域總部，或者是區域性的採購、物流配送、研發設計、資金財務服務中心等，以帶動金融、保險、會計、諮詢顧問、市場行銷、物流、貿易、資訊等多元的商貿服務業的發展。

商貿服務業　商貿服務業包括律師、會計師、核數師、企業顧問、諮詢服務、翻譯、資訊提供等商貿支援服務行業，是構建中葡商貿平台的重要元素。澳門位於東亞、東盟、中國內地和台灣的中心位置，區域經濟表現活躍，潛力巨大，澳門的法律屬於葡式準則法，本地律師、會計熟悉國際商貿業務的相關法律和慣例；同時金融業也是本澳支柱產業之一。因此，澳門擁有發展商貿服務業的基礎資源。

物流運輸業　要配合總部經濟、會議展覽業、商貿服務業及旅遊業的發展，物流運輸業是不可或缺的重要行業。該行業是目前在 CEPA 框架下最積極進入內地的行業。目前，廣東珠三角地區與澳門相關的跨境基礎設施建設順利，各種交通工具均逐步網絡化，對物流業發展十分有利。澳門作為自由港和獨立關稅區，可提供簡化的報關制度和 24 小時的貨驗服務，貨物清關成本低，還擁有向國內機場發送航班的自由航權。澳門可依托這些有利條件，逐步建立起區域性物流配送網絡，吸引部分內地、香港和國際知名的物流企業，來澳門設立物流總部，發展

01'

所謂"平台"，實際上就是指區域經貿網絡的樞紐。平台的建設固然需要"政府引導"，但更重要的是靠"市場推動"。

165

協力廠商物流。

金融業 澳門金融業以銀行業為主體，保險業輔之。與澳門外向型經濟體制相適應，澳門銀行業的國際化程度較高，由於沒有獨立的資本市場，澳門經濟活動中的金融服務功能主要由銀行體系承擔。作為一個快速發展的博彩旅遊中心，澳門銀行體系的現金流通量龐大，銀行資金缺乏出路，存貸款比率低，市場競爭十分激烈。澳門銀行在外幣處理方面有著豐富的經驗。中葡商貿平台的建設，離不開金融業的支援，也為金融業發展提供了廣闊的空間。

3. 積極參與橫琴開發，實現橫琴與澳門產業的對接和錯位發展，形成區域經濟適度多元化。

2009 年 1 月，國家副主席習近平在澳門會見各界人士時表示，中央決定開發橫琴，相信會對澳門經濟適度多元化發展提供新的空間。最近，國家有關部門提出將澳門大學遷址橫琴作為橫琴開發的第一個標誌性專案；國務院常務會議也原則通過了《橫琴總體發展規劃》，多年來一直停滯不前的橫琴島開發，已提到國家經濟發展的戰略層面並將正式啟動。

橫琴島的最大優勢就是毗鄰澳門，面積是澳門的 3 倍。澳門經濟適度多元化發展所面臨的最大制約在於土地、人力資源的短缺。而一水之隔的橫琴島是一塊未開發的處女地，可供開發的面積達 53 平方公里。因此，橫琴開發最重要的戰略價值，就是彌補澳門經濟發展面臨的土地、人力資源短缺等問題，使澳門優勢產業得到延伸、擴充，相關產業得到發展。因此，橫琴開發的首要功能，應該是推動澳門經濟適度多元化及成為持續繁榮的緊密合作區。以橫琴開發為載體，通過加強澳門與珠海的合作，可以大力吸納國外和港澳的優質發展資源，打造區域產業高地，促進珠江口西岸地區的產業升級轉型。因此，橫琴開發將成為打造澳、珠一體化或同城化的珠澳都會圈的重要契機，以橫琴為結合部，包括澳門、珠海在內的都會圈將發展成為珠江西岸一個高能量級的增長極，即一體化或同城化的珠澳都會圈。

根據我們的研究，澳門經濟的適度多元化，還應該在區域合作的層面展開：首先，在澳門本土，澳門致力推動旅遊休閒產業鏈的延長，重點發展本身具競爭優勢的產業，包括博彩業以及與博彩業相關聯的旅遊業、零售業、會展業、文化產業等；其次，透過推動橫琴開發，實現橫琴與澳門產業的對接和錯位發展，形成區域內經濟的適度多元化。澳門在發展自身具國際競爭力的優勢產業 —— 博彩業及其相關旅遊休閒業的同時，通過橫琴旅遊休閒、商務服務業的錯位發展，共同做大做強區域旅遊休閒產業，打造“世界旅遊休閒中心”。

四、推動經濟適度多元化的政策建議

根據國際經驗，為了推動澳門經濟適度多元化，澳門特區政府必須制定相應的產業政策。特別是：

1. 制定傾斜性的產業扶持政策，積極培育新興產業和現代服務業。

國際經驗證明，推動產業升級轉型必須要有政府的強而有力的指導和政策指引。[01]

（1）建立產業適度多元化基金。近年來，特區政府因賭稅源源不斷增加而導致財政盈餘龐大。如何有效利用手中的財政盈餘成為政府必須面對的重要課題。澳門政府必須居安思危，銳意進取，有效運用現有的龐大財政盈餘和稅收政策等宏觀經濟手段，對重點發展的新興產業，特別是旅遊業、批發零售業、會議展覽業和文化產業等，實施傾斜性的財政稅收政策，給予適當的政策扶持；甚至可以考慮從龐大的財政盈餘中撥出一定數額的款項，成立產業適度多元化基金，對符合政府重點發展的新興產業中的一些具標誌性意義或有良好發展前景的項目，提供財政資助或進行風險投資，以逐步達至經濟適度多元化的宏觀政策目標。

（2）大力改善澳門的投資營商環境。政府應積極改善澳門的投資營商環境，對一些配合政府產業發展政策所需要的重要領域，特別是有利於營造良好投資環境的一些非營利性的社會公益領域，包括高科技領域、基礎設施領域和教育領域等，進行有針對性的投資。政府應逐步加強對澳門宏觀經濟的調控能力，以營造一個良好的宏觀經濟發展環境，包括適度的通脹環境、匯率穩定環境和較少勞資糾紛的勞動市場。

2. 充分利用 CEPA 先行先試的制度安排，推動澳門現代服務業的發展。

澳門應在提升、強化自身服務業質素和競爭力的同時，向中央爭取按照澳門的實際情況在 CEPA 框架下進一步開放服務業，特別是要充分利用 CEPA 在廣東先行先試的制度安排，加快服務業進入內地的步伐，為澳門現代服務的發展，拓展更大的空間。

爭取在 CEPA 先行先試的制度安排下，根據澳門的實際情況，為澳門經濟中具有發展潛力和需要重點扶持的服務業，在廣東進一步開放，降低准入門檻。如

01´

如微型經濟體盧森堡，就為重點扶持行業提供強有力的政策和法律支持，盧森堡是歐洲第一個就電子商務和網絡銀行進行立法的國家，也是第一個允許在本國發行以其他國家貨幣為單位的基金和證券的國家，並免收各種費用，極大地刺激了金融業的發展。

對澳門旅行社進一步降低准入條件，甚至可考慮對一些在廣東已經具備國際競爭力的服務行業，如會展業等全面開放，實行"國民待遇"，讓澳門服務業在國內激烈的市場競爭中成長、發展。

在 CEPA 先行先試的制度安排下，對一些仍然不適宜在廣東全面開放的行業，可考慮在珠江西岸城市進一步開放，如物流運輸業、金融保險業等。可以考慮在珠江西岸地區，將澳門銀行業准入門檻，從總資產規模 60 億美元降低至 30 億美元，使澳門部分銀行可以進入經營，使其龐大的資金可以增加多一條出路，進一步做大規模，也為珠江西岸經濟發展提供了金融支援。

3. 修訂土地發展規劃和城市發展規劃，加強對人力資源的開發和引進。

在新的經濟發展背景下，澳門的城市規劃和城市發展明顯滯後，人才制約的"瓶頸"更形突出。因此，政府有必要根據經濟發展的新形勢、新需求，重新修訂澳門的土地發展規劃和城市發展規劃，加強對人力資源的開發和引進。

修訂對澳門城市發展的定位和城市的發展規劃。在新修訂的城市發展規劃中應突出其中西文化交匯的特色。同時，要積極推動舊區重整工作，加強與新城規劃間的銜接協調。在修訂澳門城市發展規劃中，政府應結合各區的特色與區情，分別酌情處理，發掘舊區的文化底蘊。

根據經濟發展需要制定人力資源開發的發展規劃，澳門特區政府有必要進一步加強對人力資源的調查研究，切實瞭解澳門各行業短、中、長期人力資源的動態需求情況，制定澳門人力資源的短、中、長期開發規劃。從短期看，澳門有必要實施適當的勞工輸入計劃，以紓緩澳門總體人力資源短缺的問題。從中期來看，澳門應加強對各類短缺的專業人才的引進和培訓，特別是如博彩業、旅遊業、會展業、物流業、高附加值及高技術製造業人才的引進和培訓。從長期來看，特區政府應大力發展教育事業，提高本地高等教育機構的教學和科研能力，積極推動澳門人力資源向"高質素"、"優化結構"方向發展，以適應澳門社會向知識經濟轉型的過程。

（原文發表於廣州《廣東社會科學》，2010 年第 4 期）

借鑑淡馬錫經驗，設立主權財富基金
—— 澳門經濟適度多元化的新選擇

近年來，隨著澳門博彩業的快速發展和經濟的單一化，對澳門經濟適度多元化的研究日趨深入。一般認為，澳門經濟適度多元化主要有兩條發展路徑：即博彩旅遊業的垂直多元化和以"中葡商貿服務平台"的打造為中心的橫向多元化。不過，根據我們對新加坡淡馬錫控股公司的研究，澳門經濟適度多元化還可以有別的選擇，即通過設立類似新加坡淡馬錫控股這樣的主權財富基金，以該公司為投資平台，通過投資澳門周邊地區特別是像橫琴新區這種與澳門經濟密切相關的地區，來推動澳門經濟適度多元化發展。

一、新加坡經驗：經濟適度多元化的新選擇

作為亞洲地區的小國，新加坡十分重視經濟適度多元化的問題。其中，值得重視的經驗之一，就是透過設立主權財富基金 ——"淡馬錫控股"，實施多元化的產業與區域投資策略，以配合國家宏觀經濟發展。

20 世紀 60 年代以來，建國不久的新加坡採取了以政府為主導的經濟發展方針，興辦了一批國有企業，簡稱"國聯企業"。到 70 年代中期，新加坡的國聯企業越來越多，如何加強對這些企業的管理與監管，成為擺在政府面前的一個迫切課題。在這種背景下，1974 年 6 月，新加坡政府決定由財政部（投資司）負責組建由新加坡政府全資持有的控股性公司 ——"新加坡淡馬錫控股（私人）有限公司"。根據政府當時的委託，新加坡開發銀行等 36 家國聯企業的股權（總額達 3.45 億新元，約合 7,000 多萬美元），授權由淡馬錫公司負責經營。當時，政府賦予它的宗旨是："通過有效的監督和商業性戰略投資來培育世界級公司，從而為新加坡的經濟發展做出貢獻。"

2002 年以前，淡馬錫控股可以說是新加坡國家經濟的操盤手，其任務在於主

導國家經濟發展。它直接從事國家的能源、運輸等產業的發展，並且參與社會公共事業的投資和建設。這一時期，淡馬錫資產組合絕大部分是國內資產。2002 年以後，新加坡發起一場"國家重建"運動，把整個國家當成亞太地區的"對沖基金"，把自身命運與亞洲其他地區相結合。[01] 這種戰略也反映在淡馬錫控股的投資計劃安排中。2002 年，淡馬錫執行董事兼 CEO 何晶對淡馬錫進行了一系列變革，特別是為該公司爭取到在新加坡境外購買資產的授權，這是新加坡以境外投資推動經濟適度多元的起端。

何晶的思路很明確：新加坡經濟的高速成長已成歷史，而中國和印度在內的發展中國家，才是亞太經濟的新火車頭。如果新加坡經濟仍固守本土，勢必失去最佳擴張時機。這一時期，淡馬錫經過多年積累，總資產達到 900 億美元，可以憑藉資金優勢，進入資金緊缺的國家和地區，分享那裏的經濟增長成果。2002 年以後，淡馬錫對其投資組合進行了顯著調整，不再將主要的投資放在新加坡，僅留三分之一在新加坡，三分之一在亞洲，另外三分之一在亞洲之外。當時，淡馬錫的四大投資主題是：日益崛起的亞洲經濟體；不斷壯大的中產階層；日益深化的競爭優勢；不斷興起的冠軍企業。

地緣上的關係和多年的經驗積累，使得淡馬錫控股對亞洲市場並不陌生，甚至可以說淡馬錫控股非常熟悉亞洲各國的經濟脈絡，其投資方向顯得格外清晰和明朗。按照淡馬錫控股主席丹那巴南的說法，淡馬錫重點投資中國、印度、馬來西亞以及印度尼西亞等 4 個中產階級迅速崛起的國家。淡馬錫先後投資 50 億美元購入中國的民生銀行、中國建設銀行和中國銀行的股權，超過滙豐銀行而成為投資中國金融業的規模最大的機構。淡馬錫控股在中國的投資重點，還包括具有戰略意義的能源產業。2004 年，淡馬錫控股以 2.28 億港元收購了中電國際 3% 股權。淡馬錫控股在中國的投資，很快獲得了歷史性的機遇和巨大的回報。其中最受外界矚目的就是參與了中國銀行業三大盛宴。從 2004 年至 2007 年，淡馬錫控股在新加坡的投資從 49% 減低至 33%，在 OECD 地區的投資從 30% 減至 26%，而在新加坡以外的亞洲地區的投資（不含日本）則從 19% 上升至 41%。

投資焦點轉向亞洲之後，淡馬錫控股在 2002 年到 2007 年的 5 年間所創造的複合平均回報率為每年 38%，是上一個 5 年的平均回報率 17% 的 2 倍多。2002 年至 2008 年 6 年間，淡馬錫控股在亞洲投資組合的年複合回報率達 32%，其他投資組合年複合回報率為 16%。目前，淡馬錫控股已成為世界上第五大主權財富基金，

01

張銳：〈淡馬錫資本的國際化競走〉，《當代經理人》，2005 年第 11 期，第 70 頁。

管理著 1,850 億新元（1,340 億美元）的資產。眾多跨國、跨行業的投資給淡馬錫控股帶來了豐厚回報，也讓淡馬錫控股成為新加坡政府在亞太地區經濟競爭中的最佳代言人。淡馬錫控股實踐了對於新加坡而言全新的經濟定位，即實現了本國產業的優化升級，在吸引外資的同時，也將國有企業國際化。2004 年，淡馬錫控股主席丹那巴南驕傲地宣稱："淡馬錫為新加坡 GDP 帶來 10% 的貢獻。"

二、澳門適度多元化新選擇：設立主權財富基金

根據新加坡淡馬錫的經驗，澳門經濟適度多元化除了垂直多元化、橫向多元化以外，還可以有別的選擇，即通過設立類似新加坡淡馬錫控股這樣的主權財富基金，以該公司為投資平台，通過投資澳門周邊地區特別是像橫琴新區這種與澳門經濟密切相關的地區，從而推動澳門經濟適度多元化發展。

當前，全球經濟危機中的一個重要趨勢，就是各國政府都加強了對經濟的干預程度。在這種發展趨勢下，澳門特區政府應轉變過去傳統的資助企業的政策思路，從過去偏重對企業的資金資助，轉為資助與投資並重的政策。

從目前情況看，澳門經濟經過回歸十年來的快速發展，特別是政府外匯儲備的大幅增加，已經具備通過設立主權財富基金以推動經濟適度多元化的條件和實力。根據澳門金融管理局的統計數據，截至 2010 年 5 月底，澳門特區的外匯儲備資產總額達到 1,583 億澳門元，約合 197.2 億美元，外匯資產總額相當於澳門流通貨幣額的 30 倍。換言之，通過博彩業的快速發展，目前澳門已積累雄厚的外匯儲備，已具備經濟實力成立推動澳門經濟適度多元化的主權財富基金。為此，我們建議：

1. 籌組澳門主權財富基金 ——"澳門投資控股有限公司"，以商業化模式展開運營。

以特定法律的形成成立澳門的主權財富基金，為了減低投資風險，該基金的規模可限制在澳門特區政府外匯儲備的約四分之一左右，即大約 50 億美元。基金以控股有限公司形成運作，初步考慮可定名為"澳門投資控股有限公司"。根據新加坡淡馬錫控股的經驗，"澳門投資控股有限公司"應依法保持在澳門特區政府的獨立性。從淡馬錫控股與政府的關係來看，擁有 100% 股份的新加坡財政部並不直接干預淡馬錫控股的日常經營，而淡馬錫亦不會和政府討論其投資與撤銷投資的行為。根據《新加坡憲法》規定，淡馬錫作為國家重要的國有公司之一，接受新

加坡總統的特別監督。這就為公司董事會和管理層提供了另外一層保障，讓其免受一些政府部門的不適當干預。

"淡馬錫模式"的一個核心思想，是通過政府全資持股的控股公司為平台，以財政財力向企業投資，體現政府作為企業最大利益相關者的權利。通過控股公司在各企業董事會中的影響力，完成政府對市場中經濟體的間接控制。另一方面，政府不直接介入企業的公司化運營，也不直接干預市場，通過價格機制，讓企業在市場中獲得盈利。屆時，又通過控股公司的管道分取收益，形成良性循環。政府通過"抓班子"（監管淡馬錫公司的領導班子）、立指標（制定考核經濟指標）、定範圍（審批子公司的經營方向）和看效益（分析和調查子公司的財務狀況）等手段和措施，實現國有資產的保值和增值，並有效推動經濟適度多元化發展。

設想中的"澳門投資控股有限公司"可借鑒淡馬錫的經驗，最理想的方法，是按照香港法定機構的模式運作，即政府透過立法，通過頒佈《澳門投資控股有限公司條例》，以法律形成規定該公司的宗旨、職權、公司組織架構與運作機制、公司的治理，等等。而該公司則在法律的框架下以完全的商業化模式展開運營。

2. 重視建立具國際水準的"澳門投資控股有限公司"的公司管治架構。

新加坡淡馬錫的實踐經驗證明，建立高水準的公司治理架構，是國家主權基金得以成功運作的不可或缺的要素。在優良的公司管治中，董事會對公司的有效監察是重要元素之一。2001 年 6 月，香港機場管理局主席馮國經博士在香港董事學會的演講中指出："談到公司管治，不能不談監察企業的董事會功能。…… 眾所周知，董事會主要任務有兩項：（1）監察公司的長遠發展策略及商業計劃（不包括公司日常運作）；以及（2）負責甄選和評核高層管理人員及調整他們的報酬。表面看來，這些職責似乎很基本。然而，董事會如何有效及理想地發揮這些功能，則屬相當複雜的議題。"而董事會能否有效發揮其監察功能，在相當程度上依賴董事會的組織結構和運作。

從淡馬錫的治理結構看，獨立於政府之外的董事會是淡馬錫公司治理的核心。無論是新加坡政府對淡馬錫，還是淡馬錫對其所屬公司，都把建立良好的董事會作為第一要務，董事會也把自己的受託責任即以股東的利益為出發點的責任為己任，從而在淡馬錫以及淡馬錫所屬公司體系內形成了良好的公司治理結構。淡馬錫的董事會成員和總裁，要經過政府（財政部）提出人選名單，淡馬錫對關聯公司的管理也主要是放在董事會成員和 CEO 的選擇上。淡馬錫並不直接任命所投資的公司的管理者，而是由屬下公司在國際尋求合適的經理人。淡馬錫和關聯公司董事會的運作規範、權責明晰到位，保證了各公司健康高效地運轉。

因此，從"澳門投資控股有限公司"籌建之初，特區政府就必須高度重視建立具國際水準的公司管治架構。這裏有兩個關鍵問題，其一，就是組建高水準的公司董事局。該董事局主席可由特區政府高級主管官員出任，應該而且必須聘請具全球聲望的政、商界領袖及國際著名專家，最好能包括新加坡的行家。當然，也應包括國內著名的商界領袖與著名專家。其二，對於投資公司的 CEO，建議通過全球招聘，由他籌組高水準的管理層，依據法律和董事局的指示，獨立展開商業運作。此外，還應重視制定一套完整的管理制度和機制，制定嚴格的監管制度，理財的監察、公帑的投放等等，都必須受到嚴格的、有效的監管。

3. 以橫琴新區的"中醫藥產業園區"作為澳門投資控股啟動運作的契機。

隨著《橫琴新區總體規劃》的頒佈，目前橫琴新區正成為澳門推動經濟適度多元化的重要途徑之一，也成為國際投資者及澳門投資者的投資新熱點。現階段，澳門已有不少企業表示有興趣參與橫琴新區開發，但是，澳門企業以中小企業為主體，如果由這些中小企業零散出擊，難免分散實力、散亂無序，不利投資。因此，可以考慮的一種選擇，就是以特區政府計劃籌組的"澳門投資控股有限公司"為平台和投資主體，在其轄下成立新的營運公司，該公司由"澳門投資控股有限公司"佔控制性股權，並在澳門社會廣泛募集資金，集中力量，重拳出擊，尋找有利的項目發展，包括研究如何以"項目帶土地"的開發形式參與橫琴開發。

這些項目可以是大規模的旅遊休閒產業，也可以是發展創意文化產業或中醫藥產業的園區。從目前情況看，較為成熟的投資項目是粵澳雙方磋商中的橫琴粵澳"中醫藥科技產業園區"。根據雙方的初步協商，將由廣東方面出土地，澳門方面出資金，在橫琴西面高新科技區內劃出半平方公里地段作產業園區，由澳門特區政府投放 6 億澳門元興建。產業園將建成以健康精品開發為導向，集醫藥醫療、養生保健、科技轉化、會展物流於一體，是功能相對完善的國際中醫藥科技產業基地，可以將中醫藥產品推向世界。為此，特區政府正向國家科技部申請成為國家的中醫藥重點實驗室，爭取進一步落實澳門中醫藥的品質評價及國際商業認證。

據瞭解，近年來澳門的中醫藥研究已有一定的發展。2000 年澳門科技大學與南京中醫藥大學合作，成立澳門科大中醫藥學院；2002 年，澳門大學創建中華醫藥研究院，成為澳大第一個研究型學科。澳大還將可能與科大結盟，與北京大學國家中醫藥重點實驗室結為夥伴實驗室。而廣東方面在中醫藥產業發展上已有長足進展，使粵澳在中醫藥產業方面的合作具有相當的潛力。計劃中成立的"澳門投資控股有限公司"，可以此項目的啟動為契機，在經過科學論證和詳盡的可行性研究的基礎上，成立建設中醫藥科技產業園區營運公司，帶動澳門的大學、科技機構和中小企業參與橫琴開發。

三、高度重視對投資公司的風險管理

　　無庸否認，主權基金本身作為金融活動的參與者，實際上也成為金融風險的承擔者。這些風險主要包括市場風險、操作風險、法律風險、政策風險和國家風險。市場風險是指由於社會經濟環境的不確定性而使得主權基金面臨損失的可能性，包括利率風險、匯率風險、通貨膨脹風險和價格風險。操作風險是指由於內部控制不健全、失效或操作失誤等原因所導致的風險。主要有：政策執行不當造成損失、操作不當甚至違規操作造成損失等。目前，全球大部分主權基金的透明度都還不高，缺乏足夠的對外披露機制，外界的監管無法到位，這也為主權基金的操作埋下了隱患。

　　因此，必須強調的是，特區政府在調用大筆財政盈餘和外匯儲備去設立澳門的主權財富基金的同時，無疑也將承擔著相當的經濟上和政治上的風險。對此，應該有充分的認識和準備。因此，有必要深入研究、借鑒淡馬錫的經驗，高度重視對投資公司的風險管理，特別是嚴格遵守風險管理的一些基本原則，主要包括：

1. 嚴格遵循商業原則，以股東價值最大化為導向。

　　這是淡馬錫控股在實踐中得出的重要經驗之一。根據 2009 年修改的"淡馬錫章程"，淡馬錫控股是一家投資公司，依據商業準則經營，為利益相關者創造和輸送可持續的長期價值。[01] 淡馬錫主席丹那巴南強調："淡馬錫在 2002 年制定的方針表明它代表新加坡政府持有並管理投資，然而在 2009 年制定的方針中，淡馬錫已經定位成為一家'按商業原則管理的投資公司'"。在 2009 年更新的方針中，淡馬錫即突出了自己對投資回報的訴求。

　　淡馬錫摒棄了以往國有公司一般採用的多重考核目標體系，構建以股東價值最大化為導向的績效評價體系，定期對下屬企業進行考核。淡馬錫明確表示，"作為成功企業的積極投資者與股東，我們致力於股東長期價值的不斷增長"。注

01

王迎輝：〈淡馬錫修改章程淡化與新加坡政府關係〉，《經濟參考報》，2009 年 8 月 27 日。

重 "價值管理" 的淡馬錫成為全世界同類公司 —— 即國家全資擁有的政府投資公司 —— 中的最優者，其他國家的政府投資公司，如馬來西亞的 Khazanah Nasional 公司，儘管規模龐大，控制了佔當地股市三分之一市值的公司，下屬企業卻大部分處於虧損狀態。究其原因，重要一點就是沒有嚴格遵循商業原則運作，沒有以股東價值最大化為導向。

2. 嚴格規範公司內部的管理流程和財務體系。

淡馬錫的另一個重要的風險管理經驗，就是建立規範的內部管理流程和財務體系。淡馬錫認為財務規範中的公開制度非常重要，公司自願邀請外部機構對公司的運營和投資進行經常性審查。2004 年以來，淡馬錫每年都將由全球會計公司審計的財務業績數據公開發表在《淡馬錫述評年刊》上。其報告包括公司管理流程概述、組合投資中地域和行業分佈、會計年度中發生的重大投資和轉投資、主要發展情況匯總和公司未來發展方向指導。自 2005 年起，淡馬錫就被標準普爾與穆迪投資評為信譽的最高等級，即 AAA 和 Aaa。[01] 正如 2008 年 3 月淡馬錫執行董事西蒙·以色列在向美國眾議院陳述時所指出："自願公開財務資訊是公司建立健全財務規範的一個組成部分。這些措施確立了淡馬錫可靠的信譽，使其成為一家擁有優良管理、財務規範透明化的公司。"[02] 因此，計劃成立的 "澳門投資控股有限公司"，從建立之就就必須制定嚴格的公司內部管理流程和財務體系，從制度上將可能發生的風險減至最低。

3. 高度重視公司的風險管理。

從淡馬錫的實踐看，公司經營一直存在著各種各樣的風險。1997 年爆發的亞洲金融危機，將整個新加坡帶入轉型陣痛期，當時專注在新加坡本國市場發展的淡馬錫，旗下的本地關聯公司大都表現欠佳，淡馬錫的投資回報率從以往的 18% 直降到 3% 左右。及至 2008 年全球金融海嘯，淡馬錫更在 8 個月中虧損 400 億美元，被迫先後拋售所持美國銀行的全部股權及巴克萊的部分股權，虧損分別達 46 億美元及 8.5 億美元。

正因為在國際市場上面對不確定的種種風險，淡馬錫極重視公司的風險管理。淡馬錫將各種不同風險分為三類：戰略風險、財務風險和經營風險。針對戰略風險，淡馬錫調整投資組合，進行跨地域、跨行業和跨時段的投資平衡組合；針對財務風險，公司內部風險控制部門每月評估集團的投資風險，每日評估下屬基金公司的投資風險；針對經營風險，內審部門每 18 個月重新審計公司各個部

01

淡馬錫控股：《Temasek Review》，2008 年 9 月 29 日，http://www.temasekholdings.com.sg/TemasekReview/2008。

02

西蒙·以色列：〈淡馬錫的哲學〉，《中國企業家》，2008 年 6 月，第 48 頁。

01

何小鋒、畢成、竇爾翔：〈國家主權財富基金的風險分析及對策〉,《長白學刊》,2009 年第 1 期,第 110 頁。

門,法律部門則負責監督各部門的合規情況。[01] 可以說,在風險管理方面,淡馬錫無論在分析工具、評估機制還是後期追蹤上,都和一流的西方投資公司沒有什麼兩樣。因此,"澳門投資控股有限公司" 從第一項投資開始,就必須重視建立高水準的風險管理團隊和風險管理流程。如果做到這一點,就可將公司的財務損失降至最低。根據我們的分析,從政治角度看,風險管理將是 "澳門投資控股有限公司" 成敗的關鍵。

　　我們研究的結論是：在新的歷史環境下,借鑒新加坡淡馬錫控股的經驗,設立澳門的主權財富 ——"澳門投資控股有限公司",通過區域合作和區域開發,特別是通過積極參與橫琴新區的開發,成為澳門特區推動經濟適度多元化的新選擇。當然,其中成功的關鍵,是要建立高水準的公司管治架構和制度化的風險管理機制。

（未公開發表文稿,完成於 2010 年 8 月）

澳門建設世界旅遊休閒中心的戰略內涵與發展策略

一、澳門建設世界旅遊休閒中心的內涵

長期以來，澳門素以"東方蒙地卡羅"之稱享譽全球，其博彩業不但歷史悠久，而且規模宏大、設備齊全、豐富多彩，與美國的拉斯維加斯、摩納哥的蒙地卡羅並稱世界三大賭城，其獨特形象深入人心，每年吸引了來自世界各地的上千萬名遊客。2006 年以來，澳門的博彩收益總額超過美國拉斯維加斯，一舉成為全球最大的博彩旅遊中心。值得指出的是，長期以來一直是中西文化、宗教交匯的城市，也是區域性旅遊勝地，具有"博物館"式的都市風貌和豐富的歷史文化遺產。這些獨特的旅遊資源若能得到充分挖掘，與博彩業結合起來後的發展潛力將不容低估。

正是基於此，2009 年初國務院頒佈的《珠江三角洲地區改革發展規劃綱要（2008-2020）》（以下簡稱《規劃綱要》）明確提出要"鞏固香港作為國際金融、貿易、物流、高增值服務中心和澳門作為世界旅遊休閒中心的地位"。國家"十二五"規劃重申："支持澳門建設世界旅遊休閒中心。"《粵澳合作框架協議》進一步提出："以澳門世界旅遊休閒中心為龍頭、珠海國際商務休閒度假區為節點、廣東旅遊資源為依托，發揮兩地豐富歷史文化旅遊資源優勢，豐富澳門旅遊業內涵，發展主題多樣、特色多元的綜合性旅遊服務"，共同"建設世界著名旅遊休閒目的地"。

我們認為，確定澳門作為"世界旅遊休閒中心"的內涵和出發點，必須充分考慮到澳門與中國內地及香港的關係、其與東南亞國家的區位優勢以及其與葡語國家的歷史文化淵源關係，從特區經濟適度多元的戰略出發，深入研究博彩業與旅遊休閒業之間的關係，促進特色飲食、精品零售、會展業、文化產業的發展；同時，還要從澳門地域狹小、資源有限的實際情況出發，加強區域合作，推動澳

門與珠海橫琴合作。根據學者的研究，世界旅遊休閒中心可定義為對於全球旅遊發展具有影響力和帶動力，集遊覽觀光、休閒度假、娛樂體驗、會議展覽、文化創意等多元功能於一身的綜合性旅遊城市。世界旅遊休閒中心至少應具備 4 個條件，包括享譽國際的知名度、馳名中外的旅遊休閒產業、領先國際的服務水準和通達國際的交通條件。

　　根據以上的考慮，澳門建設世界旅遊休閒中心的戰略內涵，應該包括以下兩個方面：

　　第一，將澳門定位為"旅遊休閒中心"而不是"博彩旅遊中心"，反映了國家的戰略意圖，即澳門必須積極推動產業適度多元化，將澳門經濟從以博彩業為核心的經濟結構，轉變成包括博彩旅遊、觀光旅遊、休閒度假旅遊，乃至購物旅遊、會展旅遊等多元化的綜合性旅遊為主導的經濟體系。做大做強旅遊休閒產業，以及與旅遊休閒業密切相關的行業，如批發零售業、會議展覽業、文化創意產業等。從文化旅遊、購物旅遊、會展旅遊發展起新的行業、新的經濟增長點，在推動綜合旅遊業發展的同時，為經濟的長遠發展注入新的元素和活力，推動經濟適度多元化，以減低澳門的經濟風險和政治風險，提升澳門對區域經濟合作的貢獻和國際競爭力。

　　第二，將澳門的"旅遊休閒中心"從區域的層面提升到世界的範疇，反映了國家對澳門的期待正大幅提升，也反映了澳門的經濟實力已今非昔比。長期以來，澳門在全球經濟中的戰略定位，一般是在區域的層面上，如"東方拉斯維加斯"、"亞洲拉斯維加斯"等。《規劃綱要》將澳門的戰略定位為"世界"級的"旅遊休閒中心"，可以說大大提升了澳門的戰略位置。這也從一個側面反映了在回歸祖國的十多年間，特別是 2002 年特區政府開放博彩經營權以來，澳門的經濟規模和經濟影響已大幅擴大的客觀事實。但是，澳門要成為"世界旅遊休閒中心"，僅靠本身的實力難以做到，必須加快與廣東、香港的合作，包括加快橫琴開發的步伐，通過區域合作打造以澳門、珠海為核心的珠江西岸旅遊休閒都市圈和"世界旅遊休閒中心"。

二、澳門建設世界旅遊休閒中心的基本策略

　　據專家的研究，世界旅遊休閒中心一般具有以下幾大特徵：（1）具有世界性吸引力的旅遊資源或者旅遊景點；（2）具有獨創性的旅遊品牌；（3）形成卓有成

效的旅遊營銷體系；（4）建立完善、優越的服務體系；（5）具備術有專攻、協調得當的旅遊人才隊伍。

根據澳門作為"世界旅遊休閒中心"的第一層戰略內涵，澳門建設世界旅遊休閒中心"的發展策略，應包括以下幾方面：

1. 加強對博彩業的有效監管，推動博彩業適度、有序、規範發展，並優化其發展模式。

從國家的戰略意圖來看，將澳門定位為"世界旅遊休閒中心"，首先要求澳門推進經濟適度多元化，解決博彩業"一業獨大"、無序發展的問題。近年來，儘管特區政府已採取了一些措施控制博彩業的過快發展，但博彩業在澳門 GDP 中所佔比重仍不斷提高，從 2006 年的 32.74% 提高至 2008 年的 37.2%。一般估計未來幾年博彩業所佔比重仍會徘徊在 45% 左右的高位。如果任由博彩業一味盲目地擴張，將會進一步擠壓其他產業發展的空間。

因此，必須進一步強化對博彩業的有效監管，推動博彩業適度、有序、規範發展。我們認為，從建設"世界旅遊休閒中心"的中長期戰略出發，特區政府必須將博彩業在 GDP 的比重穩定在 40%—45% 左右，並致力優化博彩業的發展模式。當務之急，特區政府應借助博彩業的優勢和龐大收益反哺其他行業，如帶動休閒旅遊業，增加更多的非博彩旅遊元素，推動澳門經濟從目前以博彩業為核心的經濟結構，轉變為以綜合性旅遊業為龍頭、產業適度多元的經濟體系，以減低澳門的經濟風險和社會風險，提升澳門經濟的國際競爭力。這是打造"世界旅遊休閒中心"的首要一環。

2. 大力發展主題多樣、特色多元的綜合性旅遊休閒業。

當然，規範發展博彩業並不意味著降低其在整體經濟中的重要作用。相反，博彩業作為澳門經濟的主導產業，將強化、突出、發揮其作為澳門發展綜合性旅遊服務業的"發動機"和"助推器"的帶動作用，充分利用博彩業在區域和全球經濟中的競爭優勢，包括每年吸引來自世界各地 —— 當然主要是來自大中華地區的約 3,000 萬人的遊客資源，以及每年逾千億澳門元的博彩業收益，積極推動旅遊休閒業的發展。在規範博彩業發展的基礎上，以旅遊休閒業為中心，大力發展美食、購物、商業、會展、體育、文化、動漫、金融、創意等多元化的產業，推進旅遊產業與多元產業的有效融合，順勢發展旅遊休閒的上下游產業。

澳門可以博彩業為基礎和紐帶，充分發掘澳門的歷史文化旅遊資源，深入研究如何增加澳門的休閒元素，精心包裝澳門歷史城區的旅遊路線，大力發展文化歷史、休閒度假、民俗旅遊、宗教旅遊、療養健身、文化娛樂、商務會展、體育旅遊等精品旅遊項目，形成全國性、世界性的節慶活動，構建不同主題、特色、檔次的多元旅遊產品體系，將澳門建設成集娛樂、度假、觀光、購物、美食、文化體驗為一體的、具歐陸風情的亞洲旅遊度假勝地、大型娛樂體育活動中心。按照"城市即景區"的理念，實施全城全域旅遊化，把旅遊休閒發展融入城市整體發展之中，做到無處不景觀、無處不休閒、無處不賞心悅目，形成無處不旅遊的氛圍。同時，積極推動酒店業、餐飲業和娛樂業的升級轉型和現代化、多元化發展，包括推廣美輪美奐的中西特色餐飲，將澳門打造成"世界美食天堂"。此外，還要提高旅遊產品與服務的質素，推行"優質誠信澳門遊"計劃。

在博彩業帶動下，澳門的批發零售和會議展覽都有了不同程度的發展。從購物環境看，這幾年澳門的購物條件有趕超鄰埠香港之勢，既有價廉物美的中低檔商場，更有世界頂級奢侈品牌聚集的名店街。澳門應因勢利導，積極引進中高檔次的、不同類型的專門店、零售商，利用其自由港、低稅制的優勢，打造大中華地區的"購物天堂"。

有序發展文化產業、動漫產業，重視文化和教育，提升澳門的城市文化品位和對外形象。根據國際經驗，文化產業與博彩旅遊業具有相輔相成的促進作用，文化產業發達，才能在全世界打響知名度，提升城市的文化品位和對外形象，帶動人氣，讓那些即使不賭的人群，也願意到澳門休閒度假。

3. 加強城市發展規劃和城市建設，打造具國際高知名度的城市品牌。

隨著全球化和城市化的進程，城市形象的問題日益受到重視。城市形象是城市內部經濟、政治、社會諸要素長期綜合後在國際社會的一種反映和評價，它具有獨特性、綜合性和歷史文化性。澳門應加強城市規劃發展，投入更多資源以加快推動優質旅遊城市建設。在城市規劃和城市建設中，要重視文化遺產的保護；積極推動舊區重整工作，結合各區的特色與區情，發掘舊區的文化底蘊；以高標準設計和建設"氹澳"兩岸海邊的城市景觀；進一步整合"大三巴—中區噴水池—西灣"一線的世界文化遺產的城市風貌。

在發展歷史城區過程中，要重視如何重現過去的迷人氣氛及人居環境，說明歷史建築的價值，豐富歷史建築背後的歷史內涵，進一步凸顯出澳門作為中西文化融匯的"歷史博物館"、亞洲地區的"歐陸小鎮"的精品城市的特色。要加強舊區與新城規劃之間的銜接協調，重視人與自然環境的協調，保護生態環境。還要重視營造一個社會和諧、安全衛生、怡人休閒的環境，改善空氣質量，打造綠色空間，使澳門這一"歐陸小鎮"更能散發其獨特的固有魅力。

4. 加快澳門交通基礎設施建設，構建一個通達國際的、高效快捷的區域交通運輸體系。

通達性對一個世界旅遊休閒中心來說十分重要，即使是世界上最好的地方，如果交通不方便，其吸引力就會大幅下降。澳門特區政府必須據此檢討、修改並制定澳門的短、中、長期的交通規劃，盡快落實輕軌建設，加快城市道路網絡建設，以解決城市交通擁擠的問題，並通過實施 24 小時通關等便利化措施，為旅客提供豐富的綜合休閒體驗，延長他們的逗留時間。

在重大跨境基礎設施建設方面，要深入研究如何推進重大基礎設施的協調規劃和對接，包括港珠澳大橋、廣珠城際輕軌等項目，澳門與廣東珠海、香港在城市規劃、城際軌道交通網絡、資訊網絡等方面的協調規劃和對接，構建高效、快捷的區域交通運輸體系，開拓多元國際客源。另外，考慮到國際機場是世界旅遊休閒中心不可或缺的設施，從長遠來看，澳門要發展成為一個世界性旅遊目的地，需要建設或者與鄰近地區合作建設更具規模和有完善航線網絡的國際機場。

5. 提升澳門的人力資源質素，打造領先國際的服務水準。

打造"世界旅遊休閒中心"，除了需要一流的硬體設施，更需要高質素的軟件配套——領先國際的服務水準，這就需要大幅提升澳門的人力資源質素。根據澳門經濟學會、澳門社科學會近年來所做的多項關於澳門人力資源的調查報告，澳門的人力資源處於短缺與失衡狀態，無論是在數量上還是在質素上都不能配合博彩業和旅遊休閒產業的可持續發展。特別是博彩業、酒店管理、會議展覽、文化創意、旅遊接待等產業的發展，都需要大量高學歷、高質素的人才。

因此，澳門必須加強對人力資源的開發與引進，對旅遊休閒業未來的發展規模和速度作出具策略性和前瞻性的規劃，並推出相應的政策，包括對人力資源的數量和質素作出合乎現實的規劃並制定相應的政策。一方面，要加強大學教育，特別是加大職業教育和職業培訓的力度，加強對本地人力資源的充分挖崛和有效利用；另一方面，要根據經濟發展的實際需要，制定合理的人才輸入計劃，引進澳門急需的人才資源。從短期看，輸入高質素的人才是最快捷、直接的辦法；但從長期看，加大培訓力度才是提高人力資源質素的根本辦法。只有擁有高質素的人力資源，才能使澳門的經營管理和服務水準與國際通行的旅遊服務標準全面接軌，發展高質素的旅遊休閒產業，為世界各地遊客提供一流的服務，打造領先國際的服務水準。

三、粵澳合作建設"世界著名旅遊休閒目的地"

根據澳門作為"世界旅遊休閒中心"的第二層戰略內涵，澳門建設世界旅遊休閒中心"的發展策略，是要加強粵澳合作，共同建設"世界旅遊休閒目的地"。

從旅遊資源和旅遊景點看，粵港澳三地均具有豐富的旅遊資源。香港作為亞太區的國際大都會，彙集了中西文化精粹，充滿現代化城市的活力，素以"東方之珠"、"魅力之都"、"動感之都"享譽世界。澳門則中國傳統及葡萄牙文化相融，彌漫著獨特的歐陸風情，是世界三大賭城之一，被譽為"東方蒙地卡羅"。2002年開放博彩專營權以來，澳門的博彩業發展超過美國拉斯維加斯，其長遠戰略目標是要發展成為"世界旅遊休閒中心"。歷史文化悠久的廣東省，是中國近代史的發源地，也是中國現代經濟發展最迅速的地區。廣東地域遼闊，自然和人文資源豐富，兼具海洋、森林、江湖、農田等各類資源，如橫琴島、丹霞山、羅浮山、西樵山、鼎湖山、乳源大峽谷等，廣東還以"近代史跡勝地"、"南粵風情"、"改革開放之窗"等聞名海內外。目前，廣東共有 7 個國家級歷史名城、3 個國家級風景區、34 個省級風景區、29 個高爾夫球場和約 2,000 個旅遊景點。這些景點促進了整片旅遊區的發展，形成了規模效應和品牌效應。三地在旅遊業的合作，將可組成一個世界級的旅遊休閒目的地。正基於此，國家旅遊局也在"十二五"旅遊規劃中，明確提出打造"粵港澳旅遊金三角"的戰略目標，以支持澳門建設"世界旅遊休閒中心"，推動粵港澳旅遊業的合作發展。

我們認為，澳門要真正建設成為世界旅遊休閒中心，另一個重要策略，就是要加強與廣東方面的旅遊合作，共同建設"世界旅遊休閒目的地"。根據《粵澳合作框架協議》的相關規定，進一步推進粵港澳旅遊業協同發展，需要重視以下幾方面：

1. 積極推動澳門與珠海橫琴旅遊休閒業的協調和錯位發展。

澳門作為一個微型經濟體，要真正成為"世界旅遊休閒中心"，需要有一個發展過程，而且僅靠本身的實力也難以做到，必須加快與廣東"合作開發橫琴"的步伐，深入研究澳門在旅遊休閒業方面，如何與橫琴、珠海的協調配合及錯位發展。要通過區域合作，尤其是加強與廣東珠海的合作，共同開發橫琴島，突破土地及人力資源的條件制約，把價值鏈的相關行業有效地延伸至橫琴，解決澳門作為微型經濟體資源稟賦相對匱乏的發展制約。

橫琴開發最重要的戰略價值，就是彌補澳門經濟發展面臨的土地、人力資源短缺等問題，使澳門優勢產業得到延伸、擴充。從比較優勢理論出發，在澳門本土，澳門將發揮"一國兩制"的制度優勢和博彩業發展的競爭優勢，重點發展本身具競爭優勢的綜合性旅遊業，包括博彩業、高檔酒店娛樂業、精品零售業、特色會展業、多元文化產業等；而在橫琴則利用香港、澳門對國際高端遊客的吸引力，結合橫琴海島型生態景觀的資源優勢，發展高品質休閒度假項目，包括大型旅遊休閒度假項目、高檔酒店，療養中心、遊艇俱樂部、海濱遊樂、濕地公園等海島旅遊精品項目，成為與澳門配套和錯位發展的國際知名休閒旅遊勝地，共同做大做強區域旅遊休閒產業。在會展業，兩地也可協調發展和錯位發展，澳門可以會議為主、展覽為輔，其展覽可以消費品展覽為主，而一些澳門舉辦不了的展覽，如航空展覽、重工業展覽、遊艇展覽、印刷機展覽等，則可在橫琴發展，而將相關的會議安排在澳門。另外，橫琴可發展為配合澳門會議展覽業發展的會展後勤基地和倉儲中心，以降低澳門的辦展成本。

2. 聯合打造、推廣"一程多站"區域旅遊路線，共同打造國際知名的旅遊精品。

聯合推出"澳門歷史城區—開平碉樓—韶關丹霞山"世界遺產旅遊專線，打造精品旅遊路線。

聯合打造"西江旅遊走廊"國際品牌。西江廣東段具有豐富的文化旅遊資源，其中，肇慶以七星岩、鼎湖山聞名天下，雲浮是六祖惠能禪師誕生地，佛山的祖廟數百年來香火不斷，江門素稱"天下第一僑鄉"，中山則是孫中山的故鄉，珠海更是著名的海濱旅遊城市。打造"西江旅遊走廊"國際品牌，要精心策劃具有規模效應及品牌效應的旅遊路線，如包括澳門教堂、佛山祖廟、肇慶慶雲寺、雲浮六祖惠能誕生地的"宗教之旅"；包括澳門路環、肇慶鼎湖山、陽江海陵島大角灣海水浴場、茂名第一灘旅遊度假區、湛江湖光岩的"自然之旅"。西江可以說是一條旅遊黃金水道，將西江這些寶貴的旅遊資源與中西文化彙聚的澳門結合起來，聯合打造"西江旅遊走廊"國際品牌，對提升澳門"世界旅遊休閒中心"地位、共建"世界旅遊休閒目的地"具有重要意義。

開發文化歷史、休閒度假、會議展覽、醫療保健、郵輪遊艇等精品旅遊項目，構建不同主題、特色、檔次的多元旅遊產品體系。其中，可重點打造"香港—澳門—橫琴—南沙"郵輪遊艇等精品旅遊項目。

3. 共同編製旅遊合作規劃，形成區域旅遊合作長遠發展戰略。

在區域合作規劃方面，加快推進編製粵港澳旅遊合作專項規劃。同時，推進旅遊合作從市場合作向培訓、行業標準制定等全面合作轉化，加強產品開發、品質監管、聯合推廣、資訊交流、協會溝通、過境便利等合作，開拓區域旅遊市場，形成區域旅遊品牌。

進一步研究泛珠三角地區旅遊發展戰略規劃。2004 年 6 月 3 日，"泛珠" 11 省區共同簽署《泛珠三角區域合作框架協議》，其中確定了各方全面推進區域旅遊合作，共同研究制定區域旅遊發展戰略和市場開發策略。以此為開端，"9+2" 聯手打造"泛珠三角國際級旅遊圈"的合作正式拉開帷幕。"泛珠" 旅遊合作可形成"一個核心，兩大板塊"的旅遊產業發展格局。"一個核心"指由粵港澳構成的"大珠三角"旅遊圈，區域內已經具備良好的旅遊基礎設施、較為成熟的市場化運作機制和特色鮮明的旅遊產品供給能力，具有強大的外引內聯能力。"兩大板塊" 是指東部旅遊片區和中西部旅遊片區，東部旅遊片區包括區內東部沿海城市，在旅遊資源開發中以都市旅遊業、會展旅遊業、商務旅遊業為主；中西部旅遊片區著重生態旅遊資源、民俗旅遊資源和歷史文化旅遊資源的開發。各片區相互補充，共用旅遊資源和市場，共同開發和推介旅遊產品，進而豐富並延伸旅遊產業鏈。

4. 推動粵港澳旅遊通關便利化，建設無障礙旅遊合作區域。

要研究為雙方居民提供旅遊通關、交通等便利措施；逐步開發珠海海島旅遊，研究澳門居民到珠海海島旅遊的便利模式。研究為雙方居民提供旅遊支付等便利措施，推動廣東國民旅遊休閒卡在澳門發行使用，發揮銀行卡支付旅遊服務功能，進一步增強銀行卡的旅遊服務功能，大力推進旅遊信用卡、旅行支票和旅遊理財等金融服務；支持旅遊的業態創新和融合發展，發展以旅遊電子商務、虛擬旅遊、旅遊策劃諮詢為主體的旅遊資訊服務產業；加強旅遊金融創新力度，包括推進金融機構豐富旅遊消費信貸服務產品，發展出境遊分期付款、擔保及託管。

為提升旅遊服務的質量和保障旅客權益，建立旅遊市場監管和投訴處理協調機制，共用旅遊市場監管資訊，推行旅遊預警機制，發展誠信旅遊，引導企業和從業人員規範服務以提升旅遊服務質量，保障旅客權益。

5. 完善、強化粵港澳三地旅遊發展協調機制。

早在 1993 年，粵港澳三地政府的旅遊機構就合組"珠江三角洲旅遊推廣機構"，宣傳粵港澳區域旅遊的國際品牌。2007 年，三地旅遊局達成共識，同意設立輪值主席制度，以進一步加強彼此間的溝通交流。通過這些有效管道，多年來粵港澳三地的旅遊管理部門在聯合促銷、品牌共推、資源分享、資訊共通等方面密切溝通、務實合作，粵港澳國際旅遊區的品牌知名度和影響力不斷提升。2009年，三地又分別在香港、日本、廣州及澳門舉行的旅遊展和旅博會設置粵港澳聯合展台，推介"一程多站"行程。三地並計劃把以往多在東亞和東南亞舉辦的聯合推廣工作，伸延至其他潛質市場和遠程市場，進一步向外推介珠三角區域旅遊國際品牌。

不過，總體而言，粵港澳三方現有的旅遊協作機制的層次仍然較低，無法從戰略高度對整個旅遊協作區進行規劃並制定發展策略。因此，有必要建立全方位、多層次的協調機制，該機制應包括三個層次，一是粵澳、粵港高層聯席會議，負責制定旅遊合作方面的重大決策；二是定期召開的粵港澳旅遊部門聯席會議，由廣東省旅遊局、香港旅遊局及澳門旅遊局等三地政府有關部門組成，負責落實旅遊合作的決策；三是提升、充實"珠江三角洲旅遊推廣機構"，將其發展為三地旅遊合作的具體執行和推廣機構。

（原文為"粵澳合作論壇"學術會議提交論文，2014 年 9 月）

澳門經濟適度多元化的評估與策略

　　回歸以來，澳門經濟在取得快速發展的同時，一些深層次問題也逐漸浮現，突出表現在博彩業 "一業獨大" 的態勢日趨凸顯，因而導致經濟結構的單一性。有鑒於此，國家 "十一五"、"十二五" 規劃綱要都提出要 "促進澳門經濟適度多元發展"。過去 10 年來，對於澳門經濟適度多元化的成效，可謂眾說紛紜，主要原因是缺乏評估的適當指標和權威評論。不過，最近國際貨幣基金組織（IMF）發佈的《2016 年澳門特區的第四條款磋商代表團人員報告》（簡稱《代表團人員報告》）以及澳門統計暨普查局發佈的《澳門經濟適度多元化發展統計指標體系分析報告（2015）》，可以說為這一評估提供了權威評價和分析指標。本文試圖據此對當前澳門經濟適度多元化的發展概況作一粗略分析，並提出相關的發展策略。

一、IMF 對澳門博彩業和整體經濟發展的評估

　　2016 年 11 月 3 日至 14 日，IMF 代表團到訪澳門，與澳門特區進行基金組織 2016 年第四條款磋商討論，並撰寫《代表團人員報告》。2017 年 2 月 13 日，IMF 執行董事會審議並通過《代表團人員報告》。根據該報告，IMF 對澳門博彩業發展現狀主要有以下兩點評估：

1. 澳門博彩業和整體經濟已見底回升，展望前景可審慎樂觀。

　　報告認為，2002 年博彩業開放導致外部投資和來自內地的消費急增，推動了博彩業的快速發展，進而使澳門一躍成為全球最大的博彩中心。目前，澳門的博彩年收入是美國拉斯維加斯的 4 倍，佔澳門總產出的 48% 和政府財政收入的 77%。博彩業的快速增長，使得澳門經濟在回歸後的 15 年間年均增長率高達 10.6%，失業率低於 2%。由於大量的外勞輸入，澳門成為世界上人口最密集的地區。不過，博彩業長達 10 年的繁榮境況於 2014 年戛然而止。相對於 2014 年初的高峰值，目前博彩業收益下跌了 50%，整體經濟收縮了三分之一。期間，來澳遊客儘管在總體數量上保持不變，但人均支出消費卻大幅下滑。這主要是由於內地

持續的反腐敗運動，貴賓廳博彩收入從 2013 年的 300 億美元下降到 2015 年的 160 億美元。同時，奢侈品消費也急劇下降。受此衝擊，房地產價格從 2014 年的高位下降了 21%，民間固定資產投資的增長也從 2014 年的 43.7% 下降到 2015 年的 3.3%。

報告認為，儘管澳門受到嚴峻的衝擊，但由於澳門擁有持續增強的財政及對外支付能力、具公信力的聯繫匯率制度、強健的金融體系，以及超卓的宏觀經濟抵禦能力，限制了經濟收縮的種種不利影響。其中，失業率為 1.9%，僅比 2014 年的歷史最低點高出 0.2%；而平均實際工資仍企穩並比 2014 年水準上漲了 7%。在金融部門，儘管信貸增長從 2014 年第二季度的 36% 下滑到 2015 年第三季度的 5.7%，但不良貸款比率大致維持在 0.1% 左右水準。旅遊業對勞動力需求的表現尤其顯著，支撐了本地消費活動及銀行的資產質素。展望未來，報告認為，儘管 2016 年仍是澳門第三個負增長的年份，但整體經濟已經觸底復甦。博彩業自 2016 年 8 月份起已連續錄得增長，整體經濟在 2016 年第三季度扣除季節性因素後錄得 8% 的增長。因此，IMF 將澳門 2017 年的經濟增長預測從早前的 0.2% 調升至 2.8%。報告認為，澳門特區具備優厚條件，整體經濟的中期增長將維持較穩定的低至中單位數字增長水準，並且正從一個強勢地位艱難地轉向一個新的經濟發展模式。

2. 澳門博彩業和整體經濟正處於轉型時期：從高端貴賓廳博彩邁向中場博彩、從博彩旅遊邁向非博彩旅遊、從旅遊邁向金融服務。

報告認同澳門特區政府雄心勃勃的中期多元化發展規劃，該多元化發展規劃包括三個目標方向：（1）從高端貴賓廳博彩邁向中場博彩；（2）從博彩旅遊邁向非博彩旅遊；（3）從旅遊邁向金融服務。報告認為，從澳門近年經濟調整和結構性收縮來看，雖然仍然有許多微觀經濟問題需要探討，但總體而言這些目標是合理的。

報告認為，"從高端貴賓廳博彩邁向中場博彩"這個方向已取得實質性進展。貴賓廳的博彩收入所佔份額已從大約 70% 下降到 50% 左右。展望未來，考慮到低滲透率的內地市場，中場博彩市場仍然有很大的發展空間。不過，如何有效地管理洗錢的風險，成為博彩業持續增長的關鍵。

在 "從博彩旅遊邁向非博彩旅遊" 這個方向看，澳門的非博彩旅遊消費只佔總額的 26%，遠低於拉斯維加斯 64% 的水平。據評估，澳門要達到拉斯維加斯的這個水平大概需要 30 年時間努力轉型。不過，報告認為，這一評估仍然是不成熟的，因為直到最近，澳門的博彩公司才展開投資，包括以充足的酒店客房、大型和更多樣化的娛樂設施去吸引家庭、老人等非博彩類遊客。

對於"從旅遊邁向金融服務"這個方向，報告認為鑒於澳門特區較高的平均工資水準、土地供應有限以及狹小的本地市場，發展金融服務出口是一個合乎邏輯的探索領域。特區政府的"五年計劃"亦突出了金融服務，尤其是對外貿易人民幣結算、金融租賃及全球財富管理等非旅遊部門的發展。不過，報告認為，考慮到比較優勢和成本效益，發展金融租賃和財富管理可能更為直接、有效。這就需要大幅削減已經相對較低的稅收去吸引投資者和專業人士，同時，特區政府要確保建立一個符合國際標準的高透明度的法人和信託法律體系。

二、澳門經濟適度多元化的現狀分析

《代表團人員報告》為澳門經濟適度多元化發展現狀所作的分析，奠定了一個良好的分析框架。根據我們的研究，以及澳門統計暨普查局發佈的《澳門經濟適度多元化發展統計指標體系分析報告（2015）》所提供的數據，當前澳門經濟的適度多元化發展，主要有以下幾個基本特點：

1. 隨著博彩業"斷崖式"下滑，博彩業"一業獨大"的局面有所改善，博彩企業的業務多元化取得實質性進展。

在國際國內新環境下，澳門博彩業自 2014 年 6 月以來連續 26 個月出現下滑和調整，也進入了"新常態"的發展新階段。報告認為，博彩收入的急劇下降主要源於貴賓廳業務的下跌。不過，從目前情形看，博彩業經過兩年多的調整，已基本見底。據澳門博彩監察協調局公佈的數據，2016 年全年澳門博彩毛收入為 2,232 億澳門元，跌幅按年已收窄至 3.3%，而 2015 年的跌幅則為 34.3%。受此影響，2016 年澳門經濟全年增長為 -2.1%，跌幅較前一年（-21.5%）明顯收窄。其中，上半年經濟倒退 9.7%，下半年則止跌回升，增幅為 5.7%。經過兩年多的調整，博彩業"一業獨大"的狀態已有所改善。據統計，以當年生產者價格按生產法計算，博彩及博彩仲介業的增加值在本地生產總值中所佔比重已從 2013 年的 63.10% 下降到 2015 年的 48.03%，兩年間下降了 15.07 個百分點（表 2—4）。

與此同時，博彩業業務多元化也取得了實質性的進展，主要表現在三個方面：首先，幸運博彩收入中，貴賓廳所佔比重有所下降，而中場博彩所佔比重則有所上升。據統計，2012 年，貴賓廳博彩收入為 2,111.65 億澳門元，到 2015 年下

表 2—4 ｜ 以當年價格按生產法計算的各主要行業增加值及結構（單位：百萬澳門元）

行業	2012 年		2013 年		2014 年		2015 年	
	增加值	比重	增加值	比重	增加值	比重	增加值	比重
博彩及博彩仲介業	216,329	62.94	258,966	63.10	254,051	58.45	171,094	48.03
批發零售業	18,302	5.32	21,686	5.28	22,500	5.18	19,903	5.59
酒店業	10,700	3.11	12,749	3.11	15,124	3.48	13,650	5.59
飲食業	5,700	1.67	6,563	1.60	6,945	1.60	6,283	1.76
金融業	12,426	3.61	16,201	3.94	19,886	4.57	22,302	6.26
地產	22,596	6.57	29,251	7.13	36,666	8.44	35,556	9.98
建築	10,512	3.06	11,731	2.86	18,047	4.15	23,269	6.53
其他	47,164	13.72	53,262	12.98	61,297	14.13	64,156	16.26
合計	343,729	100.0	410,409	100.0	434,516	100.0	356,213	100.0

資料來源：澳門統計暨普查局：《澳門經濟適度多元化發展統計指標體系分析報告（2015）》。

表 2—5 ｜ 類別統計的幸運博彩毛收入比重（單位：％）

	2012 年	2013 年	2014 年	2015 年
貴賓廳	69.43	66.18	60.56	55.57
中場賭桌	26.21	29.83	35.33	39.34
角子機	4.35	3.99	4.11	5.09
總計	100	100	100	100

資料來源：澳門統計暨普查局：《澳門經濟適度多元化發展統計指標體系分析報告（2015）》。

降到 1,282.71 億澳門元，3 年間跌幅達 39.26%；貴賓廳博彩收入所佔比重從 69.43% 下降到 55.57%，下降了 13.86 個百分點。同期，中場賭檯和角子機博彩收入則從 929.74 億澳門元輕微增加到 1,025.69 億澳門元，增加了 10.32%；所佔比重從 30.57% 增加到 44.43%（表 2—5）。

其次，博彩企業的業務趨向多元化發展，非博彩業務收入比重有所增加。2014 年 12 月 21 日，剛上任的經濟財政司司長梁維特在媒體上發佈關於博彩業發展的最新表態：賭牌中期檢討，重在非博彩元素。在市場力量的推動和特區政府的政策引導下，博彩公司將博彩業的重心從貴賓廳轉向中場的同時，也開始將更多的資源（財力、物力、人力）投入到非博彩的旅遊休閒業務中，針對家庭主導的赴澳人群增加具創意的、非博彩的旅遊、娛樂、演藝、休閒等元素，致力提高博彩公司非博彩收入的比重。過去兩年間建成、開業的博彩業新項目，包括新濠影滙、永利皇宮、澳門巴黎人等，以及正在動工或即將動工的博彩項目，都將非博彩旅遊娛樂業務放在一個相當重要的位置。據統計，2013 年至 2015 年，澳門 6 家博彩企業所經營的非博彩業務收入從 141.31 億澳門元增加到 152.47 億澳門元，所佔比重從 3.77% 上升到 6.20%，兩年間上升了 2.43 個百分點。如果把幸運博彩企業免費或以優惠折扣向客戶提供的服務考慮在內，他們經營的非博彩業務收入則分別為 227.30 億澳門元和 239.07 億澳門元，所佔比重從 5.93% 上升到 9.39%。[01]

再次，從遊客市場來看，來自大中華以外的國際遊客絕對數呈增長態勢。儘管受到國際經濟增長乏力、國內經濟增長放緩等外圍經濟環境的不利影響，但訪澳遊客的人數仍能維持在每年 3,000 萬人次左右的水準。2016 年上半年，訪澳遊客達到 1476.43 萬人次，比 2015 年上半年同期微升 0.1%。值得重視的是，在訪澳遊客總體人數維持基本不變的情況下，遊客的結構發生了可喜的變化：儘管中國內地、香港等地區的遊客輕微下跌，但日本、韓國、東盟等亞洲地區，以及北美、歐洲、澳洲等地區的入境遊客人數則呈現全面回升的態勢。其中，澳洲遊客同比大幅增長 14.1%，台灣遊客增長 11.7%，日本、韓國遊客分別增長 7.9% 和 6.5%，歐洲遊客增長 6.3%，東盟國家亦有可觀的增長。

2. 旅遊、酒店娛樂、餐飲、零售等非博彩旅遊休閒產業呈現出新的發展態勢。

據統計，以當年生產者價格計算，包括酒店業、飲食業、批發零售業在內的非博彩旅遊休閒業，其增加值在 2012 年為 347.02 億澳門元，在澳門本地生產總

01

澳門統計暨普查局：《澳門經濟適度多元化發展統計指標體系分析報告（2015）》，第 15 頁。

值中所佔比重為 10.10%；但到 2015 年則增加到 398.36 億澳門元，3 年間增長了 14.79%，所佔比重上升到 12.94%，上升了 2.84 個百分點（表 2—4）。

從酒店業看，自 2003 年以來，在博彩業開放和大量遊客進入澳門的背景下，澳門酒店業步入大規模擴張時期。據統計，截至 2015 年底，澳門酒店總數和五星級酒店數分別增加到 74 家和 32 家。2016 年更有多家大型五星級酒店落成開業。估計未來兩三年間將有約 1.3 萬間酒店客房相繼進入市場，包括新濠影滙的 1,600 間、永利皇宮的 1,700 間、澳門巴黎人的 3,000 間以及美高梅的 2,000 間。目前，澳門剛落成開業或正在興建的酒店的主題越來越鮮明，有些主打精品奢華類，有些主打家庭、商務旅客，發展越來越多元化，可以適應各種旅客的不同需求。由於競爭激烈，酒店客房價格趨下調，澳門的酒店娛樂業正逐步在亞洲區內確定其質優價廉的形象和比較優勢，越來越多國際大企業將辦會的地點選擇在澳門。

從飲食業來看，過去兩年來，澳門的餐飲業也獲得了快速的發展。隨著近兩年新落成開業的博彩新項目在場內設置各種餐飲場所，吸引了來自中國內地和世界各地的一大批特色餐飲和高端品牌餐飲到澳門發展，大大提高了澳門餐飲業的檔次和質量。以前，若想在澳門找一家世界級的餐廳頗為困難，現在不少酒店都可以找到一些相較高檔甚至與世界水準相若的飲食場所。隨著大批具規模的高級餐廳、國際知名的特許經營連鎖店、特色的小型主題餐廳的進入，包括米芝蓮認可的餐廳等，澳門的餐飲業正發生"革命性"的變化，正形成高端國際餐飲與本土特色餐飲並存的多元格局。澳門作為"世界美食之都"的聲譽日隆，吸引了越來越多的國際遊客前來"品食"。

從零售業來看，過去 10 多年來，赴澳旅客的大幅增加引發了對澳門零售業的龐大需求，推動了澳門批發零售業的快速發展。過去兩年來，由於受到外圍經濟環境和博彩業大幅調整的影響，零售業遭遇"寒冬"，零售銷售額經歷了連續 8 個季度的減幅。不過，若扣除鐘錶珠寶、汽車等貴價商品，則 2016 年上半年澳門零售業銷售額的跌幅已收窄至 3.2%，其中，成人服裝還有超過一成的增幅。值得一提的是在澳門零售業中最富特色的手信業，過去兩三年間已在國際特別是內地市場逐步建立自己的獨特地位。據我們向業界調查所得知，已有部分澳門的手信企業將銷售網絡擴展到內地，有的企業在內地市場的銷售額已佔公司總銷售額的三分之二，個別大型手信企業甚至在內地建立起超過 9,000 個零售網點。

3. 金融業成為澳門經濟中僅次於博彩及博彩仲介業、地產業、建築業的第四大支柱產業，特色金融正成為經濟適度多元化的重要動力。

近年來，在博彩業和整體經濟快速增長的背景下，澳門金融業獲得了長足的發展。據統計，以當年生產者價格計算，2012 年，包括銀行業、保險及退休基金在內的金融業增加值為 124.26 億澳門元，到 2015 年增加到 223.02 億澳門元，3 年間大幅增長了 74.47%；同期，金融業佔本地生產總值比重亦從 3.61% 上升到 6.26%，上升了 2.65 個百分點。金融業成為澳門經濟中僅次於博彩及博彩仲介業、地產業、建築業的第四大支柱產業，居於酒店餐飲、批發零售等行業之前。由於澳門本地生產總值貢獻較大的行業中，除了博彩業以外，其他的包括批發零售、酒店餐飲、地產等均與博彩業具有高度關聯性，其持續發展不僅受到土地、人力資源短缺的制約，而且容易受到外部經濟環境的影響；而澳門金融業經過多年的發展，已經具備進一步擴展壯大的基礎和潛力。金融業是資金、技術、人才、知識密集型行業，其發展可以避開澳門土地、人力資源及市場空間有限的制約。因此，在澳門現有的資源稟賦和產業發展中，金融業最有條件成為推進經濟適度多元化的支柱產業。

目前，特區政府正計劃把握國家"一帶一路"戰略的機遇，積極發展特色金融，包括金融租賃、財富管理等。對此，國家給予澳門的 23 條優惠政策中亦明確表示："支持澳門建設成為葡語國家人民幣清算中心"、"支持澳門發展金融租賃，鼓勵澳門設立金融租賃企業或分支機構，中央在外匯管理等方面予以支持。" IMF 報告對澳門發展特色金融也給予了充分的肯定。目前，澳門特色金融，特別是金融租賃已起步發展。2013 年 10 月，澳門成立了第一家融資租賃公司——"萊茵大豐（澳門）國際融資租賃公司"，該公司由 LAND-G 澳門集團和澳門大豐銀行合資創辦。2016 年 12 月，中國華融集團落戶澳門，聯合澳門本地企業成立中國華融（澳門）國際股份有限公司。該公司業務涵蓋融資租賃和資產管理等，並與南光集團、南粵集團、亞投金融有限公司、太平保險澳門等 6 間企業簽訂戰略合作協議。此外，中銀澳門計劃投資 80 億澳門元發展融資租賃業務。

4. 會展業、電子商務、文化創意、中醫藥等新興產業起步發展，並開始受到社會各界的重視。

近年來，在特區政府積極推動下，會展業以"會議為先"的策略初見成效。據統計，2015 年，澳門共舉辦 1,185 個會議活動，同比增加了 23.1%，與會人數約 12.3 萬人次，同比下降 3.1%。其中，以小型會議（與會人數 10 人至 49 人）數量最多，佔全部會議的 49.2%；大型會議（與會人數 200 人及以上）共 157 個，佔 13.2%。同期，舉辦的展覽活動有 78 個，同比下跌 10.3%。根據國際會議協會（ICCA）公佈的《2015 年國際協會會議市場年度報告》，澳門獲 ICCA 認可的國際會議已達到 28 個，在全球城市排名第 93 位，比 2014 年的第 101 位躍升了 8 位。目前，在澳門舉辦的多個大型會展，包括澳門貿易投資促進局一年一度的"澳門國際貿易投資展覽會"、"澳門國際環保合作發展論壇及展覽"等本地品牌展會，以及"國際基礎設施投資與建設高峰論壇"等國際會展品牌，已越來越受到國際社會的重視，影響正逐步擴大。

在電子商務方面，過去兩年來電子商務特別是跨境電商發展蓬勃。據業界反映，目前澳門已出現三類跨境電商，一類是類似京東、天貓的小型電商平台，如澳門通公司旗下的"西洋街"，目前這類電商平台為數不超過 5 家；另一類是專責銷售公司旗下產業的電商，包括多家涉及零售、服務、保險等業務的電子商貿平台，例如澳聯保險服務有限公司（Bohim.com）就是澳門首個網上保險產品平台，把"一般保險產品"（非人壽保險產品）電子化及平台化，簡化現時煩瑣的一般保險的投保程序，使市民能夠通過電子平台直接在網上投保及支付費用。又如"澳之城"，主要銷售其公司的產品，他們不僅僅注目於本地，更多是想面對遊客，開拓內地的市場。這類電商約在 40 家至 50 家左右。第三類就是一些個人的電商（代購）。根據我們的調查，目前澳門已有電商企業開始發展"海外倉"，代理葡語國家甚至是歐美國家的食品，在澳門經過"淺加工"後發展自己的品牌，通過跨境電商銷售到內地市場；或者代理內地產品，通過澳門跨境電商平台銷售到馬來西亞等東南亞國家。

在文化產業方面，根據特區政府的統計，主要包括創意設計、文化展演、藝術收藏和數碼媒體 4 個領域。據統計，2015 年，澳門從事文化產業的企業共有 1,780 間，員工 10,192 人，分別比 2014 年大幅增加了 64.5% 和 41.7%；文化產業收益為 62.44 億澳門元，所創造的增加值為 20.55 億澳門元，分別比 2014 年增長了 63.4% 和 76.8%。其中，增長最快的是數碼媒體，2015 年創造的收益和增加值分別為 29.89 億澳門元和 11.68 億澳門元，分別佔文化產業的 47.9% 和 56.8%；其次是創意設計，2015 年創造的收益和增加值分別為 18.21 億澳門元和 6.23 億澳門元，分別佔文化產業的 29.2% 和 30.3%。

在中醫藥產業方面，2015年，澳門共有6間製造中藥的廠家，117間中藥零售店。這些場所的年收益為5.45億澳門元，所創造的增加值為1.13億澳門元。另外，澳門共有304間提供中醫服務的私人診所，公私營中醫服務場所共有中醫生和中醫師595人。2015年，澳門的中藥進出口總額為3.8億澳門元，其中，出口2,113.2萬澳門元，進口3.6億澳門元，佔整體貨物進出口總額的0.4%。總體而言，中醫藥產業仍處於剛起步階段，產業基礎薄弱。不過，正在建設中的橫琴粵澳中醫藥產業合作園區則為該產業的發展注入了新的動力。

三、澳門經濟適度多元化的發展優勢與"瓶頸"

1. 發展優勢

根據我們的研究以及IMF《代表團人員報告》的分析，澳門經濟適度多元化的發展優勢主要有以下幾個方面：

（1）中央政府及各省區對澳門經濟適度多元化的政策支持。

國家在"十一五"規劃、"十二五"規劃都提出"促進澳門經濟適度多元化發展"，"十二五"規劃並提出支持澳門建設成"世界旅遊休閒中心"和"中國與葡語國家商貿合作服務平台"。2009年，為了配合澳門經濟適度多元化，國務院頒佈《橫琴總體發展規劃》，以"分線管理，模式創新"等一系列制度創新，啟動橫琴島的開發。2013年，國務院副總理汪洋在中葡合作論壇上發表主題演講，明確表示，中國政府支持澳門建設葡語國家中小企業商貿服務中心、商品集散中心和中葡經貿合作會展中心（簡稱"三個中心"）。2016年，國務院總理李克強訪問澳門，頒佈了19項惠澳措施，稍後進一步擴展為23項支持澳門經濟發展的措施。

中央表示，支持澳門特區政府在實施五年發展規劃過程中，對接國家"十三五"規劃，找準國家所需、澳門所長的定位，統籌經濟適度多元化發展和促進民生改善。在區域合作、產業政策、財稅政策、城市規劃、交通規劃、人力資源政策、完善新興產業統計指標體系等方面加強交流，給予必要的支持。同時，在制定"一帶一路"重要戰略規劃、重大政策和實施對內對外交流活動時，積極吸納澳門參與。中央促進澳門建設世界旅遊休閒中心、中國與葡語國家商貿合作服務平台，並在澳門會展業、特色金融、文化創意、中醫藥、跨境電子商貿等方面給予多項優惠支持政策。中央及各省區的政策支持，無疑成為澳門推進經濟適度多元化最重要的政策動力和資源支持。

（2）澳門擁有持續增強的財政實力及對外支付能力，有助於推動經濟適度多元化的發展。

回歸以來，隨著博彩業和整體經濟的快速發展，澳門特區政府的財政收入大幅增加。據統計，2000 年，澳門特區政府的公共財政收入為 153.39 億澳門元，到 2013 年增加到 1,759.49 億澳門元，13 年間增長 10.5 倍，年均增長 19.2%。隨著博彩業及整體經濟的快速增長，澳門特區政府的歷年財政滾存迅速擴大，2013 年，特區政府結餘達 1,245.61 億澳門元，比 2000 年的 65.22 億澳門元增長了 18 倍。2012 年，澳門正式設立財政儲備制度。當時，特區政府會將歷年滾存的 1,529 億澳門元分為 3 份，其中 745 億澳門元撥作基本儲備，242 億澳門元為超額儲備，並一次過撥款 542 億澳門元作為外匯儲備。到 2015 年底，特區政府的財政儲備增加到 3,450.5 億澳門元（其中基本儲備為 1,318.8 億澳門元，超額儲備為 2,131.7 億澳門元），外匯儲備則增加到 1,508 億澳門元。有評論認為，澳門特區政府可算得上是世界最有錢的政府之一。

對於澳門特區擁有的持續增強的財政實力及對外支付能力，IMF《代表團人員報告》給予充分的肯定。報告認為，由於澳門特區政府實行的審慎財政政策，在公共財政方面擁有豐厚的財政儲備並且沒有公共債務，在對外支付方面是淨對外債權人。代表團估算截至 2015 年底澳門特區的財政儲備幾乎佔本地生產總值的 100%，對外資產淨值則相當於本地生產總值的 280%。因此，澳門特區政府的財政狀況及其對外支付能力有助於支持澳門邁向新的及更多元的經濟模式。不過，報告也同時指出，在政策不變的前提下，澳門的財政平衡仍面臨著兩個問題：首先是佔特區財政總收入四分之三的博彩稅，將因為博彩業收入不會回到前期的高位而長期降低。此外，儘管多元化發展有助於減低產出的波動性，但需要更低的稅率給予支持。這兩方面都會影響到澳門今後的財政狀況。

（3）澳門擁有資產豐裕而穩健的金融體系，以及超卓的宏觀經濟抵禦能力。

回歸以後，特別是 2002 年特區政府開放博彩經營權以後，隨著博彩業、房地產業的快速發展，以及整體經濟的迅速擴張，澳門銀行業獲得了良好的發展，在產品多樣化、經營多元化、操作電子化等方面都取得了令人滿意的進展，盈利也持續穩步增長，主要來自信貸及中間業務，其中房屋按揭貸款佔較大份額，銀行代客理財、信用卡等中間業務非利息收入也有較大增長，收入呈現多元化趨勢。過去 10 年來，大型酒店和高檔商住樓宇不斷開工建設，銀行的大型房地產項目融

表 2—6　│　澳門銀行業經營概況（單位：億澳門元）

年份	總資產	客戶貸款	客戶存款	銀行同業資產	銀行同業負債	營運利潤
2001	1,423	494	1,105	489	112	5.85
2008	3,595	1,506	2,750	1,367	516	33.37
2009	4,268	1,866	3,068	1,672	860	36.15
2010	5,398	2,457	3,400	2,239	1,570	38.84
2011	6,582	3,224	4,140	2,401	1,934	50.53
2012	7,962	4,068	5,406	2,719	1,821	62.88
2013	9,903	5,347	6,805	3,268	2,217	84.68
2014	11,744	6,897	7,911	3,474	2,685	108.75
2015	13,408	7,607	8,600	3,889	3,415	127.98

資料來源：澳門金融管理局：《年報》，歷年。

資正向銀團貸款方向發展。隨著業務的快速增長，銀行業的資金流量和資產日趨龐大。據統計，截至 2015 年底，澳門銀行體系的總資產已達 13,408 億澳門元，比賭權開放前 2001 年的 1,423 億澳門元大幅增長了 8.42 倍，比 2013 年也大幅增長 35.39%；存、貸款餘額分別為 8,600 億澳門元和 7,607 億澳門元，分別比 2001 年增長了 6.78 倍和 14.40 倍，比 2013 年也分別增長了 26.38% 和 42.27%；銀行營運利潤為 127.98 億澳門元，比 2001 年的 5.85 億澳門元大幅增長了 20.88 倍，比 2013 年也增長了 51.13%（表 2—6）。澳門銀行業的競爭力明顯增強，正處於歷史上最好的發展時期。

回歸以後，為了加強對金融業的監管，以符合國際金融業監管的一般慣例，澳門特區政府於 2000 年 2 月 15 日成立了澳門金融管理局（簡稱 AMCM）。金融管理局的職責是根據規範貨幣、金融、外匯及保險活動市場的法律、法規，指導、統籌及檢察金融市場，以確保其正常運作，並對金融市場的經營者持續監管，確保金融體系的穩定。同年 3 月 31 日，澳門金融管理局又受特區政府委託，負責管理土地基金資產。[01] 2002 年博彩經營權開放以後，澳門的外匯儲備大幅增加，至 2015 年底，外匯基金資產總額為 1,391 億澳門元，相當於同年 4 月底澳門流通貨幣

01

澳門金融管理局：《二十週年特刊》，2010 年，第 14 頁。

的 12 倍，及廣義貨幣（M2）**01** 供應中屬於澳門元的 105.2%。總體而言，澳門銀行體系的資產質量良好，資本充沛，資金流動性高，監管穩健。IMF 對於澳門銀行體系的穩健性亦給予了充分肯定。報告認為，澳門銀行體系的監管制度審慎穩健，與資產質素、盈利及流動性相關的金融穩健指標均十分健康。其中，銀行的存貸款比率為 118%，不良貸款比率大致維持在 0.1% 左右的水平。這種穩健的金融體系成為澳門卓越宏觀經濟抵禦能力的重要組成部分。

（4）澳門實施具公信力的聯繫匯率制度，並具備維持聯繫匯率制度的一系列必要支持政策。

澳門與香港一樣，都是實行貨幣發行局制度的地區之一。目前，澳門的貨幣發行局制度的基本特點是：（1）澳門金融管理局授權兩家商業銀行 —— 大西洋銀行和中國銀行代理發行澳門元鈔票。兩家發鈔銀行須按照官定的聯繫匯率將等值的外匯（主要是港元）存入澳門金融管理局，以換取無息負債證明書，作為發鈔的法定儲備，發鈔銀行憑負債證明書發行澳門鈔票。（2）澳門貨幣發行必須有 100% 外匯準備，以保證澳門元的信用和可兌換性。（3）澳門元以港元為本位貨幣，聯繫匯率定為 100 港元兌 103 澳門元。（4）各銀行均在金融管理局持有一個以本地貨幣結算的流動資金賬戶，以便與金融管理局進行以本地貨幣兌換聯繫匯率中另一貨幣（港幣）的交易，同時也作為以本地貨幣進行同業市場拆借之用。在貨幣局制度下，澳門貨幣政策的目標是明確的，即維護貨幣和外匯的穩定。實現這一目標的政策工具有兩個，即法定儲備和金融票據。

IMF《代表團人員報告》支持澳門元與港元掛鉤的聯繫匯率制度的立場，以及確認這一貨幣制度對於澳門特區的重要性。報告認為，香港港元與美元掛鉤的聯繫匯率制度為澳門的貨幣制度提供了可靠的名義。貨幣發行局制度的成功主要建基於一系列必要性的支持政策，包括充裕的外匯儲備、具流動性及有充足資本的銀行體系、審慎的公共財政支持，以及靈活的勞動力市場，而這些成功的要素澳門特區都具備了。目前，澳門的外匯儲備約有 189 億美元，略低於澳門廣義貨幣的 100%。在聯繫匯率制度下，匯率基本維持穩定，旅遊部門物價的向下調整彈性確保了特區的對外競爭力。因此，具公信力的聯繫匯率制度亦成為澳門經濟模式轉型的重要保證，成為卓越宏觀經濟抵禦能力的重要組成部分。

2. 主要挑戰與"瓶頸"

不過，澳門在推進經濟適度多元化的進程中，仍然存在不少挑戰和發展"瓶

01'

廣義貨幣（Broad money）是一個經濟學概念，和狹義貨幣相對應，貨幣供給的一種形式或口徑，以 M2 來表示，其計算方法是交易貨幣（M1，即社會流通貨幣總量加上活期存款）以及定期存款與儲蓄存款。

頸"。主要表現在以下三方面：

（1）作為微型經濟體，澳門經濟適度多元化首先受到土地和人力資源匱乏的明顯制約。

在博彩業"一業獨大"的情況下，整體社會經濟的發展，包括博彩業之外的其他產業的發展，受到土地和人力資源等生產要素匱乏的明顯制約。2009年11月，國家批准澳門填海造地360公頃（3.6平方公里），使澳門土地面積增加到32.8平方公里（另有85平方公里海域），即使如此，由於澳門人口已增加到64.68萬人（2016年數字），人口密度已高達1.96萬人／平方公里，是香港人口密度的3倍左右。IMF《代表團人員報告》就明確表示：當前澳門已被認為是世界上人口最密集的地區。在經濟快速增長的背景下，土地短缺將進一步推高澳門的地價和房價，進一步拉高企業的經營成本，成為澳門推進經濟適度多元化的一個明顯"瓶頸"。

與此同時，人力資源短缺的問題也日益凸顯，各個行業均面臨著人工短缺的情形。據我們調研所得知，澳門人力資源的短缺在職業司機這行業中表現得尤為突出。目前，該行業內出現相當一批60歲左右的老司機，未來幾年內這批人將逐步退休，屆時短缺的情形將更趨嚴重。目前職業司機的短缺不僅大幅拉高企業的經營成本，而且已經嚴重影響各個行業、中小企業乃至整體經濟的運作。由於澳門已經達至全民充分就業，人力資源的不足只能通過輸入外勞解決。目前，澳門輸入外勞已接近16萬人，約佔就業總人口的41%。在博彩業及相關行業大量輸入外勞的背景下，其他行業聘請外勞殊不容易。外勞的大量輸入並未能緩解澳門勞工匱乏的瓶頸，且越來越遭到澳門本地勞工階層的反對。人力資源短缺已成為制約澳門經濟進一步發展的主要障礙。此外，隨著經濟發展，對勞動力質素的要求也大大提高，但目前澳門勞動人口的質素仍然明顯偏低，嚴重制約著澳門經濟的升級轉型。

（2）在博彩業"一業獨大"的背景下，澳門整體產業基礎薄弱，企業規模細小、競爭力偏弱。

目前，博彩業"一業獨大"的態勢雖有所改善，但整體產業基礎仍然薄弱。根據澳門的最新統計，2015年澳門的前十大產業，分別為博彩及博彩仲介業、地產業、建築業、金融業、批發零售業、酒店業、租賃及向企業提供的服務、運輸倉儲及通訊業、其他團體社會及個人服務，以及餐飲業，它們分別佔澳門本地生產總值（GDP）的48.03%、9.98%、6.53%、6.26%、5.59%、5.59%、4.10%、

2.75%、2.62%、1.76%，十大產業合共佔 GDP 的 93.21%。其中，地產建築、批發零售、酒店餐飲等均主要依靠博彩業帶動。至於特區政府長期積極倡導的會議展覽業、文化創意產業等在 GDP 中仍然是微不足道。

從企業規模來看，除博彩公司外，澳門企業總體規模偏小、競爭力偏弱。根據澳門中小企協進會發表的《澳門中小微企白皮書（2013 年度）》，澳門 57,188 家企業中，大型企業（僱員在 200 人以上的企業）有 134 家，佔企業總數的 0.23%；中型企業（僱員在 100 人以上，200 人以下的企業）有 194 家，佔 0.34%；小微型企業（僱員在 100 人以下的企業）有 56,860 家，佔 99.43%。其中，大型企業多為外資企業，主要是港資、美資和中資企業，中小微企業主要是本地澳門企業。[01] 這些中小微企業受到本地市場環境的擠壓，經營成本上升，融資困難，僱工不易，競爭力偏弱，因而難以參與區域合作，開拓發展空間。

（3）城市建設和城市基礎設施發展相對滯後，對澳門"一中心、一平台"建設構成明顯的"瓶頸"。

回歸以來，澳門經濟的繁榮以及人口的快速增長，直接促進了澳門城市建設的發展。不過，從總體上看，經濟的蓬勃發展已對澳門城市的交通網絡、商業服務、環境建設等提出了新的要求，澳門的城市建設和城市基礎設施的發展已明顯滯後，突出表現在城市空間日趨擁擠、交通運輸嚴重堵塞、新舊城區發展明顯不協調以及居民生活環境的日漸惡化。其中，最嚴重的就是交通運輸系統的嚴重滯後及不堪重負。目前，澳門的城市軌道系統正在建設中，期間澳門居民及訪澳旅客將繼續忍受交通嚴重堵塞的困擾。此外，澳門作為國際旅遊城市，在對外交通聯繫方面也受到明顯的制約。澳門缺乏具規模的國際機場，缺乏深水港，對外海空兩路聯繫都要依靠香港或者內地。

在城市建設和城市基礎設施發展過程中，另一個突出問題是新舊城區發展不協調，特別是舊城區的改造明顯滯後。隨著經濟社會的發展，澳門部分舊城區因原來的人口結構、商業活動以及社區功能等出現轉變而呈現老化，部分舊城區建築老舊，街道狹小，人口密度大，城市基礎設施建設嚴重滯後，社區經濟發展不景，不僅嚴重影響了澳門居民的生活品質，而且也不利於澳門發展為"世界旅遊休閒中心"。根據我們的調查，在舊城區，由於缺乏土地興建變電站，中小企業缺乏足夠的電力發展經營，嚴重影響了社區經濟和當地企業的發展。部分舊城區破落不堪，也嚴重影響了澳門的城市形象。由於舊城區重整牽涉到公眾安全、環境衛生、社會

01

澳門中小企協進會：《澳門中小微企白皮書（2013 年度）》，第二部分主題報告：澳門中小微企業的困境與出路之 1.5 部分。

治安、土地資源運用、交通佈局、電力等方方面面，有關法律的滯後必然影響整個舊城區的改造，並對澳門"一個中心、一個平台"的建設構成明顯的"瓶頸"。

四、推進澳門經濟適度多元化的策略思考

澳門要有效推進經濟適度多元化發展，必須有針對性地實施一些政策策略，以發揮澳門現有的比較優勢，並切實解決當前經濟面對的挑戰和"瓶頸"。這些策略主要包括：

1. 特區政府應實行"適度有為"的經濟政策，制定明確的產業發展政策，設立特區投資發展基金，把握推進經濟適度多元化的主導權。

所謂"適度有為"，是指以尊重市場機制為前提，適度發揮政府作為市場推動者和引導者的作用，促進經濟發展。"有為"是指政府要通過制定扶持政策、打造服務體系等辦法來彌補市場的不足，成為經濟發展的"助推器"。"適度"是指要掌握好政策的火候，因應時勢和市場環境而調整策略。要實行"適度有為"的經濟政策，就要加強對澳門經濟發展的深層次研究，對特區的比較優勢、資源稟賦、發展機遇和面臨的挑戰，有一個科學而全面的深入認識。為此，要加強特區政府對宏觀經濟政策的研究，加強與澳門主要社團、研究機構的聯繫和溝通，聽取他們對澳門經濟發展的建議和意見。這是特區政府科學施政、有效推進經濟適度多元化的重要依據。

要完善頂層設計，建立跨部門的強有力的統籌和協調機制，制定明確的產業發展政策。可以考慮建立由行政長官親自領導，由經濟財政司協調、由跨部門首長組成的統籌和協調機制，負責統籌和協調相關產業（包括分佈在不同施政領域的產業）的發展，制定一個明確的短、中、長期的產業發展政策，對重點扶持、培育的產業，特別是旅遊休閒業、會議展覽業、文化創意產業、電子商貿服務業等，實施傾斜性的財政稅收政策，給予適當的政策扶持。逐步整合現有的分別支持各產業或行業發展的基金，建立施政硬指標，量化每年政府的相關工作目標及成果，穩步推進產業適度多元。為此，要建立產業適度多元化基金和特區投資發展基金，對符合政府重點發展的新興產業中的一些具標誌性意義或有良好發展前景的項目，提供財政資助或進行風險投資，以逐步達至經濟適度多元化的宏觀政策目標。

經濟適度多元的進度必須科學量度。因此，有必要重新梳理及建立一套評價

指標體系，包括完善產業或行業的分類和統合、建立新興產業統計體系，綜合、客觀地衡量不同產業對本地經濟的貢獻。此外，啟動對國民生產總值（GNP）的統計，瞭解澳門居民在外地的投資情況，為澳門區域合作的進一步深化，建立科學測評指標，以科學量度澳門經濟多元發展的情況。

2. 用足用好中央給予的優惠政策，積極發展旅遊休閒、會議展覽、特色金融、中醫藥、海洋產業等新興產業。

目前，中央總共給予了澳門 23 項支持其經濟發展的優惠政策，對此，特區政府要加強研究，用足用好這些政策，加強對推進經濟適度多元化的重點產業的政策扶持，特別是旅遊休閒、會議展覽、特色金融、中醫藥產業、海洋產業等新興產業。

（1）旅遊休閒業

2016 年 9 月，特區政府公佈首份"五年發展規劃"，提出要以"優質旅遊"、"精品旅遊"建設為目標，合理優化旅遊承載力，以形成旅遊休閒大業態，建設宜遊宜樂城市。為此，規劃提出要在 2017 年完成"澳門旅遊業發展總體規劃"，以統籌旅遊業短、中、長期發展，從而實現澳門作為"世界旅遊休閒中心"的戰略定位。澳門應以"五年發展規劃"為指導，抓緊制定符合澳門實際的、科學的"澳門旅遊業發展總體規劃"，特別是以現有的旅遊產業，包括大型度假村、主題酒店和旅遊景點為基礎，以港珠澳大橋的建成、啟用為契機，加強政策扶持，做大做強旅遊休閒產業。"十三五"規劃時期，對於澳門旅遊休閒產業發展最重要的事件，就是 2017 年港珠澳大橋的建成、啟用。澳門要發展為"世界旅遊休閒中心"，其中一項重大缺失，是缺乏具有標誌性的大型旅遊景點和設施，而港珠澳大橋的建成將為澳門增添一項無與倫比的旅遊項目，彌補這方面缺陷。澳門要把握這一機遇，以港珠澳大橋為核心，進一步開發澳門的歷史、人文等方面的旅遊資源，將澳門建設成為亞洲歷史文化名城。要在中央的指導下，舉辦好世界旅遊經濟論壇，優化"一程多站"旅遊路線，開發海上絲綢之路及葡語系國家主題旅遊項目，深化與珠海橫琴的旅遊合作。

（2）會議展覽業

會展業要發展成為澳門整體經濟的重要支撐行業，關鍵是要精心打造會展業的知名品牌。近年來，澳門開始致力打造會展品牌，已有部分專業展覽及活動獲得業界支持和認同，包括每年一度的澳門國際貿易投資展覽會（MIF）、澳門國際環保合作發展論壇及展覽（MIECF）等。澳門應在此基礎上，承辦更多國際性旅遊、文化創意、中醫藥、中國與葡語國家經貿合作等領域的展會，積極推動內地和國外有關專業會議或展覽落戶澳門。要加快"三個中心"的建設，積極籌辦和打造與中國和葡語國家經貿合作緊密相關的會議展覽品牌，使其達到美國拉斯維加斯的全球性三大會展名牌的地位和影響力。建議在國家有關部門指導下，研究、選擇最可能成功的中葡商貿合作會展品牌來建設。根據中國與葡語國家經貿合作主要以食品、農產品、礦產資源為主的客觀現實，可以考慮試驗籌辦中國與葡語國家關於專業食品、農產品、礦產資源合作的會議展覽，也可考慮在澳門籌辦中國與巴西、中國與安哥拉或莫三比克等國別與國別之間的經貿合作會議展覽，在實踐上逐步打造出兩、三個世界著名的會展品牌，使澳門真正成為中國與葡語國家經貿合作的會展中心。

（3）特色金融

當前，澳門金融業發展正面臨前所未有的新機遇：隨著澳門加快推進中葡商貿合作服務平台建設、加快"三個中心"建設，澳門與葡語國家、西語國家的官方或民間交流及經貿往來將日趨密切，再加上國家實施"一帶一路"戰略，澳門將日益成為內地企業及資金"走出去"及境外資金投資內地的"橋頭堡"。這就為澳門金融業的發展，特別是融資租賃、資產管理、債券發行等金融服務業的發展提供了龐大的商機。澳門應把握機遇，將融資租賃業等特色金融業作為推動金融業發展、構建澳門區域性商貿合作的金融服務平台的重要內容來把握，大力發展區域性商貿合作的融資租賃產業，搭建區域性融資租賃平台。為此，特區政府應積極推動國內外，特別是內地大型融資租賃公司到澳門發展，推動澳門中資銀行與國內外相關機構合作在澳門開設融資租賃公司；同時，借鑒國際經驗，研究、頒佈專門規範融資租賃業務開展的法律《融資租賃法》，以及修訂與之配套的其他法律，包括《合同法》、《物權法》、《公司法》等，以破除本地現行政策的限制，便利融資租賃公司進入澳門發展。與此同時，要加快建設葡語國家人民幣清算中心，積極考慮在中國—葡語國家經貿合作論壇框架下增加金融合作議題，舉辦跨境人民幣結算、清算金融服務推介會，開展多邊投融資平台建設。

（4）文化創意產業

澳門文化產業的發展，首先應從保護歷史文化遺產開始。從歷史的角度看，澳門擁有四百餘年中西文化交匯的豐富歷史遺產，這是澳門文化創意產業發展的基本依據。澳門文化遺產的保護規劃應該從加強對"澳門歷史城區"內的文物點及景觀的修繕和整治開始，並由此拓展至澳門的全部歷史文化遺產的保護，以確保這些文化遺產得到良好的展示。此外，對澳門的非物質文化遺產，也應加強研究，有選擇地發揚光大。與此同時，隨著博彩業的發展和"自由行"的實施，澳門每年有約 3,000 萬名遊客來澳旅遊。為吸引這批數量龐大的消費者，博彩、旅遊、批發零售、會議展覽等產業對廣告、動漫、影視、表演、音樂、舞蹈等行業的需求將大幅增長，有力推動文化創意產業的發展。因此，澳門發展文化創意產業的關鍵和重心在於做好文化與旅遊的結合，切實形成文化創意產業與旅遊休閒產業的融合發展。以旅遊博彩業帶動文化創意產業的發展，是澳門發展文化創意產業一個較為可行的策略。特區政府應配合經濟發展需要，重點發展視覺藝術、設計、電影錄像、流行音樂、表演藝術、動漫、圖書發行等文化創意產業，充分發揮中西文化融合的優勢。

（5）中醫藥產業

目前，澳門中醫藥產業基礎薄弱，但發展潛力大。特區政府應進一步加強中醫藥產業的發展基礎，包括：第一，制定產業扶持政策、建立獲國際認可的中醫藥質量認證和標準化體系，與國際機構合作進行中醫藥質量國際標準的檢驗；第二，加強與國內外著名藥業和研究機構合作，與業界配合研發健康保健產品，發展健康醫療、養生保健產業；第三，加強與內地合作，建設好傳統醫藥中心和橫琴粵港澳合作中醫藥科技產業園，積極促進在澳門的中藥質量研究國家重點實驗室與中醫藥科技產業園的密切結合，發揮協同效應；第四，充分利用澳門與葡語及歐盟國家的脈絡及溝通管道，促進優質藥品通過澳門打入葡語國家及"一帶一路"沿線國家市場；第五，在澳門建立中醫藥原材料交易平台。

（6）海洋產業

從總體上看，中央授予澳門 85 平方公里的法定管理水域，解決了土地匱乏這一長久困擾澳門發展的難題，為澳門建設"一個中心、一個平台"注入了新動力，對於特區加快推進經濟適度多元發展，可以說是作出了重大的、有力的，及時的支持。為此，特區政府要加強對海域保護、利用的研究，科學制定管理海洋的法律法規，做好發展海洋經濟的總體規劃。特區政府並應深入研究如何充分利用 85 平方公里海域，開發海洋旅遊、航海運動、港口交通等相關新興產業，實現經濟適度多元化，包括研究推進"遊艇自由行"先行項目，建設南歐風情濱海度假區，研究擴大填海區域建設深水碼頭，發展郵輪航線經停站和地區性貨運樞紐。還要加強對澳門海岸水域的整治，加強對濕地保護，種植紅樹林使之成為鳥類的棲息地，從而提升澳門濱海城市的品位。

3. 重塑澳門城市空間，加快城市內部和跨境交通基礎設施的建設，提升城市形象。

澳門要根據國家對澳門的發展定位，結合澳門、區域乃至國家最新的發展態勢，加快制定和完善澳門的城市發展規劃，確定澳門的城市發展定位，重塑澳門城市空間，解決城市混亂、擁擠、環境惡化等問題，將澳門建設成為以中西文化交融為城市特色、以精緻宜人的格調為發展導向、以持續繁榮為發展目標、以開放包容為城市性格的旅遊宜居之地、持續發展之都、世界活力之城。在新修訂的城市發展規劃中，要作出符合澳門城市歷史發展脈絡的規劃選擇。作為東方具吸引力的旅遊地，澳門半島舊區在城市發展定位上，應該強化這種城市形象，重視文化遺產的保護，結合各區的特色與區情，分別酌情處理，活化舊區，推動舊區重整，發掘舊區的文化底蘊；重視新城規劃與舊城規劃間的銜接與協調，考慮“氹澳”兩岸海邊的景觀設計。作為澳門城市未來發展主要空間的路氹城的發展規劃，可以博彩業為龍頭，充分發展旅遊及會展業，把氹仔、路環建成亞洲的中央娛樂區。

同時，要加快城市內部和外部交通基礎設施的建設，構建一個高效和快捷的區域交通運輸體系。內部和外部的通達性，對一個世界旅遊休閒中心來說十分重要。特區政府必須根據經濟和市民生活的需要，修改制定澳門短、中、長期的交通規劃，加快輕軌系統和城市道路網絡的規劃、建設，從根本上解決城市交通擁擠的問題。加快輕軌系統建設，不只回應了居民對公共交通運輸服務的需求，減輕其對道路及私人交通的依賴，同時將有助提升澳門的旅遊接待能力，促進與珠三角地區的融合，推動城市可持續發展。同時，澳門要積極配合珠三角地區的交通發展，加強統籌重大跨境交通基礎設施的協調和對接，特別是港珠澳大橋、珠三角城際交通軌道與澳門輕軌的對接等。要加強澳門與廣東珠海、香港在城市規劃、交通網絡、資訊網絡等方面的協調規劃和對接，構建高效、快捷的區域性海陸空綜合交通運輸體系。

要推動通關便利化。特區政府和廣東珠海方面都要加快通關設施的擴容和配套發展，包括擴建現有口岸及建設新口岸，完善公共交通系統的接駁，加強口岸綜合配套服務功能；推進口岸電子化，通過高科技應用調整對過境車輛的管理，提高通關的便捷性；增加邊檢、衞檢等部門的人員編制。同時，兩地海關應繼續不斷擴大跨境快速通關試點的規模和範圍，要研究延長拱北、橫琴口岸的通關時間，積極考慮實施"一地兩檢"，進一步落實、優化"144小時便利免簽證"機制等等，以推動粵澳兩地人員往來便利化。在貨物通關方面，要考慮實行兩地表格、號碼統一，電腦連網，以深化口岸通關業務的改革，探索監管結果互認共用的機制。

此外，要重視優化城市生態環境，改善和提高城市品位和城市形象。城市品位和城市形象是一座城市內在底蘊與外在表現的綜合體現，是城市總體的特徵和風格。要改善和提高城市品位和城市形象，首先要優化城市的生態環境。澳門城市生態環境最主要的門檻是發展腹地之有無，因此，生態環境的整理和保持需要從非生態元素著手，要控制城市建設的強度和人口規模，劃分功能明確的空間，有效管理公共環境；改進基礎設施；控制和治理城市污染，包括空氣污染和水體污染；充分利用建築和山體等塑造垂直方向的綠化；對濱海環境進行定期檢測，並制定有效的清理措施。此外，還要考慮從擴展的新空間中適當安排生態綠化用地。

4. 配合國家創新發展戰略，推進"大眾創業、萬眾創新"策略，積極扶持和推動中小微企業發展。

國家"十三五"規劃的重要內容，就是要堅持創新發展，讓創新貫穿國家一切工作，讓創新在全社會蔚然成風。澳門特區政府應把握國家這一創新驅動戰略的發展機遇，根據國家的創新戰略精神，切實確立以"創新發展"為核心的施政理念，並帶頭創新，鼓勵優化工作流程，提升行政效率。同時，積極在澳門社會推動"大眾創業、萬眾創新"策略，包括制定和推出支持市民創業和企業創新的相關政策和法律法規，致力營造有利於創業、創新的投資營商環境，進一步完善電訊、能源、交通等基礎設施，積極推動技術進步，實施"互聯網＋"行動計劃，大力發展電子商貿，積極引進創新型人才，從而形成"大眾創業、萬眾創新"的社會氛圍，以進一步激發澳門經濟發展與企業發展的活力和動力。

在創新驅動戰略下，特區政府要進一步強化和完善對中小微企業的扶持政策。重點包括：（1）對中小微企業集中反映的用工難、經營成本高企等問題，繼續推進落實有關政策；針對租金壓力增大的情況，可以考慮在未來興建的公共房屋群中，把相關的舖位以相對低廉且穩定的租金，租給經公平審核的中小微企業。（2）積極研究政府財政資源的投放和統籌運用問題，進一步提高政府扶持政策的實際效果。（3）鼓勵和引導本地中小微企業與國外大型跨國公司和品牌企業合作，研究完善發展特許經營、會展服務、政府採購等方面的配套政策。（4）將中小微企業發展與路氹新城區建設、舊城區重整等工作結合起來，參考國內外經驗，發展特色社區經濟。特區政府應與行業協會、社區組織深度合作，認真發掘社區經濟的潛力。（5）指導、推動中小微企業參與橫琴、南沙等珠三角地區的區域合作，以拓展經營空間，在區域合作中壯大發展。

為了加強對中小微企業的扶持，可研究推動澳門貿易投資促進局、澳門生產力及科技轉移中心等官方、半官方機構及民間相關機構的轉型發展。考慮在澳門貿易投資促進局的組織架構下，籌建一個功能強大的"葡語國家中小企業商貿服務中心"。同時，積極推動澳門生產力暨科技轉移中心的組織重組，增強其推進澳門中小微企業服務的功能。另外亦可借鑒國內外支援中小微企業發展的策略，加強向中小微企業提供的輔助服務，包括管理、諮詢、培訓等方面的服務，如協助中小微企業改善和提升經營管理水準，包括推動實施《國際管理標準認證資助計劃》，建立健全的會計系統，實行系統化管理，推廣應用資訊科技和風險管理工具等；組織或協助中小微企業前往內地或海外市場進行考察和商務交流，以便建立對外發展的網絡和溝通管道，為中小微企業開展有關活動提供場地和支援服務，發掘海內外的商機等等，從而使中小微企業有一個良好的生存與發展空間，為企業發展和升級轉型創造良好的基礎。

5. 積極協助和配合國家 "一帶一路" 戰略的實施，參與粵港澳大灣區城市群建設，拓展澳門產業和企業的發展空間。

澳門特區政府和社會各界人士應充分利用國家實施"十三五規劃"的機遇，準確把握"國家所需、澳門所長"的契合點，不斷開創澳門經濟社會發展的新局面。因此，在當前和未來一段時期內，如何進一步深化與內地的經濟社會合作，參與國家發展戰略，實現澳門經濟的持續健康發展，正成為澳門當務之急，也是特區政府需要抓緊研究和努力落實的重點工作。其中一個關鍵，是積極參與和協助國家"一帶一路"戰略的實施，把"世界旅遊休閒中心"建設融入"一帶一路"戰略中，加強開發"一帶一路"旅遊產品，加強開拓"一帶一路"國家客源。同時，要進一步發揮"中葡商貿合作服務平台"的作用，加快落實"走出去"戰略，積極協助內地企業拓展拉美、非洲等葡語國家市場，加強與東盟國家的交流與往來；將澳門建設成為內地與歐盟國家經貿及技術進出口服務的平台之一；配合"一帶一路"提升金融服務，發揮中國與葡語國家人民幣結算平台的角色，充分發揮與葡語國家的聯繫優勢，促進"一個平台、三個中心"與國家"一帶一路"戰略的有機結合。

積極參與粵港澳大灣區城市群建設，要圍繞"世界旅遊休閒中心"和"中國與葡語國家商貿合作服務平台"的發展，充分發揮澳門自身的比較優勢，突出澳門在灣區中的角色和功能：包括充分發揮澳門對內聯繫粵港澳大灣區城市群和泛珠三角地區，對外聯繫葡語、拉丁語國家及"一帶一路"沿線國家的"精準聯繫人"角色；致力發展成為與葡語、拉丁語及"一帶一路"沿線國家的金融服務平台；配合粵港澳大灣區城市群打造全球創新高地的戰略，積極發展中醫藥產業和環保產業，使澳門成為灣區創新體系的重要一環；充分發揮澳門作為"世界旅遊休閒中心"的功能，加強粵港澳三地旅遊業合作；加強與粵港澳大灣區城市群基礎設施的互聯互通，推進通關便利化，構建一個高效快捷的區域交通運輸體系。

要積極參與廣東自貿區橫琴片區的建設，特別要推進與橫琴的全面、深度融合。2014 年 7 月，澳門特區政府與中山市政府簽署了《關於合作建設中山翠亨新區的框架協定》，決定在中山翠亨新區合作建設"粵澳全面合作示範區"，首期規劃面積為 5 平方公里。另外，廣州南沙新區、江門大廣海灣新區亦有意向與澳門合作共建"粵澳合作產業園區"。因此，未來幾年，澳門特區參與區域合作的一個重點，應該是實質性展開與中山翠亨新區的合作，共建"粵澳合作產業園區"，藉此推動澳門的中小微企業和青年到產業園區創業、發展，拓展澳門企業發展的空間。

此外，要積極參與泛珠三角的區域合作，積極參與廣東自貿區南沙片區的建設，加強國際航運、商貿物流、會展商務等產業的合作發展，共同建設一個支撐中葡商貿合作服務平台發展的國際物流航運樞紐；積極推進澳門與珠海橫琴、廣州南沙、中山的"遊艇自由行"合作項目，共同打造"一程多站"的世界郵輪、遊艇旅遊航線；進一步推進澳門與江門大廣海灣新區的合作。

（未公開發表文稿，完成於 2017 年 3 月）

CHAPTER 3.

●●●●●●●●●●●●●●●●●●●●●●●●●●●●

財政、金融與
資本財團

回歸前澳門資本結構的基本特點

所謂資本結構，是指一個國家或地區的經濟中，各種資本的組成比例以及所處的地位。澳門的資本結構，一向因其經濟的透明度低而頗難分析。1990 年，美國麥健時公司在《澳門未來十年發展前景》研究報告中曾經指出：澳門"由於外來投資幾乎單獨來自香港和中國內地，那麼外來投資也有極性。……值得指出的是，來自經濟合作與發展組織（簡稱 OECD）國家的投資很不重要，而在其他東南亞國家，它們都在全部外資中佔了很大的比例。"**[01]**

[01]

麥健時公司著，周筠譯：《澳門未來十年發展前景》，《澳門日報》，1990 年 12 月 16 日。

與香港資本結構的多元化和國際化成鮮明對比的是，回歸前澳門的資本結構顯得頗為單一，國際化程度亦不高。據考察，澳門的資本結構主要由港資、中資、本地華資和葡資組成，其中，港資在澳門經濟中長期處於主導地位，以直接投資額計約佔 25%—30% 之間；中資是澳門經濟中最大的外來資本，約佔 45%；本地華資約佔 20%。港資、中資和本地華資構成澳門資本的主體。葡資則主要集中在銀行業和公用事業，所佔比重估計不足 5%，而來自 OECD 國家的資本所佔比重頗低，估計只佔約 2%—3%。

一、港資在澳門經濟中長期處於主導地位

香港資本在澳門的發展已有悠久歷史，早在 20 世紀 30 年代，香港富商高可寧與傅老榕就聯手合組泰興娛樂總公司，投得澳門賭博專營權。這顯示了港資在澳門的活躍程度。

不過，港資大規模進入澳門則始於 20 世紀 60 年代初期。1961 年，港澳富商何鴻燊、霍英東聯同葉漢、葉得利合組財團，奪得澳門博彩專營合約，並成立澳門旅遊娛樂有限公司，這是港資大規模進入澳門的先聲。60 年代大規模進入澳門的香港資本，還有來自製造業的大批廠商，他們利用澳門所享有的紡織品配額和普惠制，在澳門大舉投資設廠，建立起澳門現代出口加工業的基礎。70 年代至 80 年代期間，港資還先後進入澳門的地產建築、銀行保險、海運倉儲、酒店、商業

零售等行業。這一時期，港資已成為澳門最大的外來資本，並在澳門經濟中佔據了主導地位。港資在澳門經濟中的主導地位，突出表現在兩個方面：

1. 作為港資的澳門旅遊娛樂公司，是澳門經濟中實力最強、影響力最大的企業集團。

經過逾 30 年的發展，娛樂公司的業務，遍及博彩、酒店、旅遊、地產、建築、金融、大型公共建設乃至澳門經濟的各個領域，它旗下的 9 個賭場以及附屬公司控制了澳門整個博彩業，包括幸運博彩、賽狗、賽馬，以及各種彩票。它的關係企業，在香港上市的信德集團經營著港澳間海路客運七成以上的業務；它及其大股東持有股權的酒店，包括葡京酒店、文華東方酒店、凱悅酒店、新麗華酒店、假日酒店、愛都酒店等，是澳門首屈一指的酒店集團。娛樂公司還是澳門最大的地產發展商之一，它是規模浩大的南灣湖工程的主要股東之一。娛樂公司還全面參與澳門各項大型基建工程，包括新澳氹大橋、新港澳碼頭、九澳貨櫃港、澳門國際機場等等。早在 90 年代初，時任澳門經濟事務司納博就曾表示，過去 28 年來，澳門娛樂公司已變得不只是經營賭場的公司，它已成為澳門的"第二勢力"。[01] 根據娛樂公司的公佈，1997 年該公司資產淨值高達 234.5 億澳門元。該公司在澳門經濟中影響力之大，其他澳門企業無出其右。

2. 港資在澳門經濟中的四大產業支柱中幾乎都佔有優勢。

在旅遊博彩業，港資控制了其中最核心的行業 —— 博彩業，港資還是酒店業的主要投資者。在出口加工業，澳門的工廠企業估計約有七成以上來自香港，大型企業亦多數是由港商獨資或合資開設的。在地產建築業，直至 90 年代初，港資一直是該行業的主要推動力之一，只是到了 90 年代以後，隨著中資的崛起、地產市道的不景氣，港資在地產建築業的地位才逐漸下降。在銀行保險業，港資亦佔有一定比重，幾乎所有主要銀行和保險公司都是透過它們在香港的地區總部或關係機構來開展業務的。此外，港資在澳門的倉儲碼頭業、商業零售業、電訊業等亦佔有一定的比重。

不過，自 80 年代以後，隨著香港與內地經濟合作日益加強，港資的投資重心逐漸轉到內地，對澳門的投資明顯減少，其主導地位亦有所削弱，它作為最大外來投資者的地位，已讓位於迅速崛起的中資。

01

海倫譯：〈同花大順 —— 何鴻燊的澳門發展大計〉，香港《財富月刊》，1990 年 10 月號，第 10 頁。

二、中資是澳門經濟中最大的資本勢力

中資在澳門的發展，其實已有數十年的歷史，1949 年 8 月，南光集團的前身 —— 南光貿易公司宣告成立，揭開了中資在澳門發展的第一頁。1950 年，中國銀行澳門分行的前身 —— 澳門南通銀行開始營業，在初期支持澳門商人經營國貨，到 60 年代中期支持新興的出口加工業。60 年代初，澳門中國旅行社成立，成為澳門最早的旅行社之一。不過，直到 1980 年，澳門中資企業僅有 18 家，發展緩慢。這是中資在澳門的起步創業期。

中資在澳門的迅速發展，始於 80 年代初中國的改革開放。當時，毗鄰港澳的廣東、福建兩省得地域、人緣、政策的優勢，先後來澳門興辦南粵貿易公司、中福技術服務（澳門）有限公司等各類企業。內地一些部門、省市也先後在澳門設立公司，諸如中國建築工程（澳門）有限公司、振華海灣工程有限公司、京澳有限公司等。中資的崛起給澳門經濟注入了一股強大的活力。這一時期，澳門中資企業以貿易起家，逐漸拓展至澳門經濟的各個領域。1992 年鄧小平南巡廣東，中國進入全方位對外開放的新時期，大量中資湧入澳門，掀起了中資在澳門大規模投資的高潮。

經過近 20 年的發展，中資已超過港資而成為澳門經濟中最大的資本力量，中資企業的資產總值估計超過 450 億澳門元，中資企業數目超過 200 家，所經營的業務遍及貿易、工業、金融、旅遊、飲食、酒店、地產、建築、交通運輸以及大型公共建設等各個領域。中資在澳門各主要行業已有相當大的比重，其中，銀行業佔 60%，保險業佔 50%，貿易佔 30%，旅遊業（不包括博彩業）佔 50%，地產建築業（包含非正常管道來澳資金）佔 70%—80%。[01]

01

張旭明：〈談談中資貿易企業在澳經營發展的一些想法〉，《澳門中國企業會刊（1997）》，第 19 頁。

中資企業以 "立足澳門，依靠內地，走向世界" 為經營方針，經近 20 年的發展，已逐漸形成一批業務多元化的大型企業集團，這些集團主要有：中國銀行澳門分行、南光集團、澳門中旅集團、南粵集團、珠光集團、澳門中福等，在澳門經濟中發揮著舉足輕重的積極作用。目前，中資在澳門經濟中的地位和作用主要表現在：

1. 澳門金融業的重要支柱。

目前，澳門的中資銀行有 4 家，分別是中國銀行澳門分行、大豐銀行、澳門國際銀行、廣東發展銀行。其中，中國銀行澳門分行不但是澳門最大的商業銀行，而且是澳門兩家發鈔銀行之一，也是指定的港幣清算銀行，對澳門金融業具

有舉足輕重的影響。大豐銀行則是澳門本地註冊的最大銀行。據統計，1997 年底，中資銀行的資產總值達 655.47 億澳門元，佔澳門銀行資產總值的 41%；同年，中資銀行的存、貸款總額分別為 499.99 億澳門元和 305.75 億澳門元，佔澳門銀行存、貸款的比重分別高達 53% 和 56%，在吸引居民存款，支持澳門工商業、進出口貿易、旅遊業、地產建築業以及大型基建工程等方面都發揮了積極作用。

2. 推動了澳門旅遊業的蓬勃發展。

自 60 年代澳門中旅社創辦起，經過 30 多年的發展，澳門中資旅行社已從早期的單一接待經澳門轉內地的華僑、華裔人士擴大到辦理港澳台同胞到內地旅遊、探親等旅遊業務，以至內地居民 "澳門遊" 等等，推動了澳門旅遊業的發展。其中，澳門中旅社在澳門、香港和廣州設立了 8 間分社和辦事處，不但成為澳門最大的旅行社，而且已發展成一家多元化的企業集團，它所經營的業務，除了旅遊、酒店、酒店管理、餐飲之外，還涉及進出口貿易、百貨零售、珠寶首飾、地產建築、洗衣等，擁有全資、合資公司達 20 多家。1991 年 6 月，澳門中旅獲澳督韋奇立頒發 "旅遊業功績勳章"。1994 年，澳門中旅社與中資友聯發展有限公司合組澳門中旅（集團）有限公司，進一步向多元化企業集團發展。

3. 促進澳門進出口貿易，保障澳門居民的生活需要。

數十年來，澳門中資企業以 "立足澳門，服務澳門" 為宗旨，積極推動內地與澳門間的進出口貿易。據估計，目前澳門八成以上的鮮活商品，四成以上的石油產品，以及糧油食品、中成藥等其他中國傳統產品，基本上是由中資企業組織供應的。在其他居民生活必需品的供應方面，中資企業也佔有重要地位。[01] 其中，中國外經貿部駐澳機構 —— 南光（集團）有限公司，是澳門最大的綜合性貿易公司之一。該集團的前身是南光貿易公司，1985 年 8 月重組為南光集團。該集團除了對澳門供應糧油食品、土特產品、石化產品、五金礦產、紡織品、輕工業品等，還與海外 70 多個國家和地區展開貿易，並在澳大利亞、新西蘭、葡萄牙、美國、新加坡、香港等國家或地區設有企業，形成國際化經營網絡。目前，南光集團擁有直屬二級企業、綜合職能部門 30 多個，在澳門擁有自置辦公大樓、倉庫、冷庫、碼頭、車隊、加油站、工廠、酒店、百貨大樓等設施和物業，在國內 15 個省市投資興建了 60 多個獨資、合資企業，並參與澳門國際機場、港口管理、澳門廣播電視、地產開發等項目的投資，已成為多元化經營的大型企業集團。

01′

參閱〈中資企業在澳門〉，香港《紫荊》雜誌，1998 年 7 月號，第 64—65 頁。

4. 積極參與澳門大型基礎設施的建設，成為地產建築業的一支主力軍。

80 年代以後，中資企業開始拓展澳門的建築業，承包建設工程，涉及的項目包括工業建築工程、市政及水利工程、商住大廈、酒店、醫院、體育館、大型娛樂場、橋樑、道路、碼頭、機場、填海、隧道、大型油庫等各方面。其中，僅大型填海工程就有 14 宗，包括澳門黑沙灣、新港澳碼頭、北安二期、污水處理廠、南灣湖整治等，為澳門填海造地近 2 平方公里，佔全澳門填海面積的七成。[01]

不過，近年來中資受到地產市道低迷、經濟不景、亞洲金融風暴等影響，正步入困難的調整期。過去存在的一些問題也開始暴露。諸如部分企業的管理幹部質素不高，經營管理落後；部分中資企業利用有形或無形的特權承包工程及專營項目，有的甚至在地產股市狂潮中向銀行借貸或抽調國內資金進行炒賣，導致嚴重虧損，個別甚至已資不抵債。為此，中資已開始整頓重組，1998 年南光集團重組管理層，1999 年南粵集團出現債務危機，亦被迫債務重組。

三、葡資側重金融、公用事業

葡萄牙儘管在澳門經營了四百餘年，然而，葡資在澳門經濟的活躍程度遠遠不如在香港的英資。目前，在葡萄牙的官方名單上，在澳門的葡資公司僅 25 家，它們在澳門的投資側重點為金融業和公用事業。

25 家葡資公司中，金融業的佔了 6 家，包括大西洋銀行、葡萄牙商業銀行、澳門商業銀行（亞洲）有限公司、多達亞速爾銀行、必利勝銀行及富利銀行。其中，歷史最悠久的是大西洋銀行，該銀行早於 1902 年 8 月已在澳門開設分行，經營一般商業銀行業務，並為澳門政府代理貨幣發行和財政收支，其角色相當於香港的滙豐銀行。大西洋銀行於 1974 年 9 月被葡國革命政府收歸國有，其後更被葡國總儲金局集團兼併，成為葡萄牙最大金融集團的成員。該行總部設在葡萄牙里斯本，分行遍設歐洲、非洲和亞洲，目前，大西洋銀行在澳門設有 10 間分行，在珠海設有 1 間分行，並在香港設有辦事處。根據 1995 年 10 月訂立的協議規定，大西洋銀行將與中國銀行澳門分行平分澳門發鈔權。[02]

另一活躍的葡資金融集團是葡萄牙商業銀行，該行自收購葡國第一銀行和澳門保險公司後，目前在澳門擁有 3 家銀行和 1 家保險公司，即葡萄牙商業銀行、葡國第一銀行、澳門商業銀行和澳門保險公司。其中，澳門商業銀行在澳門已經營超過 20 年，是一家大型零售銀行，擁有 15 家分行網絡。

[01]
參閱〈中資企業在澳門〉，香港《紫荊》雜誌，1998 年 7 月號，第 65 頁。

[02]
參閱《大西洋銀行 1996 年報》，第 9 頁。

在公用事業方面，葡資主要集中在電力、電訊及航空等領域。目前，電力公司是澳門最大的葡資公司，該公司由中、葡、法股東擁有，其中，葡資股東共持有 35% 的電力生產和供應的專營股份，而實際上他們可能已控制了 45% 的股份。該公司主席苗環誠表示，葡國人在公司管理方面的影響力高於所佔有的股份，明顯可見的就是在公司的宏觀架構中，EDP（葡資股東之一）30 個人員掌管重要職位。[01] 在電訊領域方面，目前葡萄牙電訊擁有澳門電訊有限公司 28% 的股權（其餘股東包括英國大東電報局，佔 52%；香港中信集團，佔 20%），並擁有宇宙衛星通訊有限公司 30% 的股權（其餘股東包括中國郵電部、航太工業總公司，佔 55%，企業家吳福，佔 15%）。在航空領域，葡萄牙機場航營公司擁有澳門機場管理有限公司 51% 的股權（1999 年後降為 49%），而由葡國航空公司牽頭的財團則佔澳門航空股份有限公司 25% 的股權。

此外，葡資投資的領域還有工業、建築和公共工程，以及環保等方面。總體而言，正如有葡萄牙學者所指出，澳門"這塊由葡萄牙管治的彈丸之地，雖然位於全球增長最快的區域的中心，卻未被葡國公司納入投資策略之中。似乎這座進佔遠東新市場及貿易的橋頭堡已被葡資公司遺忘。雖然不時有各企業高層陪同總統或政府官員訪問澳門，但在此地植根發展的卻很少。"[02]

長期以來，葡資在澳門經濟中所佔比重儘管不高，但一直享有投資優勢。有學者認為，隨著澳門九九回歸在即，葡資公司在澳門的投資優勢將逐步喪失，有可能相繼離開澳門返回葡萄牙。不過，澳門大西洋銀行新任總經理蘇鈺龍（Herculano J. Sousa）就表示，九九回歸後，大西洋銀行將利用它的海外銀行網絡發展與澳門及中國內地的業務。而最近與港資公司合作開拓內地環保工程業務的葡資公司 —— 澳門盛世集團董事長田達表則認為，澳門回歸後，葡資公司中一些具實力的企業集團仍將留在澳門，並以澳門作為發展中國內地市場的後勤基地。[03]

四、來自 OECD 的資本微不足道

正如美國麥健時公司在《澳門未來十年發展前景》所指出：在澳門，"來自 OECD 國家的投資很不重要，而在其他東南亞國家，它們都在全部外資中佔了很大的比例。"以鄰近澳門的香港為例，英資、日資、美資等國際資本在香港經濟中都佔有舉足輕重的地位，是除中資以外的最大外來資本。然而，在澳門，外來

01

參閱〈電力公司 —— 最大的葡資〉，《澳門雜誌》，1998 年 3 月號，第 31 頁。

02

Joao Francisco Pinto 著，邱錦江譯：〈在澳葡資形勢〉，《澳門雜誌》，1998 年 3 月號，第 25 頁。

03

參閱〈在澳葡資公司進軍內地〉，《澳門日報》，1998 年 10 月 1 日。

投資幾乎單獨來自香港和中國內地，來自 OECD 的資本在整體資本中所佔比重微不足道，一般估計約佔 2%—3%。這些資本主要集中在銀行業、保險業和公用事業。在銀行業，主要有美資的萬國寶通銀行、美國銀行、永亨銀行；英資的滙豐銀行、渣打銀行；法資的法國國家巴黎銀行；德資的德意志銀行等。在保險業，主要有美資的友邦保險、美安保險、北美洲保險；英資的滙豐保險、滙豐隆德保險、英商商聯保險；澳大利亞資本的國衞保險、澳洲昆士蘭保險；加拿大資本的加拿大皇冠保險；以及日資的住友海上火災保險等。在公用事業，英資最大的投資就是英國大東電報局持有的澳門電訊 52% 的股權，法資則持有澳門電力公司和澳門廢物處理有限公司部分股權。此外，英資的怡和集團透過旗下公司持有澳門文華東方酒店 50% 的股權。這一情況明顯反映了澳門資本結構的“極性”或單一性。

除香港和中國內地之外，台灣資本（非 OECD 地區）亦曾對澳門投資表現出頗大的興趣。80 年代末 90 年代初，台灣資本曾積極進入澳門。其中最大的投資就是澳門賽馬會，以及湯臣太平洋集團計劃與澳門旅遊娛樂有限公司合資興建的豪華酒店等。可惜，後來台資均無功而返。1995 年澳門國際機場啟用後，澳門作為台灣與中國內地的仲介地位再度凸顯，台資亦對澳門投資表現出頗濃的興趣。臺灣中小企業銀行（後改名為“臺灣國際商業銀行”）1996 年 5 月在澳門開設分行，可能是台資進軍澳門的先聲。

五、本地華資以中小企業為主

澳門資本結構中另一股重要的資本勢力，就是本地華資。本地華資在澳門的發展歷史悠久，源遠流長。然而，受到澳門微型經濟規模和資本主義制度欠發達的制約，本地華資無法孕育出像香港李嘉誠財團、包玉剛財團那樣的大型企業財團。據統計，澳門僱用 500 人以上的公司不超過 200 家，絕大部分本地華資都是中小型的企業集團，遍佈在澳門經濟的各個領域，包括旅遊、酒店、飲食、娛樂、出口加工、對外貿易、地產、建築、銀行、保險、商業零售等等，與港資、中資一同形成澳門經濟的基礎。

（原文發表於劉澤生主編：《邁向新世紀：“九九”澳門回歸專家談》，香江出版有限公司，1999 年）

澳門博彩財團的歷史演變與發展現狀

一、19 世紀以來澳門賭博財團的歷史演變

博彩業的前身是賭博業。賭博業在澳門擁有悠久的歷史。1837 年 6 月 14 日英國《哈珀周報》副刊上，就刊登了一幅《澳門賭場》的圖畫，生動地描繪了澳門賭場中賭"番攤"的場面。1847 年，澳葡當局宣佈賭博合法化，進一步刺激了澳門賭博業的空前繁榮。據鄭觀應在其著作《盛世危言》中的〈澳門窩匪論〉記載，19 世紀 50 年代，澳門的"番攤"賭館已有 200 多家。當時，澳門的賭博方式主要有骰寶、番攤、山票、舖票、字花、白鴿票等，其中以"番攤"最為盛行。

19 世紀後期，澳葡政府開始公開招商開賭，對各項賭博的開設實行逐項開標承投。投標的方法是以"暗標出投"，"投標者須先交壓票銀 200 銀元，存在國課銀庫"，申明每年出規限若干，"誰出價高並合公會意者得"，投得者由澳葡政府與其簽訂專營合約。這種賭博承投方式後來逐步形成制度，到 1891 年 12 月明確訂定有關章程，在澳門《憲報》公佈實行，一直沿襲了數十年。[01] 19 世紀末 20 世紀初，澳門最有名的賭商是盧九和盧廉若父子。盧九原名盧華紹，字焯之，因在兄弟中排行第九，故稱盧九。盧九是廣東新會人，生於 1837 年，本來出身貧寒，後來到廣州等地經營錢莊、鴉片、賭博等業，漸成富商。19 世紀末，盧九在澳門投得經營山票、舖票的賭權，並經營鴉片，這兩項生意在當時均為合法事業，盧九遂成為澳門第一代賭王。

盧廉若是盧九長子，名鴻翔，號廉若，1878 年生於新會鄉間。盧廉若繼承父業，亦投得澳門山票、舖票的賭權，兼營鴉片，又是南洋煙草公司和寶亨銀號的大股東，財勢顯赫。盧廉若成為澳門賭業鉅子後，曾在澳門廣置土地。1904 年起大興土木，建造"盧園"（又稱"娛園"），準備接父親盧九到此安享晚年。誰知盧九晚年生意失敗，欠債達 400 多萬銀元，加上官司身纏，竟於 1906 年在盧家大屋懸樑自盡，終年 70 歲。盧九死後，盧廉若繼續興建盧園，至 1925 年全部

01

梅士敏：〈澳門博彩專營權逾百年（之五）〉，《澳門日報》，1997 年 8 月 12 日。

完成。盧園是港澳間唯一具有蘇州園林風韻的名園，亭台樓閣，池塘橋樹，修篁飛瀑，曲徑迴廊，尤其是奇石巉岩，崢嶸百態，頗具獅子林的規模。盧園當年佔地廣袤，東起荷蘭園馬路，南臨羅利老馬路，西鄰賈伯樂提督馬路，北接柯高馬路，面積是今日盧廉若公園的一倍多，一代賭業巨子的赫赫財勢盡顯其中。

　　1927 年，盧廉若病逝，賭權旁落，盧家漸漸凋敗，盧園亦分段易手，其主要業權由港澳名人何賢購得，成為今日供遊客觀賞的盧廉若公園。盧九、盧廉若父子先後逝世後，盧家後人無意經營賭業，賭權遂被來自廣州的賭業集團奪去。1930 年，以霍芝庭為首的"豪興公司"投得全部博彩遊戲的專營權。豪興公司曾先後於新馬路中央酒店及域多利戲院舊址（今新馬路大豐銀行）經營賭場。豪興公司對澳門博彩業及其周邊配套服務作了創新的改進，例如為賭場進行堂皇華麗的裝修，設置戲台，為客人提供免費水果、香煙、食品及代客購買船票等。1932年，賽狗博彩活動首次由范潔朋等一眾海外華僑及美國商人引進澳門。他們組織了"澳門賽狗會"，興建賽狗場，即現在的"逸園賽狗場"前身。但這種新的博彩方式在當時並不是太受歡迎。澳門賽馬活動亦早於 1842 年出現，但有規模的賽事則於 1927 年才由當時獲得賽馬專營權的"澳門萬國賽馬體育會"於新建的黑沙環賽馬場舉辦。

　　1937 年，澳葡政府對賭博專營權進行重大改革，將所有賭博專營權集中，統一承投，結果被港澳富商傅德榕、高可寧合組的"泰興娛樂總公司"以 30 萬澳門元的標價投得，與澳門政府財政廳簽訂專營合約，取得專營賭博業的壟斷權，承包了整個澳門的賭業。根據合約，泰興娛樂總公司每年須向澳門政府繳納賭稅約 180 萬澳門元，賭稅遂成為了澳門政府的主要財政收入來源。[01] 傅德榕又稱傅老榕，早年曾先後在廣州、深圳等地開賭，後因當地政府禁賭而移師澳門，與廣州賭業集團合作承投賭權。對於傅老榕如何與高可寧合作奪得澳門賭業專營權，香港《南北極》雜誌曾刊文介紹："距今 50 多年前，高可寧得到香港利氏家族的撐腰，乘澳門的賭博合約又將屆滿之際，過江擇肥而噬。當時廣州集團已打算放棄，但主持賭公司的大旗手傅老榕卻力主繼續辦下去。高可寧與傅老榕本來分屬好友，利益又很一致，舊拍檔退出，新拍檔加入，傅老榕自無異議，兩人於是順理成章'同撈同煲'（合組泰興公司），大小賭場如雨後春筍般開設起來，奠定澳門這個賭埠的'根基'"。[02]

　　傅老榕、高可寧的泰興公司奪得賭業專營權後，先後在中央酒店、福隆新街

01

元邦建、袁桂秀：《澳門史略》，香港中流出版有限公司，1988 年，第 172—173 頁。

02

譚隆：〈雄視港澳菲的三大賭博機構〉，香港《南北極》雜誌，第 146 期，第 11 頁。

和十月初五街開設 3 間賭場，經營番攤、骰寶、百家樂等賭博品種。票賭則設有富貴廠、榮華廠，每月開彩 6 次；白鴿票則設有泰興廠，每天早午夜開彩 3 次，全澳門共設有四、五十家收票店。每逢開彩時，"市民鵠立於其門前圍觀者，人山人海，引領高望，一若決定其一生命運於此一刻焉"。泰興公司的賭場，主要設於中央酒店。中央酒店建成於 20 世紀 20 年代後期，原名總統酒店，樓高 6 層。傅老榕和高可寧看中它，將其裝修為一座豪華的多層賭館，後來更把它加高到 11 層，成為當時全澳門最高的建築物、一流的酒店。當時，中央酒店內設有"濠興仕女娛樂場"，頗具規模。酒店樓頂，裝有"濠興"兩個霓虹管大字，黑夜中閃耀華彩，遠近皆見。

濠興仕女娛樂場設有跳舞場、遊戲場和天台茶室，標榜是"高尚的娛樂"、"消遣的勝地"。它在廣告中聲稱：跳舞場"選艷麗之舞女，聘著名之樂隊，有華貴之陳設，配美化之燈光，鬢影衣香，令人如入眾香園"；遊戲場"有幽雅的桌球室，有新穎的博彩場，隨之遊戲，興味彌增，大可有樂不思蜀之慨"；而天台茶室則"精製各式美點，炮製上湯麵食，茶香酒暖可以大快朵頤。"[01] 濠興仕女娛樂場無疑是當時最奢華的賭場。難怪有論者認為，"真正把彈丸之地的澳門捧上東南亞賭業首都地位的人，應該從香港的巨賈高可寧算起"。當然，還有傅老榕。

01

李鵬翥：《澳門古今》，三聯書店〔香港〕有限公司、澳門星光出版社，1998 年，第 155—156 頁。

二、20 世紀 60 年代至 90 年代澳門旅遊娛樂公司的壟斷經營

踏入 20 世紀 60 年代，澳門的賭業進入了現代化的發展階段。1961 年，葡萄牙政府根據澳葡政府的建議，頒佈了第 18267 號法令，確定澳門地區（包括氹仔和路環）為旅遊區，特許開設賭博娛樂，作為一種"特殊的娛樂事業"在澳門經營。從此，澳門的賭博娛樂業成為正式且完全合法的行業。1982 年，澳門政府頒佈第 6/82/M 號法律 ——《澳門幸運博彩新法例》，以立法的形式將賭博定義為"其結果係不可預料且純粹靠運氣的博彩"，並將其重新命名為"幸運博彩"，指定澳門是"永久性博彩區"。澳門政府並承諾："以旅遊博彩業繁榮澳門，把澳門建成旅遊娛樂勝地。" 這樣，澳門傳統古老的賭業逐漸蛻變成現代化的旅遊博彩業，成為澳門經濟的主要支柱。

20 世紀 60 年代初，澳門一代賭王傅老榕、高可寧先後謝世，泰興娛樂總公司的賭業合約亦於 1961 年 12 月 31 日屆滿。澳門政府遂籌備再次公開招商承投賭博專營權，並於 1961 年 7 月和 12 月先後頒佈《承投賭博娛樂章程》和《承投山舖

票條例》。新條例將競投的底價提高到 300 萬澳門元，規定賭權持有人必須在三年內興建一大型賭場和豪華酒店，並須提出一系列投資計劃，包括聯繫港澳兩地及澳門與離島的定期高速客輪及直升飛機的交通運輸計劃，遷移徙置區及建造游泳池、公園的都市化發展計劃，在港澳及外地推廣與旅遊有關的澳門文化藝術及工藝，發展酒店業務以及促使澳門成為一個旅遊中心等等。

當時，參加競投賭博專營合約的有兩大集團，即泰興娛樂總公司和由港澳富商何鴻燊、葉漢、葉得利、霍英東合組的財團。結果，何鴻燊等人合組的財團因提出的條件對澳門的旅遊、交通及整體經濟的發展更為有利，以 316 萬澳門元的標價，僅比泰興娛樂總公司高出 8 萬澳門元之數，投得經營娛樂場、舖票、山票及白鴿票的專營權。同年 8 月，印尼華僑鄭君豹向政府申請恢復賽狗活動獲批，並與政府簽定為期 8 年的賽狗專營合約，組成“逸園賽狗公司”，並於 1963 年 8 月正式開業。

1962 年 1 月 1 日，新財團開設的賭場 —— 新花園賭場正式開業，標誌著澳門的賭博娛樂業進入一個新的發展時期，泰興屬下各大小賭場即日結業，在澳門賭業叱風雲 24 年的傅、高兩大家族從此淡出澳門賭業。1962 年 3 月 30 日，何鴻燊代表新財團在葡國首都里斯本與澳門總督羅必信（António Adriano Faria Lopes dos Santos）簽訂專營合約。該合約有 20 則條款，規定新財團必須在 1962 年 5 月 30 日前組織一家股份有限公司，在公司成立 8 天之內將專營合約所列的全部權利與義務移交給新公司。

1962 年 5 月，何鴻燊等人創立“澳門旅遊娛樂有限公司”（簡稱澳門娛樂），由葉得利任董事長，霍英東、葉漢任常務董事，何鴻燊作為股東代表和賭牌持有人任董事總經理，實際主持娛樂公司的業務。其後，霍英東取代葉得利出任董事長，而葉漢則於 1982 年將所持股份轉讓予香港富商鄭裕彤。澳門娛樂公司創辦後，除開設新花園賭場外，又相繼在新馬路、十月初五街的七妙齋、海源辦館等地開設賭場，並斥資購入一艘花舫，置於內港 16 號碼頭，以“澳門皇宮”的名義開賭。1966 年，娛樂公司又斥資 600 多萬港元，在香港購入一艘巨型花舫，取代原來的小型舊花舫，仍名為“澳門皇宮”，在 2 樓、3 樓開賭，另設有酒樓和夜總會。何鴻燊、霍英東等人又根據專營合約條款，於 1962 年創辦信德船務公司，購入水翼噴射船，經營香港與澳門之間的海上客輪服務。1973 年，信德船務重組為信德企業在香港掛牌上市。信德企業的水翼噴射船隊將港澳間的海路交通縮短至 1

小時，大大便利了港澳兩地的往來。其時，香港經濟已經起飛，市民生活質素亦大大提高，因而刺激了澳門旅遊業的發展。

60 年代末，澳門娛樂公司斥資 6,000 萬港元，在澳門最優越的地段興建氣派豪華的葡京酒店，並附設兩層大面積賭場。1970 年，葡京酒店落成開業，吃角子老虎機和五花八門的賭局 24 小時全天氣候開放，很快便成為了澳門最主要的賭博勝地，亦成為澳門娛樂公司"採之不盡的金礦"。與此同時，澳門娛樂公司又積極引進各種賭博種類以吸引旅客，包括花旗攤、花旗骰、百家樂、迷你百家樂、雙門無限莊百家樂、雙門自由莊百家樂、法式莊博彩、廿一點、廿五門、輪盤、十二支、法式紙牌等等。到 80 年代中期，娛樂公司先後共開設了 5 家賭場，包括葡京娛樂場、皇宮娛樂場、東方娛樂場、回力娛樂場以及金碧娛樂場，5 家賭場共設有賭枱 134 張和吃角子老虎機 625 台。**01**

5 家賭場中，以葡京娛樂場規模最大，東方娛樂場最豪華，而金碧娛樂場則規模最小。葡京娛樂場設有 7 間博彩廳，300 台吃角子老虎機及 75 張賭檯，其中輪盤賭檯 2 張，百家樂檯 18 張，迷你百家樂檯 10 張，廿一點檯 27 張，廿五門檯 3 張，番攤檯 3 張，骰寶檯 8 張，牌九檯 4 張。氣派豪華的東方娛樂場則設有吃角子老虎機 25 台，賭檯 12 張，其中輪盤檯 1 張，廿一點檯 4 張，百家樂檯 2 張，迷你百家樂檯 2 張，番攤檯 1 張，骰寶檯 1 張，花旗骰檯 1 張。而規模最小的金碧賭館僅有 10 枱檯角子老虎機、1 張番攤檯，2 張骰寶檯。**02** 娛樂公司其後陸續在各主要酒店開設賭場，到 1998 年中，共擁有 9 家賭場，包括葡京娛樂場、新皇宮娛樂場、金碧娛樂場、東方娛樂場、回力娛樂場、金域娛樂場、假日娛樂場、海島娛樂場及新世紀娛樂場，該公司還在 1999 年回歸前在澳門置地廣場開設第 10 家賭場。

娛樂公司各大小賭場的賭客大致可分為兩大類，一類是來自香港、澳門以及中國內地的小本賭客，他們佔所有賭客的 95% 以上。其中以香港賭客為主，約佔 85%。另一類是來自香港、泰國、日本、東南亞各國的豪賭客，近年這種賭客亦有少數來自中國內地。其中，大多數的豪賭客，特別是來自泰國的豪賭客，是由"招待旅遊"（Junket）經辦人專門組織來澳門進行賭博旅遊的，先在當地向經辦人兌換一定數量的"招待旅遊"的賭博籌碼，即俗稱的"泥碼"，免費來澳門旅遊，享受酒店住宿、交通旅運、食物及酒吧等各項服務，但必須下注賭博。這種"招待旅遊"的特別籌碼是經辦人受娛樂公司的委託在外地出售的，然後按籌碼金額分取佣金。據 1983 年至 1985 年的統計，"招待旅遊"的特別籌碼，40% 是在泰國出

01
黃漢強主編：《澳門經濟年鑒（1984 — 1986）》，澳門《華僑報》，1986 年，第 174 頁。

02
黃漢強主編：《澳門經濟年鑒（1984 — 1986）》，澳門《華僑報》，1986 年，第 174 頁。

01

黃漢強主編：《澳門
經濟年鑒（1984—
1986）》，澳門《華僑
報》，1986 年，第 174
頁。

02

春波：〈為澳門娛樂公
司算算賬〉，香港《財
富月刊》，1990 年 10
月號，第 12 頁。

03

海倫譯：〈同花大
順 —— 何鴻燊的澳門
發展大計〉，香港《財
富月刊》，1990 年，第
11 頁。

售的。而澳門娛樂賭場總收入中，來自豪賭客的佔 40%。[01]

隨著賭場數目的增加，博彩方式的引進，賭客來源的擴大，娛樂公司的總收入大幅上升。據估計，1989 年娛樂公司屬下 6 個賭場的投注總額為 930 億港元，[02] 相當於同年澳門本地生產總值的 3.9 倍，而該年娛樂公司的總收入達 55 億港元。1986 年，娛樂公司一度籌備在香港上市，使金融界人士獲得閱讀該公司賬目的難得機會。據說，該公司扣除向政府繳交稅項、資本開支和經常開支後，每年毛利高達 35%—40%。一位公司財務分析專家表示："它是現金流量大得驚人，利潤極厚的生意。"[03]

據粗略估計，娛樂公司從 1962 年到 1977 年的總收入為 127 億澳門元，從1978 年到 1985 年為 93.15 億澳門元，上述兩項合計為 220.15 億澳門元。1986 年之後，博彩總收入繼續急增，1986 年為 18.92 億澳門元，到 1996 年已增加到 164.08億澳門元，10 年間平均每年增幅接近 20%。（表 3—1）1997 年，娛樂公司總收入達到 178.20 億澳門元，當年純收入儘管比 1996 年下跌 19.9%，但仍高達 37.1 億澳門元。同年，娛樂公司的資產淨值高達 234.45 億澳門元，是 1962 年註冊資金的7,815 倍。博彩業為澳門娛樂帶來滾滾財源。

表 3—1 ｜ 1978 年至 1997 年澳門娛樂公司總收入概況（單位：百萬澳門元）

年份	博彩總收入	增長率（%）	年份	博彩總收入	增長率（%）
1978	414	—	1988	3,635	37.4
1979	656	58.5	1989	5,508	51.5
1980	798	21.6	1990	7,446	35.2
1981	955	19.7	1991	8,433	13.4
1982	1,326	38.8	1992	11,423	35.3
1983	1,500	13.1	1993	13,839	21.2
1984	1,900	26.7	1994	15,410	11.4
1985	1,766	-7.1	1995	17,476	13.4
1986	1,892	7.1	1996	16,408	-9.4
1987	2,646	39.9	1997	17,820	8.6

資料來源：黃漢強、吳志良主編：《澳門總覽（第二版）》，澳門基金會，1996 年；澳門日報出版社：《澳門手冊（1998）》，1998 年。

到 20 世紀 90 年代中後期，澳門娛樂不僅壟斷了整個博彩業，包括幸運博彩、賽狗、賽馬、彩票等，其勢力甚至擴展到澳門經濟的各個領域，它是澳門最大的地產集團、首屈一指的酒店集團、第三大金融勢力，並全面參與澳門各項大型基建工程。當時，香港一位分析家認為："在澳門，人人都是何氏的僱員，包括總督在內。" 此言雖有誇大之嫌，但何氏的澳門娛樂集團在澳門的勢力由此可見一斑。澳葡政府經濟事務司納博認為："澳門娛樂不只是經營賭場的公司，它已成為澳門的第二勢力。" **01**

這一時期，澳門娛樂幾乎成為政府稅收的主要來源。1961 年 7 月 8 日澳葡政府在《憲報》上公開招商承投賭博專營權時，就已明確列出承投賭博的 15 項條件，其中包括專營公司每年至少要繳納 300 萬澳門元的稅款，另再加上 5% 的澳門旅遊基金及 1% 的公務員互助基金。**02** 澳門娛樂自 1962 年與澳門政府簽訂博彩專營合約以來，曾先後於 1964 年、1972 年、1976 年、1982 年、1986 年及 1996 年 6 次續約，每次續約均須向澳門政府繳交簽約費，從 1962 年的 316.7 萬澳門元，增加到 1976 年的 3,000 萬澳門元，到 1996 年簽約費更急增到 15 億澳門元。據統計，僅前後 7 次簽約、續約，簽約費就累積達 36.26 億澳門元，為澳門政府帶來可觀的收益。不過，相對而言，簽約費也只是一個小數目。娛樂公司除每次續約時需繳納簽約費之外，還須每年繳納龐大的特別博彩稅和公務員互助基金。1983 年以前，特別博彩稅以一固定的數額徵收，1982 年 12 月 30 日娛樂公司與澳門政府續約時簽署的協議規定，從 1983 年到 1986 年，特別博彩稅的徵收改為按博彩總收入的 25% 計算，另附徵 0.43% 作為公務員互助基金。

1985 年 12 月 19 日，澳門政府與澳門娛樂又簽署一項修改幸運博彩合約的協定，將專營合約伸展到文華東方酒店開設的博彩場，同時規定專營公司繳交的特別博彩稅每年增收 1% 比率。1991 年至 1996 年，澳門政府將特別博彩稅的徵收比率固定在 30%，但 1996 年簽訂新協議時又將其調升到 31.8%，並將娛樂公司的專營合約延長到 2001 年。隨著博彩業的發展以及博彩專營合約關於徵稅規定的調整，澳門娛樂向澳門政府繳交的博彩稅大幅增加。據統計，1978 年博彩稅款僅 4,100 萬澳門元，1981 年已突破 1 億澳門元大關，1989 年更躍升至 14.32 億澳門元。踏入 90 年代，博彩稅的增長更快，從 1990 年的 19.36 億澳門元急增到 1995 年的 52.26 億澳門元，5 年間增幅達 170%。1996 年，博彩稅因旅遊博彩業增長放緩，下跌至 49.16 億澳門元，但到 1997 年又上升到破紀錄的 59.75 億澳門元（表 3—2）。

01
參閱香港《財富月刊》，1990 年 10 月號。

02
黃漢強主編：《澳門經濟年鑒（1984—1986）》，澳門《華僑報》，1986 年，第 195 頁。

表 3 — 2 ｜ 1993 年至 1997 年博彩稅在澳門公共開支及本地生產總值中比重
（單位：億澳門元）

年份	1993 年	1994 年	1995 年	1996 年	1997 年
博彩稅	42.23	45.48	52.26	49.16	59.75
公共開支	104.20	112.51	154.72	146.87	142.41
博彩稅佔公共開支比重（%）	40.5	40.4	33.8	33.5	42.0
本地生產總值	475.95	534.29	592.81	582.56	584.72
博彩稅佔本地生產總值比重（%）	8.9	8.5	8.8	8.4	10.2

資料來源：澳門貨幣暨匯兌監理署 1996 年、1997 年、1998 年年報。

三、2002 年博彩經營權開放後六大博彩財團的發展

　　回歸前後，在博彩專營權制度下，澳門博彩業由於缺乏內部競爭機制，導致經營傳統、保守、設備落後、形式單一，已無力應付外界日益嚴峻的挑戰。尤其是 20 世紀 80 年代後期以來，疊碼式回佣制度泛濫，博彩業派生的周邊利益豐厚，每年有數十億港元營業額落入回佣灰色地帶，甚至被黑社會從中汲取財政資源、壯大勢力，並引發日趨激烈的利益衝突，進而令治安環境惡化，遊客望而卻步，嚴重損害了澳門博彩業的競爭力，使澳門作為區域博彩旅遊中心的地位受到了嚴峻的挑戰。

　　因此，在 1999 年回歸後，剛成立的澳門特區政府即著手研究博彩專營權的開放問題。2000 年 7 月，特區政府成立研究博彩業發展的專責委員會，並聘請安達信國際顧問公司展開研究。根據安達信的建議，特區政府決定在澳門旅遊娛樂有限公司經營博彩的專營權屆滿後，開放 "賭權"，引入競爭機制，以推動博彩業的現代化與國際化。2001 年 8 月底，澳門立法會正式通過 16/2001 號法律《娛樂場幸運博彩經營法律制度》，就批給制度、經營條件、競投及承批公司的經營模式、股東與管理人員資格、博彩稅等主要項目作出原則性的規定。澳門特區政府決定待 "澳門娛樂 "公司的幸運博彩專營合約於 2001 年 12 月 31 日期滿後，批出 3 份

承批合約，為澳門經濟發展注入新的動力並為長遠持續發展打下堅固基礎，貫徹澳門特區政府"以博彩旅遊業為龍頭、以服務業為主體，其他行業協調發展"的施政方向。

2001年10月26日，澳門行政長官何厚鏵簽署了第26/2001號行政法規，即《規範經營娛樂場幸運博彩的公開競投、批給合同，以及參與競投公司和承批公司的適當資格和財力要件》，具體地規定了整個競投程序。同年10月30日，何厚鏵透過批示正式設立"娛樂場幸運博彩經營批給首次公開競投委員會"，統籌有關招標競投程序的工作。該委員會按照第26/2001號行政法規，於11月2日正式展開招標競投的工作。委員會於截標日期前，即2001年12月7日共收到21份標書，其中3間公司由於沒有在規定期限內補交所要求的文件，因此未能進入後續的階段。提交標書的公司資金主要來自澳門、香港、美國、馬來西亞、澳洲、英國及台灣等國家或地區，其中不少是屬於國際級的大型博彩經營集團。

2002年2月8日，特區政府經過國際招標和評核，宣佈將娛樂場幸運博彩經營權批給何鴻燊旗下的由澳門旅遊娛樂有限公司改組而成的"澳門博彩股份有限公司"（簡稱"澳博"）、由港商呂志和與美國威尼斯人集團合組的"銀河娛樂場股份有限公司"（簡稱"銀河"），及美國賭王史提芬永利為首的財團"永利渡假村（澳門）股份有限公司"（簡稱"永利"）。同年12月，澳門特區政府與"銀河"就雙方所簽的合約進行了修改，主要是就"銀河"與"威尼斯人集團"的合作關係起了變化及"威尼斯人"獲准以"銀河"旗下的"轉批給"方式在澳門經營幸運博彩業進行修改。其後，2005年4月20日及2006年9月8日，"澳博"及"永利"也先後分別與由何鴻燊女兒何超瓊和美國賭博公司美高梅（MGM）合資的"美高梅金殿超濠股份有限公司"（簡稱"美高梅"）及由何鴻燊兒子何猷龍與澳大利亞博彩公司PBL合組的"新濠博亞博彩（澳門）股份有限公司"（簡稱"新濠博亞"）簽訂了轉批給合同。

當時，在特區政府宣佈競投結果時，除了"澳博"之外，其餘剛獲得經營合約的博彩公司均需要時間籌備及興建娛樂場及配套設施，未能即時營運。2004年5月，"威尼斯人"旗下首間娛樂場——"金沙娛樂場"揭幕，這是亞洲首個由美資公司投資發展的博彩項目。同年7月，"銀河"投資興建的首個娛樂場——銀河華都娛樂場亦開業。同年6月，"永利"旗下娛樂場酒店舉行奠基禮，並於2006年9月開幕。2006年9月，"新濠博亞"正式接手營運"摩卡角子機娛樂場"，而其首個幸運博彩娛樂場 —— 澳門皇冠（已改名為澳門新濠鋒）則於 2007 年 5 月開幕。同年 12 月，"美高梅" 旗下的娛樂場酒店亦全面投入運作。至此，澳門博彩業形成 6 家博彩公司競爭與博弈的基本格局。

澳門六大博彩財團中，以美資博彩財團的鋒頭最盛。其中，又以威尼斯人集團最為突出。威尼斯人表示，該公司的業務策略，是在澳門發展路氹並發揮綜合度假村的業務模式，打造亞洲首屈一指的博彩、休閒及會議目的地。為此，自 2004 年 5 月以來，威尼斯人除在澳門半島開設金沙娛樂場（2004 年 5 月）外，亦先後在路氹金光大道兩旁開設四間大型綜合度假村 —— 澳門威尼斯人度假村（2007 年 8 月）、澳門百利宮（2008 年 8 月）、金沙城中心（2012 年 12 月）及澳門巴黎人（2016 年 9 月），總投資達 130 億美元（約 975 億港元）。2009 年 11 月 30 日，澳門威尼斯人以 "金沙中國" 在香港聯交所掛牌上市，至今總市值接近 3,000 億港元，成為澳門最大的博彩上市公司（表 3—3）。金沙中國是美國拉斯維加斯金沙集團股份有限公司（Las Vegas Sands，簡稱 LVS）的附屬公司，後者為全球最具規模的綜合度假村及賭業集團之一。

金沙中國表示，該公司擁有的競爭優勢主要包括：多元化優質綜合度假村，提供大量非博彩設施；現有業務現金流量可觀；建立具有廣泛地區及國際知名度與吸引力的品牌；管理團隊經驗豐富，往績紀錄出色；與 LVS 保持緊密關係將締造重大效益；專注利潤較高的中場博彩。[01] 為了充分發揮這些優勢，該公司表示未來將落實以下業務策略，包括繼續拓展公司在路氹的綜合度假村，開發配套產品服務，滿足不同市場板塊的需要；充分發揮本公司的營運規模效益，打造並保持絕對成本優勢；專注利潤較高的中場博彩業務，同時繼續向貴賓客戶及高端客戶提供豪華設施與高檔次服務；出售零售購物中心或出售、合作經營豪華公寓式酒店，利用本公司非核心資產套現，減少淨投資額。[02]

美資中的永利集團亦發展快速。2006 年 9 月，位於澳門半島的 "永利澳門" 正式開業。2007 年至 2010 年期間，永利澳門相繼完成一系列擴建工程，增設了更多博彩場地，以及酒店住宿、餐飲零售等非博彩設施。2016 年 8 月，位於路氹的永利皇宮亦正式開業。至此，永利澳門在澳門擁有兩間綜合娛樂場度假村，包括 7.82 萬平方米的娛樂場、3 間豪華酒店，合共有 2,714 間豪華客房及套房。2009 年 10 月，永利以 "永利澳門" 在香港聯交所掛牌上市，目前總市值超過 1,000 億港元，成為澳門博彩上市公司中僅次於金沙中國、銀河娛樂的第三大博彩公司。永

01′
參閱《金沙中國 2016 年度年報》，第 22 頁。

02′
參閱《金沙中國 2016 年度年報》，第 27 — 28 頁。

226

利澳門的控股公司是美國的 WM Cayman Holdings Limited，公司董事會主席為史提芬·艾倫·永利（通稱為艾倫，英文：Stephen Alan Wynn）。

此外，另一家是由美資的美高梅集團與何鴻燊女兒何超瓊合資的"美高梅金殿超濠股份有限公司"，在澳門半島擁有"澳門美高梅"度假村。該公司另一家綜合度假村"美獅美高梅"也將於 2018 年初在路氹開業。2011 年 6 月，美高梅以"美高梅中國控股有限公司"的名義在香港掛牌上市，目前總市值約在 650 億港元左右（表 3—3）。

港澳華資博彩財團中，以香港酒店業大亨呂志和旗下的"銀河娛樂"發展最具特色。該公司的實際掌門人是呂志和的長子呂耀東，出任公司董事會副主席兼執行董事。銀河娛樂表示，公司的發展願景是要成為亞洲首屈一指的博彩及娛樂企業。銀河娛樂於 2004 年 7 月在澳門半島開設銀河華都娛樂場後，先後於 2006 年 10 月在澳門半島開設"澳門星際酒店"，於 2011 年 5 月在路氹開設具東南亞風情的"澳門銀河"大型綜合度假村，其後再於 2015 年 5 月在毗鄰地段開設"澳門銀河"第二期及"澳門百老滙"，將原來的經營面積擴展至超過 110 萬平方米，成為擁有 6 家世界級酒店、超過 120 間餐廳食肆及酒吧、超過 200 家時尚品牌店的綜合度假城。其中，澳門銀河是由銀河娛樂集團及其合作夥伴 —— 悅榕莊酒店度假村和日本的大倉飯店及高爾夫娛樂城度假村合作建設的，總投資額為 149 億港元。2005 年 7 月，銀河娛樂成為澳門博彩公司中首家在香港上市的公司，2013 年 6 月，銀河娛樂被納入為恒生指數成份股。目前，銀河娛樂的總市值超過 2,200 億港元，成為市值規模僅次於金沙中國的澳門博彩上市公司。銀河娛樂計劃，將進一步發展公司位於路氹的第三及第四期土地，以拓展其非博彩業務的版圖，總投資額約為 500 億至 600 億港元；同時將推進公司在珠海橫琴的概念計劃，公司已與珠海橫琴政府就橫琴一幅面積達 2.7 平方公里的土地訂立框架協議，發展一項由低層建築物組成的低密度綜合世界級度假勝地項目，總投資額約為 100 億元人民幣，以與公司在路氹的高能量項目達致優勢互補。[01]

目前，何鴻燊家族在澳門的博彩業務主要是澳博和新濠國際。何鴻燊旗下原來在博彩專營時代佔壟斷地位的澳門娛樂變身為"澳博控股"，澳博控股在獲批博彩新經營權後，旗下 11 間娛樂場於 2002 年 4 月 1 日同時正式營業。2007 年 2 月，澳博旗下的新賭場 —— 新葡京正式開幕，成為澳門的新地標。翌年 2 月，澳博旗下的十六浦娛樂場也正式開幕。2014 年，澳博策劃的路氹項目"上葡京"舉

01

參閱《銀河娛樂集團有限公司 2016 年報》，第 30 頁。

表 3 - 3 | 澳門六家博彩上市公司發展概況

博彩公司	主要股東	上市日期	2016 年度 營業收入 （億港元）	2016 年度 淨利潤 （億港元）	2017 年 10 月 27 日市值 （億港元）
金沙中國	Venetian Venture Development（佔 70.08%）	2009 年 11 月 30 日	499.00 （66.53 億 美元）	91.80 （12.24 億 美元）	2,946.84
銀河娛樂	① CWL Assets（PTC）Limited（31.83%）② City Lion Profits Group（22.74%）③ 呂志和基金有限公司（6.90%）	1991 年 10 月 7 日	530.35	62.71	2,219.49
永利澳門	WM Cayman Holdings Limited（佔 72.18%）	2009 年 10 月 9 日	220.99	14.36	1,006.99
美高梅中國	① MGM Resorts International Holdings Limited（55.95%）② 何超瓊（22.49%）③ Grand Paradise Macau Limited（12.19%）	2011 年 6 月 13 日	149.07	30.37	648.28
澳博控股	① 澳門旅遊娛樂股份有限公司（54.13%）② 梁安琪（8.10%）	2008 年 7 月 16 日	417.98	23.15	380.18
新濠國際發展	① 何猷龍（53.24%）② Better Joy Overseas Ltd.（19.08%）③ Gread Respect Limited（19.85%）	1927 年	238.53	98.91	314.59

資料來源：香港交易所、各上市公司官網。

行動土典禮，計劃於 2018 年完成，屆時將提供約 2,000 間酒店客房及套房，以及娛樂場、會議、購物、餐飲和娛樂等博彩及非博彩設施。從總體上看，澳博走的仍然是較傳統的路線，強調公司的本土優勢。2008 年 7 月，澳博控股在香港掛牌上市，當時曾一度引發何鴻燊及其胞妹十姑娘何婉琪之間關於股權的訴訟官司，公司受此影響而一度延遲上市日期。目前澳博的總市值約為 380 億港元。

　　由何鴻燊兒子何猷龍控制著的另一家博彩公司新濠國際發展，其經營的項目包括：位於澳門氹仔的娛樂場酒店澳門新濠鋒，位於澳門路氹城的綜合娛樂場度假村"新濠天地"（2009 年 6 月）及"新濠影滙"（2015 年 10 月），以及澳門最大的非娛樂場博彩機業務摩卡娛樂場。其中，新濠影滙是以電影為主題的娛樂、購物及博彩綜合度假村。該公司表示：新濠影滙"自開幕以來，這個亞洲娛樂總匯已吸引超過 1,000 萬名旅客慕名到訪，並憑藉其豐富精彩的世界級娛樂設施及為訪澳旅客打造的非凡娛樂體驗，勇奪超過 35 項本地及國際獎項。新濠影滙為澳門娛樂體驗帶來多個創新先河，成功引領澳門邁向娛樂新世代，並加強了本集團的非博彩娛樂業務發展"。[01] 公司同時於菲律賓馬尼拉經營集娛樂場、酒店、購物及娛樂於一體的綜合度假村"新濠天地"。新濠國際始創於 1910 年，並於 1927 年在香港交易所上市。2012 年 9 月 16 日，新濠國際宣佈，何猷龍的家族信託公司 Great Respect 已就新濠所發行 11.75 億元可換股貸款票據，分兩次以換股價 3.93 元轉換合共約 2.99 億股公司股份，完成後何猷龍連同家族成員的持股量將由 36.02% 增至 48.49%，其後進一步增持至 53.24%。目前，新濠國際的總市值約為 315 億港元（表 3—3）。該公司也已經在美國納斯達克市場上市（納斯達克：MLCO）。

01

參閱《創新建構，迎合未來 —— 新濠國際發展有限公司 2016 年年報》，第 16 頁。

四、近年來博彩公司經營策略的轉變

　　2002 年博彩經營權的開放在博彩業內部形成良性競爭，再加上 2003 年中央政府開放內地居民赴港澳"自由行"，有力促進了博彩業的快速發展。根據博彩監察協調局的資料，截至 2016 年底，澳門賭場數已從回歸前的 11 家增加至 38 家，其中，澳博佔 20 間，包括旗艦新葡京娛樂場；自行推廣的娛樂場 3 間，包括葡京娛樂場、回力海立方娛樂場及海島娛樂場；衛星娛樂場 14 間，即由第三者推廣之娛樂場，包括巴比倫娛樂場、皇家金堡娛樂場、鑽石娛樂場、英皇宮殿娛樂場、財神娛樂場、金龍娛樂場、君怡娛樂場、集美娛樂場、金碧匯彩娛樂場、蘭桂坊娛樂場、凱旋門娛樂場、澳門賽馬會娛樂場、十六浦娛樂場及勵駿會娛樂場。銀河佔 6 間，包括華都娛樂場、利澳娛樂場、星際娛樂場、總統娛樂場、銀河娛樂場、百老滙娛樂場；威尼斯人佔 5 間，包括金沙娛樂場、威尼斯人娛樂場、百利宮娛樂場、金沙城中心娛樂場、澳門巴黎人娛樂場；新濠博亞佔 4 間，包括新濠鋒娛樂場、俊景娛樂場、新濠天地娛樂場、新濠影滙娛樂場；永利佔 2 間，包括永利娛樂場和永利皇宮娛樂場；美高梅佔 1 間，即美高梅金殿娛樂場。

從 2016 年度的統計數字看，目前澳門博彩市場基本形成澳博、威尼斯人、銀河三分天下的局面，3 家博彩公司的博彩收益均在 400 億港元以上，其中銀河的博彩收益更接近 500 億港元，3 家公司至少獲得澳門博彩市場六成以上份額；而其餘 3 家則僅獲得不足四成份額，其中永利、新濠博亞的博彩收益只是銀河娛樂的一半左右，美高梅更只是其三分之一左右。從經營業務多元化的角度看，表現最佳的是威尼斯人，其非博彩業務收益佔總收益的比重達到 16.24%。威尼斯人的非博彩業務包括酒店、餐廳、零售、娛樂、會展、渡輪等領域，擁有 12,751 酒店客房及套房、140 家餐廳、21 萬平方米零售樓面、19 萬平方米會議場地、3 家常設劇院，以及 1 座擁有 15,000 個座位的綜藝館。其次是銀河娛樂及新濠博亞，其非博彩收益佔總收益比重分別為 10.74% 及 8.64%。表現最差的則是澳博和美高梅金殿，非博彩收益佔比分別僅為 1.26% 及 2.02%（表 3—4）。

2014 年 6 月以來，隨著澳門內外部環境的轉變，澳門博彩業出現連續 26 個月

表 3—4 ｜ 2016 年澳門 6 家博彩持牌公司的經營概況

博彩公司	總收益（億港元）	博彩收益（億港元）	博彩業佔比（%）	賭桌（張）	角子機（部）
威尼斯人	499.00	417.98	83.76	1,635	4,493
澳博	417.98	412.72	98.74	1,616	2,132
銀河	530.35	473.39	89.26	—	—
永利	220.99	205.53	93.00	562	1,710
新濠博亞	238.53	217.93	91.36	892	2,870
美高梅金殿	149.07	146.06	97.98	427	1,060

資料來源：澳門 6 家博彩上市公司 2016 年年報。

的下滑和調整。2014 年 12 月 21 日，剛上任的經濟財政司司長梁維特在媒體發佈關於博彩業發展的前景時表示：特區政府將對賭牌進行中期檢討，特別是要考察博彩公司的非博彩業務發展。在市場力量的推動和特區政府的政策引導下，澳門 6家博彩公司開始將博彩業的業務重心從貴賓廳轉向中場，也開始將更多的資源（財力、物力、人力）投放到非博彩的旅遊休閒業務中，針對家庭主導的赴澳人群增加具創意的、非博彩的旅遊、娛樂、演藝、休閒等元素，致力提高博彩公司非博彩收入的比重。這種策略性的轉變，明顯反映在近年來新建成開業的博彩業新項目上，包括新濠影滙、永利皇宮、澳門巴黎人等，都將非博彩旅遊娛樂業務放在一個相當重要的位置。

總投資額達 32 億美元的新濠影滙，將其發展定位確定為"荷里活電影主題"。該項目包括兩幢擁有 1,600 間客房的酒店大樓，其中最矚目的是聳立於兩幢酒店大樓旁、高達 130 米的摩天輪——"影滙之星"。此外，還有與 DC 漫畫合作推出的首個蝙蝠俠影像專利的數碼動感遊戲"蝙蝠俠夜神飛馳"、由全球最著名魔術師之一法蘭茲·哈拉瑞（Franz Harary）設計、策劃及主持的魔術表演"魔幻間"，以及"新濠影滙綜藝館"、"8 號轉播廳"等，為家庭式遊客提供休閒娛樂、酒店住宿、餐飲、零售、生活體驗等全套旅遊休閒項目。

總投資額達 40 億美元的永利皇宮渡假村，是亞洲首家豪華型綜合式度假酒店，擁有 1,706 間優雅華貴的客房、套房和別墅，集大型華麗的花卉佈置、多功能會議設施、頂級水療及美容中心、國際知名品牌商店及尊尚星級食府於一身。永利皇宮最大的"亮點"是佔地 8 英畝的室外表演湖和湖上的空中纜車。表演湖裝有 1,195 枝發射器，配合彩色燈光及完美編曲，呈現富含變化的動感音樂噴泉表演。進入度假村的旅客可乘坐空中纜車進入酒店，飽覽表演湖的壯麗景觀。此外，在度假村中，數以千計的藝術珍品隨處可見，當中包括一套四件的稀有且極富中國風的清朝陶瓷花瓶。

2016 年 9 月開業的澳門巴黎人，則將法國的埃菲爾鐵搭移植到路氹金光大道，使之成為該區的主要地標。遊客可登上鐵搭到法國餐廳享受地道的法國晚餐，俯瞰金光大道的夜景。澳門巴黎人設有彙聚最新奢華時尚禮服及生活時尚名牌的購物中心，該中心以巴黎最著名的香榭麗舍大街的風格設計。此外，澳門巴黎人還設有專為兒童打造的"Q 立方王國"和"巴黎人水世界"。前者擁有近 2,000平方米的室內及室外空間，設有攀登太空艙、氣墊曲棍球、滑梯、旋轉木馬等各種兒童遊樂項目；後者設有 3 個獨立泳池，以及豐富各異的兒童和成人的水上設備。

正在動工或即將動工的博彩項目也紛紛調整策略，將業務發展重點放在非博彩旅遊休閒領域。澳博的蘇樹輝就公開表示，公司旗下的新項目“上葡京度假村”，將奉行與葡京和新葡京不一樣的發展思路，博彩與非博彩項目所佔的面積將調整為 5% 和 95%，計劃打造成一個文化交流、交易的平台，讓中國的藝術品有一個國際化的展示空間。銀河娛樂主席呂志和亦表示，位於路氹的銀河項目第三、第四期將於 2016 年年底或 2017 年年初動工，這兩期中的非博彩項目佔比將超過 90%。銀河娛樂首席市場推廣總監祁禮敦（Kevin Clayton）也表示，該公司未來將主打非博彩業務，以餐飲、購物及不同項目活動作招徠，目標是要成為亞洲的國際級休閒中心。

可以預料，6 家博彩公司的業務轉型，將為澳門旅遊休閒產業的發展注入一股新的動力。

（未公開發表文稿，完成於 2017 年 10 月）

回歸以來澳門特區政府財政政策分析

1999 年 12 月 20 日，澳門回歸，成為中華人民共和國轄下另一個特別行政區，實施"一國兩制"、"澳人治澳"、"高度自治"等方針政策。在此制度框架下，澳門《基本法》對澳門的財政體制作出了一系列的規定，主要包括：第一，"澳門特別行政區保持財政獨立。澳門特別行政區財政收入全部由澳門特別行政區自行支配，不上繳中央人民政府。中央人民政府不在澳門特別行政區徵稅"（第 104條）；第二，"澳門特別行政區的財政預算以量入為出為原則，力求收支平衡，避免赤字，並與本地生產總值的增長率相適應"（第 105 條）；第三，"澳門特別行政區實行獨立的稅收制度。澳門特別行政區參照原在香港實行的低稅政策，自行立法規定稅種、稅率、稅收寬免和其他稅務事項。專營稅由法律另作規定"（第 106條）；第四，澳門特別行政區行政長官"簽署立法會通過的財政預算案，將財政預算、決算報中央人民政府備案"（第 50 條）。從總體上看，回歸以來澳門特區政府無論在財政收入、財政支出、財政儲備或財政管理等方面，都基本上遵循著香港《基本法》規定的有關財政準則。

一、澳門特區政府財政收入分析

1. 澳門的財稅徵收結構

澳門的公共財政收入包括經常收入、資本收入和自治機構收入三大類。其中，經常收入包括：直接稅、間接稅，以及產業收益、轉移收入、罰款或手續費收入等其他經常收入。經常收入是澳門政府財政收入的主要部分，政府十分重視和依賴這部分收入以維持當年的財政收入。資本收入是指澳門政府出讓投資性資產收入、銀行利息收入、參與專營公司的紅利收益和股息收益、地租收入、轉移收入、動用往年度財政年度盈餘滾存以及在支付中未扣除的款項撥回等。近年來，資本收入所佔比重比回歸初期上升，約佔 8%—10% 左右。自治機構收入是指不列入澳門地區總預算，由民間自治團體支付或由自治機構自行籌集的收入。按照《澳門組織章程》的規定，澳門地區的自治機構及自治組織的預算均須納入政府的整體預算內。

2. 澳門稅制及其特點

澳門稅制以直接稅為主體稅種。澳門的稅種，從來源上區分，包括按照收益、財產或財富及按照資產、勞務徵收等稅項。從性質上區分，則分為直接稅與間接稅兩大類。

（1）直接稅

直接稅共有 8 種，包括專營稅、營業稅、所得補充稅、職業稅、房屋稅、物業轉移稅、遺產及贈與稅，以及車輛牌照稅。

第一，專營稅。專營稅是澳門政府按個別專營合約的性質而分別訂定不同稅率的一項稅務。目前，已建立專營合約的行業主要有博彩業、電訊業、水電業、公共汽車業、電視廣播業及泊車專營等。專營稅分為博彩專營稅和公用事業（包括公共工程和公共服務）專營稅兩種，博彩專營稅包括包括幸運博彩、賽馬博彩、賽狗博彩、幸運彩票博彩、足球比賽博彩等活動的稅收。公用事業專營稅包括電話電訊、自來水供應、電力供應、公共汽車經營等行業的稅收。專營稅在澳門財政和稅收中佔有極重要的地位，已成為澳門政府的主要財政收入之一，特別是博彩專營稅收入，約佔專營稅總額的 99% 以上，並分別佔政府經常收入及公共收入約 75% 和約三分之二。

第二，營業稅。營業稅亦稱“公鈔”。任何人有意在澳門經營任何商業或工業活動，都必須先登記成為“行業”，已登記的活動都將受營業稅約束及管制。因此，營業稅實際上是一種商業登記費用。不同的工商業活動會被徵收不同的稅額，不同的工商業性質活動及相應全年稅額記載於營業稅章程附表 I 內的《活動總表》。但單是登記或繳納營業稅，並不代表獲得從事該項營利事業的許可或准照。納稅人在繳納該項營利事業的營業稅額後，應接著申請適當的營利事業牌照。凡擬從事任何工商業活動的自然人或法人，都必須在開業的可能日期前 30 天向財政局登記，而稅款需在開業前或每年 2 月或 3 月後繳納。營業稅按不同行業所持牌照，確定不同等級的年固定稅額，並附徵 5% 的印花稅。大部分的營業商號所需繳納的營業稅均不超過 1,000 澳門元，絕大部分行業的營業稅稅金不超過 500 澳門元，經營商業銀行每年要繳納 8 萬澳門元營業稅，從事離岸銀行業務的機構的年度營業稅為 18 萬澳門元，是營業稅稅金最高的行業。公益行政團體、教會機構、非牟利社團、非牟利教育機構、報館或雜誌出版社等，可以享受免徵營業稅的優惠。

第三，所得補充稅。所得補充稅即純利稅，是澳門的主體稅種，其收入僅次於向賭場徵收的專利稅。徵收對象主要是個人公司、合夥公司、任何性質的有限公司以及在澳門從事經營活動的分公司所賺取的收益額，其次是房屋的成交額。不論個體或團體，在計算年度總收益時均不將房屋的收益計算在內，因為房屋收益屬房屋稅的範疇。所得補充稅採取 16 級超額累進稅率，稅率為 2%——15%，另附徵 5% 印花稅。在徵收該稅款時，按規定將納稅人分為兩個組別：A 組為具有適當編制並經註冊會計師或核數師簽認核對會計賬的納稅人（包括個人或團體）；B 組為不具備 A 組納稅人的有關會計賬冊報表的納稅人。其中，A 組多為不具名有限公司、股份有限公司、資本不少於 100 萬澳門元或徵稅利潤在近三年內平均每年達到 50 萬澳門元純利的公司。對個人經營工商業活動的收益，在扣除法定負擔後所課徵的所得補充稅大於該納稅人工作收益已繳的職業稅時，補徵其差額稅款。

第四，職業稅。職業稅以工作收益為課徵對象，包括薪金、工資、佣金、獎金、分紅、補貼、賞金等。納稅人分為兩種：一種是僱員和散工，僱員一般指從事腦力勞動的人；散工即工人，俗稱"藍領"，從事技工或手工藝者也屬於此類。另一種是自由職業者，包括律師、工程師、設計師、建築師、醫師、會計師等。政府對公務員、神職人員以及年滿 60 歲的工人免徵職業稅。職業稅的起徵點為每年 40,800 澳門元，採取 10%——15% 的 6 級超額累進稅率，另附徵 5% 的印花稅。

第五，房屋稅。房屋稅也稱"鈔銷"，以房屋收益為課徵對象。房屋用於出租的，以年租金收入為該房屋收益；自用的房屋按評估收益計稅。為鼓勵房屋更新，新樓宇的稅率為 10%，未擴建或改建的舊樓宇，稅率則為 16%。政府及其任何機構、地方自治機構、公益行政團體場所、教會、宗教團體的自有房屋、廟宇、外國使館、非牟利教育場所等，可獲永久豁免房屋稅。

第六，物業轉移稅。物業轉移稅俗稱"司沙"。凡房屋或土地發生交易時，課徵物業轉移稅。它與房屋稅不同，房屋稅是年度性收取的稅收，物業轉移稅則是一次性徵收的稅項。物業轉移稅由買方繳納，另附徵 5% 的印花稅。在房屋稅免稅期交易的稅率為 4%，免稅期過後交易的稅率則為 6%，依據買賣雙方申報的成交價和政府評估的市價，以兩者較高的價值計稅。

第七，遺產及贈與稅。課徵對象是接受第三者贈與或繼承遺產的團體或受益人，視數額多少而課徵。遺產稅依照遺產總額以及繼承人與被繼承人之間的親疏不同而訂有高低不同的全額累進稅率，屬於繼承稅性質。

（2）間接稅

澳門的間接稅主要包括：印花稅、旅遊稅、出口稅或消費稅、地租、機動車輛稅，以及社會保障基金。

第一，印花稅。印花稅的徵收範圍廣泛，採取定額或定率徵收。除營業稅、職業稅、所得補充稅和物業稅附徵 5% 的印花稅以外，一般商業買賣，如價格低於 100 澳門元，可獲豁免印花稅；高於 100 澳門元而低於 250 澳門元者，貼 0.5 澳門元定額印花稅，250 澳門元以上者徵 2% 的印花稅。

第二，旅遊稅。旅遊稅是按單一行業徵收的稅種，其適用行業包括酒店及酒店同類行業、健身室、桑拿浴室、按摩院、卡拉 OK 等提供旅遊、消遣、娛樂的服務行業。稅項雖然由酒店等服務機構負責繳納，但實際的負稅人是接受服務的消費者。旅遊稅稅率單一，不分類別地統一徵收 5% 的稅率。旅遊稅是一種價外稅，其稅額並不包含在服務價格之內。澳門旅遊稅起源於 1944 年 10 月 7 日第 859 號立法條例所指的特別稅。1980 年 11 月 22 日，澳葡政府立法通過了第 15/80/M 號法律，設立專門的旅遊稅以代替 1944 年以來的特別稅。到了 1996 年，澳葡政府又立法通過了第 19/96/M 號法律，核准旅遊稅規章，並廢止了第 15/80/M 號法律。1997 年亞洲金融風暴後，為了刺激旅遊業的發展，澳門政府於 2001 年豁免了多組旅遊行業（酒樓、餐廳）的旅遊稅，此稅收已不再是澳門政府的一項重要收入。

第三，出口稅或消費稅。出口稅是指生產或進口酒精類飲品、煙和電油（包括偈油）等所需要繳納的消費稅。可免徵出口稅的包括：轉口貨物；在補稅倉、稅務倉庫或免稅商店之貨物；臨時進口或再進口貨品（只要在進口時已繳稅）等。

第四，地租。在澳門擁有土地不需繳納任何稅款，但若該土地是從澳門政府租賃的，便必須繳納地租。應繳租金數目視乎土地的位置及其特點和用途。

第五，機動車輛稅。此稅項是以新機動車輛，包括輕型汽車、重型汽車、客車、貨車、客貨車、牽引車及鉸接式車、重型摩托車及輕型摩托車或供進口或市場代理自用的機動車輛的實際售價為課徵對象。新車買賣及進口自用均須納稅。稅率為 30%—55%（重型摩托車及輕型摩托車是 10%—30%）。免徵機動車輛稅的包括政府、外國使館、中央政府駐澳機構、國際機構（澳門有參與）的車輛；公共運輸公司不少於 15 個座位的汽車；傷殘程度超過 60% 之人士所擁有的不超過

1,600cc 的車輛；校巴、的士、學車、特別用途汽車、貨車、旅遊車等。曾獲豁免的汽車在五年內改變用途則應補回稅金。

第六，社會保障基金。僱主每月為本地僱員繳納的社會保障基金為 30 澳門元，而非本地僱員則為 45 澳門元。

澳門屬於實行"避稅港"的地區之一。特點是稅種少、稅負輕，實施收入來源地稅收管轄權原則。其具體特點是：

第一，稅率偏低。澳門低稅的思想淵源自葡萄牙的"輕稅富民"思想。澳門的低稅表現在稅率低、累進幅度小、豁免和優惠的範圍廣等方面。所得補充稅最高只是盈利的 12%，是全球低稅率地區之一；只有在澳門地區內經營業務或工作所收取的收益，才含括在課稅收益內；所得補充稅 A 組納稅人的年度虧損，可以在續後 3 年的盈利內扣除；自置物業開設工廠者，無論個人商號或有限公司組織，都可以申請豁免房屋稅；不動產即使於使用的首年度已經按月攤折，第 2 年仍然可以將其全年攤折率增加至 20% 以示優待；離岸公司更有多項稅務豁免。澳門財政收入的主要來源是博彩業向政府繳納的高達 39% 的博彩專營稅率。

第二，採用屬地原則徵稅。對於個人和團體，不論其住所或總部位於何處，澳門所得補充稅以其在澳門取得的總收益為課稅對象。對於個人的工作收入，不論是澳門居民與否，也不論其收入來源於何處，只要是在澳門工作取得薪酬，均需繳納職業稅，這都是屬地原則的體現。

第三，富有特色的稅收稽查制度。按照相關法例，對各項課稅範圍的活動，都設有相應的稽查機制，由專責機構具體執行稅務稽查工作。例如，房屋稅的稽查工作由財稅處的稅務公務員和稽查員執行，財政司司長有責任親自指導稽查部門的工作，並有義務為提高稽查效率提出必要的建議和和指定相關措施。澳門稅務制度中有明文規定，納稅人可以就稅務徵收問題提出異議，或者要求複評稅款；法例具體規定有關申駁或上訴的程序和期限。例如，職業稅的法例規定，對稅務徵收有不滿或異議時，可以向部門的負責人提出，有關部門要在限時內對相關申訴作出處理；經過申駁仍不服稅務部門的決定時，還可以向行政長官提出上訴。[01]

第四，澳門稅法承襲大陸法系，法規規定細緻。在正文之前通常有關於該稅的說明，闡明設立、修訂或廢除該稅的意圖，以及要達到的最終目標。稅法條文前的小標題為檢索和把握法律基本內容提供了有力幫助。每部稅收法律、法規都有關於課稅對象、納稅人、稅率、豁免與優惠、納稅程序、罰則、對納稅人的保障（即申

01

黎小江等主編：《澳門大辭典》，廣州出版社，1999 年，第 196頁。

表 3—5 | 2000 年度至 2010 年度澳門特區政府公共收入概況（單位：億澳門元）

年度 經濟分類	2000	2005	2008	2009	2010
經常收入	84.41 （55.0%）	227.19 （80.6%）	575.21 （91.9%）	606.34 （86.8%）	793.89 （89.7%）
直接稅	68.95 （45.0%）	180.69 （64.1%）	429.91 （74.7%）	451.90 （64.7%）	688.49 （77.8%）
間接稅	5.33 （3.5%）	14.95 （5.3%）	18.83 （3.0%）	14.91 （2.1%）	22.02 （2.5%）
其他經常收入	10.13 （6.5%）	31.55 （11.2%）	126.47 （14.2%）	139.53 （20.0%）	83.38 （9.4%）
資本收入	3.75 （2.4%）	0.50 （0.1%）	47.38 （8.1%）	92.37 （13.2%）	91.0 （10.3%）
自治機構收入[1]	65.23 （42.5%）	54.32 （19.3%）	—	—	—
總收入	153.39 （100.0%）	282.01 （100.0%）	625.59 （100.0%）	698.71 （100.0%）	884.88 （100.0%）

註（1）：從 2007 年起，澳門財政局開始編製公共會計綜合賬，因此，按經濟分類內的自治機構的收入為零。

資料來源：澳門統計暨普查局。

駁及上訴）等規定，尤其是程序部分規定較詳細，佔整部法律、法規的大半以上。儘管橫向來看，稅法整體之間重複較多，但這也正正體現了法律的完整性。

3. 回歸以來澳門特區政府財政收入概況分析

回歸前，澳門經濟經歷了長達 4 年的衰退。1999 年回歸後，澳門特區政府提出 "固本培元" 的經濟政策，使整體經濟成功走出低谷，特別是 2002 年特區政府開放博彩經營權以及 2003 年中央政府開放內地居民赴港澳 "自由行"，刺激博彩業快速發展，進而推動澳門經濟高速增長，反映在澳門特區政府的財政收入方面，政府的公共收入從 2000 年度的 153.39 億澳門元，大幅增加到 2010 年度的 884.89 億澳門元，10 年間增長 4.77 倍，年均增長 19.2%；其中，經常收入從 2000 年度的 84.41 億澳門元，大幅增加到 2010 年度的 793.89 億澳門元，10 年間增長 8.41 倍，年均增長 25.1%（表 3—5）。

從回歸以來澳門特區政府稅收收入的變動趨勢看，澳門的稅收收入波動與

表 3 — 6 | 1999 年至 2010 年澳門特區政府經常收入及資本收入的主要項目（單位：億澳門元）

年度	1999	2004	2007	2008	2009	2010
總收入	98.59 （100.0%）	193.45 （100.0%）	537.10 （100.0%）	622.59 （100.0%）	698.71 （100.0%）	884.88 （100.0%）
博彩稅收入[1]	47.67 （48.4%）	152.37 （78.8%）	319.20 （56.3%）	432.08 （69.4%）	456.98 （65.4%）	687.76 （77.7%）
其他專營權批給收入	1.31 （1.3%）	0.94 （0.5%）	0.69 （0.0%）	0.12 （0.0%）	0.51 （0.0%）	0.7 （0.0%）
職業稅	2.93 （3.0%）	2.48 （1.3%）	6.68 （1.2%）	8.19 （1.3%）	7.89 （1.1%）	8.37 （0.9%）
所得補充稅	5.74 （5.8%）	6.51 （4.7%）	23.87 （4.4%）	20.09 （3.2%）	18.85 （2.3%）	23.06 （2.6%）
房屋稅	2.60 （2.6%）	2.67 （1.4%）	3.96 （0.7%）	3.15 （0.5%）	3.90 （0.6%）	4.45 （0.5%）
遺產及贈與稅、物業轉移稅	3.60 （3.7%）	—	—	—	—	—
印花稅	2.39 （2.4%）	7.38 （3.8%）	11.11 （2.1%）	9.09 （1.5%）	6.23 （0.9%）	8.68 （1.0%）
消費稅	1.59 （1.6%）	2.56 （1.3%）	3.19 （0.6%）	2.56 （0.4%）	2.16 （0.3%）	2.59 （0.3%）
財產收入	20.59 （20.9%）	7.31 （3.8%）	72.53 （13.5%）	27.64 （4.4%）	38.01 （5.4%）	20.92 （2.4%）
其他	10.17 （10.3%）	11.23 （5.8%）	95.87 （17.8%）	119.67 （19.2%）	164.18 （23.5%）	128.34 （14.5%）

註（1）： 從 2007 年起，澳門政府財政局開始編製公共會計綜合賬，因此 2007 年及以後的年份的博彩稅總收入包括澳門基金會從博彩公司收到的撥款（博彩毛收入的 1.6%），而 2006 年及之前的年份的博彩稅總收入則不包括此部分。

資料來源：澳門統計暨普查局。

GDP 波動的同步性極強，稅收收入的波動幅度大於經濟波動幅度，而且稅收收入的增長大幅超過了整體經濟的增長，稅收收入佔 GDP 的比重也呈現上升的趨勢，反映澳門的財政收入對 GDP 的依賴性越來越大，一旦經濟放緩，財政收入也會大幅度縮減。雖然澳門也實行低稅率的稅制，但是與香港相比，澳門的宏觀稅負明顯高出很多，從 1999 年的 13.71% 逐步上升到 2009 年的 27.57%。

從政府公共收入的結構來看，澳門特區政府的財政收入以經常收入為主體，回歸初期，經常收入一般佔政府收入的 55% 左右，但近年來經常收入所佔比重已上升至 85%—90% 左右，成為特區政府財政收入的最主要來源。由於從 2007 年起，澳門財政局開始編製公共會計綜合賬，因此按經濟分類內的自治機構收入為零，使得資本收入所佔比重亦由回歸初期的 2%—3% 左右增加至近年的 8%—13%。經常收入中，又以直接稅為主，一般佔經常收入的 75%—85% 左右，佔政府公共收入總額的的比重從回歸初期的 45% 左右逐步上升至近年的 65%—75% 左右。間接稅佔經常收入的比重，則從回歸初期的 6%—7% 左右逐漸下降至近年的 2%—3% 左右。

與香港政府收入有明顯區別的是，回歸以來特別是 2002 年開放博彩經營權以來，在澳門政府的公共收入中，博彩稅收入持續大幅增長，從 1999 年度的 47.67 億澳門元大幅增加到 2010 年的 687.76 億澳門元，11 年間大幅增長 13.43 倍，所佔比重也從回歸初期佔公共收入總額比重的約 50% 逐步上升至 2010 年的 77.7%，呈現 "一稅獨大" 的態勢；而其他主要的財稅項目，包括直接稅中的職業稅、所得補充稅、房屋稅、遺產及贈與稅、物業轉移稅，間接稅中的印花稅、消費稅，以及資本收入中的財產收入等，近年所佔比重逐步下跌，均已下降至 3% 以下（表 3—6）。值得指出的是，澳門的博彩稅收入中，又以幸運博彩的稅收所佔比重最高，超過 97%，近年甚至達到 99% 以上；而其他博彩稅收入合共僅佔不到 1%（表 3—7）。

二、澳門特區政府財政支出分析

1. 澳門財政開支的分類和結構

按照澳門政府的統計，財政支出有兩種分類方式，即是按功能分類和按經濟分類。[01] 從經濟角度分析，澳門的公共財政開支分為經常開支（一般支出）、資本開支（財務支出）和自治機構開支三部分。經常開支主要指政府行政運作的日

01

郭小東：《澳門財政研究》，廣東經濟出版社，2002 年，第 210—211 頁。

240

表 3 — 7 | 1999 年至 2010 年澳門博彩稅總收入概況（單位：百萬澳門元）

年份	1999	2004	2007	2008	2009	2010
總收入	4,767.18 （100.00%）	15,236.61 （100.00%）	31,919.65 （100.00%）	43,207.51 （100.00%）	45,697.51 （100.00%）	68,776.11 （100.00%）
幸運博彩	4,670.01 （97.97%）	15,097.61 （99.09%）	31,821.20 （99.69%）	43,092.70 （99.73%）	45,585.27 （99.75%）	68,637.81 （99.98%）
中式彩票	1.27	1.07	1.51	1.98	1.78	1.95
賽馬	35.75	2.00	18.80	19.87	7.51	3.04
賽狗	0.41	0.53	1.27	1.51	13.20	19.42
即發彩票 （包括體育彩票）	59.74 （1.25%）	135.41 （0.90%）	76.87 （0.24%）	91.45 （0.21%）	89.75 （0.20%）	113.90 （0.17%）

資料來源：澳門統計暨普查局。

常支出（包括設備購置和人員薪金等），還有社會福利支出、教育機構的支出和研究費用、公共衛生、醫療、環保費用支出等，佔據澳門財政支出的主導部分，回歸以來均達到或接近總支出的 85%—90%。資本開支主要指政府在土地、居住、樓房、道路、橋樑、機械設備等方面投資、維修、配置的費用。自治機構支出（指定賬目開支）指 35 個自治實體，包括具有行政及財政自治權的機關、市政廳和各種基金的開支，如郵電司、房屋司、貨幣暨匯兌監理署、反貪公署、澳門市政廳、海島市政廳、退休基金會、澳門基金會、澳門發展與合作基金會等。這些自治實體擁有"本身收入"或政府撥款，在開支方面擁有較大的自主權。自治機構的財政收支權並沒有像經常性支出和資本性支出一樣受經濟財政司的監管，且在澳門的官方統計中，也僅列出各自治機構的總預算，並未列明開支細項。這是澳門財政支出管理與其他地區其中一個最大不同之處。

　　若按照政策組別或職能分類，澳門的政府開支分為一般公共服務開支、公共秩序及安全開支、經濟事務開支、環境保護開支、住房及社區建設開支、醫療保健開支、娛樂、文化及宗教開支，教育開支、社會保障開支等。其中，公共行政的一般部門支出包括行政和財務管理、司法、警務等項目的支出。公共治安包括指揮部、員警、消防部和民防的支出。教育包括公立學校的運作費用及政府對私校的現金援助。社會保障包括社會援助、定期金與退伍金、社會工作局對貧窮家庭發放的現金資助，以及政府給予社會保障基金的撥款。其他社會服務包括文化、體育及康樂、信仰、氣象及地球物理、地圖繪製、社會傳播、勞工事務、土地整理、基建工程和居住等方面的支出。經濟服務包括農林業、畜牧業及漁業、工業、基礎設施、運輸通訊、商業、旅遊、規劃及環境整治等方面的支出。其他功能包括公共債務活動、政府部門的內部轉移和各種未列明的職能。

2. 1999 年回歸以來澳門財政支出概況分析

1999 年回歸以來，隨著經濟的快速度增長和特區政府財政收入的大幅增加，澳門的財政支出也在大幅增長。1999 年度，澳門的財政支出是 166.37 億澳門元到 2010 年度增加到 383.94 億澳門元，11 年間增長了 1.31 倍，平均每年的增長率為 8.97%，其中增幅最大的一年是 2008 年度，達到 31.53%。不過，其間先後於 2000

表 3—8 ｜ 1999 年至 2010 年澳門財政支出和 GDP 增長率（單位：億澳門元）

年度	財政支出	增長率（%）	本地生產總值	增長率（%）	財政支出佔 GDP 比重（%）
1999	166.36	7.29	472.87	-4.20	35.18
2000	150.24	-9.69	489.72	3.56	30.68
2001	152.21	1.31	497.04	1.49	30.62
2002	134.87	-11.39	548.19	10.29	24.60
2003	157.13	16.51	635.66	15.96	24.72
2004	177.03	12.66	822.34	29.37	21.53
2005	211.84	19.66	921.91	12.11	22.98
2006	273.50	29.10	1,137.09	23.34	24.05
2007	233.46	-14.64	1,502.07	32.10	15.54
2008	304.43	30.40	1,662.65	14.99	18.31
2009	354.48	16.48	1,701.61	-2.42	20.93
2010	383.94	8.31	2,262.18	32.94	16.97

資料來源：澳門統計暨普查局。

年度、2002 年度和 2007 年度出現負增長。從總體上看，自回歸以來，澳門特區政府的財政支出增長率雖然有較大起伏，但整體上呈快速上升的趨勢（表 3—8）。

回歸以來，澳門特區政府的財政支出儘管有了較快的增長，但總體仍然低於經濟增長率。據統計，從 1999 年度到 2010 年度的 11 年間，澳門特區政府財政支出的年均增長率為 8.97%，低於同期本地生產總值、財政收入 15.85% 和 17.24% 的增長率。澳門特區政府的財政支出、財政收入的變動方向和幅度在回歸初期基本上一致，但從 2001 年度起兩者開始出現差異，且財政支出的變化幅度較大，可以看到澳門自回歸後出現了財政盈餘，財政儲備有所上升，有助於增強政府克服經濟逆境的能力。這一時期，財政支出佔澳門本地生產總值的比重從 1999 年度的 35.18% 逐步下降到 2010 年的 16.97%，比 1999 年度下降了 18 個百分點。

表 3—9　｜　澳門特區政府按經濟分類的公共開支概況（單位：億澳門元）

經濟分類 ＼ 年度		1999	2004	2007	2008	2009	2010
經常開支		81.53 （49.0%）	92.67 （52.3%）	182.24 （78.1%）	252.87 （83.1%）	303.48 （85.6%）	323.86 （84.4%）
	人員	29.27	29.59	69.31	84.16	90.56	92.22
	經常轉移	42.32	55.95	58.71	110.55	130.61	154.84
	其他經常開支	9.94	7.13	54.22	58.16	82.19	76.80
資本開支		14.00 （8.4%）	39.17 （22.1%）	49.22 （21.9%）	51.57 （16.9）	51.12 （14.4%）	60.08 （15.6%）
	投資	11.28	33.94	37.57	32.91	41.62	53.86
	財務活動	2.25	4.01	10.55	17.54	8.75	5.68
	其他開支	0.47	1.22	1.10	1.12	0.75	0.54
自治機構開支[1]		70.84 （42.5%）	45.19 （25.5%）	—	—	—	—
總收入		166.36 （100.0）	177.03 （100.0）	233.46 （100.0）	304.43 （100.0）	354.60 （100.0）	383.94 （100.0）

註（1）：從 2007 年起，澳門財政局開始編製公共會計綜合賬，因此，按經濟分類內的自治機構的收入為零。
資料來源：澳門統計暨普查局。

從政府支出的結構來看，回歸以來澳門特區政府的財政支出以經常開支為主體，一般佔政府收入的 80%—85% 左右，非經常開支約佔 15%—20% 左右。經常開支中，人員支出約佔 27%—36% 之間，轉移支出所佔比重有逐年下降的趨勢，從回歸初期的 50%—60% 下降到近年的 35%—45%。資本開支中，以投資財務活動為主體，約佔 75%—95%，資本支出約佔 8%—28% 之間（表 3—9）。2011 年，經常開支和資本開支之比為 3.6：1。經常開支中，經常轉移和人員開支所佔比重最大，由於人員開支主要是公務員的薪俸、獎金和福利等開支，所以過高的人員開支額度表明政府運營成本過大，會擠佔掉財政資源在經濟社會領域的支出。

如果從按職能組別劃分的政府開支來看，佔最大比重的分別是一般公共服務和公共秩序及安全，兩項合共約佔政府開支的 32%—38% 左右，其中，公共秩序及安全所佔比重從回歸初期的 18% 左右下降到近年的 12% 左右。教育、醫療保健所佔的比重也較高，但回歸以來則呈現下降趨勢，其中教育所佔比重從回歸初期的 16% 左右下降到近年的 13% 左右，醫療保健所佔比重從 12% 左右下降到8% 左右。與之相反，回歸以來，經濟服務、社會保障、住房及社區建設等項目在政府開支中所佔比重則有逐年上升的趨勢，其中，經濟服務所佔比重從回歸初期的 12% 左右上升到近年的 20% 左右，社會保障所佔比重從 10%—11% 左右上升到 17%—18% 左右，住房及社區建設所佔比重從不足 1% 上升到接近 3%（表 3—10）。反映了回歸以來澳門特區政府在經濟快速增長、財政收入大幅增加的背景下，致力於推動經濟發展、適度多元化和改善社會民生的政策趨向。

三、澳門特區的財政收支和財政儲備制度

1. 澳門財政儲備制度的提出與歷年財政滾存的管理

澳門歷年的財政滾存很少，到回歸前仍然未設財政儲備，政府每個財政年度的收入全部用於當年度財政支出，即使有盈餘也計入下年度財政收入，但它沒有因此而出現財政赤字，相反卻常常出現財政盈餘。原因是長期以來澳門政府在編製各年的財政預算時都依循一些共同原則和標準，包括遵守預算的年度性原則、單一性原則、整體性原則、平衡性原則、不抵消原則和分類列明原則等等，在執行預算時採用共同指引標準，顧及壓縮開支，減少運用歷年盈餘。因此，實際的財政收入總是比預算收入要多，而且其增幅比財政支出的增幅要大。這表明澳門財政超預算開支是以實際財政收入超預算收入為前提的，政府始終恪守量入為出

表 3－10 ｜ 澳門特區政府按職能劃分的政府開支概況（單位：億澳門元）

財政年度	2002	2004	2007	2008	2009	2010
一般公共服務	19.49 （18.9%）	22.43 （16.5%）	34.34 （18.4%）	51.29 （19.4%）	69.03 （20.5%）	56.57 （14.6%）
公共秩序及安全	19.44 （18.8%）	23.44 （17.2%）	31.06 （16.6%）	37.06 （14.0%）	39.91 （11.9%）	44.94 （11.6%）
經濟事務	12.48 （12.1%）	18.41 （13.5%）	25.91 （13.9%）	37.74 （14.3%）	65.00 （19.3%）	67.38 （17.4%）
環境保護	2.24 （2.2%）	3.24 （2.4%）	10.80 （5.8%）	6.71 （2.5%）	5.71 （1.7%）	6.58 （1.7%）
住房及社區建設	0.70 （0.7%）	1.21 （0.9%）	1.73 （0.9%）	7.73 （2.9%）	9.10 （2.7%）	12.67 （3.3%）
醫療保健	12.39 （12.0%）	14.21 （10.5%）	19.66 （10.5%）	21.75 （8.2%）	28.44 （8.5%）	31.19 （8.1%）
娛樂、文化及宗教	7.89 （7.6%）	20.17 （14.8%）	12.45 （6.7%）	17.18 （6.5%）	17.65 （5.2%）	15.50 （4.0%）
教育	16.84 （16.3%）	19.07 （14.0%）	30.28 （16.2%）	37.04 （14.0%）	43.72 （13.0%）	57.76 （14.9%）
社會保障	11.72 （11.4%）	13.72 （10.1%）	20.66 （11.1%）	48.05 （18.2%）	57.81 （17.2）	94.49 （24.4%）
總計	103.18 （100.0%）	135.91 （100.0%）	186.91 （100.0%）	264.54 （100.0%）	336.36 （100.0%）	387.09 （100.0%）

資料來源：澳門統計暨普查局。

的原則，表明政府在審慎財政原則指導下編製預算時總是低估財政收入，在預算執行過程中也嚴格控制財政支出，使財政支出增長不能超過財政收入增長。[01]

其實，早在 20 世紀 80 年代，澳門因為其自由港的地位和廣泛的對外聯繫，在中國改革開放大形勢中，成為中國內地拓展對外貿易商務和引進外資的"橋樑和窗口"，經濟保持高速發展。1980 年到 1990 年，本地生產總值年均增長 7%，對外貿易年均增長 19.1%，財政規模也因此而迅速擴大，加上 1992 年、1993 年政府賣地的收入及 1991 年至 1994 年度博彩稅收入大幅增長，使得澳門政府的實際財政

01

陳麗君：《澳門經濟》，中國民主法制出版社，2010 年，第 40 頁。

收入大大超過預算的收入，積累了一筆數額可觀的財政盈餘。為此，澳葡政府設立了"財政滾存"這一賬戶，把它作為財政收入的一部分，列入下年的財政預算中，並在財政支出中用以開支。澳門政府的歷年財政滾存在 1994 年 5 月份已有 44 億澳門元。[01]

01

郭健青：《過渡期的澳門財政與博彩稅》，廈門大學出版社，2002年，第 67 頁。

不過，從 20 世紀 90 年代中期開始，由於澳門原有的比較優勢逐漸削弱，投資環境亦有所惡化，再加上政權交接的時間日益臨近，澳葡政府動用財政滾存的力度和速度都大大增強，這引起了澳門各界的關注和擔憂，也引起了中方對此問題的重視。據 1994 年 10 月 9 日澳門《華僑報》報道，中葡聯合聯絡小組中方首席代表過家鼎表示：中方的一貫立場是澳葡政府應該建立適當的財政儲備。因為 1999 年的政權移交是一個特殊和複雜的過程，要實現行政運作的正常進行，需要多方面的保證，其中建立適當的財政儲備是重要的一部分。[02] 但是，面對中方要求設立財政儲備的要求，澳葡政府不為所動，時任澳門總督韋奇立在接受記者訪問時表示，在澳門設立財政儲備可能會對澳門政府在 1999 年前的工作形成一定程度的束縛，葡方會一如既往地為澳門創造條件，使之獲得更多的財政收入。最終，1999 年澳門財政實際執行結果，僅有 3 億澳門元的財政盈餘留給澳門特區政府，同時還有 24 億澳門元的財政滾存也移交給澳門特區政府，其中有 17 億澳門元是澳葡政府為澳門國際機場專營公司代為償還的債務，留下的只是"債權"。[03]

02

郭健青：《過渡期的澳門財政與博彩稅》，廈門大學出版社，2002年，第 68 頁。

03

郭健青：《過渡期的澳門財政與博彩稅》，廈門大學出版社，2002年，第 85 頁。

澳門回歸初期，特區政府承接澳葡政府歷年財政滾存、財政盈餘約 27 億澳門元，加上 2000 年 3 月移交的約 102 億澳門元土地基金，共計約 137 億澳門元。當時，特區政府持有的儲備分為兩個財政專戶，即"澳門特別行政區儲備基金"和"歷年滾存"。澳門特別行政區儲備基金的前身為"土地基金"，是按照 1987 年《中葡聯合聲明》而建立的。根據行政長官第 47/2000 號批示，澳門金融管理局自 2000 年 4 月 1 日起被任命託管該筆土地基金，並在其後更名為澳門特別行政區儲備基金。"歷年滾存"則是來自積累的年度財政盈餘，如果出現"實際的"預算赤字（例如在 1998 年和 1999 年），澳門政府可利用這筆歷年滾存的資金填補。

隨著博彩業及整體經濟的快速增長，澳門特區政府的歷年財政滾存迅速擴大，至 2010 年底，特區政府累積結餘上升至 1,481 億元，財政滾存比回歸初期增長約 10 倍，為特區未來發展奠下一個堅實的財政基礎，如何善用、保值、增值這筆數額龐大的資金，成為澳門特區政府公共財政面臨的重要問題之一。對於這筆歷年財政滾存，回歸以來特區政府一直是委託澳門金融管理局代為管理投資。該局遵循一套嚴謹的投資指引管理財政盈餘,採用內部直接投資與外聘基金經理並存的運作模式,借不同時區的環球市場機會優化轄下資產組合的投放。可以說,在如此複雜的金融市場環境中,投資組合若要爭取較高回報,將會無可避免地推升相應的風險系數。

2. 澳門財政儲備制度的建立

2007 年 11 月,隨著澳門財政情況改善,特區政府開始考慮建立財政儲備制度,將部分盈餘撥作儲備,以鞏固特區的財政穩定。2008 年,行政長官何厚鏵在施政報告中明確指出:"為了未來能更好應對各種變化,特區政府決定建立財政儲備制度。"2008 年 6 月,特區政府表示,已基本完成建立財政儲備制度的規劃,並準備進行公眾諮詢,但因為出現席捲全球的金融海嘯,設立財政儲備制度的一些根本性問題均需從長計議,包括如何才能更切合急速轉變的經濟環境和未來幾年財政收益是否會增長等問題,都需進行重新評估。2010 年 10 月 29 日,澳門行政會舉行新聞發佈會稱,該會日前已完成討論《財政儲備制度》法案,該法案建議將歷年滾存和特區儲備基金全數撥入未來的財政儲備,財政儲備分為基本儲備和超額儲備。其中,基本儲備定為地區總預算的 1.5 倍,其餘金額則撥入超額儲備。

基本儲備是為澳門特別行政區公共財政支付能力提供最後保障的財政儲備,僅在超額儲備完全耗盡的情況下方可使用。超額儲備是保障公共財政支付的財政儲備,配合政府公共財政政策施行,尤其可應付澳門年度財政預算出現赤字或發生自然災害及疫情時的資金需求,提供財政支援。決案同時規定,無論是基本儲備還是超額儲備,僅在立法會審核並通過年度財政預算案或預算修正案後,方可使用。澳門特區政府表示,設立基本儲備的主要目的,是要發揮警戒線或安全線的作用,從而讓管理者和公眾有所警惕;而訂定基本儲備金額的主要考慮是,在公共財政收入大幅減少時,特區政府仍具一定的公共財政支付能力,足以維持正常運作。

2010 年 11 月 10 日,澳門特區立法會一般性通過《財政儲備制度》法案,計劃將現時 1,100 多億澳門元的財政滾存全數撥入未來的財政儲備。澳門特區所有財政結餘均為財政儲備的資金來源,當中包括法案生效後經結算、註銷的儲備基金、歷年財政結餘,及其後每一財政年度的結餘和投資回報。截至 2009 年底,特區政府歷年滾存約 980 億澳門元,特區儲備基金約為 128 億澳門元。在 2011 年 8

月 12 日，澳門特區立法會細則性通過財政儲備法律制度法案，法案於 2012 年 1 月 1 日起生效。特區政府經濟財政司司長譚伯源表示，根據特區政府過去的財政盈餘狀況，如要預留一筆可保證澳門特區運作 18 個月的財政開支（即法案建議的相當於政府當年開支撥款總額 1.5 倍的基本儲備金額）基本上較困難，特區政府出現逾 1,000 億的財政資產只是近兩三年的事；經過數年財政盈餘積累，特區政府認為現在是適宜設立財政儲備制度的時機，故向立法會提出法案，以增加財政運用的透明度，讓居民及議會更好地監管政府的財政資源管理。譚伯源表示，特區政府會將歷年滾存的 1,529 億澳門元分為 3 份，其中 745 億澳門元撥作基本儲備，242 億澳門元撥作超額儲備，並一次性撥款 542 億澳門元作為外匯儲備。

3. 回歸以來澳門的財政收支和歷年財政滾存概況分析

本文把過去 1991 年至 2011 年共 21 個財政年度澳門財政的實際執行結果分為 1991 年至 2000 年、2001 年至 2011 年兩個階段，是因為澳門回歸前後的這兩個階段在財政盈餘及動用滾存的數額上都有很大的差距，分開列表可以更清楚地看出兩個階段的極大不同，而把 2000 年的財政執行結果也列入第一階段，是因為這一年的財政雖然是由澳門特別行政區政府執行的，但財政預算案實際上也是由澳葡政府制定的，有其延續性。

據統計，1991 至 2000 年度財政盈餘合共有 73.24 億澳門元，實際動用滾存 57.38 億澳門元，實際盈餘 15.86 億澳門元。從執行結果可以看出，1991 年是動用滾存 5.84 億元後才有 40 萬元的盈餘 —— 即實際上出現收不抵支的財政赤字。1992 年至 1994 年這三年財政收入高於實際支出，累計財政盈餘達 47.51 億澳門元，約等於 1994 年全年實際財政支出的 42.23%。從 1995 年開始，隨著經濟增長放緩並逐步陷入衰退，澳門政府出現了幾年的財政赤字且動用更多的財政滾存。1995 年的財政盈餘是 7.23 億元，但扣除動用的 20.82 億元財政滾存，實際上出現了 13.59 億元的赤字，佔當年實際財政支出的 8.78%。1998 年的情況更值得關注，在大幅動用 15.70 億澳門元的滾存後，當年的財政實際執行結果僅有 4,266.4 萬澳門元的盈餘，即有 15.27 億元的赤字，佔當年財政實際支出總額的 9.85%，這意味著當年財政支出有十分之一是靠以前的財政盈餘來支撐的（表 3—11）。從 1995 到 1999 年度，財政實際盈餘為 21.32 億澳門元，但實際動用的財政滾存為 44.52 億元，是前期 1991 年至 1994 年共 9.81 億元的 4.54 倍。

據統計，回歸以來，即 2001 年至 2011 年澳門特區政府的財政盈餘共計有

表 3 — 11 | 1991 年至 2000 年澳門財政實際執行結果（單位：千澳門元）

年度	財政收入	財政支出	差額	差額佔支出比重（%）	動用滾存
1991	7,661,737	7,661,337	400	0.01	583,516
1992	10,699,824	8,893,984	1,805,840	20.30	0
1993	12,202,360	10,419,982	1,782,378	17.11	396,736
1994	12,811,236	11,251,339	1,559,897	13.86	0
1995	16,194,783	15,472,165	722,618	4.67	2,081,640
1996	14,711,265	14,681,297	29,968	0.20	0
1997	15,000,583	14,240,687	759,896	5.34	400,000
1998	15,548,388	15,505,724	42,664	0.28	1,570,400
1999	16,942,597	16,636,176	306,421	1.84	400,000
2000	15,338,502	15,024,270	314,232	2.09	306,421

資料來源：澳門統計暨普查局：《統計年鑑》，歷年。

表 3 — 12 | 2001 年至 2011 年澳門財政實際執行結果（單位：千澳門元）

年度	財政收入	財政支出	差額	差額佔支出比重（%）	動用滾存
2001	15,641,649	15,220,788	420,861	2.77	0
2002	15,226,922	13,486,946	1,739,976	12.90	0
2003	18,370,626	15,712,968	2,657,658	16.91	0
2004	23,863,539	17,703,006	6,160,533	34.80	0
2005	28,200,823	21,184,258	7,016,565	33.12	0
2006	37,188,518	27,349,764	9,838,754	35.97	0
2007	53,710,495	23,345,884	30,364,611	130.06	3,281,490
2008	62,259,343	30,443,427	31,815,916	104.51	4,311,706
2009	69,870,878	35,459,918	34,410,960	97.04	8,955,057
2010	88,489,054	38,393,909	50,095,145	130.48	7,478,845
2011	122,972,322	45,593,322	77,379,000	169.72	8,216,370

資料來源：澳門統計暨普查局：《統計年鑑》，歷年。

2,519.00 億澳門元，實際共動用滾存 322.43 億澳門元，實際盈餘 2,196.57 億澳門元。從執行結果可以看出，2001 年至 2006 年連續 6 年都沒有動用歷年滾存，除了 2001 年只有 4 億多的財政盈餘外，從 2002 年開始，每年的財政盈餘逐年上升，到 2006 年達到了當年實際財政支出的 35.97%。主要原因是 2002 年澳門特區政府向 3 家公司發出賭權牌照，開啟了澳門博彩旅遊業發展的新格局，使政府稅收大幅增加。與此同時，2003 年，內地開放 "自由行"，對回歸以來澳門經濟的起飛發揮了重要作用。2003 年 10 月 17 日，中央政府和澳門特區政府在澳門正式簽署了《內地與澳門關於建立更緊密經貿關係的安排》及其 6 個附件文本，提高了內地與澳門之間的經貿合作水準。

2007 年，澳門特區的財政盈餘達到 303.65 億澳門元，財政盈餘首次超過 100 億澳門元，佔當年財政支出的 130.06%。從 2007 年至 2011 年 5 年間，財政盈餘繼續大幅增加，到 2011 年財政盈餘達到 773.79 億澳門元，佔當年財政支出的 169.72%（表 3—12）。由於財政盈餘大幅增長，特區政府從 2007 年開始動用歷年滾存，推出一系列公共工程，並強調要簡化行政程序，使公共工程及私人工程盡快啟動，創造就業和增加內需。與此同時，特區政府推行一系列改善社會民生的政策措施，並向廣大居民實施現金分享計劃。據統計，政府給予本地居民的各種經濟補貼和成果分享的支出由 2009 年不到 30 億澳門元上升至 2011 年接近 50 億澳門元。

四、澳門的財政管理體制分析

1. 澳門的財政收入管理體制

澳門財政收入管理的核心就是稅制的設計、徵收和監管。

（1）稅制設計

澳門稅制主要依據葡萄牙稅法，並結合澳門本地的特殊環境而形成。《基本法》第 106 條規定：澳門特別行政區實行獨立的稅收制度。特別行政區參照原在澳門實行的低稅率政策，自行規定稅種、稅率和其他稅務事項。專營稅制法律則另行規定。目前，澳門稅制的特點主要體現為：稅種少，稅率低。現行稅制中只開徵 14 個稅種，個人所得稅最高僅為 12%，營業稅、所得稅、房屋稅等都長期實行優惠政策；多採用固定稅額徵收形式；採用屬地徵收原則；未實行稅收抵免或饒讓制度；專營稅（博彩業、公共交通業、電訊業等）地位突出，特別是博彩專營稅一枝獨秀，對稅收收入起到至關重要的支撐作用。到 2011 年，博彩專營稅已經佔澳門財政收入總額的 83.5%。雖然如此，但是澳門對於專營稅並無系統的稅收法律法規，而是通過專營公司、社團跟政府簽訂專營合約來具體規定。

（2）稅收徵管

目前，澳門還未有任何一部法律專門規定稅收徵管制度，一般只通過各個稅收章程分別規定。納稅章程不僅規定了納稅人的申報期限、納稅期限，而且規定了稅務機關辦理徵稅事宜所遵守的期限並詳細規定了評稅職權、評稅要求，內容涉及稅收徵納的各個環節，注重細節的規定。綜合澳門稅收章程有關稅收稽徵的內容，其程序大致包括：納稅申報、稅收評定、稅款徵收、稅務稽查、違法懲罰、稅務爭議和上訴等環節。

（3）稅收監管

回歸後，立法會是澳門稅法唯一的制定機關。但是由於澳門現行的法律中沒有涉及法律解釋權的規定，因此根據澳門第 61/95/M 號法令規定，稅務機關在徵管過程中有權對具體稅收問題做出解釋。在管理機構設置上，財政司所屬的稅捐廳是澳門的稅務管理機關，兩者與博彩監察暨協調司同屬澳門經濟財政司系統。稅務稽查權由稅捐廳稅務稽查處行使，澳門稅法賦予稅務機關擁有包括罰款和徵收滯納金在內的處罰權。

2. 澳門的財政預算體制

澳門經濟規模小，是典型的微型經濟體。政府既無發行債券的手段，又無財政儲備，而過去財政年度累積結餘又十分有限。因此，在無充足財力保障的情況下，澳門只能選擇平衡預算的政策。

（1）財政預算管理架構

澳門財政預算由統一預算和自治機構預算兩大部分組成。統一預算由財政局直接監督，自治機構預算則是獨立於地區總預算案的自治部門的財政預算。根據有關法令，自治體只要將收入總數報告財政司即可，其收入無須上繳，收入等同或超過其開支的首次預算的 30%，可以賦予財政自治權。但現時許多自治體的財政情況均不符合上述規定。

回歸後，澳門特別行政區的行政體制發生了變化，在行政長官的管轄下，政府各部門大致分為三類：第一類為非自治機關，即不具備行政及財政自治權的組織單位，例如行政法務司、經濟財政司等。第二類為行政自治機關，即不具備財政自治權的組織單位，但具有本身權限，可以作出某些行政管理行為，如教育暨青年局。這兩類部門的財政收支由經濟財政司直接監督，財政預算被列入地區總預算案中，財務運作則反映在"管理及運作賬"內。第三類為行政及財政自治機關，它們擁有本身權限，可以作出各種行政行為，管理專有的財政預算，並擁有本身的收入，如衛生局、澳門貿易投資促進局和退休基金會等。它們的財政收支權不受經濟財政司的直接監督。它們的財政預算案直至 2000 年 4 月才列入地區總預算案內，然而只是包括自治機構的總預算，而不包括具體的財政開支細項。這說明特區政府在提高財政運用的透明度上只是走出了有限的一步。如果政府不向立法會提交自治機構財政開支的具體細項，立法會便難以實際監督財政預算，使立法會審議和通過預算案仍然只是走過場，搞形式主義。而自治機構的支出也就得不到有效的監督，從而有可能造成財政資源的浪費和財政分配秩序的混亂。

澳門的地區自治機構支出分為兩大部分，一部分是澳門市政區和海島市政區自治機構的財政支出。由於市政區的職能不斷擴大，它們除負責自身及管轄範圍內資產的管理之外，還承擔著市政發展、城市規劃和建設；公共衛生和環境清潔、文化、娛樂和體育活動等，而執行上述職能的財政開支必然隨著經濟的發展、人口的增加和居民生活質素的提高而增加。這兩個地區的日常開支除一部分依靠本身營運賺取之外，大部分都依靠政府的財政撥款，如澳門市政廳及離島市政廳每年開支的 60% 即是來自政府的財政撥款。另一部分開支是獨立於地區總預算案的自治部門如社工司、文化司及各類基金會等機構的開支。回歸以來，澳門社會生活各個領域都在逐步發生重大變化，由政府提供的社會設施（如場所、裝置及設備等）以及社會服務不斷增加。因此，自治機構支出佔澳門財政總支出的比重較大，平均約在 25%—40% 之間，佔用了財政總支出的很大一部分。

（2）財政預算程序

澳門財政年度由每年 1 月 1 日至 12 月 31 日止，政府當年編製下一年預算，並經由行政長官最後決定頒佈實施。財政預算和決算均須按以下 6 個程序執行：① 每年 6 月各政府部門根據其部門上年收支情況訂定來年財政預算，送交財政局。② 當年 9 月，行政長官會同各司司長召開年度預算會議，編訂翌年預算草案。③ 預算草案聽取行政會意見。④ 行政長官於 12 月 15 日前將預算草案提交立法會審議通過。⑤ 每年 8 月前，財政局負責編製上年度財政決算案，並將決算報告送呈行政長官。⑥ 行政長官在法定限期內將財政決算案送交澳門審計署接受審計。在編製財政預算和實施財政預算時，行政長官均可以控制財政收支的分配，以保證施政方針和發展目標的實現。

（3）財政預算方法

《澳門財政預算綱要法》明確訂明澳門財政預算的基本原則有年度性原則、統一及普遍性原則、平衡性原則、完整性原則以及分類性原則。據此，澳門政府在進行財政預算時，都盡量實施“量入為出，力求收支平衡，避免赤字，並與本地生產總值的增長率相適應”的財政方針。在編製預算案時以量入為出為宗旨，即總預算支出不能大於預算總收入，目的是力求達到收支平衡，避免債務甚或積儲盈餘。若在某一財政年度出現赤字，則政府必須從歷年財政滾存撥出相應金額以保持收支平衡。而且在實際編製預算時，總是低估預算收入，高估預算開支，在財政年度結束進行決算時，形成小量盈餘，務求符合政府所訂下的財政方針。[01]

（4）財政預算執行

澳門財政預算執行的管理以財政司為主體，但在部分項目的執行管理上需要有關部門的參與配合。預算在執行過程中的基本任務是：依法積極地組織收入，使各類預算資金及時、足額入庫；根據預算開支的政策目標、計劃項目的核准用途及發展進度，及時無誤地撥付預算資金；合理安排預算平衡，使預算計劃在執行過程中能夠對經濟社會的各種變化及時做出適應性調整，不斷達到新的平衡；加強對預算收支過程的監督，及時和有效地防止違法行為，糾正各種偏差，維護財政預算制度，充分實現預算的效益。

3. 澳門的財政預算監督機制

根據《澳門特別行政區基本法》[02] 和其他法律的規定，[03] 立法會一個重要的職責是審核、通過特區政府提交的財政預算案。在審議的過程中，議員們會對預算案內的各項收入、開支和計算的方法提出詢問，而立法會的顧問團會審視有關預算案是否依法制定，公眾也可以就財政預算案向立法會表達意見，這樣社會各界就能透過上述機制對財政預算的制定作出監督，藉此確保民意代表和公眾能參與預算案的制定。由於法律規定特區政府除了公佈綜合總體預算外，亦必須公佈各部門的具體預算，且每個部門都須按照具體詳細的項目來對預算收入和開支進行分類，因此社會各界能藉由觀察政府部門預算案的變化以監督部門的運作。

除了預算的制定外，預算的依法執行亦是構成“依法施政”這一目標的重要元素。因此，特區政府也設有一定的機制來對部門執行預算的過程進行監督：

首先，按照《基本法》和其他規範性文件的規定，[04] 立法會負責審議政府

01

菲斌豪：〈應用灰色系統理論構澳門財政預算案之研究〉，暨南大學碩士學位論文，2008年。

02

《澳門特別行政區基本法》第71條（2）項。

03

規範澳門特別行政區的財政預算、公共會計和公共財政管理的法規主要有11月21日第41/83/M號法令和第6/2006號行政法規，如欲參閱有關法規，可登入以下網址：http://bo.io.gov.mo/bo/i/83/47/declei41_cn.asp（第41/83/M號法令）和http://bo.io.gov.mo/bo/i/2006/17/regadm06_cn.asp（第6/2006號行政法規）。

04

《澳門特別行政區基本法》第71條（2）項，《澳門特別行政區立法會議事規則》第153條及第154條。

提交的預算執行情況報告，該報告主要描述政府實際收支與預期收支的差異，各公共行政部門的預算執行率，以及箇中原因的分析，藉此回顧預算執行的狀況，掌握更確切的數據，為將來制定更科學、更準確的預算作好準備。在審議的過程中，立法會會以法律和財政的角度分析有關執行報告，除報告所載的內容外，亦同時針對特區政府的財政儲備、財務參與和其他財務資產狀況作出分析，並且評定預算的執行有否依循《基本法》和其他法律規定的原則。[01]

其次，澳門特別行政區審計署會對特區的公共財政預算執行進行審計監督，撰寫賬目審計報告，並將有關報告呈送行政長官。在撰寫報告的過程中，審計署會按照既定的計劃和範圍實施審計工作，包括以抽查的方式查核財務報表和相應收支的憑據，評估各公共部門施行的會計政策是否符合法定公共會計制度，並對財政局提交的總賬目和各類財務報表發表意見。

此外，根據法律的規定，假如公務員或政府官員違反預算編製和執行的規定，或者違反與公共開支的許可及支付有關的規定（例如將專門用於購置辦公用品的款項用於招待外賓），除非有免責理由，否則即構成行政違法行為而會被科處罰款，並且有可能因此承擔相應的刑事及紀律責任。

（未公開發表文稿，完成於 2012 年 6 月）

澳門的貨幣發行制度

　　澳門擁有自己的貨幣，最早可以追溯到 1906 年，而從澳門開埠至此的數百年間，澳門主要使用中國貨幣，包括銀元、銅元等。19 世紀初，墨西哥銀元在遠東一帶包括香港、澳門和中國沿海地區流通，成為主要的商業匯兌貨幣。當時，在民間廣泛使用的還有由各銀號發行的憑單（Pang Tan）。所謂 "憑單"，即存款憑票或當地銀號以廣東毫銀為計算單位發行的支票，其值視發行者的信譽而定，無準備金作抵押。它可以轉讓，因而作為一種當地貨幣而廣泛流通，並可憑此向發行者兌換現金。**01** 歷史上，憑單曾在澳門一紙風行，直至二次世界大戰前，它一直作為澳門一種非法定貨幣行使。

　　1865 年，香港上海滙豐銀行在香港成立，其後發行港元鈔票。在隨後的半個世紀中，滙豐銀行成為中國最具影響力的外資銀行，港元鈔票迅速在粵、港、澳各地廣泛流通，並取代了墨西哥銀元的地位而成為主要的流通貨幣。這種情況，在澳門一直持續至今，即使在澳門出現本地貨幣 —— 澳門元（Pataca，又稱 MOP）—— 之後，港元依然是在澳門廣泛流通的外幣，比澳門元的存量還多，形成獨特的通貨替代（Currency Substitution）現象。

一、澳門貨幣的發行

　　澳門貨幣的發行和葡國大西洋銀行在澳門開設分行密切相關。大西洋銀行全稱 "大西洋國海外匯理銀行"（Banco Nacional Ultramarino S.A.，簡稱 BNU），於 1864 年在葡萄牙里斯本創辦，享有在葡國海外屬地設立銀行、發鈔等專利權。1901 年 11 月 30 日，大西洋銀行與當時的澳葡政府簽訂合約，在澳門設立分行並發行澳門貨幣。1902 年 9 月 20 日，大西洋銀行正式在澳門南灣街設立分行，這是澳門迄今歷史最悠久的銀行。

　　1905 年 9 月 4 日，澳葡政府正式授權大西洋銀行發行澳門貨幣，稱為澳門元，面值分別為 1 元、5 元、10 元、25 元、50 元和 100 元 6 種，交由倫敦一家名

01'

參閱《大西洋銀行錢譜》，大西洋銀行、沙維斯費雷拉出版有限公司，1997 年，第 269 頁。

01

馮少榮：《澳門匯率制度與貨幣政策》，澳門公共行政管理學會，1997年，第12頁。

02

顧廣：《澳門經濟與金融》，中國地質大學出版社，1989年，第155頁。

為 Barclay & Fry, Ltd. 的公司印製。首批 1 元和 5 元的鈔票於 1906 年 1 月 19 日開始在市場流通，其餘面值的鈔票亦於其後兩年陸續進入市場。至於澳門的硬幣，則遲至 1952 年才出現，之前一直使用外國輔幣，尤其是香港小面額的輔幣。[01]

澳門貨幣的發行，一開始就受到葡萄牙的監管，需要得到葡國海外部的批准。1954 年，葡萄牙有意統一所屬各殖民地的貨幣，但遭到澳門政府的反對，澳門貨幣於是被保留下來。1974 年葡國爆發 "4‧25" 革命，大西洋銀行被收歸國有，但其發鈔權一直延續至 1980 年。70 年代後期，澳門經濟進入繁榮階段，金融業也穩步發展，澳門政府曾設想成立一家中央銀行，與大西洋銀行協商籌組 "澳門發行銀行"，計劃由澳門政府佔 51% 股權，大西洋銀行佔 49% 股權，但該項設想最終因雙方無法達成共識而夭折。[02]

1980 年，澳門政府進行金融體制改革，單獨組建澳門官方的發行機構——"澳門發行機構"（Instituto Emissor de Macau，簡稱 IEM），將發鈔權收回。其後，澳門發行機構與大西洋銀行達成協議，指定大西洋銀行為該機構的唯一代理銀行，代理發行澳門鈔票，而硬幣則由發行機構負責發行。1982 年 1 月 11 日，大西洋銀行正式代理發行新鈔票，面值有 5 元、10 元、50 元、100 元及 500 元 5 種，總發行量為 8.75 億澳門元。1988 年底，大西洋銀行再代理發行面值 1,000 元的鈔票 100 萬張，總面值 10 億澳門元，新鈔票以大西洋銀行行徽代替葡萄牙的國徽。

1989 年，澳門政府再度改組金融體制，宣佈將澳門發行機構改組為 "澳門貨幣暨匯兌監理署"（Autoridade Monetaria e Cambial de Macau，簡稱 AMCM），翌年頒佈第 27/90/M 號法令，將其職能確定為：（1）協助總督制定及施行貨幣、金融、外匯及保險政策；（2）根據規範貨幣、金融、外匯及保險活動的法規，指導、統籌及監督本地貨幣、金融、外匯和保險市場，藉以確保其平穩操作及監管有關運作；（3）監察內部貨幣之穩定性及其對外的償還能力，以確保本地貨幣之可兌換性；（4）充當本地黃金、外匯及其他海外資產的儲備總庫；（5）維持本地金融體系的穩定。

從職能看，澳門貨幣暨匯兌監理署類似香港金融管理局，是一個具備 "中央銀行大部分特點" 的機構，為保證該機構能有效履行政府賦予的各項職能，在管理上直接隸屬於澳督，其最高權力機構——管理委員會的成員由總督任命。與管理委員會並行的是稽核委員會和諮詢委員會，管理委員會直接監管的部門包括銀行監察處、貨幣暨匯兌處、保險監察處。此外，還有 7 個不同層次的轄下部門。根據法例，澳門貨幣暨匯兌監理署與發行機構的主要區別，就是沒有貨幣發行和管理權。與此同時，澳葡政府還與大西洋銀行簽訂了一份修訂澳門貨幣發行的合約，由政府直接授權大西洋銀行發鈔，合約有效期到 1995 年。

1995 年，合約有效期將屆滿，澳葡政府和大西洋銀行希望將大西洋銀行的發鈔權延續到 1999 年以後，以確保該行未來在特區的發鈔地位。與此同時，中國政府亦考慮採取有效措施，保證澳門貨幣的發行可以順利過渡到回歸後。中葡雙方遂於 1993 年年中將中國銀行澳門分行參與發鈔的問題提交到中葡聯絡小組討論。結果，澳門政府於 1995 年頒佈第 8/95/M 號法令，准許中國銀行發行澳門新鈔票。

根據法例，中國銀行發行的鈔票面值分別是 10 元、50 元、100 元、500 元、1,000 元 5 種，總發行量為 24,875 億澳門元。[01] 中國銀行澳門分行在正式獲授權發鈔之後發表聲明："將依照澳門的有關法律進行發鈔，中國銀行將一如既往，與澳門大西洋銀行一起，盡力配合澳門政府的貨幣政策，繼續為澳門的金融穩定和經濟發展作出努力。" 自此，澳門貨幣的發行進入一個新時期。

二、澳門貨幣的匯率變化

目前，澳門的貨幣發行制度與香港相似，基本上採取 "貨幣發行局"（Currency Board）制度。該制度最早可追溯到 19 世紀中期英國殖民地所實行的貨幣制度，其特點是簡單易行。最典型的例子是新加坡和馬來西亞，兩地沿用此制的英鎊本位發鈔模式，即使在 1965 年新加坡宣佈獨立後，仍然採用這種制度。

澳門元的發行，最初是採取與葡萄牙貨幣士姑度（Escudos）掛鉤的方式，以 1 澳門元兌換 5 士姑度的固定匯率為基礎。不過，與此同時，澳門元和港元之間基本上一直保持著一種非官方的 1：1 匯價。即使是在早期，亦顯示了澳門元與港元的密切關係。踏入 70 年代，葡萄牙因政局動蕩，經濟衰退，外匯儲備大量流失，士姑度疲軟，影響澳門元的穩定，澳門市民紛紛拋售澳門元，購入港元，估計僅此一項已凍結港幣近 1,000 萬元。當時，澳門商人對外貿易均以港元支付，收到港元貨款亦不再兌換成澳門元。1975 年至 1976 年間，澳門元兌港元的匯價最低跌至 1.2：1 的水準。[02]

1972 年 2 月，葡萄牙被迫宣佈士姑度大幅貶值 15%，同年 4 月 7 日，澳葡政府決定放棄與士姑度掛鉤，改為與港元建立官方聯繫匯價，規定每 107.5 澳門元兌換 100 港元，並允許上下浮動 1%。而澳門元與士姑度的匯率則參照里斯本、香港和澳門外匯市場牌價推算，當時訂出的匯價是 1 澳門元兌換 7.9 士姑度，相當於澳門元升值了 38%。

01′

黃漢強、吳志良主編：《澳門總覽（第二版）》，澳門基金會，1996 年，第 318 頁。

02′

顧廣：《澳門經濟與金融》，中國地質大學出版社，1989 年，第 158 頁。

70 年代後期，澳門經濟繁榮，而港元則開始在外匯市場由強轉弱，1978 年 12 月 30 日，澳門政府突然宣佈將澳門元匯價調整為 100.25 元兌換 100 港元。這一決定當時在澳門引起極大的震撼，金融界也認為當局調整的步伐過急，市民紛紛將澳門元兌換成港元，形成一場擠兌風潮。面對巨大的壓力，澳門各銀行均暫停以新匯率兌換港元，謀求解決辦法。澳門政府遂被迫將匯價調整為 104.25 澳門元兌換 100 港元，風潮才告平息。

　　1983 年，中英就香港前途問題展開長達 22 輪的艱苦談判，受此影響，港元在外匯市場上大幅貶值，9 月 24 日，港元匯率跌至 9.5 港元兌 1 美元的歷史低位，動搖了整個貨幣制度。兩日後，澳門政府透過發行機構宣佈澳門元兌港元升值 3%，即每 99.9 澳門元兌 100 港元，結果再次引發另一場擠兌風潮，市民大規模拋售澳門元兌換港元。面對巨大壓力，作為澳門發行機構唯一代理銀行的大西洋銀行立即停止一切兌換業務。9 月 27 日，澳門發行機構宣佈回復原來匯價，擠兌風潮才再次平息。據估計，短短兩天內銀行就因匯率的調整而損失 200 萬澳門元。

　　1983 年 10 月 17 日，香港宣佈實行港元聯繫匯率制度，將港元與美元掛鈎，匯率為每 7.8 港元兌 1 美元。自此，澳門元亦透過港元間接與美元掛鈎，匯價則維持在官定 103 澳門元兌 100 港元的水平。

三、澳門的貨幣發行局制度

　　目前，澳門的貨幣發行實際上採取所謂的“貨幣發行局”制度，它的基本特點是：

　　（1）貨幣發行局制度實行固定匯率制度，在澳門，是 103 澳門元兌換 100 港元。

　　（2）由澳門政府授權的兩家發鈔銀行 ── 大西洋銀行和中國銀行按官定固定匯率將等值的外幣（主要是港元）存入澳門貨幣暨匯兌監理署，即由澳門貨幣暨匯兌監理署提供外幣的擔保和清償能力，澳門貨幣暨匯兌監理署收取等值外幣後向發鈔銀行發出負債證明書，發鈔銀行憑負債證明書以固定匯價發行澳門鈔票。

　　（3）所有銀行均在澳門貨幣暨匯兌監理署持有一個以本地貨幣結算的流動資金賬戶，以便與澳門貨幣暨匯兌監理署進行以本地貨幣兌換港元的交易，同時亦作為以本地貨幣進行同業市場拆借之用。原則上，該賬戶具有一定的外幣背景性質，隨著對外支付餘額的增長而將外匯吸引到銀行體系，轉交澳門貨幣暨匯兌監

表 3－13 ｜ 1998 年 8 月 31 日澳門外匯儲備結構

	數值（百萬澳門元）	比重（％）
黃金及白銀	5.65	0.02
銀行結存	11,818.81	61.21
海外債券	5,393.40	27.79
特別投資組合	2,132.10	10.98
總值	19,412.96	100.00

資料來源：澳門貨幣暨匯兌監理署。

表 3－14 ｜ 澳門貨幣供應（M1、M2）按幣值比例統計

	M1				M2			
	金額	澳門元（％）	港元（％）	外幣（％）	金額	澳門元（％）	港元（％）	外幣（％）
1984	2,554.8	46.6	50.9	2.5	8,355.4	27.4	59.3	13.3
1985	3,329.5	44.1	51.8	4.1	9,589.0	26.6	59.9	13.5
1986	4,022.4	44.3	50.1	5.6	11,403.4	25.7	54.2	20.1
1987	5,711.7	37.2	54.1	8.7	14,513.5	22.6	51.5	25.9
1988	6,194.9	38.8	48.6	12.6	20,029.8	19.1	56.3	24.6
1989	7,187.9	40.4	49.6	10.0	24,381.6	20.9	55.2	23.9
1990	8,979.3	35.8	47.2	17.0	30,588.9	22.7	49.0	28.3
1991	8,979.3	27.6	59.2	13.2	41,900.6	22.8	51.1	26.1
1992	20,987.9	28.8	57.3	13.9	50,375.3	23.9	50.8	25.3
1993	20,602.8	31.5	53.2	15.3	53,956.1	26.2	50.9	22.9
1994	18,809.5	35.8	53.0	11.1	60,018.8	27.1	55.5	17.4
1995	19,010.5	38.5	51.3	10.2	69,284.3	29.6	56.3	14.7
1996	20,438.4	42.5	47.5	10.0	74,744.4	30.5	54.9	14.6
1997	18,953.1	43.7	45.3	11.1	78,353.8	30.9	53.1	16.1

資料來源：澳門貨幣暨匯兌監理署；《貨幣暨匯兌統計月刊》。

理署，以作為保證。換言之，銀行的貨幣和流動資金賬目均有一定的外匯資產作擔保，從而保證貨幣的對外支付能力。

根據規定，澳門貨幣的發行儲備必須由百分之百的有價品，包括黃金、白銀、外幣、貨幣券等作保證，而在澳門貨幣暨匯兌監理署的外匯儲備中，至少有90%是一級儲備，即黃金、白銀、外幣等，其餘為次級儲備，包括地區公債、信用機構債券和庫存硬幣等。

澳門的外匯儲備，除來自發鈔銀行為發鈔需要而繳付的等值外幣之外，主要是來自政府當局通過向博彩專營公司徵收博彩稅而強制規定交付的港元部分，在澳門貨幣暨匯兌監理署兌換成澳門元，慢慢積累成相當部分的外匯儲備。這部分外匯儲備沖銷了政府當局因發行金融票據而流失的港元儲備。由於澳門金融體系中，存款總量大大超過其信貸需求，產生了大量過剩的流動資金，其中大部分是澳門元，澳門貨幣暨匯兌監理署就透過發行金融票據吸納，並向銀行售出港元。因此，澳門的外匯儲備，實際上由金融票據和自由儲備兩部分組成。據統計，至1998 年 8 月 31 日，澳門的外匯儲備是 193.50 億澳門元，比 1990 年的 42 億澳門元，增加了 3.6 倍（表 3—13）。

四、澳門貨幣的流通

澳門是一個沒有外匯管制的地區，各種貨幣都可以自由進出，數量也沒有限制。目前，在澳門市場流通的貨幣，除澳門元之外，還有港元、日元、美元、英鎊等，其中，以港元的流通量最大，甚至遠遠超過澳門本幣 —— 澳門元。這種特殊的現象可以從澳門貨幣流通量 M1、M2 中港元與澳門元的比重變化清晰見得。從 80 年代中期起，澳門元在 M1（流通貨幣加上活期存款）中所佔比重從 1984 年的 46.6% 下跌到 1991 年的 27.6%，同期港元所佔比重則從 50.9% 上升到 59.2%。雖然自 1992 年起這種趨勢開始扭轉，但是，在 1997 年，澳門元在 M1 中所佔比重仍只達 43.7%，低於港元的 45.3%。而在 M2 方面，1997 年澳門元所佔比重只有30.9%，港元所佔比重則高達 53.1%（表 3—14）。

在澳門的大額交易和對外貿易支付中，港元的使用量均大大超過澳門元；在銀行存款中，亦由港幣存款佔主導地位，形成澳門經濟中獨特的通貨替代現象。

（原文發表於廣州《特區與港澳經濟》，1998 年 12 月）

澳門銀行業的發展與特點

　　澳門金融業歷史悠久，曾寫下輝煌的一頁。18 世紀 20 年代，葡萄牙人在澳門從事商船貿易，他們向當地華人及日本人大量借貸，當時澳門就曾開辦過一家專門從事商船抵押的銀行。1902 年，葡萄牙大西洋銀行在澳門開設分行，這是澳門金融業的萌芽時期。20 世紀 40 年代抗戰期間，廣州、香港等地先後淪陷，富商巨賈紛紛避走澳門，澳門金融業頓成亂世中的驕子，各類金融商號一度多達 300 多家，是澳門金融業最輝煌的日子。可惜，這段日子隨著戰爭完結、商賈離去而結束。

　　澳門現代金融業以銀行業為主體，保險業輔之。自 20 世紀 70 年代起，澳門金融業迅速發展，到 1997 年估計在本地生產總值中所佔比重已超過 10%，與旅遊博彩業、出口加工業和地產建築業一同構成澳門經濟的四大產業支柱，在澳門經濟中發揮越來越重要的作用。

一、澳門銀行業的發展歷程

　　澳門金融業的主體是銀行業。澳門銀行業的發展大致經歷了 3 個階段，從 1902 年葡資大西洋銀行在澳門開設分行到 1970 年是萌芽階段，1970 年澳門政府頒佈銀行法例到 1982 年是成長階段，1982 年澳門政府再頒佈新銀行法例至今是發展階段。

　　澳門銀行業的萌芽，其標誌是 1902 年大西洋銀行在澳門開設分行一舉。其實，在澳門開設銀行的構想，早在 19 世紀中葉已經醞釀。1846 年，葡國 "澳門通" 庇禮剌（António Feliciano Marques Pereira）在《大西洋國》報上就指出："在澳門設立一銀行實乃利國裕民之舉。兩年後，股東定會享受到優厚的息金，在澳的貿易亦將受益無窮。較易獲得資金後，它定會擺脫現在這般高息抵押借貸的情況，將貿易額翻四番。" **01** 1867 年，澳督柯打（Jose Maria de Ponte e Horta）曾提出創建 "澳華銀行"，並將總部設於澳門的建議，可惜議而未果。

01′
參閱《大西洋銀行錢譜》，大西洋銀行、沙維斯費雷拉出版有限公司，1997 年，第 21頁。

1902 年 9 月 20 日，葡國大西洋銀行在澳門開設分行，澳門的銀行業正式起步發展。當時，大西洋銀行除了經營商業銀行業務外，還發行貨幣，擔當起澳門的中央銀行及澳門庫房儲金局的職能。在其後的 70 年間，大西洋銀行一直是澳門唯一的銀行。與大西洋銀行並存的還有由華人資本經營的各式銀號、錢莊，它們主要經營簡單的兌換、存放款業務，在當時的經濟中起著融資、信託、找換貨幣、轉賬過戶等金融功能。

銀號、錢莊最鼎盛的時期是抗日戰爭期間。1937 年抗日戰爭爆發，廣州、香港相繼淪陷，大量資金湧入澳門，原本在中國內地、香港經營的銀號、錢莊、找換店等紛紛遷至澳門，亦有新在澳門開設者，數目從戰前的十數家激增到 300 多家。這些銀號、錢莊利用戰時動盪的市場差價，積極從事黃金和外幣買賣，從中賺取厚利。其時，銀號還組成銀業公會，開設金銀貿易市場，情形就如今天的黃金期貨市場。1933 年創辦於香港的恒生銀號，當時就以"永華銀號"的名稱，活躍於澳門市場。**01** 不過，好景不常。戰後，從外地遷來的銀號、錢莊紛紛遷回原籍，盛極一時的熱鬧景象又回復舊觀，只剩下原來 10 多家由本地華資經營的銀號維持營業。

澳門銀行業進入成長階段，轉折點是 1970 年 8 月 26 日，澳門政府頒佈葡萄牙民國第 411/70 號法令，亦即被稱為銀行法例的《銀行銀號管制條例》。該法例明確規定"允許在澳門創立一個銀行制度，俾能適當地將已在進行中的工商業重要發展作為基礎"。該條例並對各類信貸機構的設立、經營範圍、遵守規則、禁止事項、罰則以及受何監察等作出了規定。根據條例，在澳門設立商業銀行，其資本不得低於 500 萬澳門元；設立銀號，其資本不得低於 250 萬澳門元。該法例適應了當時澳門工商業日益繁榮的需要，推動了銀行業的發展。

踏入 70 年代，澳門的銀行業起步成長，一些歷史悠久的本地華資銀號紛紛註冊為銀行，1971 年，創辦於 1941 年的大豐銀號率先註冊為銀行，註冊資本為 500 萬澳門元，大股東是何賢及其家族。1973 年，由區氏家族創辦於 1935 年的恒生銀號亦註冊為恒生銀行，註冊資本亦為 500 萬澳門元。此外，相繼轉為銀行的還有華資的誠興銀行（1972 年）、永亨銀行（1972 年）、國際銀行（1974 年），以及中資的南通銀行（1974 年）。南通銀行即中國銀行澳門分行的前身。

與此同時，外資銀行也紛紛到澳門開設分行，包括香港的滙豐銀行（1972年）、海外信託銀行（1972 年）和廣東銀行（1972 年），葡資的澳門商業銀行（1973

01′

參閱〈中國銀行澳門分行發展沿革〉，《澳門中國企業會刊（1997）》，第 22 頁。

年）、大東銀行（1973 年）、太平洋銀行（1973 年）和巴西銀行（1980 年）等。到 1982 年底，澳門商業銀行已增加到 15 家，形成了多種資本並存的銀行體系。

澳門銀行業步入快速發展的階段，始於 1980 年 8 月 3 日澳門政府頒佈的第 35/82/M 號法令 ——《信用制度及金融機構管制法令》，又稱新銀行法。新法例借鑒了鄰近地區的經驗，對銀行和信用活動的經營，尤其是對商業銀行、發行機構和開發銀行的制度作了新的規定，為銀行業朝多元化、現代化和國際化的方向發展奠定基礎。這一時期，一批外資銀行，包括標準渣打銀行、歐亞銀行、國際商業信貸銀行、法國東方匯理銀行、法國國家巴黎銀行、萬國寶通銀行相繼在澳門開設分行，而一批葡資銀行，包括百利銀行、萬裕銀行、葡國第一銀行、多達亞速爾銀行等亦相繼進入澳門。與此同時，不少銀行紛紛宣佈增資，如恒生銀行宣佈將資本增加到 3,000 萬澳門元，誠興銀行宣佈增資至 5,000 萬澳門元，澳門商業銀行將資本增加到 4,274.4 萬澳門元。各銀行亦相繼投資擴充設備，將業務電腦化，如南通銀行就投資 2,000 萬澳門元在總行設立電腦中心。

標誌著澳門銀行業進入發展階段的，還有一批金融組織的相繼成立，包括 1983 年成立的澳門票據交換所，1985 年成立的澳門外匯同業聯合會和銀行同業公會，以及 1989 年成立的澳門貨幣暨匯兌監理署。至此，澳門的銀行體系已初具規模。

1993 年 7 月 5 日，澳門政府又頒佈第 32/93/M 號法令。該法令表示："鑒於在國際上銀行業務領域內已發生之顯著革新，從而有必要重整該業務之傳統範圍，經營活動之紀律及監管當局之角色"，所以對 1982 年的法令進行重大修訂。這是澳門銀行業的第 3 條重要法例。新法例以澳門以往的經驗為基礎，並參考鄰近地區的模式，其精神在於建立全球性的銀行模式，以及加強銀行專門化的管理。新法例取消了發展銀行的類別，並重新訂定銀行開業的標準，以本地為總部的銀行，最低資本額從原來的 3,000 萬澳門元增加到 1 億澳門元；總部設在海外的本地銀行，最低資本從 3,000 萬澳門元增加到 5,000 萬澳門元。新法例並引入巴塞爾委員會對銀行監管及歐洲共同體領導層的方針，規定銀行自有資金必須佔其風險資產的 8% 以上。在銀行的信貸管理方面，引入了風險、自有資金、主要股東等新概念。新法例的頒佈，無疑有利於推進澳門的銀行業邁向現代化、國際化的新階段。

二、澳門銀行業的發展現狀

與香港銀行體制不同，澳門銀行業沒有法律規定的三級制。不過，實際上亦存在不成文的三級制：處於最低層的是註冊銀號，目前僅存數家，如瑞昌銀號、新東方銀號、明利昌銀號、同利銀號等，主要經營貨幣兌換業務，方便旅客和居民，從中賺取買賣差價，業務性質與近年來雨後春筍般湧現的找換店相似；處於中間層次的是註冊財務公司，如中國銀行澳門分行與大西洋銀行、法國國家巴黎銀行合組的澳門經濟發展財務有限公司，以及 IBER 財務有限公司等；處於最高層的就是商業銀行，它構成澳門金融業的主體。

目前，澳門商業銀行共有 22 家，其中總部設在澳門的銀行 9 家，總部設在外地的銀行 13 家，開設的分行達 138 間，從業人員 3,943 人（表 3—15）。22 家商業銀行中，大致可以劃分為 4 類，即中資銀行、葡資銀行、本地華資銀行，以及其他外資銀行。其中，以中資銀行的實力最強，葡資銀行次之。

中資銀行共有 4 家，包括中國銀行澳門分行、大豐銀行、澳門國際銀行和廣東發展銀行。其中，以中國銀行澳門分行和大豐銀行實力最雄厚，在澳門商業銀行中位居前列。中國銀行澳門分行的前身是澳門南通銀號，註冊成立於 1950 年 6 月，1974 年 6 月轉為正式商業銀行，1987 年 1 月正名為中國銀行澳門分行。該行自 80 年代以來發展迅速，目前已擁有 23 家支行，經營業務包括存貸款、匯款、押款、資金拆放，以及代理保險、信用卡、黃金買賣，代客買賣各種股票、證券、基金、外匯孖展等。該行除辦理銀行傳統業務外，還積極推動多元化經營，包括 1979 年成立附屬公司 —— 南通信託投資有限公司，辦理地產、信託、投資

表 3—15 ｜ 1993 年至 1997 年澳門銀行業發展概況

年份	1993	1994	1995	1996	1997
銀行總數（間）	20	20	22	23	22
本地銀行（間）	6	6	9	9	9
總行設在外地銀行（間）	14	14	13	14	13
分行數目（間）	112	120	128	133	138
銀行從業人員（人）	3,456	3,603	3,711	3,736	3,943

資料來源：澳門貨幣暨匯兌監理署。

業務；1984 年與大西洋銀行、法國國家巴黎銀行合組澳門經濟發展財務有限公司，參與中長期貸款活動；1985 年在珠海開設珠海南通銀行，貸款予內地三資企業。1995 年 10 月 16 日，澳門中行還參與發鈔，成為繼大西洋銀行之後澳門第二家發鈔銀行，在澳門金融業界扮演重要角色。據統計，到 1998 年 9 月底，中國銀行澳門分行的資產總值是 397.49 億澳門元，存款餘額 308.19 億澳門元，貸款餘額 183.46 億澳門元，分別佔澳門銀行業資產總值的 23.5%、存款餘額的 31.3% 及貸款餘額的 32.7%，是澳門最大的商業銀行。

大豐銀行的前身是大豐銀號，創辦於 1941 年，大股東是何賢及其家族。1971 年 10 月，大豐銀行註冊為商業銀行，資本額增至 500 萬澳門元。1983 年 9 月，大豐銀行受謠言影響被擠提，中國銀行應該行大股東、著名銀行家何賢邀請參股，將註冊資本從原來的 8,000 萬澳門元增加到 1.6 億澳門元，其中中國銀行佔 50% 股權。自此，大豐銀行加入中資銀行行列，發展更為迅速。目前，大豐銀行的資本額已增至 10 億澳門元，擁有 19 間分行及廣州辦事處。到 1998 年 9 月，大豐銀行的資產總值達 182.96 億澳門元，存款餘額 145.88 億澳門元，貸款餘額 86.32 億澳門元。大豐銀行不僅成為本地註冊的最大商業銀行，而且據 1997 年 7 月英國的《銀行家》月刊報告顯示，它已名列全球 1,000 家大銀行之列。[01] 目前，中資銀行已成為澳門銀行業實力最強大的銀行集團。據統計，1998 年 9 月，中資銀行的資產總值達 660.57 億澳門元，佔澳門銀行業資產總值的 39.1%，存、貸款餘額分別是 517.21 億澳門元及 314.32 億澳門元，所佔比重分別是 52.0% 和 56.0%。

葡資銀行共有 6 家，包括大西洋銀行、葡萄牙商業銀行、澳門商業銀行、多達亞速爾銀行，以及近年進入澳門的必利勝銀行和富利銀行。大西洋銀行在澳門歷史最悠久，地位亦十分重要。目前，該行是葡萄牙最大的金融集團 —— 葡國儲金總局集團的成員，是澳門兩家發鈔銀行之一，在澳門設有 11 間分行。該行在 1997 年於新馬路建成的總行大廈，以其現代化的豪華氣派而成為葡資在澳門的主要標誌之一。[02] 據統計，1998 年 9 月，澳門大西洋銀行的資產總值是 100.98 億澳門元，存、貸款餘額分別是 87.08 億澳門元和 28.22 億澳門元。葡資另一家大型商業銀行是澳門商業銀行，該行是葡國第二大金融集團 —— 葡萄牙商業銀行集團的成員，在澳門設有 18 間分行，1998 年 9 月資產總值達 60.25 億澳門元，存、貸款餘額分別是 46.18 億澳門元和 29.76 億澳門元。據統計，1998 年 9 月，葡資銀行的資產總值是 690.13 億澳門元，存款餘額 169.91 億澳門元，貸款餘額 87.76 億澳門

01

大豐銀行：《大豐銀行總行新廈紀念冊》，1997 年，第 11 頁。

02

大西洋銀行：《Banco Nacional Utramarino, S.A. Macau Branch-Corporate Highlights》。

表 3 — 16　│　1998 年 9 月澳門商業銀行資產及存、貸款概況（單位：百萬澳門元）

	銀行名稱	資本總值	存款	貸款
中資	中國銀行	39,749.23	30,819	18,346
	大豐銀行	18,295.87	14,588	8,632
	澳門國際銀行	6,266.67	5,604	3,509
	廣東發展銀行	1,745.32	710	945
葡資	大西洋銀行	10,098.08	8,708	2,822
	澳門商業銀行	6,024.95	4,618	2,976
	葡國商業銀行	47,784.03	903	1,416
	多達亞速爾銀行	2,204.25	1,472	968
	富利銀行	428.14	45	169
	必利勝銀行	2,473.90	1,245	425
華資	滙業銀行	2,717.16	2,267	1,485
其他外資	萬國寶通銀行（美）	3,319.08	3306	2
	美國銀行（美）	1,115.03	903	531
	永亨銀行（美）	6,687.29	6,032	3,480
	滙豐銀行（英）	4,312.76	3,858	2,595
	渣打銀行（英）	1,569.63	1,504	1,253
	法國國家巴黎銀行（法）	634.74	303	371
	德意志銀行（德）	366.69	101	300
	海外信託銀行（香港地區）	1,203.32	1,046	507
	誠興銀行（香港地區）	11,109.82	9,984	5,053
	廖創興銀行（香港地區）	240.62	203	156
	台北國際商業銀行（台灣地區）	602.82	113	156
總額		169,029.41	98,332	55,941

資料來源：澳門政府公報刊登的各銀行試算表。

元，所佔澳門銀行資產總值及存、貸款餘額比重分別是 40.8%、17.3% 和 15.6%。

　　本地華資銀行主要有滙業銀行，滙業銀行歷史悠久，其前身是創辦於 1935 年的恒生銀號。1962 年，恒生將業務拓展至香港，在香港開設滙業有限公司，該公司初期主要經營外幣兌換，其後成為香港外匯市場成員。1969 年，滙業將業務拓展至吸收存款及進出口押匯，逐漸發展成商業銀行。1980 年，恒生銀行與香港滙業集團合併，自此，滙業集團成為一家橫跨港澳兩地的金融集團。1993 年 12 月，滙業集團易名為滙業財經集團，旗下的恒生銀行亦易名為滙業銀行。目前，該集團擁有附屬公司 11 家，經營的業務包括投資控股、商業銀行、商人銀行、證券、期貨、保險以及房地產等，已成為一家多元化的金融集團。**01** 據統計，1998 年 9 月，滙業銀行的資產總值為 27.17 億澳門元，存、貸款餘額分別是 22.67 億澳門元和 14.85 億澳門元。

　　其他外資銀行，包括美資的萬國寶通銀行、美國銀行、永亨銀行；英資的滙豐銀行、渣打銀行；法資的法國國家巴黎銀行；德資的德意志銀行；港資的海外信託銀行、誠興銀行、廖創興銀行；以及最近開設的台灣國際商業銀行。據統計，1998 年 9 月，其他外資銀行所佔澳門銀行資產總值及存、貸款餘額比重分別為 18.4%、27.8% 和 25.7%（表 3—16）。

三、澳門銀行業的基本特點

　　澳門銀行業的基本特點，主要表現在以下幾個方面：

　　（1）高度開放，國際化程度高。長期以來，澳門作為自由港，政府對經濟實行"不干預政策"，沒有外匯管制，資金、貨物、人員進出自由。在金融業，表現為資金流動的絕對自由性，銀行可自由訂定不同的匯率和利率，本幣在地區內可自由兌換，市場除流通本幣外，還流通港元和其他一些國際貨幣，港元的流通量長期佔澳門貨幣供應總量的一半以上，在大宗經貿、金融活動中，一般以港元作計價交易單位元。

　　銀行業可說是澳門經濟中國際化程度最高的環節之一，在 22 家商業銀行中，除 9 家本地註冊銀行外，其餘 13 家銀行來自中國內地、葡萄牙、美、英、法、德、香港以及台灣等國家或地區，這些銀行大多隸屬國際著名銀行，與國際金融市場保持密切的聯繫。

　　（2）對香港金融業的依賴性強。澳門整體經濟對鄰近的香港依賴性很強。港

01 ′

參閱《滙業財經集團近貌》，第 9—10 頁。

元在澳門金融體系中佔有極重要的地位，澳門貨幣實行與港元掛鈎的貨幣發行制度，在澳門的外匯儲備中，港元亦佔有一個相當重要的地位。而且港元還是澳門流通最廣泛的貨幣，在銀行存款中佔主導地位。正因為如此，澳門銀行利率必須跟隨香港銀行利率的走勢。澳門銀行業與香港銀行業聯繫密切，許多外資銀行都以香港為地區總部，由於澳門本地銀行同業市場不發達，銀行存款在扣除必要的流動資金外，餘額都必須存到香港銀行體系；澳門的外匯、證券、基金、黃金、期貨的買賣亦主要由澳門銀行透過它們在香港的地區總部或往來銀行代理進行。

（3）銀行業務以傳統的存款為主，分行網點密集。澳門商業銀行經營的業務，包括存款、放款、結算、外匯、保險、信託、證券、租賃、投資，以及黃金、期貨等。存款業務有本幣、港元以及多種外幣，部分還發行存款證。貸款業務主要有樓宇按揭、工商業貸款、貿易融資、項目貸款等。但總體而言，佔主要地位的仍是傳統的存款業務，以零售為主。正因為如此，澳門銀行的分行網點密集，22家銀行共開設 138 間分行，人口與銀行的比例是 3,000：1，密度相當高。為方便市民存提款，22 家銀行在澳門各區設有自動櫃員機 174 台，個別銀行還開設 24 小時銀行服務中心。[01]

（4）金融市場結構單一，業務範圍狹小。受到地域狹小和經濟規模細小的制約，澳門的金融市場業務範圍狹小，結構單一。從澳門整個金融業看，銀行業是主體，輔之以保險業，而銀行、保險業都以傳統的零售業務為主，即使是黃金、證券、期貨、外匯的買賣，也主要透過香港進行。澳門至今尚未建立起相應的金融市場，即使是銀行同業市場亦極不活躍，只限於澳門貨幣暨匯兌監理署和商業銀行之間的買賣。這種局面，已遠遠落後於客戶需求和國際金融業一日千里的發展形勢。

（原文發表於廣州《特區與港澳經濟》，1999 年 2-3 月）

01

《澳門手冊（1998）》，澳門日報出版社，1998年，第 147 頁。

澳門金融業的戰略定位 —— 中葡商貿合作的金融平台

一、金融業是澳門中葡商貿服務平台建設的重要一環

近年來，澳門社會各界特別是學術界，對澳門經濟的適度多元化已有相當深入的研究。最新達成的共識是：圍繞著澳門 "世界旅遊休閒中心" 的建設，積極推動澳門博彩旅遊業的垂直多元化，大力發展非博彩的多元化的綜合性旅遊業，並且通過粵澳聯合開發橫琴，形成與澳門錯位發展的旅遊休閒產業，做大做強區域旅遊休閒市場的 "蛋糕"。不過，根據我們的研究，澳門經濟適度多元化還可以循另一條新路徑發展：即圍繞著構建 "區域性商貿服務平台"（特別是 "中葡商貿服務平台"），積極扶持、培育、發展現代服務業，特別是與平台建設密切相關的總部經濟、會議展覽業、商貿服務業、文化創意產業、物流業和金融業等六大產業。

區域性商貿平台的建設，離不開金融業的支援，也為金融業發展提供了廣闊的空間。2006 年 "中國與葡語系國家經貿合作論壇" 第二屆部長級會議上，與會者簽署了 2007 年至 2009 年的《經貿合作行動綱領》，提出在論壇框架下建立一個中國與葡語國家的金融合作機制的設想，目的是要促進論壇各成員國借助金融手段進一步活躍彼此之間的經貿交往。為此，澳門金融管理局先後與多間葡語國家銀行及保險機構達成互利互助的合作協議，與 8 個葡語國家中的 5 個就交流合作簽訂了合作備忘錄，並與 5 個國家的保險監管局簽署了合作備忘錄。近年來，特區政府提出，希望國家在支持澳門特區與葡語系國家開展雙邊人民幣貿易結算及融資業務的基礎上，發揮其作為珠江三角洲地區乃至國家與葡語系國家合作與交流的平台作用，將澳門作為內地與葡語系國家合作的跳板，積極開展金融機構互設、金融市場及業務合作和金融智力合作等。因此，金融業的發展將是澳門商貿平台建設的重要一環。

二、澳門金融業發展現狀：以銀行業為主體，保險業輔之

澳門金融業歷史悠久，最早可追溯到 18 世紀 20 年代開辦的專門從事商船抵押的銀行。20 世紀 40 年代抗戰期間，廣州、香港先後淪陷，富商巨賈紛紛避入澳門，各類金融商號一度多達 300 多家，是澳門金融業最輝煌的日子。20 世紀 70 年代以來，澳門金融業發展迅速，到 90 年代中後期已成為澳門經濟的四大支柱之一，在澳門本地生產總值的比重約在 10% 左右。

澳門金融業以銀行業為主體，保險業輔之。由於澳門沒有獨立的資本市場，經濟活動中的金融服務功能主要由銀行體系承擔。與澳門外向型經濟體制相適應，澳門銀行業的國際化程度較高，技術和管理水準也比較先進，主要經營存貸款、匯兌、結算、保險、投資、理財、信用卡、保管箱等傳統銀行業務。目前，澳門共有 28 家銀行，包括離岸銀行及離岸附屬機構 2 家，專營公務員信用業務的郵政儲金局 1 家；其中，12 家為本地註冊銀行，16 家為外資銀行分行；還有一家金融公司，從事有限制的銀行業務。此外，其他持牌機構還包括 11 家兌換店、6 家兌換櫃台、2 家現金速遞公司、2 家金融仲介人公司及 1 家其他金融機構的代表辦事處（表 3—17）。澳門回歸後，特別是 2002 年澳門特區政府開放博彩經營權以來，隨著博彩業、房地產業的快速發展，以及整體經濟的迅速擴張，澳門銀行業獲得了良好的發展，盈利持續穩步增長，主要來自信貸及中間業務，其中房屋按揭貸款佔較大份額，銀行代客理財、信用卡等中間業務的非利息收入也有較大增長，收入呈多元化趨勢。近年來，大型酒店建築項目和高檔商住公寓不斷開工建設，銀行的大型房地產項目融資正向銀團貸款方向發展。澳門金融體系發展

表 3—17 ｜ 2011 年澳門持牌金融機構概況（不包括保險公司）

持牌銀行機構	銀行數目	其他持牌機構	其他持牌機構數目
總數	28	總數	22
總部設在本地之銀行	3	兌換店	11
外地銀行之附屬銀行	9	兌換櫃台	6
外地銀行分行	16	金融仲介人公司及代表辦事處	3

資料來源：澳門金融管理局。

穩健，各項業務均取得長足發展。據統計，截至 2011 年 12 月底，銀行體系的總資產達 6,566 億澳門元，比去年同期上升 21.8%；全年盈利約 46 億澳門元，增長 30%。澳門金融管理局行政委員會主席丁連星表示，澳門銀行業在 2011 年，取得了良好的業績，稅後利潤恢復到歷史最高位，正處於歷史最好時期。

澳門是一個以博彩旅遊業為主的微型經濟體，銀行業的經營具有一些顯著特點，分別是：

（1）澳門銀行業分行網點密集，平均每 3,000 人：1 間銀行，每 2 萬人：1 家保險公司，業務集中度較高。存貸款業務主要集中於中資及葡資銀行。其中，以中國銀行澳門分行和工商銀行澳門分行為代表的 8 家中資銀行，市場份額在六成以上，在市場居主導地位。

（2）作為一個快速發展的博彩旅遊中心，澳門銀行體系的現金流通量龐大，銀行“水浸”現象嚴重，資金缺乏出路，貸存比多年來一直低於 50%，而由於產品同質化明顯，尤其是傳統的存貸款業務的創新產品少，市場競爭十分激烈。

（3）澳門銀行在外幣處理方面有豐富的經驗。雖然澳門元是澳門唯一的法定貨幣，但實際上港元與澳門元同時並行，佔 Mo 的比重相若。銀行流通體系中還有其他外幣和人民幣。澳門銀行在處理雙幣種運行、現鈔防偽等方面積累了豐富的經驗，這為澳門開展人民幣業務創造了重要的基礎條件。

第四，澳門銀行業監管審慎，銀行體系資產質量良好（2009 年 2 月不良貸款比率為 0.91%），資本充裕（2008 年底資本充足比率為 15.01%），流動性充沛（2009 年 4 月 16 日 3 個月流動比率為 68.50%），監管較穩健。澳門在 2006 年 APG 和 OGBS 共同評估以及 2008 年國際貨幣基金組織的離岸金融中心評估中，獲得了“符合國際標準與最佳實踐基本一致”的高度評價。同時，穆迪公司將澳門本外幣政府債信評級調升至 A3，評級前景穩定。**01**

保險業是澳門金融業的另一個重要組成部分。目前，澳門共有 24 家保險公司，其中，本地保險公司 8 家，跨國保險公司在澳門的分支機構 16 家。若按業務分類，則從事人壽保險的 11 家，從事非壽險的 13 家。回歸以來，隨著博彩業和整體經濟的快速發展，澳門保險市場的規模不斷擴大。2007 年，保費收入達 32.2 億澳門元，比 2006 年增長 30.1%，其中壽險收入 22.5 億澳門元，同比增長 28.6%，財險保費收入 9.7 億澳門元，同比增長 33.8%。長期以來，澳門保險市場中壽險與非壽險市場份額一直維持在約 7：3 的比例。儘管澳門保險業過去幾年發展

01'

田地：〈回歸十年澳門金融業持續穩健發展〉，《中國金融》，第 24 期，2009 年 12 月 21 日。

迅速，但保險市場的密度和深度仍處於較低水準。從長遠來看，澳門保險市場仍然具有相當大的開發潛力。

　　總體而言，澳門金融業的經營業務範圍較狹窄，結構單一，對香港金融市場的依賴性極強。由於澳門本地銀行同業市場不發達，銀行存款在扣除必要的流動資金後，餘額都存到香港銀行體系。澳門的外匯、證券、基金、黃金、期貨的買賣，亦主要由澳門銀行透過它們在香港的地區總部或往來銀行代理進行。為改善金融清算管道狹窄、金融基礎建設落後的狀況，澳門金融管理局加強了與香港、中國內地金融監管當局的緊密合作，於 2007 年和 2008 年先後開通了與香港的跨境港元、美元支票清算系統，建立起快捷安全的跨境支付管道，促進資金流動。金管局還與周邊地區商討建立區域資金清算共同平台，加快澳門實時支付清算系統的籌建進程，以加強與香港和內地實時清算系統的對接，提升粵港澳跨境資金清算效率，推動三地經濟金融的合作與融合。**01**

01

田地：〈回歸十年澳門金融業持續穩健發展〉，《中國金融》，第 24 期，2009 年 12 月 21 日。

三、澳門金融業的戰略定位：中葡商貿合作的金融平台

　　澳門回歸後，特別是 2002 年澳門特區政府開放博彩經營權以來，隨著博彩業的快速發展、外資的大規模進入，澳門整體經濟獲得超常規的增長。據統計，2010 年，澳門本地生產總值達 2,269.41 億澳門元，比 1999 年的 472.87 億澳門元大幅增長了 3.8 倍。2010 年，澳門人均本地生產總值達 5.26 萬美元，在亞洲位列第二、世界位列第五。澳門在大珠三角地區乃至全球經濟中的戰略地位逐步凸顯。國家"十二五"規劃綱要指出："支持澳門建設世界旅遊休閒中心，加快建設中國與葡語國家商貿合作服務平台。"換言之，從中長期發展來看，澳門的發展戰略被定為"世界旅遊休閒中心"以及"中國與葡語國家商貿合作服務平台"。

　　眾所周知，在區域與國際分工合作中，澳門經濟的一個重要比較優勢，是它的區位優勢、自由港優勢和國際網絡優勢。澳門是中國南大門、與香港互成犄角之勢的另一個自由港、獨立關稅區，回歸後是繼香港之後的第二個特別行政區。澳門背靠的，是珠江三角洲西部，沿西江往西北上溯是西江中下游廣闊的經濟腹地，而它所聯繫的國際層面，則以歐盟和葡語國家為重點。正是基於這些獨特的優勢，2002 年特區政府明確提出了致力將澳門建設成為區域經濟發展的"三個服務平台"的目標，即作為內地，特別是廣東西部地區的商貿服務平台；作為中國內地與葡語國家經貿聯繫和合作的服務平台；以及作為全球華商聯絡與合作的服

務平台。

　　"三個服務平台"中，最核心的就是"中國與葡語國家商貿合作服務平台"。所謂"平台"，實際上就是區域商貿網絡的樞紐。由於歷史的原因，長期以來，澳門與歐盟，特別是葡語系國家和地區一直保持著緊密的經濟、社會、文化等多方面的聯繫。回歸以來，隨著中國經濟實力的不斷增強，特別是廣東珠三角地區經濟蓬勃發展，澳門吸引了眾多葡語系國家設立機構以開展與中國的經貿交流。2003 年，中央政府決定將"中國—葡語國家經貿合作論壇"設在澳門，其用意也是要協助澳門打造這一平台。2010 年，中葡論壇第三屆部長級會議定於澳門舉行，將進一步強化澳門與葡語國家的廣泛聯繫，提升和鞏固澳門作為"中國與葡語國家商貿合作服務平台"的戰略地位。因此，澳門有優勢、也有條件發展成為聯繫歐盟、葡語國家與中國內地特別是廣東珠三角地區、甚至包括香港、台灣地區的區域性商貿服務平台。"中國與葡語國家商貿合作服務平台"的建設，推動了澳門及中國內地與葡語國家的貿易聯繫。據統計，從 2002 年到 2010 年，中國與葡語國家的進出口總額從 60.52 億美元增長到 914.23 億美元，8 年間增長 14.10 倍，年均增長 40%，中國與葡語國家經貿合作的快速增長勢頭可見一斑。澳門在這一過程中投入了大量人力、物力，推動了中葡經貿發展，平台作用進一步彰顯。2009 年，澳門與葡語國家的進出口貿易總額達 3.22 億澳門元，同比增長 20.15%。

　　區域性商貿平台的建設，離不開金融業的支援，也為金融業發展提供了廣闊的空間。2006 年"中國與葡語系國家經貿合作論壇"第二屆部長級會議上，與會者簽署了 2007 年至 2009 年的《經貿合作行動綱領》，提出在論壇框架下建立一個中國與葡語國家的金融合作機制的設想，目的是要促進論壇各成員國借助金融手段進一步活躍彼此之間的經貿交往。為此，澳門金融管理局先後與多間葡語國家銀行及保險機構達成互利互助的合作協議，與 8 個葡語國家中的 5 個就交流合作簽訂了合作備忘錄，並與 5 個國家的保險監管局簽署了合作備忘錄。在中葡經貿合作過程中，澳門金融業提供了重要的服務支援。當中國對葡語國家的貿易存在較大逆差時，為了擴大出口，中國銀行澳門分行、葡萄牙投資銀行、安哥拉發展銀行 3 家銀行合作提供了 1 億美元的信貸額，幫助中國企業出口產品到安哥拉，並為在安哥拉工作的中國公民提供匯款服務。正在安哥拉等葡語國家拓展清潔能源市場的澳門賀田工業有限公司總經理賀一誠表示："有了這樣的金融支持作為堅實的後盾，中國企業將會更有信心。" **01**

01

參閱〈澳門全面搭建中國與葡語國家貿易交流平台〉，新華網，2011 年 3 月 22 日，http://www.gotohui.com/show.php?contentid=31053。

近年來，特區政府提出，希望國家在支持澳門特區與葡語系國家開展雙邊人民幣貿易結算及融資業務的基礎上，發揮其作為珠三角地區乃至國家與葡語系國家合作與交流的平台作用，將澳門作為內地與葡語系國家合作的跳板，積極開展金融機構互設、金融市場及業務合作和金融智力合作等。金融業的發展將成為澳門構建"中國與葡語國家商貿合作服務平台"的重要一環。誠然，澳門經濟規模細小，"中國與葡語國家商貿合作服務平台"的確立難以獨力完成，必須與毗鄰的廣東珠海，特別是珠海橫琴新區合作展開。因此，澳門金融業也必須與香港、廣東加強合作，尤其是要在橫琴新區共建"粵港澳金融緊密合作區"。

四、做大做強澳門金融業：推動澳門銀行佈局於珠江西岸地區

從總體上看，CEPA 作為中央政府與香港、澳門特區政府簽署的制度安排，它對港澳的開放是全面性的，實際上是全國各地對香港、澳門服務業的開放。因此，CEPA 的開放門檻不可能太低，必須受到全國各地區地方政策、法規的制約。然而，由於利用 CEPA 制度安排進入內地的港澳企業，主要是中小型企業（較大型的港澳企業基本都能在 WTO 的框架下進入內地，根本不必要通過 CEPA 管道），這些中小型的港澳服務企業往往因為門檻偏高而難以進入。這種情況在澳門尤甚，事實上，澳門服務企業中，98% 以上均為小型企業。因此，在現行 CEPA 框架下，它們實難以進入內地發展。就以具一定競爭力的銀行業為例，2003 年內地與香港、澳門分別簽署 CEPA 協議，將銀行業准入門檻從資產總規模 200 億美元降低至 60 億美元。按照這一門檻，香港有 8 家銀行在 CEPA 框架下進入內地。然而，由於澳門主要註冊銀行的資產規模與 60 億美元資產的門檻規定仍有相當距離，該項開放措施對澳門來說形同虛設。

目前，澳門主要註冊銀行的資產規模與 CEPA 框架下 60 億美元的門檻規定尚有相當大的距離。這制約了粵澳兩地金融業的合作。建議在 CEPA 先行先試的制度安排下，在廣東省設立澳門金融機構准入的"綠色通道"，將澳門銀行業的准入門檻，從總資產規模 60 億美元降低至 30 億美元（同時對銀行的風險控制能力和資產負債情況提出更高的要求），令澳門部分銀行可以進入經營，[01] 使其龐大的資金增加多一條出路，進一步做大規模。由於澳門與廣東珠江西岸地區的密切經濟聯繫，可考慮對澳門銀行業開放珠江西岸的珠海、中山和江門三市。同時，允許澳門銀行在廣東境內設立小區銀行、村鎮銀行等新型金融機構，讓澳門銀行能夠

拓展其經營空間，使其龐大的資金有一條更好的出路，對廣東珠三角地區，特別是珠江西岸地區經濟發展也有積極的推動作用。2010 年 7 月 29 日在 "佛澳 CEPA 合作交流會" 上，澳門貿易投資促進局主席張祖榮就表示，在粵澳金融合作方面，已著手安排引進澳門銀行到佛山設立異地支行，並推薦澳資銀行在佛山開設村鎮銀行或小額貸款公司。**01**

　　隨著澳門銀行進入廣東，粵澳之間金融市場的合作也將加強。目前，粵港澳三地均形成各自的同業市場，三地金融機構都推出不同類型的金融產品，這些產品無論是在交易限制、監管要求、風險披露等方面都不盡相同。因此，粵澳金融業的合作，還需在構建共同的銀行同業市場、推進金融產品的跨境發行和流通等方面有所加強。此外，《規劃綱要》指出："支持港澳地區人民幣業務穩健發展，開展對港澳地區貿易項下使用人民幣計價、結算試點。" 澳門應積極爭取開放人民幣結算業務，這既可增加澳門銀行的相關業務，有效運用銀行的人民幣資金，也有助於促進澳門與廣東珠三角地區在經濟和金融方面的融合。

五、做大做強澳門金融業：加強澳門與橫琴新區的金融合作

　　中央政府和廣東省政府要積極支持澳門金融業進入橫琴，推動橫琴金融創新。橫琴開發作為 "一國兩制" 下粵港澳合作的新模式，珠澳合作發展金融業，使兩地實現錯位發展、優勢互補，將有利於拓寬澳門金融業資金的出路，也有利於內地金融同業與澳門同業管理經驗的交流互補，促進兩地金融業的共同進步與發展。

　　《橫琴總體發展規劃》提出要 "鼓勵金融創新"，包括鼓勵橫琴在金融業務、金融機構准入、金融市場、金融產品等方面進行創新，拓展融資管道。具體包括：按照有關管理辦法設立橫琴股權（產業）投資基金；開展金融產品和服務創新試點；開辦和推廣知識產權、收益權、收費權和應收賬款質押融資；發展租賃融資；以及支援符合橫琴產業發展規劃的行業和企業發展。在推進建立統一的法律制度和有效的監管機制背景下，允許橫琴金融機構開展綜合經營試點，研究開展個人本外幣兌換特許業務試點。

　　規劃方案還制定了產業投融資體系政策 —— 拓寬直接融資管道，建立創業投資引導基金，培育股權投資機構，支援符合條件的橫琴開發運營機構和企業在全國銀行間市場發行債務融資工具，或直接發行企業債券。此外，還將創新中小企

01

參閱：〈澳門銀行將到佛山開支行，佛澳 CEPA 合作交流會簽訂 12 項目〉，《南方都市報》，2010 年 7 月 30 日。

業的融資模式；建立中小企業信用擔保機構和區域性再擔保機構；鼓勵發展小額貸款公司和中小企業投資公司；探索開辦和推廣知識產權、收益權、收費權和應收賬款質押融資；積極發展租賃融資；吸引國際企業參與橫琴的投資建設。

在金融監管合作方面，將進一步加強廣東與澳門金融管理部門、反洗錢監管部門和司法部門在反洗錢和反恐怖融資領域的政策協調與資訊溝通；加強跨境外匯和人民幣資金流動監測工作，防範洗錢和恐怖融資犯罪活動的發生，確保橫琴外匯資金流動風險可控並受到有序的監管。

近年來，隨著 CEPA 的實施和逐步開放，港澳企業要求在內地發展時獲得"國民待遇"的呼聲日趨高漲。在 CEPA 先行先試的制度安排下，廣東可以考慮率先在橫琴新區對港澳服務企業全面開放，例如率先在珠海橫琴對澳門銀行業實施開放，將進入"門檻"率先降至 30 億美元的總資產規模。同時，澳門的銀行在橫琴新區開設分行後，可考慮將業務輻射到廣東珠江西岸其他城市，例如讓珠海、中山、江門的客戶也可以到橫琴新區的澳門銀行存貸款。

總體而言，一個強而有力的、覆蓋廣東珠海橫琴以及珠江西岸地區的金融業環節將可促使澳門成為中國與葡語國家商貿合作的金融服務平台。

（原文發表於澳門《澳門研究》，2012 年第 3 期，作者為馮邦彥、王鶴、彭薇）

新時期澳門金融業的戰略定位與特色金融的發展

一、澳門金融業的發展演變及其在整體經濟中的地位

澳門金融業歷史悠久，最早可追溯到 18 世紀 20 年代開辦的專門從事商船抵押的銀行。1902 年，葡萄牙大西洋銀行在澳門開設分行，標誌著澳門銀行業的起步發展。1905 年 9 月 4 日，當時的澳葡政府與大西洋銀行簽訂合約，委託大西洋銀行擔任發鈔銀行，印製和發行澳門本地流通的貨幣 —— 澳門元（PATACA），次年澳門元正式面世。這一時期，華人資本經營的錢莊、銀號也逐步發展起來。這些早期的信用機構，主要從事融資、信託、授信、找換貨幣、轉賬過戶等金融活動。20 世紀 40 年代抗戰期間，廣州、香港先後淪陷，內地富商巨賈紛紛避入澳門，各類金融商號一度多達 300 多家，是澳門金融業最輝煌的日子。

二戰後，受到經濟環境的制約，澳門金融業發展緩慢。20 世紀 60 年代，澳門經濟發生兩個重要變化，一是澳葡政府將博彩專營權授予澳門旅遊娛樂公司，博彩業取得快速發展，從而促進澳門經濟全面復甦；二是受國內政治運動影響的移民和東南亞華僑大批來澳定居，使澳門人口激增。這兩大變化促進了澳門出口加工業和地產建築業的發展，經濟活動日趨活躍，融資的需求亦隨之增加，為金融業的發展創造了需求。1970 年澳門頒佈首部銀行法，促進了銀行業的迅速發展，一些歷史悠久的本地華商銀號紛紛註冊為銀行，著名的有大豐銀行、誠興銀行、永亨銀行、恒生銀行（即現滙業銀行）、國際銀行、南通銀行（中國銀行澳門分行前身）等。與此同時，外資銀行也相繼進入澳門，包括香港滙豐銀行、澳門商業銀行、標準渣打銀行、花旗銀行等。1982 年 8 月，為順應銀行業發展的需要，澳葡政府頒佈了《信用制度暨金融結構管制法令》，即新銀行法例。根據新銀行法例的要求，許多銀行宣佈增資，銀行業務量迅速增加，並成立了外匯同業聯合會和

銀行同業公會等行業協會，澳門金融業展現出新的繁榮景象。到 90 年代中後期，金融業已成為澳門經濟的四大支柱產業之一（另外三個支柱產業是博彩旅遊業、出口加工業、地產建築業），在澳門本地生產總值（GDP）所佔比重為 9.90%。

　　1999 年回歸後，因為亞洲金融危機的衝擊，澳門銀行業受到影響。1999 年底，銀行體系不良貸款比率上升到 20.0%，貸款備用金的急劇上升引致整體銀行營運利潤下降至 0.9 億澳門元，總貸款額經歷了多年上升趨勢後轉為下跌，總資產在 1999 年大幅下跌 19.1%。不過，儘管如此，銀行體系卻一直維持充足的資本，由 1995 年開始統計的整體資本充足比率在當年仍維持在 16.4% 的高水準，遠高於巴塞爾委員會訂定的最低水準。[01] 面對經濟放緩，特區政府採取了"固本培元，穩健發展"等一系列政策，使澳門經濟開始復蘇。在金融當局的監管下，銀行業對這次危機中所暴露的問題作出全面檢討，對風險管理及內部控制進行調整，在經營上採取更審慎的政策。

　　2002 年澳門特區政府開放博彩經營權，以及 2003 年中央政府實施內地居民赴港澳"自由行"的政策，吸引了外資大規模進入，並極大程度上推動了博彩業和整體經濟的快速發展。在此背景下，澳門的金融業獲得了快速的增長。據統計，1999 年，澳門金融業創造的附加值為 40.21 億澳門元，到 2013 年增加到 164.32 億澳門元，14 年間增長了 3.09 倍。這一時期，由於博彩業的快速增長，博彩及博彩仲介業佔澳門 GDP 的比重從 2000 年的 33.3% 大幅增加到 2014 年的 58.45%，同期包括博彩及博彩仲介業、酒店餐飲業、批發零售業在內的博彩旅遊業在整體經濟中所佔比重從 41.6% 增加到 68.6%。在博彩業"一業獨大"的背景下，製造業所佔比重從 8.1% 大幅下降到 0.4%，運輸、倉儲及通訊業所佔比重從 6.3% 下降到 2.0%，而金融業則從 9.1% 下降到 4.5%。不過，從廣義上看，金融業在澳門經濟中仍佔有重要地位，它成為僅次於博彩旅遊業、地產建築業的第三大支柱產業；而從狹義上看，金融業為澳門經濟第五大支柱產業，位居博彩及博彩仲介業、地產業、批發零售業和酒店餐飲業之後（表 3—18）。不過，如果考慮到金融業對整體經濟的影響力，金融業的重要性實在遠超批發零售業和酒店餐飲業，可以說仍然是澳門經濟中僅次於博彩業、地產業的第三大支柱產業，在澳門經濟適度多元化的過程中無疑將扮演重要的角色。

01'

澳門金融管理局：《二十週年特刊》，2010 年，第 28 頁。

表 3－18 ｜ 2000 年至 2014 年澳門以當年價格按生產法計算的本地生產總值的結構（單位：%）

年份	2000	2002	2005	2007	2010	2012	2014
博彩及博彩仲介業	33.3	38.0	43.3	44.5	59.2	62.9	58.3
批發零售業	3.5	4.5	3.8	3.6	4.9	5.3	5.2
酒店餐飲業	4.8	5.3	4.6	4.2	5.1	4.8	5.1
小計	41.6	47.8	51.7	52.3	69.2	73.0	68.6
地產業	11.8	9.6	9.4	8.8	6.3	6.6	8.3
租賃及工商服務（注）	2.9	3.9	4.3	5.0	4.4	3.2	3.9
建築業	1.9	2.0	6.9	11.2	3.6	3.1	4.3
小計	16.6	15.5	20.6	25.0	14.3	12.9	16.5
金融業	9.1	7.7	6.7	5.8	4.1	3.6	4.5
運輸、倉儲及通訊業	6.3	5.4	3.7	3.0	2.4	1.9	2.0
製造業	8.1	5.6	3.3	2.2	0.6	0.5	0.4
其他	18.3	18.0	14.0	11.7	9.4	8.1	8.0
合計	100.0	100.0	100.0	100.0	100.0	100.0	100.0

註：其中工商服務不屬地產建築業，嚴格來說應該剔除。

資料來源：澳門統計暨普查局：《統計年鑑》，歷年。

表 3－19 ｜ 澳門持牌金融機構概況（不包括保險公司）（單位：家）

持牌銀行及金融公司	數目	其他持牌機構	數目
總部設在本地之銀行	3	兌換店	11
外地銀行之附屬銀行	7	兌換櫃檯	6
外地銀行分行	19	現金速遞公司	2
金融公司	3	金融仲介公司及代表辦事處	3

資料來源：澳門金融管理局。

二、回歸以來澳門金融業發展的基本特點

回歸以來，經過 10 多年的發展，澳門金融業具有以下一些基本特點：

1. 澳門金融業仍以銀行業為主體，保險業輔之，結構仍較為單一。

與香港相比，澳門金融業的結構仍較為單一，主要由銀行業和保險業兩個環節組成。由於澳門沒有獨立的資本市場，經濟活動中的金融服務功能主要由銀行體系擔任。與香港銀行體制不同，澳門銀行業沒有法律規定的三級制。不過，實際上也存在類似的三級制：處於最高層的是商業銀行，它們構成金融業的主體。目前，澳門銀行已從回歸前的 23 家增加到 29 家，其中 10 家為本地註冊銀行，包括 3 家以澳門為總部的本地銀行和 7 家外地銀行的附屬銀行，19 家為外地銀行分行。處於中間層面的是非銀行金融公司，目前共有 3 家，包括 1 家從事有限制銀行業務的金融公司、1 家從事融資租賃業務的財務公司和 1 家從事發行及管理電子貨幣儲值卡業務的信用機構。處於最基層的是兌換店、兌換櫃檯及現金速遞公司，目前共有 11 家兌換店、6 家兌換櫃檯、2 家現金速遞公司及 3 家金融仲介公司及代表辦事處（表 3—19）。保險業方面，共有 23 家保險公司，其中 11 家從事壽險及私人退休基金管理業務，12 家經營非壽險業務。

2. 回歸以來澳門銀行業取得快速發展，業務日趨多元化，銀行體系資金流量龐大，競爭力增強。

回歸前，澳門銀行經營的業務，以傳統銀行業務為主，主要包括存貸款、匯兌、結算、保險、投資、理財、保管箱等。不過，回歸以後，特別是 2002 年特區政府開放博彩經營權以後，隨著博彩業、房地產業的快速發展，以及整體經濟的迅速擴張，澳門銀行業獲得了良好的發展，在產品多樣化、經營多元化、操作電子化等方面都取得了令人滿意的進展，盈利也持續穩步增長，主要來自信貸及中間業務，其中房屋按揭貸款佔較大份額，銀行代客理財、信用卡等中間業務的非利息收入也有較大增長，收入呈多元化趨勢。過去 10 年來，大型酒店和高檔商住樓宇不斷開工建設，銀行的大型房地產項目融資正向銀團貸款方向發展。隨著業務的快速增長，銀行業的資金流量和資產日趨龐大。據統計，截至 2014 年底，澳門銀行體系的總資產已達 11,744 億澳門元，比賭權開放前 2001 年的 1,423 億澳門元大幅增長了 7.25 倍；存、貸款餘額分別為 7,911 億澳門元和 6,897 億澳門元，分別比 2001 年增長了 6.16 倍和 12.96 倍；銀行營運利潤為 108.75 億澳門元，比 2001 年的 5.85 億澳門元大幅增長了 17.59 倍（表 3—20）。澳門銀行業的競爭力明顯增

表 3 — 20 ｜ 澳門銀行業經營概況（單位：億澳門元）

年份	總資產	客戶貸款	客戶存款	銀行同業資產	銀行同業負債	營運利潤
2001	1,423	494	1,105	489	112	5.85
2002	1,519	513	1,196	521	99	9.07
2003	1,558	487	1,297	582	78	9.66
2004	1,713	527	1,428	582	82	14.78
2005	2,168	652	1,851	901	109	25.06
2006	2,735	764	2,310	1,213	171	28.96
2007	3,281	1,086	2,682	1,342	294	39.01
2008	3,595	1,506	2,750	1,367	516	33.37
2009	4,268	1,866	3,068	1,672	860	36.15
2010	5,398	2,457	3,400	2,239	1,570	38.84
2011	6,582	3,224	4,140	2,401	1,934	50.53
2012	7,962	4,068	5,406	2,719	1,821	62.88
2013	9,903	5,347	6,805	3,268	2,217	84.68
2014	11,744	6,897	7,911	3,474	2,685	108.75

資料來源：澳門金融管理局：《年報》，歷年。

強，正處於歷史上最好的發展時期。

3. 澳門銀行業國際化程度高，在外幣處理方面具有豐富經驗，人民幣離岸業務已有了一定的發展。

長期以來，澳門作為自由港，政府對經濟實行不干預政策，沒有外匯管制，資金、貨物、人員進出自由。在金融業，表現為資金流動的絕對自由性，本幣在區內可自由兌換，市場除流通本幣外，還流通港幣和其他一些國際貨幣，港元的流通量長期佔澳門貨幣供應總量的一半以上。銀行業可以說是澳門經濟中國際化程度最高的環節，29 家持牌銀行中，除了 3 家為本地註冊銀行外，其餘 26 家均為境外銀行，來自葡萄牙、中國內地、香港、美、英、法、德等國家或地區。許多銀行隸屬國際著名銀行，與國際金融市場保持緊密的聯繫。回歸以來，澳門銀行業在國際化方面有了進一步的發展，銀行業務已廣泛分佈在亞洲及歐洲地區，突破了澳門市場容量有限的瓶頸。不過，澳門銀行業的業務集中度較高，存貸款業務主要集中於中國銀行澳門分行等中資銀行，以及大西洋銀行等葡資銀行。其中，以中國銀行澳門分行和工商銀行澳門分行為代表的 8 家中資銀行約佔六成以上的市場份額，在市場上居主導地位。

由於國際化程度高，澳門銀行在處理外幣方面具有豐富經驗。雖然澳門元是澳門唯一的法定貨幣，但實際上港元與澳門元同時並行，佔 Mo 的比重相若。銀行流通體系中還有其他外幣和人民幣。澳門銀行在處理雙幣種運行、現鈔防偽等方面積累了豐富的經驗，這為澳門開展人民幣業務創造了重要的基礎條件。澳門銀行的人民幣業務，包括自 2004 年開辦的個人人民幣業務及自 2009 年開辦的跨境貿易人民幣結算業務，一直保持著穩步有序的發展態勢。截至 2014 年 9 月底，澳門人民幣存款總餘額已達 1,187 億澳門元，跨境貿易人民幣結算業務累計交易額為 4,650 億澳門元，人民幣信用卡（含澳門元、人民幣雙幣卡）的發行量已超過 15 萬張。

4. 作為金融業組成部分的保險業，亦具有國際化的特點，經營業務以壽險為主，以財險為輔。

據統計，截至 2015 年 12 月底，澳門保險業共有 22 家保險公司，其中 11 家為人壽保險公司，主要從事壽險及私人退休基金管理業務，其餘 11 家為非人壽保險公司，主要從事勞工保險、火險、汽車保險、海運保險及雜項保險等非壽險業務。按照其原屬地區劃分，則 8 家屬澳門本地公司，其餘 14 家為外資保險公司的分公司，來自美國、加拿大、葡萄牙、中國、百慕達等 5 個國家及中國香港特別行政區。澳門保險公司經營的業務，以壽險為主，非壽險為輔，兩者的市場份額大約維持在 7：3 的比例。近年來，澳門保險業獲得快速發展，保費收入的增長率達到兩位數字。據統計，2014 年，澳門保險業收取的保費收入為 88.57 億澳門元，比 2010 年的 37.72 億澳門元增長了 1.35 倍。其中，壽險業務的保費收入為 69.01 億澳門元，比 2010 年的 26.85 億澳門元增長了 1.57 倍，佔總體保險收入的 77.9%；而非壽險業務的保費收入為 19.56 億澳門元，比 2010 年的 10.87 億澳門元增長了 79.9%，佔總體保險收入的 22.1%（表 3—21）。非壽險業務收入中，火險、雜項保險、勞工保險、汽車保險分別佔 33.8%、31.0%、21.5% 和 12.9%。回歸以來，澳門

表 3—21 | 澳門保險業保費收入增長概況（單位：億澳門元）

年份	保費總收入		壽險收入		非壽險收入	
	金額	增長率（%）	金額	增長率（%）	金額	增長率（%）
2001	12.88	16.7	9.29	23.0	3.59	3.2
2002	14.37	11.6	10.57	13.8	3.79	5.7
2003	15.84	10.3	11.90	12.5	3.94	4.0
2004	18.92	19.4	14.38	20.8	4.54	15.1
2005	22.15	17.1	16.31	-6.9	5.78	27.4
2006	24.78	10.5	17.52	4.7	7.25	27.4
2007	32.26	30.2	22.54	28.6	9.72	34.0
2008	34.47	6.9	25.48	13.0	8.99	-7.5
2009	32.63	-5.3	23.32	-8.5	9.32	3.8
2010	37.72	15.6	26.85	16.2	10.87	16.7
2011	43.52	15.4	31.37	16.8	12.15	11.8
2012	54.39	25.0	37.37	19.1	17.02	40.1
2013	68.26	25.5	49.64	32.8	18.63	9.5
2014	88.57	29.7	69.01	39.0	19.56	5.0

資料來源：澳門金融管理局：《年報》，歷年。

保險業雖然有了較快的發展，但總體而言，保險市場的密度和深度仍處於較低水準。從長遠來看，澳門保險業仍然具有相當大的發展潛力。

5. 金融業監管穩健，重視防範金融風險。

回歸以後，為了加強對金融業的監管，以符合國際金融業監管的一般慣例，澳門特區政府在 1989 年成立的澳門貨幣暨匯兌監理署（葡萄牙語：Autoridade Monetaria e Cambial de Macau，簡稱 AMCM）的基礎上，於 2000 年 2 月 15 日成立了澳門金融管理局（葡萄牙語：Autoridade Monetária de Macau，簡稱 AMCM）。金融管理局的職責是根據規範貨幣、金融、外匯及保險活動市場的法律、法規，指導、統籌及監察金融市場，以確保其正常運作，並對金融市場的經營者繼續監管，確保金融體系的穩定。同年 3 月 31 日，澳門金融管理局又受特區政府委託，負責管理土地基金資產。[01] 2002 年博彩經營權開放以後，澳門的外匯儲備大幅增加，至 2015 年 5 月底，外匯基金資產總額為 1,391 億澳門元，相當於 4 月底澳門流通貨幣的 12 倍，及廣義貨幣供應（M2）中屬於澳門元的 105.2%。目前，澳門銀行體系資產質量良好，資本充沛，資金流動性高，監管穩健。據統計，2014 年底，澳門銀行體系壞賬率僅為 0.12%，資本充足比率為 14.2%，一個月資金流動比率為 55.6%。

為了改善金融清算管道狹窄、金融基礎建設相對滯後的狀況，澳門金融管理局加強了與香港、中國內地金融監管當局的合作，於 2007 年及 2008 年先後開通了與香港、中國內地的跨境港元、美元支票清算系統，建立起快捷、安全的跨境支付管道，促進資金流動。2011 年，國際貨幣基金組織在其發佈的年度評估報告中，對巴塞爾銀行監管委員會有關銀行監管 25 個核心原則在澳門的實施，作出了 21 個符合、4 個大體符合的結論。

三、澳門金融業的戰略定位：區域性商貿合作的金融服務平台

回歸以來，隨著澳門經濟規模的擴大、澳門金融業的迅速發展，澳門在大珠三角金融中心圈中所扮演的角色也越來越受到重視。總體而言，澳門金融業的發展定位，是由澳門資源稟賦、比較優勢、整體經濟及金融產業發展現狀，以及當前的發展機遇等種種因素所決定。具體分析如下：

1. 金融業發展是澳門經濟適度多元化的客觀要求。

2002 年博彩經營權開放以來，澳門的博彩業獲得了"爆炸式"的增長，"一業獨大"的發展態勢凸顯。2013 年，博彩業毛收入佔 GDP 的 80%，博彩稅收佔政府公共財政收入的 76%，博彩業從業人員佔總勞動人口的比重亦接近 25%。博彩業的"一業獨大"，使得生產資源過度聚集，在土地、人力資源、資本等生產要素方面擠壓了其他行業尤其是中小企業的生存空間。而經濟結構的單一化更使得經濟具有波動性的特點，導致整體抗風險能力不足。有鑒於此，國家"十一五"規劃提出要"促進澳門經濟適度多元發展"；國家"十二五"規劃更明確指出："支持澳門推動經濟適度多元化，加快發展休閒旅遊、會展商務、中醫藥、教育服務、文化創意等產業"。然而，從過去十年的實踐看，澳門經濟適度多元化的過程雖然

01
澳門金融管理局：《二十週年特刊》，2010 年，第 14 頁。

取得了一些進展，但總體成效並不理想，而博彩業 "一業獨大" 的情況更趨嚴重。究其原因，是由於澳門經濟規模細小，比較優勢相對單一，在博彩業快速發展的背景下，其他行業的發展受到了土地、人力資源嚴重短缺的制約。

2014 年下半年，隨著中國經濟進入 "新常態" 及反腐敗活動的展開，支撐澳門經濟特別是博彩業高速發展的外部環境發生重大變化，博彩收入開始大幅下滑，導致本地生產總值長期以來的上升軌跡不再，出現實質負增長（-0.4%）。由此，澳門經濟進入調整期，負面影響從博彩業逐漸擴散到與博彩業密切相關的酒店、餐飲、零售等行業，表現為酒店房價下跌、餐飲生意轉淡、零售收入下降等。從當前博彩業急速回落的發展態勢來看，澳門經濟轉型升級及產業適度多元化已迫在眉睫，需要積極培育經濟發展的新動力、新源泉，以保障整體經濟繼續平穩發展。

從目前澳門經濟的總體結構來看，對澳門本地生產總值貢獻較大的行業中，除了博彩業以外，其他的包括批發零售、酒店餐飲、地產等均與博彩業有高度關聯性，要持續發展不僅受到土地、人力資源短缺的制約，而且容易受到外部經濟環境的影響；特區政府大力倡導發展的會展業等目前基礎仍然薄弱，進一步發展不僅受到土地資源及交通基礎設施配套不足的制約，而且須與周邊地區如香港、廣州、深圳等城市激烈競爭。而澳門金融業經過多年的發展，已經具備進一步擴展壯大的基礎和潛力。金融業是資金、技術、人才、知識密集型行業，其發展可以避開澳門土地、人力資源及市場空間有限的制約。因此，在澳門現有資源稟賦和產業發展中，金融業是最有條件成為推進經濟適度多元化的支柱產業。

2. 金融業的發展須有效配合 "一個中心、一個平台" 的建設。

澳門作為微型經濟，資源稟賦和比較優勢都相對有限。回歸以來，中央政府根據澳門的實際情況，提出了建設 "世界旅遊休閒中心" 和 "中國與葡語國家商貿合作服務平台" 的發展定位，以有效推進經濟適度多元化。因此，澳門金融業的進一步發展，必須有效配合 "一個中心、一個平台" 的建設。

眾所周知，在區域與國際分工合作中，澳門經濟的一個重要比較優勢，是它的區位優勢、自由港優勢和國際網絡優勢。澳門是中國南大門，是與香港互成犄角之勢的另一個自由港、獨立關稅區，回歸後是繼香港之後的第二個特別行政區。澳門背靠的，是珠江三角洲西部，沿西江往西北上溯是西江中下游廣闊的經濟腹地，而它所聯繫的國際層面，則以歐盟和葡語國家為重點。正是基於這些獨特的優勢，2002 年特區政府明確提出了致力將澳門建設成為區域經濟發展的"三個服務平台"的目標，即作為内地，特別是廣東西部地區的商貿服務平台；作為中國内地跟葡語國家經貿聯繫和合作的服務平台；以及作為全球華商聯絡與合作的服務平台。其中的核心的就是"中國與葡語國家商貿合作服務平台"。

中葡商貿合作服務平台的建設，離不開金融業的支援，也為金融業發展提供了廣闊的空間。2006 年"中國與葡語系國家經貿合作論壇"第二屆部長級會議上，與會者簽署了 2007 年至 2009 年的《經貿合作行動綱領》，提出在論壇框架下建立一個中國與葡語國家的金融合作機制的設想，目的是要促進論壇各成員國借助金融手段進一步活躍彼此之間的經貿交往。為此，澳門金融管理局先後與多個葡語國家銀行及保險機構達成互利互助的合作協議，與 8 個葡語國家中的 5 個就交流合作簽訂了合作備忘錄，並與 5 個國家的保險監管局簽署了合作備忘錄。2015 年 6 月，中國銀行澳門分行與大西洋銀行簽訂了中國及葡語系國家市場業務合作協議，以建立更加深入的全面合作關係，通過兩家銀行的集團網絡，創建資訊交流平台和溝通管道，分享中國與葡語國家的市場商貿資訊，實現業務互介，加強在結算、授信等方面的業務合作。近年來，特區政府提出，希望國家在支持澳門特區與葡語系國家開展雙邊人民幣貿易結算及融資業務的基礎上，發揮其作為珠江三角洲地區乃至中國與葡語系國家合作與交流的平台作用，將澳門作為内地與葡語系國家合作的跳板，積極開展金融機構互設、金融市場及業務合作和金融智力合作等。因此，金融業的發展將是澳門"中葡商貿合作服務平台"建設的重要一環。

3. 金融業發展須有效配合國家"一帶一路"、自貿區建設等對外發展戰略。

2012 年 11 月，中共召開十八大，宣告中國改革開放進入新的歷史發展階段。隨後，中央先後提出了自貿區建設和"一帶一路"戰略。其中，自貿區建設從上海擴展到天津、福建、廣東（包括珠海橫琴、廣州南沙、深圳前海蛇口三個片區）；而"一帶一路"的整體框架則包括圍繞陸權與海權建設，形成互聯互通的亞洲經濟體系；合作重點包括政策溝通、設施聯通、貿易暢通、資金融通、民心相通等方面。在"一帶一路"戰略格局中，廣東和港澳地區無論在經貿合作還是人文交流等方面，其地位和作用都不可替代。由廣東珠三角和港澳組成的粵港澳灣區將成為 21 世紀海上絲綢之路的重要戰略支撐點。

對澳門而言，"21 世紀海上絲綢之路"戰略的實施，將為澳門的發展帶來新機遇，澳門的旅遊業將納入"海上絲綢之路"旅遊帶，推動澳門"世界旅遊休閒中心"的建設。同時，海上絲綢之路戰略的推進，包括與沿線國家的設施聯通、貿易暢通、資金融通等，也將有利於加快澳門建設成為"中國與葡語國家商貿合作服務平台"，加快"三個中心"的建設。可以說，自貿區建設和國家"一帶一路"戰略的實施，積極配合了澳門"一個中心、一個平台"的建設。在新形勢下，澳門金融業的發展，也必須有效配合國家"一帶一路"、自貿區建設等對外發展戰略。

根據上述三方面的分析，我們認為，新時期澳門金融業的發展定位，可以確定為"區域性商貿合作的金融服務平台"，以有效配合澳門"一個中心、一個平台"建設，以及國家自貿區建設和"一帶一路"戰略的實施，推進經濟適度多元化。在該平台上，以澳門金融業的主導行業銀行業為主體，積極引進其他非銀行金融機構，包括融資租賃公司、資產管理公司或基金公司、信託公司、證券公司、保險公司等，發展區域性特色融資租賃、特色資產管理及特色債券市場等，從而為平台建設奠定堅實的產業基礎。

四、發展融資租賃業，搭建區域性特色融資租賃業務平台

融資租賃（Financial Leasing），是指實質上轉移與資產所有權有關的全部或大部分風險和報酬的租賃業務。融資租賃主要涉及設備的租賃，故又稱設備租賃（Equipment Leasing）。融資租賃從本質上看是以融通資金為目的的，它是為解決企業資金不足而產生的服務，需要添置設備的企業只須付少量資金就能使用所需設備進行生產，相當於為企業提供了一筆中長期貸款。融資租賃是集融資與融物、貿易與技術更新於一體的新型金融服務產業。由於其融資與融物相結合的特點，出現問題時租賃公司可以回收、處理租賃物，因而在辦理融資時對企業資信和擔保的要求不高，比較適合中小企業融資。

融資租賃業產生於二戰之後的美國。1952 年美國成立了世界第一家融資租賃公司——美國租賃公司（後更名為美國國際租賃公司），開創了融資租賃的先河。由於它適應了現代經濟發展的需求，因而在 20 世紀 60 年代至 70 年代迅速發展起來，成為企業更新設備的主要融資手段之一，被譽為"朝陽產業"。目前，融資租賃行業已成為發展最迅速的金融服務產業之一，成為與信貸和證券並駕齊驅的第三大金融工具，全球近三分之一的固定資產投資即是通過融資租賃完成的。根據世界權威組織懷特·克拉克集團編製的《2015 年國際租賃年報》公佈的數據，

1994 年，全球 50 個主要國家地區的租賃市場總額為 356.4 億美元；到全球金融海嘯前的 2007 年已達到 7,804 億美元，13 年間增長了超過 20 倍。2009 年由於受到全球金融危機的影響，租賃市場總額減少到 5,573 億美元，之後逐步回升，到 2014 年又達到 9,443.1 億美元的新高。從總體上看，融資租賃業對全球經濟增長的貢獻正逐步上升。

據統計，過去 20 年，全球融資租賃市場中，北美、歐洲和亞洲這三個地區的業務量穩定維持在 90% 以上。2014 年上升到 95% 左右，其中，北美達 3,684 億美元，佔 39.0%；歐洲達 3,274 億美元，佔 34.7%；而亞洲則達 1,946 億美元，佔 20.6%。從國家來看，美國的融資租賃業在全球佔主導地位，約佔全球融資租賃業務總量的三分之一，超過了中國、日本、英國和德國 4 個國家業務的總和。英國和德國則是歐洲業務量最大的國家，在全球排名僅次於美國、中國和日本。目前，北美、歐洲等地區的發達國家，由於融資租賃市場已趨成熟，各種涉及大型設備、高端高精密機械的行業均與租賃息息相關，融資租賃的市場滲透率較高，一般大約在 15%—40%。近年來，中國的融資租賃業也發展迅速，2014 年達到 1,148.5 億美元，鞏固第二大國的地位。中國融資租賃業務的發展，主要得益於寬鬆的貨幣政策、監管部門對非銀行金融機構監管的放鬆，以及外商投資融資租賃公司的審批權下放等有利的外部環境，另一個重要因素是中國需要增加國家基礎設施。不過，目前中國融資租賃業的市場滲透率仍相當低，2013 年僅為 3.1%，發展空間巨大。

目前，融資租賃業在澳門才剛起步。2013 年 10 月，澳門成立了第一家、也是現在唯一一家融資租賃公司 ——"萊茵大豐（澳門）國際融資租賃公司"，該公司由 LAND-G 澳門集團和澳門大豐銀行合資創辦。截至目前，該公司僅於 2014 年完成一筆遊艇項目的融資租賃，由中國銀行澳門分行率頭組成銀團貸款向該公司提供融資租賃。不過，從總體上看，澳門發展融資租賃業有其獨特優勢：澳門作為自由港，實行簡單及低稅率的稅制，融資租賃所得稅僅為 12%，有利於吸引國際及國內的融資租賃公司前來投資、發展；回歸以來，澳門銀行業得到長足的發展，銀行體系資金充沛、經營穩健，金融監管靈活，金融管理局對融資租賃的槓桿融資沒有槓桿倍數的具體限制。同時，澳門資金儲備充裕，目前澳門的外匯儲備和財政儲備合共約 5,000 億澳門元。另外，澳門的離岸人民幣融資成本亦較低。

更重要的是，目前澳門遇上了發展融資租賃業的有利機遇：2013 年以來，國家大力推進"一帶一路"對外發展戰略，其中一個重要內容，就是要推動沿線國家基礎設施和公共服務項目的建設，預計未來一段時期將有不少內地企業以基礎設備和公共服務出口帶動對外投資發展，這為融資租賃業帶來了龐大的發展商機。現階段，國家為適應培育戰略性新興行業、引進先進生產設備與技術等所引發的對融資租賃業務的需求，正積極推動融資租賃業的發展。2015 年 9 月，國務院專門發佈了《關於加快融資租賃業發展的指導意見》，以推動國內融資租賃業的發展。不過，目前國內融資租賃業的發展仍然遇到不少問題和困難，包括缺乏有關融資租賃的法律法規、融資管道相對較單一、經營模式陳舊、風險管理不完善、專業人才不足、管理體制相對滯後等等。而有關的問題牽涉到相關制度、法律的修改等複雜程序，並不能馬上解決。這就為澳門融資租賃業的發展提供了空間。

因此，澳門應把握機遇，發揮優勢，配合國家"一帶一路"戰略，結合自身作為"中國與葡語國家商貿合作服務平台"的戰略定位，發展融資租賃業以促進內地高端設備"走出去"，將融資租賃業作為推動金融業發展、構建澳門區域性商貿合作的金融服務平台的重要內容來把握，大力發展區域性商貿合作的融資租賃產業，搭建區域性融資租賃平台。為此，當前應做好以下幾方面的工作：

（1）制定發展融資租賃業的總體規劃、發展目標和市場定位。特區政府特別是經濟財政司、金融管理局應通過深入的調查研究，制定澳門融資租賃行業發展的總體規劃。根據初步的研究，澳門融資租賃業的總體發展目標和市場定位可確定為：充分把握國家實施"一帶一路"戰略，以及澳門加快建設"中國與葡語國家商貿合作服務平台"和加快建設"三個中心"的機遇期，積極構建內地特別是廣東珠三角地區和泛珠三角地區與"一帶一路"前沿國家、葡語及西語國家之間的融資租賃業務平台，通過由特區政府、民間和銀行共同推進、共同參與的商業模式，即在中央政府的支持下由特區政府主導組建平台、鼓勵澳門及內地民間資本積極參與、澳門銀行體系支援參與並提供相關服務的模式，大力發展涵蓋交通運輸設備、通用機械設備、建築工程設備、基礎設施及公共服務等行業的專業性融資租賃業務，從而做大做強澳門的融資租賃產業。

（2）借鑒國際經驗，制定、推出《融資租賃法》及相關的法律法規，完善融資租賃發展的法律環境。目前，澳門實際上並沒有關於融資租賃的專門法律法規和行為規範。因此，當務之急是成立專門小組，通過借鑒國際經驗，研究、推出專門規範融資租賃業務開展的法律——《融資租賃法》，以及修訂與之配套的其他法律，包括《合同法》、《物權法》、《公司法》等，以破除本地現行政策的限制，便利融資租賃公司進入澳門發展。同時，應由特區政府牽頭建立融資租賃的相關仲裁機制，成立租賃行業的調解中心，探索解決租賃經濟糾紛的法律救濟途徑，以完善融資租賃發展的法律環境。通過法制建設，盡快形成對國內法律環境的比較優勢，以吸引國內外融資租賃公司進入澳門發展。

（3）制定及完善有關融資租賃的財稅政策，積極搭建融資租賃公共服務平台。目前，國內融資租賃行業發展快速，從中央到地方政府都推出大量促進融資租賃業務發展的政策。因此，澳門要發展融資租賃產業，特區政府就必須給予足夠的資源投入，特別是要盡快協調相關政府職能部門制定相關的財務、稅收政策及相關配套政策。例如，將融資租賃行業的所得稅從目前的 12% 進一步下調，或對融資租賃行業實行差別稅率，以鼓勵機械裝備、高鐵、船舶及海洋工程項目的租賃項目在澳門展開；牽頭與中央相關職能部門爭取稅收、保險等有利政策；牽頭與國外政府簽署有利於融資租賃業務發展的雙邊稅收協定等；以及制定引進融資租賃公司及專業人才的激勵計劃等。另外，可以研究、考慮成立由特區主權財富基金——澳門投資公司牽頭成立融資租賃公司，以起示範作用，並通過實體公司的運作，核對、完善政府各項配套政策及基礎設施的可行性，為特區培養有實務經驗的融資租賃管理人才。此外，為了帶動融資租賃業的發展，特區政府可考慮牽頭成立融資租賃服務中心和融資租賃網上服務平台，前者的功能主要是協助企業設計稅務結構、制定通關模式、提供融資管道資訊、協調政府部門等；後者的功能主要是宣傳特區政府政策、解答諮詢、發佈行業指引等。

（4）制定相應的行業管理制度，建立監管有度、靈活寬鬆的管理模式。目前，澳門對融資租賃公司沒有相關的管理法規，在管理上是由金融管理局比照金融機構進行管理。在註冊門檻及管理模式上也有較多限制，如在澳門設立租賃公司必須由銀行參股；單筆融資租賃業務金額不得超過註冊資本的 30%。這些限制都制約了租賃業的發展。因此，特區政府要重新修訂現行管理制度，可參照國內的經營管理，建立監管有度、適度寬鬆的管理模式。即對於經營範圍要求全面、金融屬性更強的融資租賃公司，比照國內銀監局管理模式納入金融管理局管理；對於其他類型的融資租賃公司，則比照國內商務部管理模式納入貿促局管理。在具體監管方面，監管過嚴或過於寬鬆都不利於融資租賃業的發展，可借鑒國際上最先進的愛爾蘭監管制度，建立監管有度、靈活寬鬆的管理模式。

（5）積極推動澳門金融業及相關專業服務業支持、參與融資租賃業務。融資租賃產業的發展，需要金融體系內其他金融機構和金融市場的支持和參與，包括提供融資支援的銀行、提供出口信用保險的公司等。特區政府和金融界應積極推動澳門金融業支持、參與融資租賃業務，包括設立或參股融資租賃公司；利用客戶資源為融資租賃公司和客戶互薦，發掘業務機會；協助融資租賃公司拓寬融資管道；鼓勵融資租賃公司通過債券市場募集資金；支持符合條件的融資租賃公司通過發行股票和資產證券化等方式籌措資金等。融資租賃產業的發展還需仲介性專業服務機構 —— 包括會計、律師、資產評估、產權交易等行業的協助、配合，特區政府應制定相應政策，支持這些行業參與融資租賃業務。

五、發展資產管理或基金業，搭建區域性特色資產管理平台

資產管理（Asset management）又稱投資管理（Investment management），是指委託人將自己的金融資產交給作為專業投資管理人的受託人，受託人通過有系統的分析，代委託人在金融市場進行投資，並以分散投資風險的方法為客戶獲取投資收益，以達到保值、增值的目的。委託人可以是機構如保險公司、退休基金及公司，或者是私人投資者。資產管理包含多個元素，如金融分析、資產篩選、股票篩選、計劃實現及長遠投資監控等。投資目標包括股票、債券、結構性票據、金融衍生工具等。資產管理的營運模式包括兩大類：一是眾籌模式，即由資產管理公司自行訂立標準的投資指引，並以此招徠不同層面的投資者認購，建立基金進行投資管理，以這種模式成立的基金一般被稱為共同基金；二是獨資模式，即由投資者根據自己的收益目標及風險承受能力訂立個性化的投資指引，然後交由資產管理公司作投資管理。

20 世紀 80 年代前後，西方發達國家經歷了金融脫媒和利率市場化的衝擊，組織架構逐漸從直線職能制轉變為事業部制（總行內設事業部或控股公司制）。在此背景下資產管理起步發展，並在 20 世紀 90 年代及 21 世紀初獲得快速發展。據普華永道的統計，2004 年全球資產管理規模為 37.3 萬億美元，到 2007 年增加到 59.4 萬億美元，3 年間增長了 59.25%。2008 年全球金融海嘯後，資產管理業務受到較大影響，不過，2012 年以後明顯復蘇並有新的進展，當年全球資產管理規模達到 63.8 萬億美元，比 2007 年再增長 7.23%。據普華永道估計，到 2020 年，全球資產

表 3－22　｜　全球資產管理規模（單位：萬億美元）

產品＼年份	2004	2007	2012	2020（預計）
全球資產管理規模	37.3	59.4	63.9	101.7
共同基金	16.1	25.4	27.0	41.2
專戶	18.7	28.8	30.4	47.5
另類基金	2.5	5.3	6.4	13.0

資料來源：普華永道：《資產管理行業展望 2020：勇敢的新世界》。

規模將達到 101.7 萬億美元，比 2012 年增長 59.15%，年均複合增長率約為 6%（表 3—22）。如果屆時客戶滲透率從現時的 36.5% 提高到 46.5%，全球資產管理規模將達到 130 萬億美元。

　　從地區來看，目前全球資產管理主要集中在北美和歐洲。2012 年，北美和歐洲的資產管理規模分別為 33.2 萬億美元和 19.7 萬億美元，分別佔全球資產管理總額的 51.96% 和 30.83%，而亞太區則為 7.7 萬億美元，佔 12.05%。亞洲區中，過去 10 年香港的資產管理業獲得快速的發展，資產管理規模從 2000 年的 1,904 億美元增加到 2013 年的 1.46 萬億美元，13 年間增長了 6.67 倍。據普華永道的估計，從 2012 年起至 2020 年，南美、亞洲、非洲、中東地區的資產管理規模的增長速度將超過發達國家，其中，亞太區資產管理規模將在 2020 年達到 16.2 萬億，年均複合增長率為 9.8%，所佔市場份額將提高到 15.93%。普華永道並認為，到 2020 年，人民幣的國際化將促進中國資產管理市場的開放，在極大程度上提升此類資金的流入，使之成為全球最大的資產管理市場之一。[01]

　　與香港、中國內地相比，澳門的資產管理或基金業才剛起步發展。1999 年，澳門推出第 83/99M 號法令——《規範投資基金與基金管理公司之設立及運作》，以規範投資基金及投資基金管理公司的設立和運作。不過，由於法令陳舊、手續繁雜等各種原因，直至目前為止，儘管有少數基金公司或基金公司的子公司在澳門設立，也只得極少數基金在澳門面向普羅大眾進行發售或流通。根據法例，在澳門進行銷售的基金必須首先取得經銷商代理，並獲得澳門金融管理局批准登記之後才可銷售，手續繁瑣且耗時甚長。到目前為止，澳門尚未有私募基金成功在

01

普華永道：〈資產管理行業展望 2020：勇敢的新世界〉，2012 年，第 9 頁，www.pwc.com/assetmanagement。

澳門金管局登記並銷售的案例。現階段，澳門的投資者主要通過銀行、保險公司等相關金融機構的代理銷售管道來認購香港認可的公募基金。截至 2014 年年底，澳門居民持有的基金總額為 320 億澳門元，其中 35.3%，即 113 億元為保險公司代客戶管理的部分。這些基金的註冊地，主要為盧森堡（佔 42.1%）、香港（16.7%）、美國（11.8%）、英屬處女島（11.6%）、愛爾蘭（11.3%）及開曼群島（3.7%）等地。[01]

01

澳門金融管理局：《證券投資調查 2014》，第 7－8 頁，澳門金融管理局網站。

不過，儘管如此，在澳門發展資產管理或基金業卻擁有眾多比較優勢。首先，澳門作為中國政府實施"一國兩制"的成功典範，回歸以來一直保持政治、經濟、社會穩定，稅率低，金融監管靈活寬鬆，發展資產管理的外部環境良好。其次，澳門擁有龐大的本地資金的投資需求。回歸以來，澳門博彩業帶動經濟高速增長，致使澳門居民的存款和本地高淨值客戶的資產規模不斷擴大，政府財政儲備和外匯儲備大幅增加，地區資金充裕、流動迅速。2014 年，澳門銀行體系存款達 4,767 億澳門元，居民和機構境外投資規模達 3,991 澳門元，其中，政府機構投資達 1,616 億澳門元。再次，從國際實踐來看，資產管理的主要機構包括銀行業、保險業和基金等環節，而澳門銀行業和保險業發展成熟，特別是銀行業在過去 10 年有了長足的發展，這為發展資產管理業務奠定了良好的基礎，而資產管理業務的發展無疑將進一步壯大銀行的實力，使兩者相得益彰。

從發展機遇來看，隨著澳門推進"一個中心、一個平台"的建設，特別是加快中葡商貿合作服務平台與"三個中心"的建設，澳門與葡語國家、西語國家的官方或民間交流及經貿往來將日趨密切，再加上國家"一帶一路"戰略的實施，澳門將逐漸成為內地企業及資金"走出去"和境外資金投資內地的"橋頭堡"，這為資產管理業務的發展提供了眾多商機。同時，近年來，儘管中國經濟發展進入"新常態"，但中國私人財富市場仍然保持了較快的增長勢頭。據招商銀行和貝恩諮詢聯合發佈的《2015 年中國私人財富報告》指出，2014 年中國個人持有的可投資資產總規模已突破 100 萬億元人民幣，達到 112 萬億元人民幣，年均複合增長率達 16%。在人民幣相對美元貶值的情況下，將有部分資金進入國際理財市場。澳門作為背靠中國內地特別是華南地區的門戶，將有可能像香港一樣，成為內地資金進入國際資產管理市場的一個"熱點"。

因此，資產管理將成為新時期澳門金融業發展的另一個重要行業。當前，澳門發展資產管理在政策層面上應重視以下幾方面：

（1）積極推動銀行業發展資產管理或基金業務，積極引進國內外有實力的專業資產管理公司、基金公司等相關金融機構，搭建區域性特色資產管理平台。資產管理以銀行業為主導，輔之以資產管理公司、基金公司等金融機構。澳門銀行業已有相當的規模與實力，因此，澳門發展資產管理業務，應在銀行業的主導下，積極引進國內外具實力和競爭力的資產管理公司、基金公司、信託公司、證券公司、保險公司等金融機構，並加強與香港、中國內地等市場的對接和互動，針對"一帶一路"沿線國家和地區、葡語系國家、廣東珠三角地區及澳門本土資產管理的需求，重點設計、開發與香港、中國內地等市場錯位發展的特色產品和資產管理計劃，包括特色基金、特色債券、資產證券化等，從而引進和盤活"一帶一路"沿線國家、葡語系及西語系國家、中國內地特別是廣東珠三角地區的資金資本，形成有特色的區域性資產管理平台。

（2）積極推動澳門發展成為區域性特色基金設立、發行和交易的服務平台。在完善投資者保障和風險管理體制的前提下，澳門應借鑒與澳門同樣實施大陸法的歐洲國家例如盧森堡等國際金融中心的發展經驗，設立與歐洲基金市場相接軌的基金認可標準，大力培育澳門基金市場，積極引入來自中國內地、香港、新加坡和歐洲國家包括葡萄牙、盧森堡等地的公、私募基金，同時與符合一定條件的香港、新加坡、歐洲地區的基金展開互認，擴大澳門基金在海外的銷售管道，使澳門成為亞洲進入歐洲市場的樞紐，以補充在普通法背景下的香港、新加坡等亞洲基金市場的局限性。與此同時，要把握構建中葡商貿合作服務平台和"一帶一路"的機遇，鼓勵設立基金並投向巴西、阿根廷、墨西哥等拉美、葡語系國家的新興市場，並積極引進來自葡語系及西語系國家的基金，致力使澳門發展成為區域性特色基金設立、發行和交易的服務平台。

（3）制定、推出資產管理或基金業的相關法律法規，完善資產管理或基金等業務發展的法律環境。發展資產管理業務需要一套完善的相關法律體系，以規範資產管理公司、從業人員和產品的准入，防止違反誠信和專業操守的行業行為，並訂立交易標準，保障投資者的權益。在這方面，澳門應借鑒香港、新加坡、盧森堡等國際金融中心的經驗和制度，檢討、修訂澳門現有不配套的法律、法規，全面修訂《規範投資基金與基金管理公司之設立及運作》，包括引入有限合夥人經營制度，允許私募基金在澳門註冊及銷售；建立對內地發行基金、香港及其他地區可銷售基金在澳門銷售的註冊制度等，放寬基金及基金公司的銷售、註冊等條件。另外，要修訂其他相關法律，包括檢討、修訂澳門現有的繼承法；在《民法典》引入 "一物多權" 的概念，以支持託管及信託業務的發展；訂立《信託法》，將現行《私人退休基金法律制度》擴展至適用於其他類型的公、私募基金，讓在岸及離岸的資產管理均可享有免稅待遇，以吸引海內外的資產管理公司到澳門發展；修改現行《規範投資基金及投資基金管理公司之設立及運作》，以使內地在澳門註冊的資產管理公司旗下的公募基金可自動允許在澳門銷售等。總體而言，就是要完善澳門資產管理或基金業發展的法律環境。

（4）加強與資產管理或基金業務相配套的金融基礎設施的建設，加快引進和培養相關的專業人才。資產管理和基金業發展的前提條件之一，是建設具可靠性、高效性和低成本的支付與結算系統等金融基礎設施。在這方面，澳門可借鑒香港的經驗，加快發展用作進行銀行同業資金轉撥的即時支付與結算系統（RTGS），以提升澳門銀行同業之間的資金結算與支付效率。同時，可考慮引入類似內地的中央登記系統，方便各類基金的交易、託管及信託的註冊登記。另外，特區政府要制定相關的人才引進政策，以引入具有國際經驗和視野的資產管理專業人士到澳門工作，範圍可涵蓋前中後台的專業人才，包括行銷及市場推廣、行政及風險合規管理、投資管理、研究分析、買賣交易、企業策劃及商業管理等方面的人才，使本地從業員能夠在工作中汲取國際經驗，從而提高本地從業員的專業質素。此外，要透過給學生提供實習機會和制定專業發展計劃，提升澳門大學畢業生關於資產管理的行業知識及軟性技能。

六、推動地區債券發行，發展區域性特色債券市場

債券是一種融資工具，政府或大型機構藉發行債券來籌集資金。債券投資可視為低風險投資，在現今息率極低時期可賺取潛在穩定的利息收入，更可分散投資風險。債券市場是發行和買賣債券的場所，是金融市場的一個重要組成部分。債券發行已有悠久的歷史，在美國獨立戰爭時期，為了支付戰爭費用，開始發行多種中期債券與臨時債券，這些債券的發行和交易，形成了美國最早的債券市場。20 世紀 70 年代中期的通貨膨脹、80 年代的赤字開支，以及 90 年代的技術發展，使全球債券市場在實務和範圍上發生了根本性的變化。過去 20 年間，國際債券市場出現了爆炸性的成長，成長的動力包括對資本管制的放寬、市場投機活動的興起、籌資觀念與技術不斷地推陳出新，以及政府普遍使用以財政赤字刺激經濟成長的政策，這些都使得債券的發行量大增。

目前，美國債券市場是全球規模最大、流動性最高的單一市場，也是世界上發展最完備的債券市場之一。它由 4 個相對龐大的市場組成，包括政府債券市場、市政債券市場、政府支持企業債券市場和公司債券市場。市場的現貨品種主要有國債、市政債券、聯邦機構債券、抵押擔保債券、資產擔保債券、公司債券及貨幣市場債券等。據美國證券業及金融市場協會（SIFMA）的數據顯示，截至 2015 年中，美國債券市場規模達到 39.5 萬億美元。日本是全球第二大債券市場，規模約為美國的四分之一。英國則是歐洲最大的債券市場。據 2014 年的數據顯示，美國佔全球債券市場的 57%，日本佔 17%，歐洲佔 23%，而包括中國在內的新興市場只佔 3%。近年來，中國債券市場有了較快的發展，截至 2015 年 10 月，中國債券餘額已超過 44 萬億元人民幣，超過了歐盟。但整體與美國、日本相比，仍有很大差距，有很大的發展潛力。

目前，澳門尚未形成完善的債券市場。澳門的債券業務集中表現為以銀行為主要媒介的代客債券交易業務。根據澳門金融管理局出版的《證券投資調查》報告顯示，2008 年年底，澳門居民（包括個人、政府及其他法人，但不含澳門特區的外匯儲備）持有的境外債券市值總額為 511.23 億澳門元，到 2014 年底增加到 2,441.75 億澳門元，6 年間增長了 3.78 倍。其中，長期債券市值總額從 433.37 億澳門元增加到 2,289.35 億澳門元，短期債券市值總額從 77.86 億澳門元增加到 152.40

表 3 — 23　｜　澳門居民境外債券投資市值概況（單位：億澳門元）

	債券市值總額		長期債券市值		短期債券市值	
	金額	增長率	金額	增長率	金額	增長率
2008 年年底	511.23	-5.2	433.37	-8.2	77.86	16.1
2009 年年底	552.18	8.0	499.00	15.1	53.18	-31.7
2010 年年底	561.13	7.5	516.95	3.6	44.18	-16.9
2011 年年底	616.54	9.9	538.75	4.2	77.79	76.1
2012 年年底	1,288.04	108.9	1,175.32	116.5	112.72	44.9
2013 年年底	2,194.12	70.3	2,038.45	73.3	155.67	38.1
2014 年年底	2,441.75	11.3	2,289.35	12.2	152.40	-2.1

資料來源：澳門金融管理局：《證券投資調查》，2008—2014 年。

億澳門元，分別增長了 4.28 倍和 95.74%（表 3—23）。2014 年底，長期債券投資市值和短期債券投資市值分別佔境外證券投資市值總額的 57.4% 和 3.8%；長期債券的投資地域分佈以中國內地為主，佔了總額的 66.3%，其餘依次為開曼群島、美國、澳大利亞、英屬處女島、韓國及荷蘭等。澳門居民投資境外債券的市值持續增加，反映了澳門居民、政府及金融機構對債券投資的需求。

從比較優勢來看，澳門具有發展債券市場的良好商業環境。澳門為全球最開放的貿易和投資經濟體系之一，奉行自由市場經濟制度，屬於獨立關稅區，實行簡單及低稅率的稅制，沒有外匯管制，資金進出自由。澳門與全球 100 多個國家和地區保持貿易往來，商業運作準則與國際慣例接軌，投資營商手續簡便。從國家風險和經營風險來看，澳門與盧森堡、摩納哥、開曼群島等均屬於風險較低的地區，政治、經濟穩定。在金融方面，澳門實行與港元掛鉤的聯繫匯率制度，擁有雄厚的外匯儲備和財政儲備，具有較強的抗風險能力；特別是與債券市場發展關係密切的銀行業，在回歸以來已有長足的發展，並且具有很強的國際性特點。在國際聲譽方面，目前澳門的人均 GDP 已超過瑞士，位居全球第四位，在亞太區居首位，澳門作為世界一流旅遊城市的國際形象亦逐步提高，加上 2014 年穆迪將澳門政府的評級提升至 Aa2，這些都為澳門債券市場的發展準備了良好的基礎條件。

從發展機遇來看，隨著國家"一帶一路"戰略的實施，沿線國家和地區（包括中國內地）將會產生大量的融資及投資需求，特別是在鐵路、公路、航空、港口等交通基礎設施；電訊，互聯網等通訊設施；電力、石油開採與供應等能源基礎設施，以及與此相關的裝備製造項目等，都將對債券產生龐大的需求。澳門作為"一帶一路"的重要一環，應該把握這一重要機遇，發展成為為沿線國家提供債券融資的新平台。與此同時，隨著人民幣國際化進程的加速推進，離岸人民幣債券的發展將進入高增長時期。澳門"背靠內地、面向全球"的區位優勢以及與葡語國家的密切聯繫，使它不僅可以為境外的投資者提供接觸內地企業發行的人民幣債券的新平台，更可利用澳門與葡語國家的密切聯繫，吸引葡語系國家政府及企業在澳門發行債券。此外，廣東自貿區建設所帶動的粵港澳深化合作，也將為澳門發展債券市場帶來新的契機。

因此，澳門應該將發展具特色的債券市場作為金融業發展的又一個重要領域。當前，澳門發展特色債券市場在政策層面上應重視以下幾方面：

（1）研究、確定澳門債券市場的發展重點，建立和營造穩定的債券供需關係。由於香港、新加坡都是亞洲區內重要的債券市場，因此，澳門債券市場的發展，應與香港等周邊地區的市場實現錯位發展，以獲得最大的空間和效益。長期以來，澳門與葡語國家有著深厚的經貿聯繫和文化淵源，現在又成為 21 世紀海上絲綢之路的重要節點。因此，澳門債券市場的發展，應以發展葡語國家及 21 世紀海上絲綢之路沿線國家經貿和產能相關的基礎設施的債券融資為重點。具體而言，在債券供應層面，澳門要發揮地緣優勢，利用與海上絲綢之路沿線國家和葡語系國家的長期合作關係，通過各項政策優惠吸引這些地區的政府機構、公司企業持續到澳門發債，爭取建立穩定的供應來源；在需求層面，要加強本地金融機構尤其是商業銀行的承銷實力，積極吸引國際上具實力的承銷商，同時要爭取中央政府的支持，引入國內資金，如 QDII 等，借助外部市場資金，克服本地市場資源有限的制約，營造穩定充足的需求環境。

（2）掃除行政障礙，規範市場行為準則，建立及完善債券市場的監管制度和監管架構。對於剛起步發展的債券市場，澳門特區政府將在其中扮演主導角色。特區政府將是澳門債券市場的規劃者、政策制定者、法律法規制定者及監管者，對債券市場的發展具有舉足輕重的影響。特區政府需掃除現有的行政障礙，建立相應的監管制度和專門的監管機構，規範債券發行的流程和交易操作。可以參照國內外債券市場發展的經驗，由澳門金融管理局主導，成立澳門債券市場交易商協會，吸納銀行界代表，以及質素較高的律師事務所、會計師事務所、信用評級機構等參加，共同研究制定澳門債券市場的發行、交易、結算等規則，以及為啟動債券市場建設需要特區政府在債券監管、稅務處理、債券交易等方面提供的立法支援。鑒於澳門債券市場主要涉及的葡語國家和“一帶一路”沿線國家多為新興市場國家，其政府或企業發行的債券流動性普遍不足，為活躍債券市場，為參與者提供良好的價格發現和合理的估值功能，可以考慮建立債券市場的做市商制度，吸納相關國家的主要金融機構加入做市商行列，為二級市場提供流動性支援。澳門債券市場的發展，需要內地相關機構的積極配合和參與，特區政府需積極向中央政府爭取相關的政策支持。

（3）借鑒香港等地的國際經驗，修訂、完善有關證券及債券發行、交易的法律法規，建立起適合澳門實際情況、有利債券市場發展的法律環境。目前，澳門尚未建立《證券法》規範債券發行的行政程序，僅存《商典法》第 433 條明示允許在本地註冊的股份有限公司發債，對於外地發債主體並沒有明確的法律規定。而且，根據《金融體系法律制度》第 3 條（2）所示，即使是本地實體發行的債券，只要是用作公開認購的，就必須得到行政長官許可。因此，澳門現時相關法律法規不僅不夠全面、完備，而且部分條文還過於嚴格，這在很大程度上制約了債券市場的發展。因此，澳門應積極借鑒香港、新加坡、盧森堡等國際金融中心的發展經驗和法律制度，加快推出與債券發行、交易相關的法律法規，建立起適合澳門實際情況、有利債券市場發展的法律環境。

（4）積極推動銀行業參與債券發行及債券市場建設，積極發展與債券市場相關的配套專業服務業。銀行業在債券市場發展中一向扮演著重要的角色，包括擔任發行債券的承銷商、持有者、交易者、擔保者、債券交易各方的財務顧問，並肩負資金清算等職能。因此，特區政府和金融管理局應積極推動銀行業參與債券發行及相關業務，在債券市場發展中發揮主導作用。同時，債券市場的發展也需要會計、保險、法律、翻譯等相關專業行業的積極參與。債券發行主體的財務資料需要由獨立的第三方會計事務所審核；債券發行需要法律行業協助處理當地的法律問題，保障發行工作的合規性；作為覆蓋葡語系國家及 "一帶一路" 沿線國家的債券市場，澳門還需要大量通曉當地語言和金融的複合型人才。因此，特區政府要制定相關政策，積極吸引相關企業和人才進駐澳門。另外，評級是債券定價的基礎，因此，發展本地評級機構，為目標發債主體提供公正的信用評級，對於澳門債券市場的發展，也具有重要的意義。

（未公開發表文稿，完成於 2016 年 4 月）

CHAPTER 4.

粵澳合作與

橫琴開發

新時期粵澳經濟合作的回顧、反思與前瞻

一、1990 年代以來粵澳經濟合作不彰的癥結

　　20 世紀 80 年代初到 90 年代初，在中國改革開放方針的推動下，澳門與廣東尤其是珠海、珠江三角洲西岸地區的經濟合作取得迅速的發展。然而，90 年代中期以來，兩地合作的步伐明顯減緩，取而代之是彼此競爭加強，影響了兩地，主要是澳門、珠海的經濟發展。回顧過去 20 年來的歷史，粵澳經濟合作不彰，實有兩點根本的癥結：

　　（1）澳葡政府的無為施政與珠海政府經濟發展戰略決策的失誤。長期以來，澳葡政府對澳門的經濟發展一直缺乏長遠的規劃和策略，90 年代中期隨著澳門回歸的迫近，更是缺乏承擔和作為。在廣東方面，主要是當時珠海市政府部分領導，在經濟發展戰略決策上忽略了與澳門的區域性合作，反而強調西區的開發，熱衷於"大工業"、"大港口"的發展，脫離了珠海當時經濟發展的客觀實際，結果錯失了開發橫琴島的最佳時機。戰略指導思想的失誤更造成兩地大型基礎設施建設的重複浪費，最典型的例子就是珠、澳兩地機場、賽車場的重複建設，加劇了兩地的競爭。

　　（2）澳門在經濟發展方面的比較優勢不明顯或弱化。與香港相比，澳門的比較優勢明顯不足。80 年代中期以後，澳門經濟原有的優勢，尤其是紡織品配額及普惠制的出口優勢逐漸削弱，而迅速開放的廣東珠江三角洲則以低成本的優勢逐漸取代澳門而成為香港廠商的首選投資地區。踏入 90 年代，澳門更因經濟體積細小，特別是缺乏深水港，無法與其背後的經濟腹地，尤其是珠海、珠江三角洲西部地區以及西江中下游地區形成緊密的戰略聯繫，其作為這一地區對外開放的橋樑和窗口的優勢，亦隨內地開放程度的提高而逐漸削弱。這也是珠海方面不重視與澳門合作的一個客觀原因。

二、21 世紀推動粵澳經濟合作的基本經濟因素

踏入 21 世紀，隨著經濟全球化、區域化的推進，區域之間的競爭已成為時代的主要潮流。在這種宏觀經濟背景下，粵澳經濟合作正出現一些新的推動因素：

（1）澳門賭權開放，引進競爭機制，澳門極有機會發展成為"東方拉斯維加斯"——區域內的綜合性、多元化的旅遊娛樂城市，再創新的比較優勢。長期以來，澳門一直是區域內的博彩勝地，然而，在博彩專營制度下，澳門的旅遊博彩業發展停滯不前。澳門回歸後，新成立的特區政府權衡形勢，作出開放賭權的果斷決策。目前，來自美國、馬來西亞、香港、台灣的財團正熱烈競投賭牌，這些財團大多資本雄厚，擁有豐富的博彩業管理經驗。在競爭機制的推動下，澳門極有機會發展成為"東方拉斯維加斯"，再創新的比較優勢。

（2）香港、澳門與廣東珠江三角洲地區正出現加快經濟整合的態勢，經濟一體化的進程將迅速推進。亞洲金融風暴後，香港、澳門陷入空前困難的境地，其產業結構的缺陷暴露無遺，加快與廣東珠江三角洲地區經濟整合的呼聲日益高漲。在廣東方面，面對以上海為中心的長江三角洲地區經濟的迅速崛起也產生巨大的壓力和挑戰，加強與香港、澳門經濟整合的迫切性由是大增。第四次粵港高層聯席會議上，香港與廣東方面達成延長通關、開發南沙等 6 點共識即為明證。在新一輪經濟整合中，珠江三角洲西部的開發無疑將更受重視。

（3）中國加入 WTO 在即，與世界各國（地區）的貿易、投資互動勢將加快，物流、資金流、資訊流必將加速。澳門作為廣東珠江三角洲西部對外拓展的一個窗口和橋樑，如何把握機會，發展成為區域內的仲介性商貿服務中心，將是另一重要的挑戰。在國內方面，正啟動的西部大開發中，包括四川在內的大西南及廣西西江中下游地區如何利用澳門開拓國際市場，也是一個值得注意的問題。

三、新時期推動粵港澳經濟合作的幾個關鍵問題

上述分析表明，長期停滯不前的粵澳經濟合作，在踏入 21 世紀後正面臨突破性的契機，展現樂觀的前景。然而，要使樂觀的前景變為客觀現實，需要解決以下幾個關鍵問題：

（1）長期議而不決的橫琴開發問題。新世紀粵港澳經濟合作的一個重要方面，就是三地形成大珠江三角洲旅遊協作區。澳門開放賭權，向綜合性、多元化旅遊娛樂業發展的結果，將可能吸引到大批往香港迪士尼樂園遊玩的家庭式度假遊

客。為配合這一發展態勢，橫琴島的開發應提到重要議事日程上。然而，長期以來，橫琴島開發一直議而不決，關鍵是粵澳雙方的立足點不同、視角不同、利益的差異不能協調。這個問題不解決，粵澳經濟合作就難以有效推進。個人認為，橫琴作為"國際特別旅遊區"的開發，在規劃上應與澳門旅遊博彩業的發展形成差別，避免競爭。針對澳門土地狹小和以旅遊博彩業為主的特點，橫琴應側重發展土地密集型的旅遊娛樂項目，以度假、休閒為主。在投資的來源方面，以吸引歐美及港、台資金為主。

（2）澳、珠聯合建設深水港及興建廣珠鐵路問題。澳門推動區域經濟合作，成為仲介性商貿國際城市，實際上深受缺乏深水港的制約。因此，改善港口條件以及徹底改善澳門與珠江三角洲北部以至大西南的水陸交通運輸條件，就成為關鍵之一。如何解決這一問題，曾有多種建議。其中一個構想就是加強澳珠合作，在得到中央政府同意的前提下，將珠海部分具備條件的島嶼撥歸澳門興建深水港或合作興建深水港。不少專家認為，珠江口西部地區最適合建設深水港的地方就是在萬山群島地區，可考慮讓澳門與珠海合作興建。當然，這一構想在實施中將會遇到不少實際困難。有關珠澳合作共建深水港的問題，建議中央政府、廣東省政府及有關方面成立專門小組詳細研究。此外，應加快京珠高速公路和廣珠鐵路的建設步伐，徹底打通澳門與珠江三角洲乃至中國內地的交通大動脈，真正發揮並強化澳門自由港的功能。

（3）香港、澳門與珠海三地機場的合作問題。港、澳、珠要發展物流業，三地機場的合作與協調也是一個關鍵。問題是三方能否找到協調利益的平衡點。

以上幾個問題不解決，粵澳經濟合作只能繼續停留在空泛的層面，並隨著時日的推進，加劇雙方競爭，而不能達致雙贏。

（原文為 2001 年"粵澳合作論壇"學術會議提交論文，2001 年 10 月）

"十一五" 時期粤澳合作熱點 —— 橫琴聯合開發研究

一、橫琴開發:歷史回顧與重要意義

橫琴島位於珠海南部、澳門西側,四面環海,通過蓮花大橋、橫琴大橋分別與澳門路環、珠海灣仔相連,只需在兩座大橋分設口岸查檢機構,即可對橫琴島實施有效管理。橫琴島現有面積 67.6 平方公里,全部開發後總面積達 96 平方公里,其中 25 度以下坡地可供利用面積 48 平方公里,可開發空間大。該島地處南亞熱帶季風區,環島岸線長 76 公里,沙灘綿延,礁石嶙峋,地形有低山、丘陵、台地,全島最高山峰 —— 腦背山海拔 457 米,植被茂盛,空氣清新,是天然的旅遊休閒度假勝地,具有豐富的旅遊資源。

自 1980 年代後期以來,橫琴島開發一直成為粤澳兩地經濟合作的一個重要議題。橫琴島全部開發後的總面積是澳門的 4.8 倍,可供利用面積也是澳門的 2.24 倍,它將在很大程度上將彌補澳門城市發展面臨的眾多問題,成為澳門經濟發展空間的延伸和補充。因此,如何充分利用橫琴島來解決澳門發展空間的不足、延伸產業功能,是澳珠乃至澳粤經濟合作的關鍵。其實,早在 1980 年代後期,橫琴島開發已經受到兩地社會各界的密切關注。1992 年,廣東省政府將橫琴島確定為 90 年代重點開發區域。可惜的是,由於種種主、客觀原因,橫琴島的開發一直停留在"只打雷不下雨"的階段。

1999 年澳門回歸以及蓮花大橋和橫琴大橋相繼建成後,橫琴島的開發價值進一步凸顯。蓮花大橋建成及橫琴口岸開通後,橫琴島成為澳珠經濟溝通的第二條陸路通道和"橋頭堡"。通過這個"橋頭堡",澳門將被納入大陸高速公路和鐵路網絡。同時,橫琴島已規劃連接珠海西部地區的交通網絡,形成"一河、兩岸、三橋"的格局,將澳門、橫琴島、珠海和澳門機場、國家高新技術開發區和保稅區等連成一體。這樣,橫琴島將成為澳門溝通大陸鐵路、高速公路的樞紐,對澳珠兩地的經濟合作起巨大的推動作用。

目前，開發橫琴島仍停留在起步階段，島上的投資項目主要是一些旅遊項目，包括珠海石博園、海洋生態基地、東方文化博物館以及“韓國工業園”等，深度開發的空間巨大。橫琴島的開發，對粵澳經濟合作及泛珠三角區域經濟合作，均具有重要的意義：

首先，從粵澳合作的層面看，開發橫琴島將成為珠江西岸地區經濟起飛的引擎。鑒於珠江三角洲東西岸經濟發展的落差，橫琴島的發展規劃可以承擔起縮小東西部經濟發展落差的功能。東西岸的落差，一個重要原因就是香港的增長極帶動作用遠遠超過澳門，深港一體化的程度亦遠勝珠澳一體化。要發展西岸，最重要的是打造一個高能量級的增長極，即澳（澳門）珠（珠海）都市圈。通過橫琴的發展，放大澳門的優勢產業向區外輸出的功能，以橫琴和澳門的輸出性產業一體化增強澳門的競爭優勢，營造產業集群效應，打造澳門—橫琴國際綜合旅遊產業的發展平台，使其成為珠江西岸地區經濟起飛的引擎。

其次，從泛珠三角區域合作的層面看，“泛珠三角”區域可以分為 4 個經濟發展梯度，其中港澳可以視為第一梯度區域，廣東可以視為第二梯度區域，而橫琴正處於第一梯度與第二梯度區域的交界點。橫琴的產業發展，將有助於更好地聯接第一梯度與第二梯度區域的產業鏈條，成為珠澳經濟一體化的樞紐。同時，橫琴的開發涉及“一國兩制”的兩套規則下的制度創新，可以在橫琴的開發中嘗試協調多方利益，促進經濟增長。可以說，橫琴具有區域合作制度創新試驗區的作用。

橫琴島地處“一國兩制”和“三種法律”的交匯點，又是“內外輻射”的結合部，具有毋庸置疑的優越區位。以 80 多平方公里的橫琴島作為區域合作的平台，不僅是區域合作的一項創舉，也對區域合作的開發模式及管理機制提出了挑戰。

二、聯合開發橫琴島的客觀經濟基礎

橫琴島的開發，可以達致粵澳乃至整個大珠三角地區、泛珠三角地區的優勢互補，取得共贏發展的效益。

1. 橫琴島開發為廣東和澳門提供了資源要素和比較優勢互補的新發展平台

橫琴島位於廣東珠海市南部、珠江口西側，與澳門三島隔河相望，最近處只相距 200 米。橫琴島的最大優勢就是其地理區位，與澳門近在咫尺，面積是澳門的 3 倍。澳門回歸以來，特別是 2002 年博彩經營權適度開放以來，經濟取得高速發展，但與此同時，產業單一化的風險開始受到關注。因此，國家的"十一五"規劃中即提到："保持香港、澳門長期繁榮穩定……支持澳門發展旅遊等服務業，促進澳門經濟適度多元發展。"以澳門目前的產業基礎與資源優勢言，博彩業、旅遊業、會展業等將是其經濟適度多元化的主要取向，其發展所面臨的最大制約在於土地、人力資源的短缺。而一水之隔的橫琴島是一塊半開發狀態的處女地，可供開發的面積達 53 平方公里。橫琴島開發後，將在很大程度上彌補澳門經濟發展所面臨的土地、人力資源短缺等問題，使澳門的優勢產業得到延伸、擴充，相關產業得到發展，令澳門的經濟不再暴露於世界經濟波動的衝擊之中，實現繁榮穩定。

澳門博彩旅遊業最大的特點是博彩，其他自然景觀、人文景觀及大型遊樂設施因地域狹小的限制而有所缺乏，旅遊綜合功能和效益難以充分發揮。橫琴的產業發展應重點補充澳門在這方面的不足，發展以自然景觀和人文景觀為主的大型娛樂、休閒設施，發展綠色旅遊與藍色旅遊，突出海島的野趣。兩地各具特色的旅遊資源經過整合後，再與香港正在動工興建的迪士尼樂園及廣東充滿風土人情的旅遊品牌相配合，將形成一個具高度競爭力和高關聯度的旅遊產業鏈和共同市場。

2. 橫琴島開發有利於澳門和珠海形成綜合旅遊及會展業的集群效應

目前，美國的波特教授所提出的產業集群概念，已成為全球眾多區域的發展目標及發展方向，其原因在於集群所帶來的效應對區域發展具有不可估量的推動作用。關於產業集群對提高區域競爭力的作用，學界已經有相當的論述，包括集群有助於提升位於其中的企業的生產率；有助於促進新企業和新服務在該區域中產生；有助於推動區域創新，而集群所形成的創新環境有助於形成區域內創新主體之間強大而穩定的創新協同作用；提升區域的整體效率等等。根據產業集群的理論，橫琴的開發，特別是橫琴發展與澳門博彩旅遊業形成差異特色而又互補的綜合旅遊、會議展覽等產業，將與澳門一道形成地區性的綜合旅遊及會展業的產業集群效應，從而大大提升該區域在亞太地區乃至全球在旅遊及會展業方面的競爭力，並促進澳珠都市圈的形成，成為珠江西岸地區與粵西地區的增長極。

3. 橫琴可以為"泛珠三角"區域合作提供共同開發的平台

"泛珠合作"按照"一國兩制"方針，在 CEPA 框架內進行，根據國民經濟和社會發展規劃的總體要求，堅持區域協調發展和可持續發展，按照市場的原則推進區域合作。"泛珠合作"由珠江出海口向四周輻射，有四個梯度：港澳 —— 珠三角 —— 粵東、粵西、粵北 —— 粵外的 8 個省區。[01] 而橫琴島就是第一梯度與第二梯度的介面。橫琴的開發，首先是要有利於澳門，有利於推動珠澳一體化，提升珠三角西部的增長極的能量級數，帶動珠三角西部的經濟起飛，進而推廣至"泛珠三角"。因此，橫琴的開發將由粵澳主導，為"泛珠三角"區域合作提供共同開發的平台。

三、橫琴島聯合開發的功能定位

橫琴島，若不考慮其地域關聯，無視其資源、市場與競爭優勢，可以對其有無限種的功能定位：工業島、生化島、資訊島、度假聖地、國際機場其至軍事基地。然而，橫琴島並非與世隔絕，而是處於珠三角與澳門的介面，處於大珠三角一體化的介面，其土地的經濟價值非常高。只有妥善地規劃橫琴，才能地盡其用，充分發揮其經濟功能，以是應該在國家與區域發展戰略的指導下為橫琴作功能定位。總體而言，橫琴的功能定位可以是：

1. 澳門產業多元化延伸的空間

國家的"十一五"規劃中提到："保持香港、澳門長期繁榮穩定……支持澳門發展旅遊等服務業，促進澳門經濟適度多元發展。"在上文的論述中，已經明確指出澳門的產業多元化發展受到澳門總面積只有 27.3 平方公里的制約，而一水之隔的橫琴島是一塊處於半開發狀態的處女地，可供開發的面積達 53 平方公里。如果在橫琴發展澳門在博彩業以外的優勢產業，就可以促進珠澳一體化，令澳門優勢產業得到延伸，相關產業得到發展，澳門的經濟亦不必再暴露於世界經濟波動的衝擊之中，實現繁榮穩定。

一個地區的主導產業發展，必定對鄰近區域產生旁側效應，即優勢產業或關聯產業在鄰近區域的擴張，所以在橫琴島發展澳門資金帶來的旅遊和服務業，也是符合區域經濟學原理的。那麼，橫琴的第一個功能應該是：澳門產業多元化延伸的空間，支援澳門的長期繁榮穩定。

01

《2006 年：泛珠三角區域合作與發展研究報告》將"泛珠三角"區域分為四個層次：第一層，超高發展區，香港、澳門特別行政區；第二層，高發展區，廣東、福建；第三層，中等發展區，海南、湖南、江西、四川；第四層，低發展區，廣西、雲南、貴州。經濟發展水準和產業的這種梯次發展的特點，有利於各省區發揮各自的比較優勢，推進區域合作與發展，建立合理的區域經濟和產業分工體系。

2. 珠江口西部經濟起飛的引擎

鑒於珠江三角洲的東岸西岸在經濟發展上的落差，橫琴島的發展規劃可以承擔起縮小東西部落差的功能。東西岸的落差，一個重要原因就是香港的增長極帶動作用遠遠超過澳門，深港一體化的程度亦遠勝珠澳一體化。要發展西岸，最重要的是打造一個高能量級的增長極，也就是一體化的珠澳。

輸出基礎理論由美國經濟史學家道格拉斯·諾斯在其 1995 年發表的〈區位理論與區域經濟增長〉中有所闡述，理論認為：區外需求是區域增長的主要原動力。對區域輸出的需求增加能對區域經濟產生乘數效應：區域輸出產業的規模越大，賺取的收入越多，區內的消費市場亦越大，從而帶動區域內自給型產業的發展；自給型產業的發展，又會促進區域內輸出產業的進一步發展，從而引起區域經濟成倍增長。因此，按照諾斯的觀點，一個區域要求得發展，關鍵在於能否在該區域建立起輸出基礎產業，而特定區域能否成功建立起輸出基礎產業，又將根據它在生產和銷售成本等方面對其他區域所擁有的比較利益而定。

所以，橫琴的發展關鍵是培育輸出產業，其市場主要是島外的"泛珠三角"和國際買家。旅遊業主要面向島外的遊客，旅遊服務主要輸出區外，而且橫琴的自然環境優美，來自澳門的娛樂和會展旅遊企業更是世界頂尖的，旅遊業可以成為帶動橫琴乘數增長的非常有競爭優勢的輸出產業。生產性服務業部分在島內自產自銷，但更多的是服務於珠海其他區域與珠海市外的產業需求，令生產性服務業也可以擔當輸出產業。所以說，橫琴的發展，基本上是由區外需求引導的，換個角度說，橫琴是澳門優勢產業向區外輸出的一個功能放大器。橫琴與澳門輸出產業一體化，而且具有競爭優勢，珠澳的增長極的能量級數將得到提升，珠三角的經濟起飛指日可待。

3. "泛珠三角"區域經濟合作的平台

"泛珠三角"有 4 個經濟發展梯度，港澳是第一梯度，閩粵是第二梯度，瓊、湘、贛、川是第三梯度，桂、滇、黔是第四梯度。梯度開發理論認為，一個國家各區域的發展梯次水準主要受該地區的產業結構，特別是主導產業的生命週期所決定。"泛珠三角"產業結構的空間層次由珠江口向外輻射，大致是"三產"——重工——輕工——"一產"的空間秩序，橫琴是第一梯度與第二梯度的介面，這也是橫琴開發的產業大環境。

梯度開發理論還認為，產業結構將有次序地由高梯度地區向低梯度地區轉移和推進，而梯度推進過程是極化效應、擴散效應的共同作用過程。很明顯，澳門的博彩娛樂業與香港的生產性服務業都有外溢的傾向，尤其是 CEPA 的實行，將加快港澳的優勢產業向周邊地區擴散，橫琴作為緊鄰澳門的半開發狀態的處女地，接受澳門的產業轉移是一個最佳選擇。

兼顧到第二梯度的珠海的產業規劃與"一高一重雙引擎"的產業生態，橫琴島上適度發展高科技產業和高端製造業，與旅遊業和生產性服務業互為市場與供應，相互創造需求與供給，可以更好地聯接珠海與澳門的產業鏈條。所以，橫琴的第三個功能應該是："泛珠三角"第一梯隊與第二梯隊的介面，珠澳經濟一體化的樞紐。

4. 粵港澳合作的制度創新的試驗區

綜上所述，開發橫琴島的最直接利益相關者是珠海與澳門，所以，開發的主體將以珠海和澳門為主。鑒於廣東省的發展規劃與珠海自身的開發力量有限、珠海市的行政級別低於相當於省級的澳門特區政府，橫琴的開發將需要廣東省政府更大的調劑力量，以便在開發橫琴島的利益分割談判當中更好地與澳門特區政府協調。所以，橫琴的開發將由粵澳做主導。另外，在 CEPA 框架下的"泛珠三角"可以適當參與橫琴的開發，讓橫琴成為"泛珠"利益一體化的紐帶。

開發橫琴，是在"一國兩制"之下的粵澳合作，涉及兩套不同的遊戲規則，如何在橫琴的開發中創新制度，協調多方利益，促進經濟增長，這是前所未有的議題，需要粵澳人民的開拓與合作，打造"第三制"的粵港澳合作試驗區。

四、橫琴島開發的產業發展規劃

英國設菲爾德（英國英格蘭北部城市）大學地理學系學者 Armstrong 等人在全球範圍內調查了小國經濟增長的表現，他們的主要結論是，關於影響小國經濟表現的變數是他們在周邊區域的角色的重要性，其主要經濟表現還得主要依靠他們的鄰近國家和區域的經濟健康。橫琴島雖然不是一個島國，但也可以借鑒這理論，從橫琴島與周邊區域之間的經濟關係來為其功能與產業定位。橫琴地理上連接珠三角與澳門，處於"泛珠三角"產業空間秩序"三產"與重工業之間的介面，所以，橫琴發展生產型服務業；旅遊業；以及科技含量高、佔地空間小、無污染的製造業比較合適。

Armstrong 的調查結果還表明，島國經濟增長的成功與富饒的資源基礎和強大的服務業部門（尤其是金融服務業和旅遊業）有很強的關聯關係。特別是金融服務業和旅遊業的結合與特別強勁的增長表現多有關聯：離岸金融服務被認為是高附加值的源泉，而旅遊業則可以吸收勞動力。遙遠的小國可利用通訊技術的優勢，所以距離不再是提供離岸服務和長途旅遊的障礙，馬爾代夫作為一個旅遊目的地的出現就是明證。橫琴島土地資源是澳門的 3 倍，島上居民只有幾千人，本身是一個處於半開發狀態的處女地，所以，橫琴的產業規劃對過去的產業演進路徑的依賴不深，有比較大的創新空間。鑑於 Armstrong 等人的調查結果，橫琴島若想取得成功的經濟增長，最好的選擇就是服務業，尤其是金融服務業和旅遊業。

《亞太視點》第 39 冊第 3 期刊登了〈反方向：小國製造業是服務業的延伸〉一文，作者 Godfrey Baldacchino 對小國產業演變的特殊規律進行了詳盡的分析。文章主要觀點是：小國不太可能遵守工業化的邏輯，製造業最好被視為服務業的延伸。他們（經常是海島）狹小的領土不太可能跟隨大國為他們規劃的、必須遵守的工業化邏輯，相反，他們已經為他們自己設計出一種替代製造業的路徑：小國的製造業最好是服務業的延伸，而不是像通常一樣的相反。橫琴島作為一個海島型開發區，受到相對狹窄的土地空間的影響，所以，首先入駐橫琴島的應該是服務業；考慮到"大珠三角"一體化之中珠海和周邊地區的"世界工廠"背景，可以適當地入駐科技創新型的製造業。

決定橫琴產業結構的有四方面：（1）橫琴島本身的生產要素狀況；（2）市場需求條件；（3）區域間競爭合作關係；（4）相關與支援性產業。這是邁克爾·波特的鑽石模型的一種新闡釋。決定橫琴產業結構的應該是：區域之間的關聯與產業之間的關聯。因此，橫琴島的產業可以有如下的規劃：

1. 由澳門的產業生態決定的橫琴的產業規劃

澳門的主導產業是博彩娛樂業，在國際市場上，澳門最有競爭力的產業也是博彩娛樂業。澳門"賭權開放"以後，博彩娛樂業的壟斷格局被打破，外資主要是美資進入了該行業，但是澳門的空間很小，優勢產業的擴張明顯受到澳門用地的制約，尤其是拉斯維加斯模式，只能在澳門完成一半。橫琴島，與澳門一水之隔，自然是澳門優勢產業擴張的空間首選，到達澳門的國際遊客要去橫琴也非常方便，拉斯維加斯模式的另一半能順利地在珠海的橫琴島完成。來自澳門外資的旅遊、服務企業更能把國際的客戶資源帶到橫琴，使珠澳的市場進一步一體化，澳門的博彩旅遊業也得以免受博彩市場不穩定的擔憂而引起經濟波動，順利完成澳門的產業適度多元化，繼續維持澳門的繁榮穩定。所以，從澳門這邊的角度來看，橫琴島發展旅遊業與服務業是最適宜的。

綜上所述，橫琴重點發展的產業應為：生產性服務業尤其是金融業與旅遊業，高科技產業尤其是資訊產業，[01] 鑒於與珠海的產業配套，可入駐少量的高端製造業。在珠海的"十一五"規劃中，提出橫琴經濟開發區要大力發展現代服務業和高端製造業，與上述的推論結果基本相符。

其實，這是兼顧多方利益的一種博弈的產業規劃，依筆者之見，橫琴島最好是在國際市場上進行土地用途的競投標，將橫琴島的土地出租給標價最高的發展商，在競投資訊收集的基礎上與上述的從國家與區域發展戰略角度出發的產業規劃相結合，那麼橫琴的土地將可發揮最大的效益。這是由市場來決定的橫琴的產業空間秩序，也是城市土地投標租金模型（The Bid-Rent Model）[02] 在橫琴土地開發中的應用。同時，這也涉及到開發模式的創新問題，下面將展開論述。

2. 由珠海的產業生態決定的橫琴的產業規劃

"一高一重雙引擎"是珠海市的產業結構特徵。在珠海的"十一五"規劃綱要中提到，珠海將打造東部沿海、中部沿江、西部沿海"三大經濟帶"。"三大經濟帶"由東到西，從服務業到重工業，表現出一定的分工梯度。橫琴，位於珠海的東部偏中、澳門對面。由珠海的產業梯度與經濟地理位置決定的橫琴的產業規劃是：第一，橫琴適宜發展生產性服務業與旅遊業，以與澳門的服務業與旅遊業在地理上形成配套，達到地理上的"範圍經濟"和"規模經濟"。第二，橫琴適宜發展高科技產業與少量的高端製造業，以與珠海市規劃中的"三大經濟帶"的產業佈局相適應，形成珠海市合理高效的區域產業系統。第三，生產性服務業與高科技產業、高端製造業也可以在產業聯繫上相互銜接，相互構成市場與供應。如此，產業規劃將使橫琴島很好地成為珠澳一體化的介面，進而促進粵澳的聯合和"泛珠"的聯合，大珠三角甚而"泛珠三角"的國際競爭力都將得到提升。

3. 由"泛珠三角"產業生態決定的橫琴的產業規劃

鑒於"泛珠三角"產業結構的空間層次由珠江口向外輻射，大致是"三產"——重工——輕工——"一產"的空間秩序，而橫琴島處於"三產"與重工的秩序之間，由區域之間的投入產出關係，產業鏈條的空間連接關係，生產要素與服務、商品的流動粘性，區域之間的競爭與合作關係等力量的總和作用，最終決定了橫琴上種植的有生命力的產業群落應該是服務業（尤其是旅遊業與金融

01

金融業本質上是資訊服務業，所以在高科技業的規劃中，應著重發展資訊產業。

02

投標租金模型由阿隆索（Alonso）在 1964 年提出，其後得到一系列學者的擴展，如米爾斯，穆斯和伊文思。投標租金模型是在馮·圖能的土地租金模型的基礎上對其的進一步拓展。

業）、適量的高科技產業及少量的高端製造業。

　　鑒於廣東已經進入了工業化後期的發展階段，廣東"世界工廠"核心競爭力的提升關鍵是向產業價值鏈的高端進化，提高工業的技術與資本的含量。所以在橫琴島，高端製造業與高科技產業都可以考慮栽培，以連接區域間的投入產出和價值鏈的分工。服務業的份量在廣東工業化的後期是逐漸提升的，而且在 WTO 的框架下，旅遊業、資訊服務業、房地產業、批發和零售業等產業比外企更具有社區文化的根植性與市場網絡的競爭優勢。所以在橫琴島，旅遊業、資訊服務業、房地產業、批發和零售業都可以是優先選擇的產業規劃。

　　基於橫琴島擔負的"提供泛珠合作平台、推進珠澳合作一體化"的任務、橫琴現狀發展條件，以及與橫琴開發密切相關的區域發展背景——珠三角、大珠三角、泛珠三角的產業經濟環境，橫琴島的開發可以定位為：以"創新"為主題，積極進行體制和科技創新，將其建設成為服務港澳、輻射泛珠、區域共用、示範全國、與國際接軌的複合型、生態化的"創新之島"；使之成為粵港澳功能聯動的協同區、珠三角產業升級的策動區、泛珠三角區域合作示範區、國家體制科技創新試驗區，以及珠海市跨越式發展的新城區；發展為以會議商展、旅遊休閒、科技研發、高新產業為主導職能，兼具物流貿易、培訓交流、文化創意、商業服務、生態居住等輔助職能的區域性、國際化的休閒度假勝地和高端服務中心。

五、橫琴島聯合開發及管理模式探討

　　區域合作開發橫琴島，需要克服的主要矛盾是源於兩種制度所造成的利益協調的困難，克服的可行途徑是：創新開發模式和管理機制。珠、澳兩地就橫琴的開發模式經過多年探討，提出了不同方案，大致可以歸納為四類，包括股份制、租賃制、劃歸澳門管轄及新構思的"9+2"共同開發。四種模式皆具一定的可行性，但各有利弊。[01]

1. 股份制模式

　　在該模式中，珠海以橫琴島地權入股，澳門以城市品牌入股，設立"橫琴國際開發區"，為期 50 年或更長時期。雙方享有平等的參與權、決策權。區內設立對等的聯合管理委員會作為行政機關，按照雙方商訂的管理委員會組織條例行使管理權，委員會實行雙主席制，下設"橫琴開發總公司"，作為具體開發實施的機構。《澳門與珠三角地區經濟一體化策略研究》報告就認為，如果採取股份制模式

01'
參閱〈"九加二"開發橫琴，有利爭取政策〉，《澳門日報》，2005 年 7 月 13 日。

聯合開發橫琴，應爭取實行“境內關外”的特殊管理政策。中央政府可以考慮將海關線從蓮花大橋口岸撤到橫琴大橋口岸，對進島的旅客實行“管出不管進”的口岸管理政策，簡化檢驗手續。境外人員、旅客若經澳門從蓮花大橋進入橫琴可免檢，但從蓮花大橋去澳門則按出境規則查驗。橫琴可實施以澳門為藍本的自由港政策，其行政管理體制盡量向國際慣例靠攏，並有所創新。**01**

2. 租賃制模式

即“關閘”模式。廣東（珠海）將橫琴島租借給澳門特別行政區使用，為期50年或更長時期，澳門每年向廣東（珠海）繳納一定數額的地租。澳門特區政府全權管理和開發橫琴，實行澳門特別行政區的法律和自由港政策。澳門在開發橫琴的過程中，充分照顧廣東（珠海）的利益，並給予廣東（珠海）在橫琴的投資以特別的便利和優惠。

2000年，澳門行政長官何厚鏵先生向中央政府提出“租借”橫琴島或島上部分土地，以作澳門產業腹地，設立出口加工區及發展旅遊娛樂事業。**02** 而部分澳門的政策人士也表示，“近年中國土地政策是開放而靈活，一些無人居住的海島也可讓私人租用，既然私人也可以租借土地，作為特區政府就應更具條件，珠澳合作開發橫琴或由本澳租用橫琴作發展用途的建議，可以研究。”**03**

對於土地的使用，珠海這方面的聲音是：“珠海不要在賣地收益等方面斤斤計較，橫琴最大的價值是能夠對珠海發揮輻射和帶動的功能。”主管珠海工業的副市長周本輝曾說，“很多間接的收益是無法用貨幣衡量的，比如珠海中心城市地位的確立，城市價值的提升，空間格局的改變等等。”而針對以往在內地開發某一地區往往出現各方都來搶一塊地的情況，陳善如稱“橫琴經濟合作區將先做好總體規則和佈局，再作招標。”**04**

可見，澳門這一方鑒於產業多元化的拓展需要，更傾向於把橫琴島租借過來，從澳門產業多元化的角度來做整體規劃。問題是租賃的細節，如租期、租金、租界等，因為涉及到政治問題，雙方難以協調，需要中央政府的決策。

而珠海這邊，立足於對珠海的輻射和帶動功能的發揮來規劃橫琴島的土地使用用途，而不是立足於賣地或者租地的直接收益。至於廣東省的高層，則是立足於高層的謀劃，在其看來，橫琴島更具有公共產品的性質，市場的招投標不一定會有更佳的宏觀效益，所以橫琴島土地的使用應該在總體規劃的基礎上再作招標。

01
參閱〈“九加二”開發橫琴，有利爭取政策〉，《澳門日報》，2005年7月13日。

02
國家社會科學基金重大項目《社會主義市場經濟中經濟週期基本理論和實踐研究》課題組，中國社會科學院B類重大課題《經濟走勢跟蹤與研究》課題組，中國社會科學院經濟研究所與高通證券有限公司〈經濟走勢跟蹤〉聯合課題組，“四大經濟特區的發展之路”，http://ie.cass.cn/window/jjzs.asp?id=316。

03
參閱〈租用橫琴擴澳土地值得研究〉，澳門《華僑報》，2003年10月17日。

04
參閱〈泛珠“九加二”省區就共同開發橫琴方案達成共識〉，中新網，2006年2月24日。

3. 劃歸澳門管轄模式

澳門特區政府在行政級別上相當於一個省級政府，然而總面積只有約 27.3 平方公里，僅為香港這彈丸之地的四十分之一，特別是 "賭權開放" 以後，美資與港資大量流入，需要大量的土地興建賭場、酒店、會展中心、娛樂公園等，土地供應更加緊張。更何況澳門受周邊海域環境的制約，並不可能像香港那樣大規模的填海造地。所以，將與澳門一水之隔的橫琴島劃歸澳門直接開發管理，是無數澳門人士的願望，無疑是最有利澳門發展的模式。

但是，這一模式涉及到的問題可真不少。第一，政治上的問題：觸及 "一國兩制"。澳門特區實行資本主義制度，橫琴島實行社會主義制度，將橫琴島劃歸澳門，將改變橫琴島的社會制度。第二，法律上的問題："澳門基本法" 已經明確規定澳門的行政管轄範圍，包括澳門半島、氹仔島和路環島。如果將橫琴島劃歸澳門，就必須修改 "澳門基本法"。單是觸及上述兩個問題就已經將這模式的可行性幾乎抹殺。而且將原來屬於珠海市的一直在 "待價而沽" 的橫琴島劃歸澳門管轄，必將受到珠海市政府的牴觸，觸動珠海市民的情緒。所以說，這一模式的可行性不高。

4. "9+2" 共同開發模式

第四種模式是新構思的 "9+2" 共同開發。據有關人士透露，珠澳兩地政府曾提出的合作模式有劃撥、租借、股份制三種，但前兩種模式的可操作性不強，股份制模式又因某些原因一直未能達成協議，而 "泛珠三角橫琴經濟合作區" 正是 "9+2" 共同開發橫琴的一種大股份制的構想。

關於珠粵澳三方就橫琴開發的協商過程，大致是如下的路徑。據《澳門日報》報導，早在 1999 年澳門回歸前，珠澳兩地的一些知名人士就分別在全國人大和政協會議上提出設立橫琴旅遊協作區的提案。但此時澳門正處於有待回歸的狀態，橫琴問題暫時未能討論。2001 年 5 月，時任廣東省省長盧瑞華率團訪問澳門時，雙方達成共識，確定把橫琴島作為粵澳合作的重點，把該島開發成旅遊勝地作突破口。但此時，澳門經濟蕭條和失業情況仍然嚴重，本身尚且自顧不暇，粵澳合作開發橫琴只能是一句空話。2003 年 12 月 9 日，在粵澳合作聯席會議上，雙方終於達成共識，成立粵澳橫琴島開發研究協調小組，研究共同開發橫琴的具體方案。2004 年 11 月 30 日，在廣州召開的 2004 年粵澳合作聯席會議上，廣東省委書記張德江和澳門行政長官何厚鏵商定，擬在橫琴島設立 "泛珠三角橫琴經濟合作區"，並將原本由粵澳聯手開發的設想，擴大到由"9+2"成員共同開發。

由"珠海開發"到"珠澳開發"到"珠粵澳開發"再到"9+2"成員共同開發，開發的力量逐漸壯大，這是新構思模式的一大優勢：最高級最適用的生產要素可以在大區域內調集，可把橫琴島開發的深度加深。但是，由於涉及到的力量更多，協調的時候就更加困難了。"9+2"成員的共同開發不是一個自由貿易區的概念，也不是CEPA的概念，它只是一個沒有很強約束力的框架性平台。暨南大學教授封小雲的觀點是，"真正意義上的區域一體化遠沒有形成，區域之間的自然吸引力沒有達到水乳交融的境界，再加上沒有中央的統籌，這種協調機制將是鬆散的……不確定因素很多，橫琴將發展得如何還有待於觀察"。

再加上廣東省以外的企業都在集中力量建設自己的區域，對於空間距離遙遠的小島的開發有多少的地域優勢和開發熱情，也是不確定的，所以橫琴島"9+2"成員共同開發，也必須由粵澳主導，"9+2"成員共同參與開發，以促進"泛珠三角"成員的利益一體化，促進成員之間的資訊溝通。

在目前區域合作體制尚未完善的情況下，橫琴的開發可以採用"政府主導、市場運作"的模式，一方面充分發揮政府的宏觀調控職能，另一方面又能充分調動企業的積極性。在開發初期，可以採用企業融資型合作開發模式，借助企業或社會資金完成土地的初期開發；當資金積累至一定程度後，則可以採用開發公司股份合營的模式；而當資金充裕後，再採用政府獨資企業開發模式。與此開發模式相對應，橫琴的管理機構需要積極參與土地增值收益層面的分配，延伸開發的層次，將取得的土地收益最大化，為開發公共設施提供更充裕的資金。

由於橫琴不僅僅對此區域自身具有意義，同時也是"9+2"合作的平台，因此在管理模式上，可以採用三個層次的巨集觀管理模式：第一個層次是理事會，擔當橫琴經濟合作區的議事協調機構，由"9+2"各方政府組成，負責審議各項開發報告及預案，修訂橫琴合作區的規章制度，但此機構只負責議事而不進行決策；第二個層次是管委會，作為廣東省政府的派出機構，代表廣東省政府對橫琴行使行政管理權，並協調國家有關部門設立在橫琴經濟合作區的機構的工作；第三個層次是開發公司，主要負責招商引資等具體事項，同時借鑒國內外開發區的管理經驗，從調節、回饋等方面對橫琴的開發進行系統管理。

同時，由於橫琴的開發涉及與港澳地區，尤其是澳門地區的合作，此區域還可以採用"境內關外"的特殊管理模式，即將橫琴經濟合作區作為一國境內設立的，處於該國海關管轄範圍之外的，簡化出入關手續並取消貨物進出許可證、關稅、配額等方面貿易障礙和壁壘的區域。貨物從該區進入國內視為進口，從國內輸出至該區視為出口；人員從該區進入國內視為入境，從該區赴境外視為出境。

橫琴島地處 "一國兩制" 前沿，無論是實行哪種開發模式，在管理上都必須實行更特殊的配套政策，以真正體現其國際性、開放性及特殊性。如果將橫琴劃撥澳門管轄，或者按 "關閘" 模式將橫琴租賃給澳門 50 年，橫琴島都將成為澳門特別行政區的一個有機組成部分，實施澳門的法律制度和自由港政策。倘若按照股份制的模式聯合開發橫琴，則應爭取實行 "境內關外" 的特殊管理政策，將橫琴島建成一個 "似澳門而非澳門，比特區更特殊" 的 "國際旅遊開發區"。

實施 "境內關外" 政策的主要內容有：（1）為方便境外境內的人員、遊客進出橫琴島，中央政府可考慮將海關線從蓮花大橋口岸撤到橫琴大橋口岸，對進島的旅客實行 "管出不管進" 的口岸管理政策，簡化檢驗手續。境外人員、旅客從澳門取道蓮花大橋進入橫琴可以免檢，離開橫琴返回澳門則按規定查驗有關證件；境內旅客從珠海橫琴大橋進入橫琴可以免檢，但從蓮花大橋往澳門則需按出境規定查驗。（2）實施以澳門為藍本的自由港政策，包括投資政策和稅收政策，甚至可以考慮實施更優惠的土地政策，以吸引外資及內地資本對島內大規模投資和開發。（3）島內的行政管理體制盡量向國際慣例靠攏，並有所創新。

橫琴的聯合開發，是在新歷史時期中 "一國兩制" 框架下推進經濟合作的一種新嘗試，是一次重要的制度創新，目的就是要充分發揮澳門與珠海兩地資源組合和政策互補的優勢，推動經濟發展及合作的深入持續。從這個意義上說，橫琴的聯合開發具有深遠的經濟影響及重要的政治價值。

（原文為 2006 年 "粵澳合作論壇" 學術會議提交論文，作者為馮邦彥、譚裕華）

以橫琴開發為紐帶，推進粵澳區域合作

2009 年初，國務院頒佈《珠江三角洲地區改革發展規劃綱要（2008-2020）》（簡稱《規劃綱要》），賦予粵港澳合作豐富的內涵。其後，國務院常務會議原則通過《橫琴總體發展規劃》（簡稱《發展規劃》），提出要把橫琴建設成為帶動珠三角、服務港澳、率先發展的粵港澳緊密合作示範區。《規劃綱要》和《發展規劃》的頒佈實施，使粵澳經濟合作進入新的歷史發展時期。

一、橫琴開發開啟粵澳合作新時期

橫琴地處"一國兩制"交匯點，具有極為優越的區位優勢。橫琴島位於珠海南部、澳門西側，四面環海，通過蓮花大橋、橫琴大橋分別與澳門路環、珠海灣仔相連。橫琴島全島南北長 8.6 公里，東西寬約 7 公里，全部開發後將達 106.46 平方公里，是澳門現有面積的 3 倍。島上可供開發的土地面積約 60 平方公里，是天然的旅遊休閒度假勝地，具有豐富的旅遊資源。20 世紀 80 年代後期以來，橫琴開發一直是粵澳兩地經濟合作的一個重要議題。1999 年澳門回歸，加上橫琴口岸開通以及蓮花大橋和橫琴大橋相繼建成，橫琴島的開發價值進一步凸顯。可惜的是，由於種種主、客觀原因，橫琴島的開發一直停留在"只打雷不下雨"的階段。

2009 年初，國務院頒佈的《規劃綱要》正式提出橫琴開發問題。《規劃綱要》指出："規劃建設……珠海橫琴新區、珠澳跨境合作區等改造區域，作為加強與港澳服務業、高新技術產業等方面合作的載體。"2009 年 6 月 24 日，國務院常務會議原則通過《發展規劃》，明確提出：要充分發揮橫琴地處粵港澳結合部的優勢，與港澳緊密合作，把橫琴建設成為帶動珠三角、服務港澳、率先發展的粵港澳緊密合作示範區。6 月 27 日，第十一屆全國人大常委會第九次會議決定，授權澳門特別行政區對設在橫琴島的澳門大學新校區實施管轄。8 月 14 日，國務院正式批覆《發展規劃》，令橫琴新區作為繼上海浦東新區、天津濱海新區之後，第三個由國務院批准的國家級新區。根據《發展規劃》，橫琴新區的產業發展重點為商務服務、休閒旅遊、科教研發和高新技術產業四大產業。《發展規劃》根據"制度創新、先行先試"的原則,授權橫琴新區一系列的制度創新,包括實行"分線管理"的查驗監管模式、鼓勵金融創新、實行更加開放的產業和資訊化政策、支持進行土地管理制度改革和社會管理制度改革等等。

目前,橫琴開發的五大重點項目,包括澳門大學橫琴新校區、十字門商務區、長隆國際海洋度假區、橫琴新區市政基礎設施建設項目、以及多聯共燃氣發電項目等,均已全部啟動建設,總投資將達 700 多億元人民幣。橫琴還與香港新世界、嘉華及南光集團等多個港澳財團商討合作協議,涉及項目投資額超過 100 億元人民幣。據瞭解,在未來五年內,橫琴新區的投資規模將達到 2,000 億元人民幣。

橫琴的開發,是在新歷史時期中"一國兩制"框架下推進粵港澳合作的一種新嘗試,是一次重要的制度創新,目的是要充分發揮澳門、香港與廣東三地資源互補的優勢,構建粵港澳緊密合作區的新載體,推動澳門經濟的適度多元化與可持續發展。從這個意義來說,橫琴開發開啟了粵澳經濟合作的新時期,具有深遠的經濟影響及重要的政治價值。

二、新時期粵澳區域合作的新趨勢

在新的歷史發展時期,粵澳經濟合作將呈現新的發展趨勢,突出表現在以下幾方面:

1. 以橫琴開發為紐帶,粵澳加強旅遊休閒業的合作,共同打造"世界旅遊休閒中心"。

《規劃綱要》提出:要鞏固澳門作為世界旅遊休閒中心的地位。澳門素有"東方蒙地卡羅"之稱,與美國的拉斯維加斯和摩納哥的蒙地卡羅並稱世界三大賭城,其獨特形象深入人心。2002 年澳門特區政府開放博彩經營權以來,博彩業快速發展,博彩規模已超過拉斯維加斯。澳門還是中西文化、宗教交匯的城市,具有"博物館"式的都市風貌和豐富的歷史文化遺產。不過,澳門作為微型經濟體,土地面積狹小,經濟規模不大,僅靠本身的實力尚難以成為"世界旅遊休閒中心"。

澳門旅遊業最大的特點是以博彩業為主導的綜合性旅遊業,其他自然景觀、人文景觀及大型遊樂設施因地域狹小的限制而有所缺乏,旅遊功能和效益難以充分發揮,而橫琴的開發正可以彌補澳門的不足。根據橫琴海島型生態景觀的資源優勢，可重點發展休閒度假產業及高品質度假旅遊項目，包括以自然景觀和人文景觀為主的大型娛樂、體育、休閒設施，發展綠色旅遊、藍色旅遊、休閒度假旅遊，興建水上運動場和大型高爾夫球場，突出休閒特色。以已經啟動建設的長隆國際海洋度假區為例，該項目佔地面積達 5 平方公里，定位為 "中國的奧蘭多"，目標是要建成一個世界級的集會展、遊樂、酒店度假於一體的綜合性海洋公園，建成後預計每年將吸引 3,000 萬人次的遊客造訪。率先動工的首期工程 "長隆海洋世界"，以一個全新的情景式海洋主題樂園作主打，包括多個巨型的海博館，以及一家超五星級海洋酒店等，計劃於 2012 年對外營業，年均接待遊客能力達 1,000 萬至 1,500 萬人次。

此外，計劃興建中位於橫琴十字門中央商務區的休閒娛樂組團，緊臨橫琴大橋南側，佔地面積約 120 萬平方米，主要發展度假酒店、SOHO 辦公（small office、home office）、遊艇碼頭及商務配套等設施。該片區將針對年輕的創業人士規劃一系列多元的餐飲及零售空間，供其消費及互動，並配套濱水起居、私人遊艇碼頭等，擁有絕佳沿水視野。因此，以橫琴開發為紐帶，澳門與橫琴、珠海乃至中山、江門等珠江西岸城市之間可以在發展旅遊休閒業方面協調配合及錯位發展，共同打造珠江西岸 "世界旅遊休閒中心" 的地位。

2. 以橫琴開發為契機，粵澳錯位發展商務會展業，共同打造 "中葡商貿服務平台"。

澳門經濟發展中的重要比較優勢，是它的區位優勢、自由港優勢和國際網絡優勢。澳門背靠珠江三角洲西部，而它聯繫的國際層面，則以歐盟和葡語國家為重點。2002 年特區政府提出將澳門建設成為 "三個服務平台" 的目標，即作為內地，特別是廣東西部地區的商貿服務平台；作為中國內地與葡語國家經貿聯繫與合作的服務平台；以及作為全球華商聯絡與合作的服務平台。"三個服務平台" 中的核心是 "中葡商貿服務平台"，即 "聯繫歐盟、葡語國家與中國內地特別是廣東珠三角地區的商貿服務平台"。

長期以來，澳門都與歐洲國家和葡語國家有著緊密的商貿、文化等各方面的聯繫，又有一批懂得葡語的專業人才，這是亞洲其他城市包括香港所不具備的優勢。這種優勢有利於澳門發揮區域性商貿服務平台的作用，幫助內地特別是珠三角地區企業走向國際，同時也為中國與歐洲及葡語國家經貿合作牽橋搭線。2003 年，中央政府為支持澳門發展成為國內與葡語國家之間的合作平台，決定將由其主辦的"中國─葡語國家經貿論壇"交由澳門承辦,該論壇以經濟合作發展為主題,旨在促進中國內地和葡語國家或地區的經貿交流與合作,為部長級論壇,暫定每三年舉辦一次,常設機構秘書處亦設於澳門,負責日常維持中國國務院外經貿部與 8 個葡語國家相關部門的聯繫。

　　然而,從近幾年的發展實踐看,澳門要真正成為"中葡商貿服務平台",還需廣東珠海方面的配合,而橫琴則提供了合作的平台。其中,最值得重視的就是十字門中央商務區的建設。該區位於珠海東部城區、西部城區和橫琴新區的中心,佔地面積約 5.77 平方公里,將發展成為一個國際化、濱水生態型現代服務業聚集平台。已經動工的首期項目是位於珠海南灣的會展商務組團,主要建設珠海國際會議中心、展覽中心、國際標準甲級寫字樓、白金五星級酒店、國際標準五星級酒店及相關配套設施。會議中心總建築面積約 2.5 萬平方米,可容納近萬人同時舉行不同規格的大型會議;展覽中心面積約 8.5 萬平方米,可舉辦超過 3,000 個國際標準展位的大型展覽。可以說,橫琴開發為珠海會展業帶來了重大的發展機遇。

　　未來進一步發展的問題是,澳門與珠海兩地如何協調發展和錯位發展商務會展業。從澳門的角度看,澳門的優勢在博彩業及與葡語國家的聯繫,澳門可以博彩業為"賣點",精心打造兩、三個具比較優勢又能配合澳門博彩旅遊業發展的會展業知名品牌,特別是與葡語國家相關的會展品牌,從而真正發展成為中國與葡語國家經貿、文化交流的平台。澳門可以會議為主、展覽為輔。珠海方面則可發展澳門不具備比較優勢的會展業,如航空展覽、重工業展覽、遊艇展覽、印刷機展覽等;或者展覽在珠海‧橫琴舉辦,而相關的會議則安排在澳門。通過兩地的協調發展和錯位發展,共同做大做強會展業的"蛋糕",共同打造"中葡商貿服務平台"。另外,橫琴可發展為配合澳門會議展覽業發展的會展後勤基地和倉儲中心,以有效降低澳門的辦展成本。

　　為了配合"中葡商貿服務平台"的建設,橫琴可發展為葡語人才的培訓基地及葡語國家產品展示和展覽中心,建立針對葡語國家的商務中心和商業市場,提供葡語國家的商業資訊及相關翻譯人才,一方面將葡語國家的產品,如巴西的資源性產品、葡萄牙的紅酒、西班牙的瓷磚等等,通過橫琴的葡語國家產品展示和展覽中心,推銷到內地的廣闊市場;另一方面,將葡語國家需要的中國產品,例如健康產品等,推銷到葡語系國家乃至歐盟國家,使澳門與橫琴共同成為中國和葡語國家的貿易樞紐和橋樑。

3. 粤澳合作建設橫琴中藥產業園區，發展具國際影響力的中醫藥產業。

粤澳在橫琴的產業合作中，率先啟動的就是"中醫藥科技產業園"。早在2005年，澳門特區政府科技委員會就發表研究報告，指出澳門有能力、有優勢、有潛力發展中醫藥產業。因此，一直以來特區政府相關部門都與廣東省政府對口部門保持密切接觸。2010年5月，粤澳雙方簽署《關於探討粤澳雙方共建中醫藥科技產業園的備忘錄》，決定在橫琴設立粤澳合作共建的"中醫藥科技產業園"。

據瞭解，橫琴中醫藥科技產業園位於小橫琴西部，面積0.5平方公里，發展目標是要將產業園建設成以健康精品開發為導向，集中醫醫療、養生保健、科技轉化、會展物流於一體，功能相對完善的國際中醫藥科技產業基地；打造綠色地道中藥和名優健康精品的國際中醫藥交易平台，將中醫藥產品推向世界。該產業園的合作模式，初步計劃是採取橫琴出土地、澳門政府出資金的方式。不過，最終的合作模式，估計要等《粤澳合作框架協議》簽署後才能最終定下來。《粤澳合作框架協議》一經中央政府批准後，中醫藥科技產業園便可動工興建，預計三年內竣工。

通過中藥產業園區的建設，橫琴不但可以發展成為珠江西岸具世界影響力的中醫藥產業基地，還可發展成為區域性藥品研發和檢驗檢測中心，如食品檢驗檢測中心，以取得歐盟的認可，推動內地產品進入歐盟市場。橫琴作為區域性檢驗檢測中心，可與"中葡商貿服務平台"的建設相互配合，推動澳門經濟的適度多元化發展。

4. 以橫琴開發為紐帶，共同打造珠江西岸核心都市圈。

《規劃綱要》指出，"以廣州、深圳為中心，以珠江口東岸、西岸為重點，推進珠江三角洲地區區域經濟一體化。"目前，珠三角一體化進程中正逐步形成廣佛肇、深莞惠以及珠中江三大經濟圈。現時東西岸發展不平衡，珠中江經濟圈尚處於雛形階段。不過，隨著港珠澳大橋和珠三角城際軌道交通系統的建設，特別是珠海橫琴新區的開發，這種狀況將發生深刻變化。根據《發展規劃》的人口發展目標，橫琴總人口將在2015年達到12萬人，2020年進一步達到28萬人。

根據中國城市規劃設計院完成的《珠海東部城區主軸（情侶路）概念性總體城市設計》，未來珠海的主城區將由"香洲核心區＋橫琴新區＋西部中心城區"（所謂"三區一城"）構成。其中，橫琴新區處於三區"三足鼎立"的最南端，而十字門商務區剛好處於三足鼎立的中央位置，無論是從地理幾何角度還是經濟發展角度看，都將成為未來城市的中心和重心。十字門地處粵港澳交會地，毗鄰灣仔、橫琴和拱北三大口岸，其中南灣、橫琴片區與澳門、氹仔構成了獨特的"兩江四岸"格局，是珠海環澳城市帶核心。珠海的主要交通基礎設施：港珠澳大橋、太澳高速、京澳高速、金海大道、廣珠城軌和情侶路城市主軸等在此彙聚，將形成珠江口西岸的交通樞紐。以十字門中央商務區規劃建設為紐帶，澳門、橫琴和珠海，以及中山、江門等將組成珠江西岸核心都市圈，而橫琴將成為珠江西岸最具活力的新城區。

5. 以橫琴開發為起點，共同打造珠江西岸"綠色優質生活圈"。

目前，粵港澳三地政府已達成共識，向中央政府提出構建"綠色大珠三角地區優質生活圈"計劃。橫琴開發的一個重要特色，就是高度重視環境保護，注重和諧發展，建設成為世界一流的"環保島"。因此，可以將橫琴開發作為粵澳共建"綠色大珠三角優質生活圈"的新起點。

三、推進粵澳區域合作的幾個關鍵問題

當然，要有效推動粵澳經濟合作的深化發展，還需要解決以下幾個關鍵性問題：

1. 解放思想，創新思維，掃除區域合作的認識障礙。

長期以來，粵澳合作進展並未如人意，其中原因很多，但缺乏對區域合作的深刻認識恐怕是一個重要因素。以橫琴開發為例，長期以來橫琴開發一直議而不決，表面上看是珠海和澳門雙方的立足點不同，視角不同，利益差異不能協調，深入分析卻是由於雙方對區域合作缺乏深刻認識，彼此都站在自己的立場上斤斤計較，患得患失，形成越來越難解的心結。因此，在新的歷史發展時期，粵澳要推進區域合作，首要前提就是要解放思想，以創新思維掃除區域合作的認識障礙。

根據經濟學的基本理論，區域經濟合作的實質是各地區以自身的比較優勢為基礎，根據各自的資源稟賦優勢，實現區域內不同地區的分工和錯位發展，達致資源的最優配置。環顧當今國際社會，經濟全球化、區域經濟一體化已成為世界經濟發展的潮流。粵澳兩地，無論是政府、商界還是社會輿論，都必須解放思想，以創新的思維積極、主動地推動區域合作，實現互補雙贏。

2. 切實落實、實施《發展規劃》授予橫琴新區的一系列制度創新和政策措施。

《發展規劃》提出以"分線管理,模式創新"設置橫琴口岸,比照海關特殊監管區域進行管理。橫琴新區能否實施"分線管理,模式創新"的管理模式,最終過渡到"一線放開、二線收緊"的通關管理模式,對於橫琴能否成功開發至關重要,必須放在"重中之重"的位置。

《發展規劃》將橫琴納入珠海經濟特區範圍,島內企業的稅收管理比照海關特殊監管區域的稅收政策執行,保稅貨物項下外匯管理比照海關特殊監管區域的外匯管理政策執行。同時,鼓勵金融創新,實行更開放的產業和資訊化政策,支持進行土地管理制度和社會管理制度改革等。這些制度安排有利於吸引國際資本到橫琴投資發展,也有利於澳門特區參與橫琴開發。但是,從過去實踐的經驗看,最關鍵的問題就是能否真正貫徹實施《發展規劃》所授予的這些制度創新和政策措施。

3. 積極推進粵澳通關便利化,推進跨境重大基礎設施的對接和協調發展。

粵澳要共同打造"世界旅遊休閒中心",首先必須推動通關便利化。澳門特區和廣東珠海方面都需加快通關設施的擴容和配套發展,包括擴建現有口岸及建設新口岸,完善公共交通系統的接駁,加強口岸綜合配套服務功能;推進口岸電子化,通過高科技應用調整過境車輛管制手段,以降低交通成本,提高過關的便捷性;增加邊檢、衛檢等部門的人員編制。同時,要研究延長拱北、橫琴口岸的通關時間,積極探索"一地兩檢",優化"144 小時便利免簽證"機制等,以推動粵澳兩地人員往來便利化。

在重大基礎設施發展方面,需要深入研究如何推進重大基礎設施協調規劃和對接,實現基礎設施共建共用及跨境基礎設施的對接,包括澳門與廣東、香港在城市規劃、城際軌道交通網絡、資訊網絡、能源基礎網絡、城市供水等方面的協調規劃和對接;深入研究如何盡快推動港珠澳大橋的建設等問題,構建高效的交通運輸體系。值的注意的是,澳門的輕軌系統制式與廣珠的城際軌道存在相當大的差異,需要研究兩個系統如何延伸至橫琴,並在橫琴實現"無縫換乘對接"。

(原文發表於澳門《澳門研究》,2011 年第 1 期)

粵澳合作開發橫琴 ——"5 平方公里" 做文章

一、基本判斷

對於橫琴有一個基本判斷，就是它的開發價值非常高，是風水寶地，它的價值在哪裏？其中一個重要價值是毗鄰澳門，其產業發展可與澳門經濟形成互補、協調發展和錯位發展，彌補澳門土地資源的不足。

橫琴開發是國家實施"一國兩制"方針下國家戰略的重要組成部分，目的是使實施"一國兩制"的澳門保持經濟社會長期的繁榮穩定，並達致經濟適度多元化。

二、兩個重要背景

第一個背景，就是《粵澳合作框架協議》確認將於橫琴建設"5 平方公里"的"粵澳合作產業園區"。橫琴開發對澳門非常重要，但澳門是微型經濟體，中小企業眾多，在這樣的現實背景下，澳門怎樣參與橫琴開發呢？澳門參與橫琴開發的平台在哪裏？《橫琴總體發展規劃》提出"同等條件，港澳優先"，澳門最早提出了橫琴"5 平方公里"的概念，緊接在 2009 年 1 月，國家副主席習近平在澳門表示，中央已決定開發橫琴，擬將橫琴 5 平方公里土地作為粵澳橫琴合作項目用地，但《橫琴總體發展規劃》並未有提及。同年 6 月，第十一屆人大常委會第九次會議決定，將橫琴 1.0926 平方公里土地以租賃模式租給澳門，授權澳門對設在橫琴的澳門大學新校區實施管轄。2010 年 5 月，粵澳雙方簽署《關於探討粵澳雙方共建中醫藥科技產業園的備忘錄》，計劃在橫琴設立中醫藥科技產業園，面積為 0.5 平方公里，其後又提及文化創意產業園區，但沒有提到土地面積。最終，"5 平方公里"在《粵澳合作框架協議》中明確提出。

我相信這個過程背後，是中央、粵港澳各方利益的博奕，這個博奕結果反映中央實施"一國兩制"方針、維持港澳繁榮穩定的決心和高瞻遠矚的戰略眼光、廣東省推進粵澳區域合作共贏的最大誠意，以及特區政府與社會各界長期以來不懈的努力。這個結果使澳門獲得參與橫琴發展的平台，是粵澳合作的重要進展。

第二個背景，就是《橫琴總體發展規劃》和《粵澳合作框架協議》使橫琴成為國家三個最重要的開發新區之一，而且它的制度安排是國家改革開放最前沿的熱點，某程度上它代表著中國改革開放最新的方向之一。在《粵澳合作框架協議》中，有個主要政策亮點：橫琴開發是粵澳"合作開發"、"共同參與"，這是《橫琴總體發展規劃》綱要中並沒有提及的。中央已把橫琴開發置於新歷史時期下，改革開放最前沿的位置，其中澳門擔任了非常重要的角色，反映中央實質賦予澳門在國家總體發展戰略新時期中重要的功能和定位。所以，澳門首次越過香港，居於中國新一輪改革開放潮流最前沿的位置，如果橫琴開發的工作做好，將能探索出粵澳合作的新機制、新模式，澳門最後亦能成為世界旅遊休閒中心。

此外，如果澳門在中葡商貿服務平台中發揮作用，澳門將在國際經濟發展中起到重要的功能和作用，相信能媲美三十年前香港在深圳所起到的功能和作用，從這個角度來說，粵澳兩地正在創造歷史。

分析這兩個背景可知，橫琴開發充滿機遇和商機，且會為城市群體的發展、產業的發展、居民生活的改善、澳門經濟適度多元等帶來深遠的影響。

任何區域合作都是利益博奕最後互利共贏的結果，粵澳合作在橫琴開發的問題上能走到今天這一步實在不容易，亦是粵澳合作史上的最佳時機和機遇。歐盟區域合作經過了 50 年不斷的博奕、制度磨合和創新，橫琴開發勢必亦是這樣的過程。在這個過程裡面，還存在很多問題，需要再進一步細化和落實，"5 平方公里"是澳門參與橫琴開發的重要平台，是一個起步點，只要將這一步做好，橫琴開發將會全面展開。

三、四個問題

1. "5 平方公里"是完整的一塊，還是分散在橫琴各規劃社區的多塊？

《粵澳合作框架協議》申明，按照《橫琴總體發展規劃》要求，在橫琴文化創意、科技研發和高新技術等功能區，共同建設粵澳合作產業園區。澳門特區政府統籌澳門工商界參與建設，重點發展中醫藥、文化創意、教育、培訓等產業，推動澳門居民到園區就業，促進澳門產業和就業的多元發展。無論是一塊還是多塊，都應該做好，以"項目帶動土地"開發。只要做好了，不僅可以有"5 平方公里"，還可以參與更多的橫琴開發。

2. "5 平方公里" 的粵澳合作產業園區的產業規劃怎樣？

澳門最大的問題是土地資源不足，橫琴有 5 平方公里供澳門合作開發。除了積極發展中醫藥園區、文創園區之外，應該如何合理規劃珠澳合作產業園區的其餘用地？發展哪些項目才能真正推動澳門經濟的適度多元化？這些問題都值得深入思考。

其中，一個值得考慮的產業是教育培養訓練，特別是旅遊培養訓練。澳門的領域培養訓練很有特色，一是它的國際性，二是它的實操性。領域培養訓練產業的發展既可帶動澳門經濟適度多元化，更可為橫琴旅遊休閒產業的發展提供人才資源。

3. "5 平方公里" 的粵澳合作產業園區將如何帶動澳門中小企業發展？

除了重點發展中醫藥、文化創意、教育、培養訓練等產業之外，還要考慮如何透過 "5 平方公里" 的產業規劃，帶動澳門中小企業的發展。同時，整個橫琴發展尚需零售業、餐飲業、服務業、物流業、交通運輸業等其他配套，如何為澳門的中小企業挖掘機遇？

可以預料，橫琴新區將會為參與開發的企業提供稅收優惠。橫琴開發和 "5 平方公里" 的粵澳合作產業園區的發展，無疑將為澳門中小企業提供眾多的歷史性發展機遇。

除了按《粵澳合作框架協議》協助澳門中小企到橫琴發展，特區政府還應推出相應的配套政策，如透過設立工商發展基金等，為有意到橫琴發展的中小企提供協助。長遠而言，特區政府應完善法律，令企業或個人在橫琴開發過程中的權益得到保障。

4. 如何根據《粵澳合作框架協議》的規定，探索粵澳 "合作開發" 橫琴的新模式，包括 "5 平方公里" 的粵澳合作產業園區的開發模式？

《粵澳合作框架協議》對澳門在橫琴開發中的角色作了明確界定：橫琴開發是 "合作開發"，是 "共同參與"，藉此 "探索粵澳合作新模式"。可行模式有二，模式之一：粵澳合組投資公司，如粵澳中醫藥產業園區；模式之二：參考新加坡、江蘇的合作經驗，建立類似蘇州工業園區的合作模式。要言之，粵澳兩地應和衷共濟，相互理解，抱團開發，特別是共同向中央爭取更切合橫琴實際的 "合作開發" 模式。

四、結論

綜上所述，要有效開發橫琴，還需要細化《粵澳合作框架協議》，透過深入的研究，找出可行的模式，探索出可以推展的經驗，實際地發展。

（原文為澳門發展策略研究中心舉辦的 "齊齊動腦筋" 發言稿，2011 年 5 月）

粵澳合作開發橫琴的幾個關鍵問題與政策思考

一、澳門經濟適度多元化與合作開發橫琴

作為典型的微型經濟體，澳門經濟發展長期處於 "隨波逐流" 的狀態，經濟的單一性早已凸顯。1990 年，美國麥健時公司在其研究報告《澳門未來十年發展前景》中就明確指出："澳門經濟具有高度的極性。"[01] 1999 年澳門回歸以來，特別是在 2002 年澳門博彩經營權開放以及 2003 年中央對港澳實行 "自由行" 政策的刺激下，博彩業快速發展，"一業獨大" 的態勢進一步凸顯。博彩業在澳門 GDP 中所佔比重從 1999 年的 23.98% 上升至 2009 年的 32.30%，其中 2008 年達 37.20%，2004 年更高達 39.13%。相比之下，澳門傳統的支柱產業除了建築業由於受益於博彩業的迅速擴張而實現短期上升之外，其他兩大產業製造業和金融保險業的比重均隨博彩業的膨脹而下降，製造業尤其萎縮嚴重，2009 年澳門的製造業比重僅剩 2.8%，第二產業的比重也只佔 14.7%，經濟單一化的特性日趨明顯。

根據國際上微型經濟的發展經驗，諸如澳門這種微型經濟體，由於地域空間狹小，資源稟賦有限，比較優勢單一，其產業一般具有單一性和專業性的特徵，以達到規模經濟效應，並充分發揮其比較優勢。香港中文大學林聰標教授在分析 20 世紀 70 年代香港產業和城市的集中性及專業化時曾指出："在任何情況下，一個小型的開放經濟在商品分類和市場分佈上，都會有一定程度的出口集中，這正是唯一能充分享受專業優勢的方法。"[02] 從經濟學的基本理論出發，諸如香港、盧森堡、澳門這類小型或微型經濟體系，其經濟和產業相對集中或單一化，是有其合理性的。

然而，研究和實踐證明，經濟結構的單一性必然導致經濟的高度集中，在外向型經濟的前提下必然導致經濟發展的不穩定性和波動性。這種波動性無疑將大大提升宏觀經濟和微觀經濟的風險。為了解決微型經濟的兩難問題，產業結構的適度

01′

麥健時公司著，周筠譯：《澳門未來十年發展前景》，《澳門日報》，1990 年 12 月 10—13 日。

02′

林聰標：〈香港的貿易結構與經濟成長〉，載邢慕寰、金耀基合編《香港之發展經驗》，中文大學出版社 1985 年，第 118 頁。

01

馮邦彥：〈澳門經濟適度多元化的路向與政策研究〉,《港澳經濟年鑑（2010）》, 港澳經濟年鑑社, 2010 年, 第五編《澳門經濟專題研究》, 第 339 頁。

02

馮邦彥、趙雪梅：〈微型經濟體產業適度多元化理論與實證研究：以澳門為例〉,《澳門理工學報》, 第 9 卷第 3 期（2006 年）, 總第 23 期, 第 39 頁。

03

珠海橫琴經濟開發區管委會：《橫琴：充滿發展商機的黃金寶島》, 2000 年, 第 2 頁。

04

國家發展和改革委員會：《珠江三角洲地區改革發展規劃綱要（2008-2020 年）》, 2008 年 12 月, 第 52 頁。

多元化一般被認為是既可保持產業的國際競爭優勢又能相對減低經濟風險的有效辦法。也正因為如此,諸如香港、新加坡、盧森堡等小型或微型經濟體一直致力保持產業的適度多元化。當然,微型經濟體的適度多元化不是全面多元化,不是將社會有限的資源分散到所有行業,否則將降低經濟效益並大幅提高經濟成本。

2002 年以來,澳門的經濟雖實現飛速增長,但是增長率極為波動;而香港、新加坡以及作為微型經濟體的盧森堡,其經濟增長均則較為平穩。據研究顯示,2002 年至 2007 年期間,香港、新加坡和盧森堡的經濟增長率方差分別為 8.73、4.39 和 3.57,而澳門的經濟增長率方差則為 60.23,經濟發展的風險迅速大增。[01] 在經濟大幅波動的情況下,正常的經濟及商業活動運作將受到干擾,亦對經濟個體的規劃及經濟政策的制定造成壓力。同時,博彩業的"一業獨大"使得澳門資源稟賦進一步集聚,進而擠壓了其他行業尤其是中小企業的生存空間,形成所謂的"馬太效應"和"擠出效應",使澳門經濟結構的單一性更加突出,對澳門經濟的長遠發展和可持續發展構成了威脅。[02] 正是在這種背景下,中央在"十一五"規劃綱要中對澳門提出了"經濟適度多元化"的發展目標。

不過,過去幾年,澳門推動經濟適度多元化的成效並不明顯。眾所周知,澳門作為典型的微型經濟體,適度多元化發展所面臨的最大制約在於土地、人力資源的短缺。而一水之隔的橫琴島是一塊未開發的處女地,全部開發後面積將達 106.46 平方公里,是澳門現有面積的 3 倍。該島地處南亞熱帶季風區,環島岸線長 76 公里,沙灘綿延,礁石嶙峋,地形有低山、丘陵、台地,全島最高山峰——腦背山海拔 457 米,植被茂盛,空氣清新,環境優美,生態良好,是天然的旅遊休閒度假勝地,具有豐富的旅遊資源。

橫琴島地處"一國兩制"的交匯點,具有極為優越的區位優勢。[03] 1999 年澳門回歸,加上橫琴口岸開通以及蓮花大橋和橫琴大橋相繼建成,橫琴島的開發價值進一步凸顯。2009 年初,國務院頒佈的《珠江三角洲地區改革發展規劃綱要（2008-2020 年）》（簡稱《規劃綱要》）指出："規劃建設……珠海橫琴新區、珠澳跨境合作區等改造區域,作為加強與港澳服務業、高新技術產業等方面合作的載體。" [04] 2009 年 6 月 24 日,國務院常務會議原則通過《橫琴總體發展規劃》（以下簡稱《發展規劃》）,明確把橫琴建設成為帶動珠三角、服務港澳、率先發展的粵港澳緊密合作示範區。6 月 27 日,第十一屆全國人大常委會第九次會議決定,授權澳門特別行政區對設在橫琴島的澳門大學新校區實施管轄。8 月 14 日,國務院正式批覆《發展規劃》，令橫琴新區作為繼上海浦東新區、天津濱海新區之後，第三個由國務院批准的國家級新區。至此，經過 18 年的努力，橫琴開發終於正式展開。

橫琴開發最重要的戰略價值，是彌補澳門特區在經濟發展過程中面臨的土地、人力資源短缺等問題，使澳門優勢產業得到延伸、擴充，相關產業得到發展。澳門經濟的適度多元化，可以而且必須在兩個層面展開：首先，在澳門本土，致力推動旅遊休閒業產業鏈的延長，重點發展本身具競爭優勢的產業，包括博彩業以及與博彩業相關聯的旅遊業、零售業、會展業、文化創意產業等；其次，透過區域合作，特別是橫琴開發，實現橫琴與澳門產業的對接和錯位發展，形成區域內經濟的適度多元化。

從 "一國兩制" 的戰略高度看，橫琴開發的出發點，首先是要配合澳門成功實現經濟適度多元化，進而有效實現澳門與廣東珠三角地區的經濟合作和經濟融合，維持澳門經濟社會發展的繁榮、穩定，並且最大限度地發揮澳門在粵港澳大珠三角經濟區域中的戰略價值和經濟功能。

二、"合作開發橫琴"：比較優勢互補與產業錯位發展

區域經濟分工合作的理論基礎，最初由亞當‧斯密的絕對優勢理論（1776）和大衛‧李嘉圖的比較優勢理論（1817）奠定。比較優勢理論從兩國勞動生產率的不同出發，認為通過各自生產具有比較優勢的產品，然後雙方能從交換中得到比通過自己生產所得更多的產品。在比較優勢理論的基礎上，由赫克歇爾（Eli F. Heckscher）和俄林（Bertil C. Ohlin）創立的要素稟賦理論，用生產要素稟賦的差異導致的價格差異代替李嘉圖的生產成本差異來展開分析，認為區域分工會導致兩個地區相對價格的變化，各國和地區將出口那些較常使用的本國和本地區所擁有的豐富的產品，即資本富裕的國家和地區將出口那些在生產中使用大量資本的產品（資本密集型產品）；而勞動力充足的國家和地區將出口勞動密集型產品，從而以資源稟賦完成國家或區域的分工。

根據比較優勢理論和要素稟賦理論，澳門參與區域分工合作的比較優勢主要集中在兩方面，一是澳門博彩旅遊業在區域甚至全球分工中的競爭優勢；二是澳門的自由港優勢、區位優勢與國際網絡優勢的結合。在國家 "十二五" 規劃綱要中，根據澳門的比較優勢對澳門在區域和國際分工中的戰略定位作了科學的概

括，即"世界旅遊休閒中心"和"中國與葡語國家商貿合作服務平台"。從這兩個戰略定位出發，"十二五"規劃綱要進一步明確表示："支持澳門推動經濟適度多元化，加快發展休閒旅遊、會展商務、中醫藥、文化創意等產業"；同時，要"深化粵港澳合作，落實粵港、粵澳合作框架協議，促進區域經濟共同發展，打造更具綜合競爭力的世界級城市群"。**01**

因此，從貫徹"一國兩制"方針的戰略高度和比較優勢理論出發，橫琴開發的重點是要實現澳門與橫琴兩地比較優勢的互補，特別是圍繞著澳門打造"世界旅遊休閒中心"和"中國與葡語國家商貿合作服務平台"這兩個戰略定位出發，深入研究橫琴開發在產業發展方面，包括在旅遊休閒業、會議展覽業、商貿服務業，甚至科技產業等領域如何與澳門實現對接和錯位發展，防止同位惡性競爭，形成粵澳經濟發展的互補和雙贏。從比較優勢理論和要素稟賦理論出發，橫琴開發的重點產業領域應該是：

1. 大力發展與澳門博彩旅遊業對接及錯位發展的旅遊休閒業、文化創意產業，共同打造"世界旅遊休閒中心"。

《規劃綱要》提出：要鞏固澳門作為世界旅遊休閒中心的地位。澳門素有"東方蒙地卡羅"之稱，與美國的拉斯維加斯和摩納哥的蒙地卡羅並稱世界三大賭城，其獨特形象深入人心。2002年澳門特區政府開放博彩經營權以來，博彩業快速發展，博彩規模已超過拉斯維加斯。澳門還是中西文化、宗教交匯的城市，具有"博物館"式的都市風貌和豐富的歷史文化遺產。不過，澳門作為微型經濟體，土地面積狹小，經濟規模不大，僅靠本身的實力尚難以成為"世界旅遊休閒中心"。

澳門旅遊業最大的特點是以博彩業為主導的綜合性旅遊業，其他自然景觀、人文景觀及大型遊樂設施受到地域狹小的限制而有所缺乏，旅遊功能和效益難以充分發揮。因此，合作開發橫琴首先應該根據橫琴海島型生態景觀的資源優勢，重點發展休閒度假產業，發展高品質度假旅遊項目，包括以自然景觀和人文景觀為主的大型娛樂、體育、休閒設施，發展綠色旅遊、藍色旅遊、休閒度假旅遊，興建水上運動場和大型高爾夫球場，突出休閒特色。已經啟動建設的長隆國際海洋度假區就是一個很好的開端。該項目佔地面積達5平方公里，定位為"中國的奧蘭多"，目標是要建成一個世界級的集會展、遊樂、酒店度假於一體的綜合性海洋公園，建成後預計每年將吸引3,000萬人次的遊客造訪。率先動工的首期工程"長隆海洋世界"，以一個全新的情景式海洋主題樂園作主打，包括多個巨型的海

01

參閱《中華人民共和國國民經濟和社會發展第十二個五年規劃綱要》，第57章〈保持香港澳門長期繁榮穩定〉。

博館，以及一家超五星級海洋酒店等，計劃於 2012 年對外營業，年均接待遊客能力達 1,000 萬至 1,500 萬人次。此外，橫琴可致力發展區域性的遊艇中心。研究顯示，遊艇經濟在國際上正成為一個龐大、熱門的產業，被譽為 "漂浮在黃金水道上的商機"。

橫琴發展與澳門博彩旅遊業對接及錯位發展的旅遊休閒業，不但可彌補澳門之不足，有利於與澳門共同打造 "世界旅遊休閒中心"，而且有利於將澳門與珠海兩地各具特色的旅遊資源進行整合，再與香港及廣東的旅遊資源相配合，形成一個具競爭力的、關聯度高的旅遊休閒產業鏈和產業集群，共同打造《粵澳合作框架協議》所指出的 "世界著名旅遊休閒目的地"，[01] 達致雙贏局面。

2. 大力發展商務服務、會議展覽、物流倉儲等現代服務業，共同打造 "中國與葡語國家商貿合作服務平台"。

澳門背靠珠江三角洲西部，而它聯繫的國際層面，則以歐盟和葡語國家為重點。[02] 2002 年，特區政府提出將澳門建設成為 "三個服務平台" 的目標，即作為內地，特別是廣東西部地區的商貿服務平台；作為中國內地與葡語國家經貿聯繫與合作的服務平台；以及作為全球華商聯絡與合作的服務平台。"三個服務平台" 的核心是 "中國與葡語國家商貿合作服務平台"。國家的 "十二五" 規劃綱要明確肯定了澳門的這一戰略定位。

長期以來，澳門都與歐洲國家和葡語國家有著緊密的商貿、文化等各方面的聯繫，又有一批懂得葡語的專業人才，這是亞洲其他城市包括香港所不具備的優勢。這種優勢有利澳門發揮區域性商貿合作服務平台的作用，幫助內地特別是珠三角地區企業走向國際，同時也為中國與歐洲及葡語國家經貿合作牽橋搭線。2003 年，中央政府為支持澳門發展成為國內與葡語國家之間的合作平台，決定將由其主辦的 "中國—葡語國家經貿論壇" 交由澳門承辦，該論壇以經濟合作發展為主題，旨在促進中國內地和葡語國家或地區的經貿交流與合作，為部長級論壇，暫定每三年舉辦一次，常設機構秘書處設於澳門，負責日常維持中國國務院外經貿部與 8 個葡語國家相關部門的聯繫。

然而，從近幾年的發展實踐看，澳門要真正成為 "中國與葡語國家商貿合作服務平台"，還需廣東珠海方面的配合，而橫琴則提供了合作的平台。因此，《發展規劃》在產業發展規劃方面，將商務服務、旅遊休閒、科教研發和高新技術一道列為橫琴開發的四大重點產業。目前，正在建設中的 "十字門中央商務區" 項

01'

《粵澳合作框架協議》第 1 章第 1 條 "合作定位" 指出：要合作建設 "以澳門世界旅遊休閒中心為龍頭、珠海國際商務休閒度假區為節點、廣東旅遊資源為依托" 的 "世界著名旅遊休閒目的地"。

02'

馮邦彥：《澳門概論》，三聯書店〔香港〕有限公司，1999 年，第 477 頁。

目，其發展重點就是商務會展業。該區位於珠海東部城區、西部城區和橫琴新區的中心，佔地面積約 5.77 平方公里，將發展成為一個國際化、濱水生態型現代服務業聚集平台。已經動工的首期項目是位於珠海南灣的會展商務組團，主要建設珠海國際會議中心、展覽中心、國際標準甲級寫字樓、白金五星級酒店、國際標準五星級酒店及相關配套設施。"十字門中央商務區" 項目首期建設，將為珠海會展業帶來重大的發展機遇。

但是，這裏要帶出的問題是，在珠海、橫琴的商務會展業應該如何與澳門的商務會展業協調發展和錯位發展？從比較優勢理論和區域合作戰略出發，橫琴的產業發展，必須與澳門的產業形成優勢互補，盡量避免雙方正面競爭，特別是惡性競爭。我們認為，從澳門的角度看，澳門的優勢在博彩業以及與葡語國家的聯繫，澳門可以博彩業為 "賣點"，精心打造兩、三個具比較優勢的會展業知名品牌，特別是與葡語國家相關的會展品牌，從而真正發展成為中國與葡語國家經貿、文化交流的平台。而珠海和橫琴方面則可發展澳門不具備比較優勢的會展業，如航空展覽、重工業展覽、遊艇展覽、印刷機展覽等；或者展覽在珠海、橫琴舉辦，而相關的會議則安排在澳門。通過兩地的協調發展和錯位發展，共同做大做強會展業的 "蛋糕"，共同打造 "中國與葡語國家商貿合作服務平台"。另外，橫琴還可發展為配合澳門會議展覽業的會展後勤基地和倉儲中心，以有效降低澳門的辦展成本。

為了配合 "中國與葡語國家商貿合作服務平台" 的建設，橫琴可發展為葡語人才的培訓基地及葡語國家產品展示和展覽中心，建立針對葡語國家的商務中心和商業市場，提供葡語國家的商業資訊及相關翻譯人才，一方面將葡語國家的產品，如巴西的資源性產品、葡萄牙的紅酒、西班牙的瓷磚等等，通過橫琴的葡語國家產品展示和展覽中心，推銷到內地的廣闊市場；另一方面，將葡語國家需要的中國產品，例如健康產品等，推銷到葡語系國家乃至歐盟國家，使澳門與橫琴共同成為中國和葡語國家的貿易樞紐和橋樑。[01]

3. 積極發展教育培訓、科技創新等先導產業，探索構建澳珠科技創新合作機制和珠江西岸高質素人才基地。

橫琴開發最大的 "亮點" 之一，是由全國人大常委會決定，以租賃方式，授權澳門特別行政區對橫琴島澳門大學新校區實施管轄，為期約 40 年，屆時並可根據實際情況續期。澳門大學的新校區位於橫琴島東部沿海區域，與澳門隔水相

01

澳門發展策略研究中心：〈橫琴開發與澳門新機遇 ——《橫琴總體發展規劃》解讀〉，《科學發展、先行先試、互補共贏 —— 澳門與區域合作研究系列》，2010年，第 32 頁。

望，佔地 1.0926 平方公里。澳門與橫琴校園之間將由 1 條 24 小時全天候運作的隧道連接，師生、職員、澳門居民和訪客可通過隧道進出校園，無需辦理邊檢手續。新校區面積將比現有校園大約 20 倍，可容納至少 1 萬名學生。可以說，橫琴新校區為澳門大學、也為橫琴新區的教育及科技創新產業的發展，提供了更廣闊的發展空間。

從澳門的角度看，澳門特區政府和澳門大學當局要充分把握澳大遷校的這一歷史性發展機遇，以創新的思維和機制，有效整合澳門現有的教育資源，在橫琴新校區創辦國際先進、亞洲著名的高水準大學，為澳門經濟發展培育高級專業人才、技術人才和管理人才。由於澳大橫琴新校址屬澳門特區政府管轄，所產生的本地生產總值（GDP）理所當然地屬澳門經濟所有。因此，澳門特區政府應該以澳門大學新校區為載體和發展平台，積極推動發展澳門的科教研發產業和文化創意產業，使科教研發和文化創意產業成為澳門經濟適度多元化的一個重要組成部分，並成為橫琴科教研發產業和文化創意產業的重要組成板塊，從而成為廣東珠江口西岸地區甚至整個珠三角人才培育和科技創新的重要平台之一。

《發展規劃》強調，要將橫琴新區建設成為珠江口西岸的地區性科教研發平台，要依托港澳科教教育資源優勢和內地人才資源，加強粵港澳三地的科技合作與交流，重點發展研發設計、教育培訓、文化創意等產業，將橫琴建設成為服務港澳、服務全國的區域創新平台。因此，在教育培訓產業發展上，橫琴應在澳門大學新校區創辦、建設的同時，積極吸引香港、澳門的其他大學和培訓機構在橫琴辦學，建立以高端專業人才、技術人才培訓和普通高等教育為主的教育培訓園區。橫琴科教研發產業的發展，無疑將有利於滿足粵港澳產業升級轉型，特別是澳門經濟適度多元化的人才需求。

從長遠發展而言，粵澳還需要加強在科技創新方面的合作，以建立區域性科技創新體系。在橫琴開發規劃中，中央和廣東方面對橫琴開發都有建設科技產業發展板塊的考慮。因此，從長遠來說，澳門與廣東方面可以借助橫琴探索如何構建珠澳創新合作機制與平台。例如，澳門與廣東可以在橫琴"中醫藥產業合作園區"合作建立區域性中藥檢測中心，以推動澳門和廣東中藥產業的發展。

4. 配合發展房地產、基礎設施等城市發展的基礎產業，以橫琴開發為紐帶共同打造珠江西岸核心都市圈。

根據中國城市規劃設計院完成的《珠海東部城區主軸（情侶路）概念性總體

城市設計》，未來珠海的主城區將由"香洲核心區 + 橫琴新區 + 西部中心城區"（所謂"三區一城"）構成。其中，橫琴新區處於三區"三足鼎立"的最南端，而十字門商務區剛好處於三足鼎立的中央位置，無論是從地理幾何角度還是經濟發展角度看，都將成為未來城市的中心和重心。十字門地處粵港澳交會地，毗鄰灣仔、橫琴和拱北三大口岸，其中南灣、橫琴片區與澳門、氹仔構成了獨特的"兩江四岸"格局，是珠海環澳城市帶核心。珠海的主要交通基礎設施：港珠澳大橋、太澳高速、京澳高速、金海大道、廣珠城軌和情侶路城市主軸等在此彙聚，將形成珠江口西岸的交通樞紐。以十字門中央商務區規劃建設為紐帶，澳門、橫琴和珠海，以及中山、江門等將組成珠江西岸核心都市圈，而橫琴將成為珠江西岸最具活力的新城區。根據《發展規劃》的人口發展目標，橫琴總人口將在 2015 年達到 12 萬人，2020 年進一步達到 28 萬人。從某種意義上言，橫琴的開發可以承擔起縮小珠江東、西岸經濟發展落差、構建珠江西岸都市圈的重要戰略功能。

可以預測，隨著橫琴開發的深化，橫琴的房地產發展——無論是旅遊地產、商業地產甚至是住宅地產都具有廣闊的發展空間，前景肯定是可以看好的。房地產、基礎設施等城市發展的基礎產業都將得到長足發展，並且將成為粵澳合作開發橫琴的重要領域。

三、橫琴的合作開發模式與制度創新

合作開發橫琴需要克服的矛盾是源於兩種不同制度所帶來的利益協調的困難。在《發展規劃》頒佈前，粵澳兩地已就橫琴的開發模式有過多年的探討，大致提出了四種不同的模式，包括股份制、租賃制、劃歸澳門管轄及"9+2"共同開發。

模式一：股份制。在該模式中，珠海以橫琴島地權入股，澳門以城市品牌入股，設立"橫琴國際開發區"，為期 50 年或更長時期。雙方享有平等的參與權、決策權。區內設立對等的聯合管理委員會作為行政機關，按照雙方商訂的管理委員會組織條例行使管理權，委員會實行雙主席制，下設"橫琴開發總公司"，作為具體開發實施的機構。《澳門與珠三角地區經濟一體化策略研究》報告就認為，如果採取股份制模式聯合開發橫琴，應爭取實行"境內關外"的特殊管理政策，在橫琴實施以澳門為藍本的自由港政策，其行政管理體制盡量向國際慣例靠攏，並有所創新。[01]

01

澳門經濟學會課題組：《澳門與珠三角地區經濟一體化策略研究》，澳門經濟學會，2005年，第 60 頁。

模式二：租賃制。即"關閘"模式。廣東（珠海）將橫琴島租借給澳門特別行政區使用，為期 50 年或更長時期，澳門每年向廣東（珠海）繳納一定數額的地租。澳門特區政府全權管理和開發橫琴，實行澳門特別行政區的法律和自由港政策。澳門在開發橫琴的過程中，充分照顧廣東（珠海）的利益，並給予廣東（珠海）在橫琴的投資以特別的便利和優惠。**01**

模式三：劃歸澳門管轄。該模式認為，澳門特區在"賭權開放"以後，土地供應更加緊張；並且受周邊海域環境的制約，不可能像香港那樣大規模的填海造地。所以，將與澳門一水之隔的橫琴島劃歸澳門直接開發管理，無疑最有利於澳門的發展。當然，在劃歸過程中要得到廣東、珠海方面的配合，並且要充分保證珠海方面的利益。

模式四："9+2"共同開發。在 2004 年 11 月 30 日粵澳合作聯席會議上，粵方提出了共同探討設立泛珠三角橫琴經濟合作區的議題，提出從原來的粵澳聯合開發擴大到"9+2"共同開發的構想，從而為泛三角地區合作提供載體。

上述四種模式，都各有其合理性，但在實施過程中又都有其政治上或經濟上的難度，因而可行性不高。不過，如果對這四種模式深入研究，不難發現它們關注的兩個共同點是：其一，橫琴開發究竟由誰主導？在開發過程中，毗鄰的澳門特區將扮演什麼樣的角色？雙方在開發中的利益如何協調？其二，橫琴開發的制度安排怎樣？這個問題實際上由前一個問題引發，這也是澳門方面特別關注的問題。澳門經濟學會就認為："橫琴島地處'一國兩制'前沿，無論是實行哪種管理模式，都必須實行更特殊的配套政策，以真正體現其國際性、開放性及特殊性。如果將橫琴劃撥澳門管轄，或者按'關閘'模式將橫琴租賃給澳門 50 年，橫琴島都成為澳門特別行政區的一個有機組成部分，實施澳門的法律制度和自由港政策。倘若按照股份制的模式聯合開發橫琴，則應爭取實行'境內關外'的特殊管理政策，將橫琴島建成一個'似澳門而非澳門，比特區更特殊'的'國際旅遊開發區'。"**02** 從澳門的角度看，唯有實行這一開放性的管理模式，橫琴開發才可能取得成功。中國改革開放 30 年的實踐也證明，唯有通過制度創新，解放生產力，才可能取得經濟上的大發展。可以說，上述兩個問題沒能得到科學、合理的解決，實際上成了橫琴開發遲遲未能邁開實質步伐的關鍵原因。

橫琴開發終於在 2010 年以來取得重要的突破，究其原因，也主要是在上述兩個問題上取得重要的進展：

01′

參閱〈租用橫琴擴澳土地值得研究〉，《華僑報》，2003 年 10 月 17 日，http://www.chowkamfai.com/web/comment/comment/03news/ 1017b.htm。

02′

澳門經濟學會課題組：《澳門與珠三角地區經濟一體化策略研究》，澳門經濟學會，2005 年，第 60 頁。

（1）在橫琴開發究竟由誰主導的問題上，《框架協議》提出粵澳"合作開發橫琴"的戰略定位，界定了澳門特區在橫琴開發中的角色。

回顧歷史可以看出，橫琴開發中一直困擾粵澳雙方的一系列繞不開的問題是：橫琴開發緣何而起？由誰主導？在開發過程中，毗鄰的澳門特區將扮演什麼樣的角色？橫琴如何開發才能配合澳門經濟的適度多元化？這些問題甚至在《發展規劃》頒佈之後仍然未能很好地解決。當時，有關方面的回答是：澳門參與橫琴開發的原則是——"同等條件，港澳優先"。然而，由於澳門資本多為中小型企業，在與跨國公司的競爭中往往處於下風；而澳門社會若不能有效參與橫琴的開發，中央和澳門社會所關注的澳門經濟適度多元化將無從談起。這也可以解釋為什麼 2009 年初國家副主席習近平表示將考慮在橫琴設立 5 平方公里粵澳合作產業園區而廣受澳門社會各界所歡迎。

事情在 2011 年 3 月 6 日粵澳兩地政府在北京簽署《粵澳合作框架協議》（簡稱《框架協議》），時有了重大的轉機。《框架協議》將"合作開發橫琴"單列為"總則"之後的第 2 章，並且以第 4 條第 14 款詳細列明"共同參與"的模式及合作的"重點園區"。《框架協議》對澳門在橫琴開發中的角色作了明確規定：橫琴開發是"合作開發"，是"共同參與"，藉此"探索粵澳合作新模式"。《框架協議》還規定："澳門特區政府研究採取多種措施，從資金、人才、產業等方面全面參與橫琴開發，重點建設粵澳合作產業園區和旅遊休閒等相關項目，並積極研究制定澳門居民跨境就業、生活的社會福利安排等配套政策"，並且要"建立粵澳合作開發橫琴協調機制，對橫琴開發重大問題提出政策建議，支持橫琴新區就具體合作項目與澳門特區政府有關部門直接溝通"。

為了保障粵澳"合作開發橫琴"能夠落到實處，《框架協議》規定："在橫琴文化創意、科技研發和高新技術等功能區，共同建設粵澳合作產業園區，面積約 5 平方公里。"《框架協議》還規定："共同建設粵澳合作中醫藥科技產業園，作為粵澳合作產業園區啟動項目"，並且要"合作建設橫琴文化創意區"，"提升橫琴中心商務區功能，將澳門區域商貿服務平台功能延伸到橫琴，拓展澳門商貿服務業發展腹地"。[01] 這些規定為澳門特區有效參與橫琴開發掃除了障礙，提供了有效載體和發展平台。

（2）在橫琴開發的制度安排問題上，《發展規劃》和《框架協議》作出一系列的制度創新安排，創造出類似"港澳自由港"的制度環境。

01
參閱《粵澳合作框架協議》第 2 章〈合作開發橫琴〉第 1 條〈共同參與〉及第 3 條〈重點園區〉。

《發展規劃》提出，要在《規劃綱要》和 CEPA 的框架下，進一步擴大開放，進一步發揮香港、澳門的自由港優勢，大力推進通關制度創新、管理體制創新和發展模式創新，實施比經濟特區更特殊的對外開放政策，率先探索、建立合作方式靈活、合作主體多元、合作管道暢順的新機制，促進三地人流、物流、資金流和資訊流的高度聚合與高效流動。通過制度創新，在改革開放的重要領域和關鍵環節率先取得突破，為進一步推進粵港澳緊密合作提供經驗並作出示範，並為廣東珠三角 "科學發展、先行先試" 創造經驗。《框架協議》則在《發展規劃》的基礎上進一步明確提出了一系列的制度創新安排，包括：

關於 "分線管理" 制度安排，提出 "橫琴與澳門之間的口岸實行 '一線管理'"，"橫琴與內地之間實行 '二線管理'" 的海關管理模式，並承諾 "雙方共同努力，爭取橫琴口岸 24 小時通關" 以及 "雙方共同努力，為人員、貨物以及澳門居民到橫琴工作、生活提供通關便利條件"。

建立與與澳門自由港政策相適應的經濟管理體制，包括《發展規劃》所規定的：將橫琴納入珠海經濟特區範圍，實行更開放的產業和資訊化政策，支持進行土地管理制度和社會管理制度改革等。

將 "金融創新" 的政策內容具體化，《框架協議》規定："推進橫琴金融創新，引導和鼓勵兩地金融機構在橫琴設立金融後台服務機構。開展產業投資基金試點，鼓勵兩地符合條件的機構聯合發起設立橫琴產業投資基金。探索在橫琴開展個人項下人民幣與澳門元、港元在一定額度內的雙向兌換試點。探索在橫琴推廣使用多幣種金融 IC 卡。"

橫琴在通關模式和經濟制度的創新，不僅為粵澳雙方合作開發橫琴提供了可靠的制度保證，而且將成為廣東省乃至全國新一輪改革開放的突破口，它的實踐將為國家下一步的發展尋找新路子，探索新經驗，具有深遠的經濟影響。

四、合作開發橫琴的幾點政策性思考

粵澳 "合作開發橫琴" 經過長達 18 年的探索，終於迎來突破性的發展。然而，冷靜思考，《發展規劃》的頒佈、《框架協議》的簽署，僅僅還是 "萬里長征的第一步"。粵澳雙方要順利推進 "合作開發橫琴"，當前還需解決以下幾個關鍵問題：

1. 解放思想，創新思維，掃除區域合作的思想障礙，順應國際發展的大潮流。

長期以來，橫琴開發一直議而不決，從表面上看是雙方的立足點不同，視角不同，利益差異不能協調，深入分析卻是由於雙方對區域經濟合作的重要性缺乏深刻的認識，彼此都站在自己的立場上斤斤計較，患得患失，形成越來越難解的心結。因此，在合作開發橫琴的新階段，粵澳雙方要順利推進橫琴開發，首要前提還是要進一步解放思想，徹底掃除區域合作的思想障礙。粵澳兩地無論是政府、商界還是社會輿論，都必須徹底摒除狹隘的本位主義和地方保護主義的舊觀念，求同存異，互讓互諒，以創新的新思維真誠、積極、主動地推動區域合作，實現互補雙贏。

根據經濟學的基本理論，區域經濟合作的實質就是各地區以自身的比較優勢為基礎，根據各自的資源稟賦優勢，實現區域內不同地區的分工和錯位發展，達致資源的最優配置。環顧當今國際社會，經濟全球化、區域經濟一體化已成為世界經濟發展的潮流。粵澳兩地在合作開發橫琴方面若不能實現協調發展，有可能重蹈歷史覆轍，延誤橫琴開發的良機，或會造成不必要的損失。

2. 切實落實"分線管理"等制度創新安排，使橫琴真正成為中國改革開放的最前沿區域。

《框架協議》的簽署、實施，體現了中央政府推進改革開放的高瞻遠矚，亦體現了粵澳兩地政府積極推動建立更緊密合作關係的誠意。不過，有了這些框架性的制度安排，並不等於就一定能夠取得成功。粵澳要合作開發橫琴，當前的關鍵和重點是要狠抓落實，在《框架協議》的基礎上，進一步深入解決、細化或者說具體化當中所規定的一些關鍵性制度安排，例如，橫琴新區如何有效實施"分線管理"和"通關便利化"？包括"一線"該放開到什麼程度，"二線"收緊到什麼程度？"分線管理"的海關監管模式最終能否過渡到"一線放開、二線收緊"的管理模式等等。這些問題都關係到橫琴能否成功開發。因為，區域間的生產要素，包括人流、物流的自由流動，是區域合作的重要一環。筆者認為，在經過一段實踐檢驗之後，"分線管理"模式應盡快過渡到"一線放開、二線收緊"的"境內關外"管理模式，以吸引澳門及國際投資者參與橫琴的開發和建設，吸引更多國際旅客經澳門進入橫琴。

又如，《框架協議》規定橫琴新區實施的"與橫琴新區發展定位相匹配、與澳門自由港政策相適應的經濟管理體制"，這裏面具體包括哪些內容？其中，所謂的"實行更開放的產業和資訊化政策"，實行"比照海關特殊監管區域"的稅收政策和外匯管理政策，"鼓勵金融創新"，"支持進行土地管理制度和社會管理制度改革"等，將如何細化落實？這些問題不解決，橫琴開發也就難以順利推進。

3. 合理規劃、開發 5 平方公里 "粵澳合作產業園區"，有效配合澳門經濟適度多元化發展。

《框架協議》規定："在橫琴文化創意、科技研發和高新技術等功能區，共同建設粵澳合作產業園區，面積約 5 平方公里。"客觀而言，除了橫琴澳大新校區外，這是澳門"共同參與"橫琴開發的最有效平台。但有關條文仍然是粗略的，實質內容有待具體化、細化。例如，"5 平方公里"的產業園區，是整體的一塊呢？還是分別散落在各產業功能區的多塊？《框架協議》實際上並沒有明確解釋這一點。又如，"5 平方公里"的粵澳合作產業園區的產業規劃怎樣才能夠真正推動澳門經濟的適度多元化？合作產業園區中除了發展中醫藥、文化創意產業外，應該如何合理規劃其餘用地，發展哪些項目才能夠真正推動澳門經濟的適度多元化？這些問題都值得深入思考。

筆者認為，從合作開發的戰略高度出發，這 5 平方公里土地理想的模式是完整的一塊，在這 5 平方公里的粵澳合作產業園區中"先行先試"，率先探索粵澳合作開發橫琴的具體模式以及粵澳合作開發橫琴協調機制。

4. 探索、確定 "合作開發橫琴" 的具體模式以及 "合作開發橫琴協調機制"，實現粵澳之間利益的良性博弈並達致雙贏。

根據國際經驗，橫琴新區作為特殊的開發區域，可採用兩個層次的開發模式：第一個層次是橫琴新區管理委員會，作為廣東省政府的派出機構，代表廣東省政府和珠海市政府對橫琴行使行政管理權，並協調國家有關部門設立在橫琴經濟合作區的機構的工作，負責審議橫琴開發的各項報告及預案，修訂橫琴合作區的規章制度。第二個層次是開發公司，對橫琴開發進行系統管理，負責土地的成片開發、基礎設施建設和招商引資等具體事項。根據《框架協議》的規定，粵澳雙方是"合作開發"、"共同參與"，現在要研究的是，在這兩個層面上，澳門特區該如何參與？特區政府是僅僅發揮一般性的"諮詢"作用呢，還是實質性參與橫琴開發的所有重大決策？其中的制度安排該如何？又如，在即將建立的"粵澳合作開發橫琴協調機制"中，澳門特區政府將扮演何種具體角色，發揮哪些具體功能？另外，在 5 平方公里的"粵澳合作產業園區"中，粵澳雙方具體的合作模式又如何？這些模式的合理與否，都可能直接影響橫琴開發的進程，影響到粵澳兩地之間能否實現利益的良性博弈並達致雙贏的局面。

（原文發表於澳門《澳門理工學報（人文社會科學版）》，2011 年第 4 期）

CEPA 實施、服務貿易自由化與澳門經濟適度多元化

一、CEPA 開啟粵澳經濟合作新階段

2003 年 10 月 17 日，澳門與內地簽署《內地與澳門關於建立更緊密經貿關係的安排》協議（簡稱 CEPA）。CEPA 協議的內容，包括對澳門貨品實行零關稅、對澳門開放服務業和實施貿易投資便利化等 3 方面，其中以服務業開放最受兩地政府和商界的重視。其後，中央政府按照 "先易後難，逐步推進" 的原則，先後與澳門簽署了 9 個補充協議，不斷增加和充實 CEPA 的內容。CEPA 在符合 WTO 規則的前提下，建立起內地與澳門之間 "更緊密經貿關係安排"，標誌著兩地經濟合作進入新階段。

表 4—1 ｜ 澳門與內地簽署 CEPA 的概況

協議	簽署時間	協議主要內容
CEPA 協議正文及 6 個附件	2003 年 10 月 17 日	允許 273 項澳門原產地產品零關稅進入內地市場；開放 18 個服務行業，包括法律、會計、建築設計、醫療及牙醫、房地產、廣告、管理諮詢、會議展覽、增值電信、視聽、建築工程、分銷（含佣金代理、批發、零售及特許經營）、保險、銀行、證券、旅遊、運輸及物流。在貿易投資便利化方面有 7 項措施，包括貿易投資促進；通關便利化；商品檢驗、動植物檢驗檢疫、食品安全、衛生檢疫、認證認可及標準化管理；電子商務；法律法規的透明度；中小企業合作；以及產業合作。
補充協議 1	2004 年 10 月 29 日	在法律、會計、醫療、視聽、建築、分銷、銀行、證券、運輸、貨運代理等領域放寬市場准入的條件；在專利代理、商標代理、機場服務、文化娛樂、資訊技術、職業介紹、人才仲介和專業資格考試等領域對澳門服務及服務提供者開放和放寬市場准入的條件。擴大澳門永久性居民中的中國公民在內地設立個體工商戶的地域和營業範圍。

協議	簽署時間	協議主要內容
補充協議 2	2005 年 10 月 21 日	從 2006 年起，所有原產澳門的貨物，經訂定原產地標準後，全部可以以零關稅進入內地，同時新增加 91 項已確定原產地標準和可享受零關稅待遇進入內地的貨物。法律、會計、建築、視聽、分銷、銀行、旅遊、運輸和個體工商戶共 9 個領域，將進一步放寬市場准入條件。
補充協議 3	2006 年 6 月 26 日	在服務貿易領域，包括法律、建築、會展、視聽、分銷、旅遊、運輸和個體工商戶等採取 13 項開放措施。在貿易投資便利化領域，增加會展業合作；決定將知識產權保護工作列入貿易投資便利化領域。
補充協議 4	2007 年 7 月 2 日	在服務貿易開放方面，新增 11 個領域，包括計算機及其相關服務、市場調研、與管理諮詢相關服務、公用事業、建築物清潔、攝影、印刷和出版等；此前開放的 17 個服務貿易領域，分別採取取消股權限制、降低註冊資本和資質條件等門檻、放寬經營範圍和經營地域限制等開放措施，如在管理諮詢服務允許澳門商家從事跨境服務。還增加了金融合作的內容，如鼓勵澳門銀行到內地農村設立村鎮銀行等。
補充協議 5	2008 年 7 月 30 日	涉及醫療、人才仲介、環境、社會服務、旅遊、運輸等領域共 28 項開放措施。中央政府還批准了 7 項在廣東先行先試的政策措施，這些措施包括委託廣東審批澳門服務提供者在粵設立港澳人士子弟學校、委託審批有關分銷服務等。
補充協議 6	2009 年 5 月 12 日	內地在旅遊、銀行、證券、會展、法律、創意產業、研究和開發等領域進一步放寬市場准入條件，共有 31 項開放措施，其中有 8 項在廣東先行先試，涉及銀行、證券、海運、會展、公用事業、電信、法律等 7 個領域。
補充協議 7	2010 年 5 月 28 日	產業合作方面新增文化產業、環保產業和創新科技產業等 3 個合作項目；服務貿易方面新增技術檢驗分析與貨物檢驗、專業設計 2 個開放領域。
補充協議 8	2010 年 5 月 28 日	對法律、人員提供與安排、分銷、銀行、證券、保險、醫院、旅遊、公路運輸、專業技術人員資格考試，以及個體工商戶等 11 個領域進一步放寬市場准入條件，並新增跨學科研究與實驗開發服務、與製造業有關服務，以及圖書館、檔案館、博物館和其他文化服務等 3 項新服務領域開放措施。

協議	簽署時間	協議主要內容
補充 協議 9	2012 年 7 月 2 日	在全面服務貿易自由化進程上向前邁進，包括新增教育培訓和鐵路運輸 2 個領域的開放措施，並在法律、會計、建築、醫療、會展、電信、視聽、分銷、環境、銀行、證券、社會服務、旅遊、文娛、個體工商戶等 20 個領域進一步放寬市場准入條件和擴大經營範圍。考慮到澳門銀行參與橫琴發展的業務需要，同意將在橫琴開設銀行分行或法人機構的澳門銀行年末總資產要求降至 40 億美元。另外，允許澳門服務提供者在橫琴開設的國際學校擴大招生範圍、在橫琴設立娛樂場所、在橫琴提供計算器跨境資料庫服務等。
補充 協議 10	2013 年 8 月 30 日	內地對澳門採取 65 項具體開放措施，包括在法律、建築、房地產、建築物清潔、印刷、會展、電信、視聽、分銷、環境、銀行、證券、醫院服務、社會服務、旅遊、文娛、體育、海運、航空運輸、公路運輸、貨代、商標代理等 28 個領域在原有開放承諾的基礎上，進一步放寬市場准入條件、取消股權限制、放寬經營範圍和經營地域的限制等。同時，新增加複製服務和殯葬設施服務的開放承諾。此外，在金融合作方面，同意為符合資格的澳門保險業者參與經營內地交通事故責任強制保險業務提供支援和便利。在貿易投資便利化方面，為支持澳門企業開拓內銷市場，雙方將加強商品檢驗檢疫、質量標準領域的認證認可及標準化管理和知識產權保護領域的合作。

資料來源：CEPA 協議及補充協議。

　　CEPA 實施以來，粵澳兩地經貿合作取得了顯著成效，主要表現在：（1）貨物貿易零關稅取得進展。CEPA 實施至 2013 年 6 月，澳門享受零關稅到內地的貨物總價值達到 4.14 億澳門元；（2）合作領域進一步擴大，從以經貿為主向經貿、旅遊、科技、教育、文化、環保、體育、衛生等多領域全方位推進。截至目前，內地對澳門在服務貿易領域開放的措施已達 383 項。（3）合作環境進一步優化，包括兩地通關趨向便利化，跨境大型基礎設施建設進入新階段，廣東投資環境亦得到進一步改善。（4）合作機制進一步健全化，雙方形成政府和民間等多層次的合作組織機制。

二、CEPA 框架下澳門經濟適度多元化的發展

　　CEPA 實施 10 年來，對澳門經濟適度多元化發展發揮了積極的作用。主要表現在：

1. CEPA 開放內地居民赴港澳"自由行"，帶動了澳門旅遊休閒業特別是酒店、餐飲、零售等行業的多元發展

CEPA 關於開放內地居民赴港澳"自由行"的規定，無疑是 CEPA 協議中對澳門經濟發展最具影響力的開放措施。2003 年，香港、澳門先後遭受 SARS 疫情的衝擊，剛剛復蘇的澳門經濟又出現了負增長。為了幫助港澳特區渡過難關，從 2003 年 7 月起，中央政府先後開放廣州、深圳、珠海以及北京、上海等城市的居民赴港澳自由行，其後擴大到全國 22 個省區的 49 個城市，有力推動了粵澳跨境旅遊業的發展。據統計，從 2003 年 7 月正式實施"自由行"至 2010 年底，內地居民以"自由行"形式來澳旅遊的總人數達到 4,033.89 萬人次，平均每年超過 550 萬人次。"自由行"政策的實施有力地推動了內地居民赴澳門旅遊的熱潮。內地年訪澳遊客總數從 1999 年的 163.66 萬人次，增加到 2010 年的 1,322.91 萬人次，年均增長率超過 20%。2010 年，在 2,496 萬人次的來澳旅客中，來自中國內地的旅客達 1,690.25 萬人次，佔來澳旅客總人數的 67.7%。其中，以"自由行"方式入境的內地旅客達 713.19 萬人次，佔來澳內地旅客總數的 42.2%（表 4—2）。

在"自由行"的制度安排下，大批中國旅客來澳旅遊消費，在 2002 年澳門特區政府開放博彩經營權的歷史背景下，不僅有力地刺激了博彩業的空前繁榮，而且帶動了酒店、餐飲、零售等相關產業的發展，拓展了澳門旅遊休閒業的產業鏈。以餐飲業為例，自由行開放以來，為了應付遊客的大量湧入，澳門的餐飲業有了快速的發展。據統計，從 2003 年至 2011 年，餐飲業的場所和員工分別從 1,368 家和 11,612 人增加到 1,714 家和 21,219 人，8 年間增幅達 25.29% 和 82.73%。同期，餐飲業的營業總額從 17.10 億澳門元增加到 60.94 億澳門元，增幅達 2.56 倍；餐飲業附加值從 5.69 億澳門元增加到 23.61 億澳門元，增幅達 3.15 億澳門元（表 4—3）。目前，不僅市面上的食肆繁多，而且隨著大型酒店、娛樂場的落成，一些高端的飲食業品牌也逐漸在澳門落地生根，大大提高了澳門餐飲業的檔次和質量。隨著大批具規模的高級餐廳、國際知名的特許經營連鎖店、特色的小型主題餐廳的進入，澳門正邁向"世界美食之都"，吸引更多的國際遊客前來品食。

從零售業來看，中國旅客的大幅增加，引發了對澳門批發零售業的龐大需求，推動了澳門批發零售業的快速發展。據統計，從 2000 年到 2011 年，澳門的批發零售業總額從 123.90 億澳門元增加到 687.65 億澳門元，11 年間大幅增長了 4.55 倍；批發零售業的附加值也從 15.81 億澳門元增加到 146.32 億澳門元，增幅高

表 4 — 2　│　2003 年至 2012 年內地赴澳門旅客統計資料

年份	內地赴澳門旅客			內地 "自由行" 旅客	
	人次（萬）	同比增長（%）	佔澳門入境旅客比重（%）	人次（萬）	佔內地赴澳門旅客比重（%）
2003	574.20	35.4	48.3	60.00	10
2004	952.97	66.0	51.7	351.88	36
2005	1,046.30	9.8	55.9	533.14	51
2006	1,190.00	13.7	54.0	590.50	49
2007	1,484.61	24.1	55.0	716.52	48
2008[1]	1,159.51	-21.8	50.6	658.46	51
2009[1]	1,098.95	-5.2	50.5	574.77	52
2010	1,322.91	20.4	53.0	548.62	41.5
2011	1,616.27	22.2	57.7	658.87	40.8
2012	1,690.25	4.6	60.2	713.19	42.2

註（1）：2008、2009 年的內地遊客減少是統計局調整了統計方法所致。

資料來源：澳門統計暨普查局；澳門旅遊局。

表 4 — 3　│　2003 年至 2011 年澳門餐飲業發展概況

年份	2003 年	2005 年	2007 年	2009 年	2011 年
場所（家）	1,368	1,489	1,537	1,615	1,714
員工總數（人）	11,612	14,706	17,508	19,738	21,219
營業額（億澳門元）	17.10	27.18	38.66	47.90	60.94
餐飲業附加值（億澳門元）	5.69	9.28	14.01	18.92	23.61

資料來源：澳門統計暨普查局網站《餐飲業調查（2003-2011 年）》。

達 8.25 倍；批發零售業在 GDP 的比重從 3.79% 上升至 7.76%，整整翻了一番（表 4—4）。這一時期，一批國際零售企業積極進駐澳門，在推動批發零售業急速擴張的同時，也推動了這一產業的升級轉型。澳門正發展成為香港之外的另一個亞洲 "購物天堂"。

2. CEPA 的實施為澳門服務業的發展和經濟適度多元化提供了堅實的基礎

對旅遊業來說，CEPA 允許廣東居民個人赴澳旅遊，對澳門旅遊業的發展無疑具有極為重要的支持作用，有助於提升澳門作為世界旅遊休閒中心的地位；對物流業運輸來說，CEPA 推行貿易投資便利化，將有利於擴大兩地的貿易量和物流量，為澳門物流運輸業的發展提供了難得的機會；對會議展覽等仲介性商業服務業來說，CEPA 開放專業服務領域，有利於澳門發展仲介性商業服務業。2006年，CEPA 補充協議 3 明確提出："為支持和配合澳門產業結構適度多元化，推動兩地會展業的發展，雙方一致同意將會展業合作補充列入《安排》貿易投資便利化的產業合作領域。" 2007 年 CEPA 補充協議 4 進一步承諾："內地支持和配合澳門舉辦大型國際會議和展覽會。" 這些條文為澳門的會展業進入內地市場提供了便利。總體而言，CEPA 的實施有利於推動澳門成為中國與葡語國家商貿合作的服務平台。事實上，近年來澳門作為商貿合作服務平台的發展，也是首先從會議展覽業開始起步的。2009 年，澳門會展業在 CEPA 框架下先後在重慶、上海、北京等內地大城市舉辦 "活力澳門推廣週"，有力地拓展了澳門作為區域平台的輻射範圍。此後，澳門會展業得到了快速的發展（表 4—5）。

CEPA 協議還推動了澳門物流運輸業、地產建築業等服務業的發展。據統計，自 2004 年 CEPA 正式實施至 2012 年底，澳門特區政府共向澳門符合申請條件的企業簽發出 432 張 "澳門服務提供者證明書"。其中，屬於物流服務提供者的，包括貨代服務、物流服務、倉儲服務、運輸服務、公路卡車和汽車貨運，以及集裝箱堆場服務，約佔總數的 70%。另外，還包括房地產服務及建築及相關工程服務、廣告服務、管理諮詢服務和法律服務等專業服務等。在 CEPA 的帶動下，內地與澳門的投資活動繼續保持良好的發展。據統計，目前在內地投資的澳門企業達 1.3 萬家，實際投入資金近 110 億美元，內地在澳門累計實際投資總額超過 30 億美元。這些投資為澳門多元產業的發展提供了堅實的基礎。

此外，CEPA 允許澳門服務提供者以個體工商戶形式運作，突破了服務業經營模式，為澳門中小型服務業提供了嶄新的投資主體。根據國家商務部的統計，

表 4—4 | 2000 年至 2011 年澳門批發零售業發展概況

年份	2000 年	2005 年	2008 年	2009 年	2011 年
場所（家）	6,791	9,593	10,446	10,630	10,962
在職員工（人）	19,598	29,234	34,455	38,107	41,573
營業額（億澳門元）	123.90	238.18	366.77	430.31	687.65
批發零售業附加值（億澳門元）	15.81	30.90	53.29	68.51	146.32
批發零售業佔 GDP 比重（％）	3.79	4.46	4.63	5.94	7.76

資料來源：澳門統計暨普查局網站《批發及零售調查（2000-2011 年）》；澳門統計暨普查局網站 2011 年《澳門產業結構》。

表 4—5 | 2009 年至 2012 年澳門會議展覽業發展概況

	2009 年	2010 年	2011 年	2012 年
會議（項）	1,159	1,342	994	961
會議與會人次	118,169	149,832	110,771	123,028
會議平均會期（日）	1.98	2.38	2.00	2.00 [1]
展覽（項）	56	57	51	61
展覽入場人數（人）	454,515	656,303	1,167,283	1,489,933
展覽平均會期（日）	3.11	4.30	3.50	3.50 [1]

註（1）：為 2012 年第四季度數據。

資料來源：澳門統計暨普查局網站《會議及展覽統計（2009-2012 年）》。

截至 2013 年 6 月底，澳門在內地註冊登記的個體工商戶已達到 800 戶，主要經營零售、餐飲、美容保健等；開設的地點也從以前相對集中在珠海、廣州而擴散至珠江西岸的中山、江門、佛山以及東岸的深圳、東莞等地。

3. 在 CEPA 框架下粵澳跨境基礎設施建設和通關便利化取得良好進展

CEPA 實施以來，粵澳兩地的通關便利化取得了明顯的進展，特別是兩地實行統一報關單據，大大減低企業的通關交易成本。海關的單證互認亦已取得共識，正在落實之中。在貿易方面，兩地政府加強了經濟資訊的相互通報。在補充協議 6 中承諾：進一步加強知識產權保護領域內有關兩地商標領域的交流與合作，由國家工商行政管理總局與澳門經濟局建立聯絡機制，加強兩地在商標領域的資訊交流，增加兩地企業對雙方商標註冊制度的認識及加強兩地在人員培訓方面的合作。而在補充協議 7 中，內地和澳門新增教育合作，使貿易投資便利化的合作領域增至 10 項。在補充協議 8 中指出，內地和澳門深化四大合作領域，包括：商品檢驗、電子商務、知識產權保護和創新科技產業領域。其中，商品檢驗方面，包括鼓勵內地符合資格的專業檢驗檢疫機構在澳門設立分支機構，加強兩地化驗所的技術合作，以及研究為內地自澳門進口貨物設立預檢制度；對澳門輸往內地的傳統食品、葡萄酒等商品在准入條件、檢驗檢測和通關方面給予便利措施，指定珠海出入境檢驗檢疫局對進口澳門產品實施預檢。在電子商務合作方面，加快推進粵澳兩地開展電子簽名證書互認試點應用，並成立工作組，提出兩地證書互認的框架性意見。

三、粵港澳服務貿易自由化與澳門服務業發展

1. 廣東對港澳開放的新形勢：服務貿易自由化

CEPA 實施為澳門工商界提供新方向和商機，為澳門經濟發展注入新動力，也為經濟適度多元化創造條件。當然，亦應該指出，由於 CEPA 開放服務業的"門檻"仍然過高，以及澳門企業規模和競爭力有限等種種原因，CEPA 對推進澳門經濟適度多元化的功能尚未得到充分發揮。正因為此，國家於 2008 年起開始實施 CEPA 在廣東先行先試的制度安排。2011 年，國家又提出到"十二五"期末，基本實現內地和澳門服務貿易基本自由化的目標。其中，廣東將爭取在 2014 年底率先實現粵港澳服務貿易自由化。根據《廣東省人民政府關於加快發展服務貿易的意見》，廣東省政府積極推進實施粵港澳服務貿易自由化的重點包括：推進粵港澳

金融服務貿易發展；深化粵港澳商貿服務業合作；促進粵港澳專業服務業合作；提高粵港澳科技文化服務合作水準；加強粵港澳社會公共服務合作；打造粵港澳現代航運服務聚集區等。

值得重視的是，2013 年，國務院批准設立中國（上海）自由貿易試驗區，範圍涵蓋上海市外高橋保稅區、外高橋保稅物流園區、洋山保稅港區和上海浦東機場綜合保稅區等 4 個海關特殊監管區域，總面積達 28.78 平方公里。國務院常務會議在通過上海自貿區方案時明確表示：要"形成可複製、可推廣的經驗"。其後，全國各地掀起了一股"自貿區"熱潮，加入申報自貿區戰團的城市包括天津、重慶、福建廈門和浙江舟山。國務院批准設立上海自由貿易試驗區，令廣東的南沙、前海、橫琴三大國家級新區的壓力驟然上升。在這種背景下，2013 年 8 月 28 日，廣東省省長朱小丹表示，南沙、前海、橫琴都列入了國家發展戰略層面"十二五"規劃之中，是粵港澳合作的 3 個最重要的平台，廣東省政府已正式向國務院申報，申請在南沙、前海、橫琴設立國家自由貿易區，**01** 定位為"粵港澳自由貿易區"。

根據初步方案，廣東版自貿區的定位將鎖定粵港澳合作，範疇將涵蓋南沙、前海、橫琴以及白雲空港區域。其中，前海因空間太小，產業選擇有突出的輕型化傾向，將主要發展金融業、現代物流業、資訊和科技服務，以及一些專業服務、公共服務，其中重點是金融。橫琴的重點則是在服務貿易自由化方面。橫琴立足區位優勢和澳門協同發展，一方面對接澳門的優勢資源以延伸發展新的產業，協助澳門實現經濟發展的適度多元化，比如聯手發展旅遊休閒業、商務會展產業、中醫藥產業等；另一方面也要發揮珠海自身的資源、政策優勢，發展一些高端產業。港珠澳大橋建成後，粵港澳的聯繫將更緊密，貿易往來將進一步加強，人民幣、港幣、美元流通都可以利用橫琴這個融資平台。而南沙則主要著眼於貨物貿易自由化方面。

2. 新形勢下澳門發展現代服務業的策略重點

在新的歷史時期和新的制度環境下，澳門應與時俱進，積極加強與廣東的區域合作，聯合向中央爭取按照澳門的實際情況在 CEPA 先行先試框架下進一步開放服務業，加快粵港澳服務貿易自由化的進程，積極參與粵港澳自由貿易區的申報和建設，加快服務業進入內地的步伐，為澳門現代服務的發展拓展更大的空間。當前的策略重點是：

01′

自由貿易區（Free Trade Area）有廣義和狹義之分：廣義的自由貿易區是指兩個或兩個以上的國家或地區或單獨關稅區組成的區內取消關稅和其他非關稅限制，區外實行保護貿易的特殊經濟區域或經濟集團。如北美自由貿易區（包括美國、加拿大、墨西哥）、東盟自由貿易區（包括東盟 10 國）等。狹義的自由貿易區，是指一個國家或單獨關稅區內設立的用柵欄隔離、置於海關管轄之外的特殊經濟區域，區內允許外國船舶自由進出，外國貨物免稅進口，取消對進口貨物的配額管制，是自由港的進一步延伸，如德國漢堡自由貿易區。

（1）積極爭取在 CEPA 先行先試制度下，對澳門重點扶持的產業如會議展覽業，以及有發展潛質的產業如金融業等，在廣東進一步開放，並落實開放措施。

在澳門經濟適度多元化的進程中，會展業的發展具有舉足輕重的戰略價值，是特區政府需要重點扶持的服務行業，建議特區政府向中央政府爭取使其成為 CEPA 先行先試的重點突破行業。在 CEPA 框架下，澳門會展業在廣東先行先試的突破口，應集中在 3 個方面：一是落實執行已開放的措施，透過便利化措施使雙方的合作得以真正展開。這些措施包括設立人員及展品便利通關制度（綠色通道）；對參與經特區政府或行業商會認可之會展活動所發出的會展商務簽證，加快及簡化其辦理手續等。二是加強政府對會展企業的支持，包括鼓勵國際大型展會在澳舉辦；協助澳門組展公司競投國際會展項目；在澳門舉辦的展會經澳門特區政府審批後提請內地政府有關主管部門，讓其作為支持機構。三是在《加強全面戰略合作協議》框架下，制定粵澳會展業合作總體發展規劃，研究確定雙方如何錯位發展，擴大合作辦展、相互參展參會、締結"夥伴展會"的合作範圍；推行一站多程的巡迴會展；國內的巡迴展覽與會議（如展中展等），在題材與時機方面與澳門切合時，可以請國家相關部門支援，移師到澳門舉行。

目前，澳門主要註冊銀行的資產規模與 CEPA 框架下 60 億美元的門檻規定尚有相當大的距離。這制約了粵澳兩地金融業的合作。目前，CEPA 補充協議 9 已明確規定，考慮到澳門銀行參與橫琴發展的業務需要，同意將在橫琴開設銀行分行或法人機構的澳門銀行年末總資產要求從 60 億美元降至 40 億美元。考慮到澳門與廣東珠江西岸地區的密切經濟聯繫，建議將此條款從橫琴新區進一步開放到珠江西岸的珠海、中山和江門三市。同時，允許澳門銀行在廣東境內設立小區銀行、村鎮銀行等新型金融機構，使澳門銀行能夠拓展其經營空間，其龐大資金有一個更好的出路，對廣東珠三角地區，特別是珠江西岸地區經濟發展也會有積極的推動作用。

（2）以旅遊休閒業、物流運輸業、教育培訓和人才合作、醫療衛生和環境保護等產業為重點，積極推進粵澳服務貿易自由化。

在旅遊休閒產業方面，要大力促進旅遊簽證及通關便利化；促進粵港澳三地遊艇、郵輪業務發展，支援遊艇行業開展進口遊艇租賃業務；積極探索粵港、粵澳遊艇出入境便利化措施，開展"兩地牌一證通"政策試點，以推動澳門、香港與珠海橫琴、廣州南沙等地的旅遊休閒產業，特別是遊艇、郵輪旅遊業的合作和一體化發展。

在物流運輸業方面，積極推動粵澳交通運輸合作與發展，實現粵港、粵澳跨境出行"一卡通"；探索開展粵澳跨境甩掛運輸試點等工作；利用海關會展和保稅政策，支持建立"前展後倉"、"前展後貿"等新型展會模式。

在教育培訓和人才合作方面，要深化和拓展粵澳高等教育合作；完善粵澳基礎教育合作機制，鼓勵和允許港澳服務提供者在深圳前海、珠海橫琴設立外籍人員子女學校；推進粵澳職業教育培訓、師資交流、技能競賽等合作；加強粵澳人才合作，探索對在粵就業的港澳人才在簽證居留、教育醫療、社會保險、便利通關、個人所得稅等方面先行先試，並為境外人才的薪酬匯兌提供便利。從而推動澳門的教育培訓業向廣東拓展和升級。

在醫療衛生和環境保護方面，要積極爭取澳門服務提供者到廣東辦醫和行醫，簡化在粵港澳獨資醫院的審批程序；允許港澳地區環境保護服務提供者在廣東從事環境污染治理設施運營服務和承擔環境監測服務。

（3）以全面推進澳門與珠海橫琴、廣州南沙區域合作為重點，積極推進"粵港澳自由貿易區"的申報和建設。

廣東把橫琴、前海、南沙連成一線，與香港、澳門共同來發展粵港澳自貿區，加上港珠澳大橋落成通車，將解決過往珠三角東西部發展不平衡的態勢，並帶動粵西地區、內地西南部省份的經濟發展，同時可以連通東南亞，與"中國—東盟自由貿易區"接軌，與上海自由貿易區一起形成中國對外開放的全新格局。這樣將形成貿易創造效應、市場擴張效應、促進競爭效應，從而大大加快粵港澳經濟一體化的進程，提高其國際競爭力。日前，香港大珠三角商務委員會主席馮國經在一個論壇就公開表示，粵港澳合作的自貿區將可發展成為具競爭力且達世界水準的貿易區。這對澳門經濟適度多元化的發展將產生正面的效應。

根據《橫琴總體發展規劃》、《粵澳合作框架協議》，以及國務院對橫琴政策的批覆，橫琴新區已完全具備自由貿易區的制度安排。粵港澳自由貿易區的建設將進一步推動相關制度、政策的落實與深化，加大對港澳特別是澳門開放的力度和層次，包括落實粵澳"合作開發"橫琴的制度安排和推進5平方公里橫琴粵澳合作產業園的建設。在粵港澳自由貿易區的框架下，廣東可以考慮率先在橫琴新區對港澳服務企業全面開放，實行"國民待遇"。所有進入橫琴的中資與澳門資本實行同一標準，以便加強粵澳兩地的聯合開發。粵港澳自由貿易區的範圍涵蓋了橫琴、南沙兩大粵澳合作平台，並且將實施類似港澳地區的自由貿易制度，這使近年來在澳門經濟快速發展下的澳門投資者和企業有了更大的發展空間。澳門企業可以通過組成財團，或者透過"以大帶小"的形式到橫琴、南沙發展，解決澳門土地、勞動力等資源短缺的制約。

3. 澳門特區政府應在區域合作中承擔更積極的角色

面對中國改革開放的新格局，澳門特區政府應該在區域合作中擔任更積極的角色，包括更積極發揮"澳門投資有限公司"的帶動作用，帶動澳門投資者參與橫琴5平方公里的粵澳合作產業園以及南沙的區域合作。澳門社會各界和企業也要有國際視野和創新思維，以開放態度，積極、主動地探索參與橫琴、南沙開發的各種可能性，籌組各種財團積極參與橫琴、南沙開發，以分享開發的紅利。對於澳門企業來說，參與橫琴、南沙開發，是澳門企業參與區域經濟合作、參與跨境結盟、跨境經營（與跨國公司、香港公司和廣東公司合作）的難得機遇，也是澳門企業提升質素、擴大經營規模、取得快速發展的良機。

（原文發表於澳門《澳門研究》，2013年第4期，作者為馮邦彥、彭薇）

橫琴開發與澳門企業的發展商機

一、橫琴開發背景：澳門經濟適度多元化

2002 年博彩經營權開放和 2003 年中央對內地居民開放港澳地區 "自由行" 以來，隨著博彩業的高速發展，澳門的經濟總量大幅攀升，到 2012 年達到 3,482.16 億澳門元，比 1999 年的 472.87 億澳門元大幅增長了 6.36 倍，年均實質經濟增長率高達 16.6%。不過，澳門經濟在取得歷史以來最快速發展的同時，經濟結構的一些深層次問題也逐漸凸顯，主要表現為博彩業 "一業獨大" 的態勢加劇，博彩業對其他產業和中小企業的 "擠出效應" 明顯。這對澳門經濟的長期繁榮穩定和可持續發展，構成了隱患和風險，並可能成為經濟社會發展中激化矛盾的一些潛在威脅。

有鑒於此，國家 "十一五" 規劃明確提出要 "促進澳門經濟適度多元發展"；[01] 國家 "十二五" 規劃更明確指出："支持澳門推動經濟適度多元化，加快發展休閒旅遊、會展商務、中醫藥、教育服務、文化創意等產業"，"支持澳門建設世界旅遊休閒中心，加快建設中國與葡語國家商貿合作服務平台"。[02] 而澳門特區政府為推動經濟適度多元化發展，亦提出了一系列政策措施。根據澳門社會各界多年來的研究，我們認為，從澳門經濟的長遠定位（一個中心、一個平台）出發，澳門經濟適度多元化的發展路向，可以循以下四個方向推進：第一，主導產業的垂直多元化：推動博彩旅遊業向旅遊休閒業發展；[03] 第二，圍繞 "中國與葡語國家商貿合作的服務平台" 的建設，大力培養和發展現代服務業，推動經濟橫向多元化發展；[04] 第三，積極參與橫琴開發，實現橫琴與澳門產業的對接和錯位發展，形成區域經濟適度多元化；第四，借鑒新加坡經驗，設立主權財富基金作為投資平台，通過向周邊地區的投資，推動經濟適度多元化。

由此可見，在澳門經濟適度多元化的發展中，橫琴開發具有舉足輕重的戰略意義。橫琴島位於珠海南部、澳門西側，地處 "一國兩制" 的交匯點，具有極為

01
參閱《中華人民共和國國民經濟和社會發展第十一個五年規劃綱要》，2005 年。

02
參閱《中華人民共和國國民經濟和社會發展第十一個五年規劃綱要》，2011 年，第 57 章〈保持香港澳門長期繁榮穩定〉。

03
澳門經濟學會：《澳門博彩旅遊業垂直多元化研究》，2009 年 1 月，第 52—92 頁。

04
澳門發展策略研究中心：〈CEPA 先行先試，培育澳門現代服務業〉，載澳門發展策略研究中心：《科學發展，先行先試，互補共贏 —— 澳門與區域合作系列一》，2010 年 4 月，第 9—24 頁。

優越的區位優勢和寶貴的生態資源，對澳門來說是一塊極具戰略價值的"風水寶地"。2009 年初，國務院頒佈的《珠江三角洲地區改革發展規劃綱要（2008-2020年）》（簡稱《規劃綱要》）指出："規劃建設……珠海橫琴新區、珠澳跨境合作區等改造區域，作為加強與港澳服務業、高新技術產業等方面合作的載體。" **01** 同年 6 月 24 日，國務院常務會議原則通過《橫琴總體發展規劃》（簡稱《發展規劃》）。6 月 27 日，全國人大常委會通過《關於授權澳門特別行政區對設在橫琴島的澳門大學新校區實施管轄的決定》，授權澳門特別行政區對設在橫琴島的澳門大學新校區實施管轄。

01

國家發展和改革委員會：《珠江三角洲地區改革發展規劃綱要（2008－2020 年）》，2008 年 12 月。

2010 年 3 月 6 日，廣東省政府和澳門特區政府在北京簽署了《粵澳合作框架協議》（簡稱《框架協議》），確立了合作開發橫琴、產業協同發展等合作重點，提出了共建粵澳合作產業園區等一系列合作舉措。4 月 19 日，珠海市政府批覆通過《橫琴新區控制性詳細規劃》。橫琴新區控制性詳細規劃的總面積達 106.46 平方公里，空間上仍採用"三片十區"結構，即商務服務片、休閒旅遊片和科教研發片。交通上，以城際軌道連接珠三角城際軌道和澳門城市軌道，融入珠三角 1 小時生活圈。規劃顯示，從 2009 年至 2015 年為橫琴新區的近期建設階段，目標是完成會議商展、口岸服務、綜合服務、總部基地等主要功能組團的建設，初步形成分片區、組團式發展的城市空間結構，釋放土地的潛在價值，形成完善的城市機能。2011 年 3 月 11 日，橫琴開發納入國家"十二五"規劃。同年 7 月 14 日，《國務院關於橫琴開發有關政策的批覆》正式下發，同意在珠海市橫琴新區實行"比經濟特區更加特殊的優惠政策"。至此，經過近 20 年的努力，橫琴開發終於正式展開。

根據國務院批准實施的《發展規劃》，橫琴新區的發展定位是："以合作、創新和服務為主題，充分發揮橫琴地處粵港澳結合部的優勢，推進與港澳緊密合作、融合發展，逐步把橫琴建設成為帶動珠三角、服務港澳、率先發展的粵港澳緊密合作示範區。"具體包括以下三方面：（1）"一國兩制"下探索粵港澳合作新模式的示範區；（2）深化改革開放和科技創新的先行區；（3）促進珠江口西岸地區產業升級的新平台。**02** 從橫琴的"粵港澳緊密合作示範區"這一定位及三個具體方面來看，橫琴的發展更強調與港澳，特別是澳門的"緊密合作"，而且也更強調在經濟方面的合作與融合。因此，在產業發展上，《發展規劃》提出重點發展商務服務、休閒旅遊、科教研發和高新技術等四大產業。其後，國務院對橫琴開

02

廣東省人民政府發展和改革委員會：《橫琴總體發展規劃》，2009 年 8 月。

發有關政策的批覆，將橫琴的產業發展明確規定為旅遊休閒、商務服務、金融服務、文化創意、中醫保健、科教研發和高新技術七大產業，以配合澳門經濟的適度多元化發展，共同建設"世界旅遊休閒中心"和"中國與葡語國家商貿合作的服務平台"。[01]

根據《發展規劃》，橫琴新區實行"比特區還要特殊"的政策，具體包括：將橫琴 1.0926 平方公里土地以租賃方式租借給澳門，作為澳門大學橫琴新校區；將橫琴納入珠海經濟特區範圍；創新通關制度，實施"分線管理"的通關政策；鼓勵金融創新；實行更開放的產業和資訊化政策；支持進行土地管理制度和社會管理制度改革；以及增強政府對土地的供應調控能力等。這些制度創新的實質，就是要借鑒港澳在對外開放方面的制度經驗，構建類似國際上通行的"自由港"制度。這為橫琴發展成為"粵港澳緊密合作示範區"提供了堅實的制度基礎。

值得重視的是，《框架協議》還為澳門參與橫琴開發提供了明確的制度安排。該協議對澳門在橫琴開發中的角色作了明確界定：橫琴開發是"合作開發"，是"共同參與"，藉此"探索粵澳合作新模式"。《框架協議》規定：珠海發揮橫琴開發主體作用，探索體制機制創新，推動規劃實施和政策落實。澳門特區政府研究採取多種措施，從資金、人才、產業等方面全面參與橫琴開發。根據協議，珠海將聯合澳門開展招商引資，不斷拓展國際市場空間；加強與澳門在社會管理與公共服務等方面的對接，研究制定澳門居民跨境就業、生活的相關政策。澳門將重點建設粵澳合作產業園區和與旅遊休閒相關的項目，並積極研究制定澳門居民跨境就業、生活的社會福利安排等配套政策。[02] 粵澳兩地還將建立粵澳合作開發橫琴協調機制，對橫琴開發的重大問題提出政策建議，支持橫琴新區就具體合作項目與澳門特區政府有關部門直接溝通。因此，橫琴成為了澳門參與區域合作的首選和第一站。

二、橫琴產業發展及重大項目建設中澳門企業的發展商機

1. 橫琴開發取得的新進展："三年大變化"

目前，橫琴的基礎設施建設已取得重大進展。首條長達 7.64 公里的雙向 8 車道交通大動脈 —— 環島東路基本貫通，這條連通長隆、進出橫琴的"咽喉要道"，不僅能為橫琴新區東部產業帶提供全方位配套服務，也將成為橫琴其他市政基礎道路建設的示範和標杆。橫琴以 BT[03] 模式克服資金瓶頸，全面啟動全國單次投入

01´

國務院：《關於橫琴開發政策有關批覆》，2011 年 7 月。

02´

《粵澳合作框架協議》，2011 年 3 月 6 日。

03´

BT 是英文 Build（建設）和 Transfer（移交）的縮寫形式，意即"建設 —— 移交"，是政府利用非政府資金來進行非經營性基礎設施建設項目的一種融資模式。

最大的市政基礎設施項目，加緊建設總投資達 1,750 億元的 41 個重點落地項目，全島主幹路網、橋樑隧道、人工島、橫琴二橋、金海大橋等大型交通基礎設施建設正在穩步推進。

　　與此同時，橫琴新區引進的龍頭項目建設也取得了突破性進展：投資約 100 億澳門元、佔地 1.0926 平方公里、建築面積約 94 萬平方米的澳門大學橫琴新校區主體工程於 2009 年 12 月 20 日奠基動工，經過 3 年建設已完工移交；1.5 公里長的海底隧道工程已經完成，澳門大學學生可直達橫琴新校區。長隆國際海洋度假區由廣東長隆集團投資興建，將建成集主題公園、豪華酒店、商務會展、旅遊購物、體育休閒等於一體的世界級大型綜合主題旅遊度假區，打造中國的"奧蘭多"。目前，長隆國際海洋度假區首期各建築結構已全部封頂，大部分遊樂設備、海洋動物已運抵現場，即將開業。十字門中央商務區橫琴片區主幹路路基逐步成型，金融產業服務基地一期項目順利建成，口岸服務區的 5 個現代服務業項目正加快推進基坑施工；2013 年 1 月 28 日，金融產業服務基地配套設施完成測試，28 家金融機構隨即開業。據統計，過去 3 年間，橫琴新區出讓 3.29 平方公里土地，換來總投資達 705 億元的 18 個已落地產業項目，平均每平方公里的投資強度達 214 億元。此外，總投資額超過 1,750 億元的 41 個重點項目亦順利推進，固定資產投資從 2009 年的 19 億元人民幣，躍升到 2012 年的 166 億元人民幣，預計 2013 年將達到 200 億元人民幣。

　　目前，橫琴開發已完成"三年大變化"的目標，正向"五年成規模"的目標邁進。在開發政策方面，《橫琴產業發展促進目錄》已經通過，《橫琴產業優惠目錄》及相關稅收優惠政策有了突破性進展；海關總署正廣泛徵求意見，制定"橫琴與澳門之間一線放寬、橫琴與內地二線管住"的分線管理特殊通關實施辦法。國家賦予橫琴特殊的稅收優惠政策，對橫琴區內符合條件的企業減按 15% 的優惠稅率徵收企業所得稅。這是全國統一實施 25% 企業所得稅後，東部沿海發達地區第一個享受稅收優惠的特殊區域。此外，橫琴新區在體制創新、探索粵港澳合作的新路徑等方面也實現了重大突破：全國第一個商事登記制度在橫琴實施；全國第一個廉政辦公室在橫琴掛牌；粵澳合作產業園加快發展；通關、稅收等方面"比經濟特區還特殊的優惠政策"正在逐步落實。這都為橫琴的長遠發展打下了基礎。

2. 橫琴產業發展及重大項目建設中澳門企業的發展商機

　　目前，橫琴開發的商機已引起澳門社會各界特別是工商業界的廣泛興趣，積極參與橫琴開發的願望日漸強烈。從目前的情況看，在橫琴產業發展及重大項目建設中，澳門企業的發展商機主要表現在以下領域：

（1）旅遊休閒業

從發展商機來看，旅遊休閒產業是橫琴最具條件發展的優勢產業。除了長隆國際海洋度假區項目外，橫琴還將整合現有旅遊資源，發展高品質的休閒度假項目，包括高檔度假酒店、療養中心、遊艇俱樂部等海島旅遊精品項目。在橫琴開發過程中，酒店業特別是高檔酒店將是最熱門的投資項目之一。在長隆國際海洋度假區和十字門中央商務區兩大項目的建設中，均有高檔酒店項目投資興建。根據澳門的經驗，高檔次的綜合性酒店進駐，將帶動酒店上下游業務的發展，帶動包括高檔零售商場、珠寶、手信、會展、表演、倉儲、物流等相關行業的繁榮，並且還會延伸出頂級走秀、娛樂、展會、賽事等，從而把澳門的博彩旅遊與橫琴的休閒旅遊有機地結合起來。在這方面，澳門擁有運營、拓展旅遊及娛樂產業的豐富經驗，具有相當的投資能力和投資眼光。

橫琴發展旅遊休閒業將把港澳遊的龐大客源吸引到橫琴，這些遊客所帶來的巨大購買力可以催生橫琴新區的零售商業，並逐漸形成大規模的購物中心或商業街，吸引珠三角地區居民為購物而來休閒旅遊。旅遊休閒業的發展還將帶動餐飲業的繁榮，包括為酒店配套服務的高檔食肆、特色餐飲店以及美食街等，這些都將為澳門的投資者和業者提供可觀的投資機會。

（2）商務會展業

商務會展業是橫琴重點發展的另一重要產業，目前率先起步發展的是十字門中央商務區項目的建設。十字門中央商務區位於珠海灣仔城區和橫琴新區的中心，佔地面積約 5.77 平方公里，規劃總建築面積達 1,100 萬平方米，總投資額超過 1,000 億元人民幣，開發時間為 15 年至 20 年。根據負責建設的中標公司 HOK 國際公司的規劃方案，十字門中央商務區將發展成為一個國際化、濱水生態型現代服務業聚集平台，重點發展金融保險、商務服務、商業貿易、會議展覽等產業。全區分為五大組團，首期發展的為珠海南灣會展商務組團，主要發展會展商務組團及商務配套等功能。該區的核心是商務中心組團，位於橫琴東北角新開闢的人工島上，是橫琴的"島中島"，通過 5 座橋樑和周邊相連，佔地面積約 120 萬平方米，將集中發展金融服務、高端商務辦公及相關配套。

在商務會展業發展方面，澳門與橫琴優勢互補，合作潛力大。十字門中央商務區的建設，為雙方合作提供了發展平台。當然，兩地會展業必須錯位發展，形成互補。例如，澳門可以會議為主、展覽為輔，澳門的展覽可以消費品展覽為主，而一些澳門辦不了的展覽，如航空展覽、重工業展覽、遊艇展覽、印刷機展覽等，可重點在橫琴發展，而相關的會議則可安排在澳門。橫琴可發展為配合澳門會議展覽業發展的會展後勤基地和倉儲中心，以有效降低澳門的辦展成本。此外，澳門要發展成為中國與葡語國家經貿合作的服務平台，橫琴可配合發展葡語國家產品展示和展覽中心，將葡語國家的產品，如葡萄牙的紅酒、罐頭、軟木塞；巴西的咖啡；西班牙的瓷磚等，推銷到內地的廣闊市場。[01] 這些有潛質的發展項目，都將會為澳門商務會展界的投資者帶來一系列的發展商機。

（3）教育培訓產業

《發展規劃》強調要將橫琴建設成為珠江口西岸的地區性科教研發平台，依托港澳科技教育資源優勢和內地人才資源，加強粵港澳三地的科技合作與交流，重點發展研發設計、教育培訓、文化創意等產業，將橫琴建設成為服務港澳、服務全國的區域創新平台。在教育培訓產業發展上，要吸引香港、澳門在橫琴辦學，建立以高端專業人才、技術人才培訓和普通高等教育為主的教育培訓園區。橫琴科教研發產業的發展，無疑將有利於滿足粵港澳產業升級轉型，特別是澳門經濟適度多元化的人才需求。

值得指出的是，澳門的旅遊教育和相關職業培訓實際上已達到國際水準，它有兩個顯著的特點，一是它的國際性，教育培訓均與國際接軌；二是它的實操性。另外，澳門的葡語人才培訓在國內也佔有領先的優勢。因此，澳門與橫琴應加強在教育培訓等方面的合作，推動澳門的職業培訓機構在橫琴粵澳合作產業園區設立職業教育實習實訓基地。可以先從旅遊教育和葡語人才培訓等方面起步，為珠三角的旅遊管理人員和高技能人才提供職業教育培訓服務，打造粵澳旅遊職業教育培訓基地。澳門和葡語系國家有著廣泛的歷史聯繫，而澳門"中葡商貿合作服務平台"的發展定位，更增加了澳門對葡語人才的需求。因此，澳門高等院校和教育培訓界的投資者，可考慮爭取在橫琴設立分校、分院系，或採用合辦等方式在橫琴設立葡語學院或中葡雙語培訓中心，推動教育培訓業在橫琴的合作發展。

（4）金融業

中央授權橫琴制度創新的五大政策之一是金融創新。據廣東及珠海方面介

01

澳門發展策略研究中心：〈橫琴開發與澳門新機遇〉，載澳門發展策略研究中心：《科學發展，先行先試，互補共贏 —— 澳門與區域合作系列一》，2010 年 4 月，第 31—32 頁。

紹，橫琴新區金融創新的最終目的，是要以橫琴島為主體，構建粵港澳金融合作新平台，把橫琴建設成為廣東省和香港、澳門共建的粵港澳金融更緊密合作區、粵港澳金融共同市場試驗區的"金融特區"。"金融特區"的制度創新，將包括降低門檻以吸引港澳金融機構上島發展，特別是吸引港澳地區的一些金融產品到橫琴來進行試驗；設立人民幣產業基金、發行人民幣債券、設立離岸金融；探索建立連接珠江三角洲和港澳資本市場的多層次資本市場，立足私募股權投資，發展跨境直投型資本市場和多幣種股權轉讓市場，按照有關管理辦法設立橫琴股權（產業）投資基金；研究建設面向珠三角的金融資產交易市場和促進粵港澳金融合作的橫琴國際金融研究院等。

面對橫琴金融業發展的龐大商機，具有一定實力並且在近年來獲得快速發展的澳門金融業也躍躍欲試，希望在橫琴開發中分享紅利。目前，CEPA 補充協議 9 已明確規定，考慮到澳門銀行參與橫琴發展的業務需要，同意將在橫琴開設銀行分行或法人機構的澳門銀行年末總資產要求從 60 億美元降至 40 億美元。[01] 因此，澳門的金融機構將可以更便捷地進入橫琴，從而為橫琴開發推廣更多服務，並藉此發展壯大。

01

參閱澳門與內地 CEPA
補充協議 9。

（5）城市建設與地產建築業

目前，珠海中心城區的開發已日益飽和，南屏板塊開發亦逐漸成熟，灣仔板塊在十字門中央商務區的開發帶動下，將成為近期的開發熱點。未來，從灣仔至橫琴這個區域有望成為珠海的商務中心區域。可以預料，隨著橫琴開發的展開，橫琴的房地產發展，無論是旅遊地產、商業地產甚至是住宅地產都將具有廣闊的發展空間，前景肯定可以看好。目前，澳門企業已開始進入這一領域，以分享橫琴發展的紅利。2012 年 12 月，澳門勵盈投資有限公司以 2.5 億元人民幣拍得橫琴口岸附近、面積約 3 萬平方米的商業用地，計劃投資 16 億元人民幣打造具有南歐特色的高級商業中心，包括購物廣場、餐飲、零售以及地下停車場等內容。2013年 7 月，橫琴新區推出的兩幅包含辦公、酒店、商業、商務公寓功能的向港澳企業定向拍賣的綜合用地，其中一幅位於橫琴口岸廣場旁，面積達 2 萬多平方米，被何鴻燊旗下的信德集團以 7.21 億元人民幣元投得，另一幅地則由灝怡有限公司以 7.2 億元人民幣投得。地產業已成為澳門企業率先進入橫琴的行業之一。

三、橫琴粵澳合作產業園建設中澳門企業的發展商機

1. 橫琴粵澳合作產業園：澳門企業參與橫琴開發的有效平台

過去 3 年來，儘管橫琴開發取得了矚目的進展，但是，澳門企業特別是中小企業參與橫琴開發的並不多。究其原因，主要是橫琴高標準的產業規劃及企業進入門檻與澳門中小企業的實力之間存在很大的落差。橫琴新區管委會主任牛敬表示，橫琴新區堅持"生態優先、規劃先行、基礎快上、項目慎選、科學發展"的開發策略。在面積 106 平方公里的橫琴島上，七成土地被列入禁建或限建區。餘下的 28 平方公里可開發土地，鑲嵌在森林、濕地、海洋之間，由國際一流團隊進行高規格設計。因此，橫琴必須對開發強度提出較高要求以維持可持續發展，並配合發展高端服務業、高端製造業等高附加值產業的目標定位。在這種背景下，橫琴開發首先瞄準的是跨國公司和上規模、上檔次的大項目，這從 3 年來橫琴新區平均每平方公里的投資強度達 214 億元就可以反映出來。相比之下，目前澳門 4 萬多家企業中，絕大部分是只有 10 人至 20 人的微型企業、家族企業，實力有限且缺乏跨區、跨境經營或合作的經驗，在與跨國公司的競爭中，基本上處於下風，難以參與橫琴開發。

為解決這一難題，《框架協議》規定："按照《橫琴總體發展規劃》要求，在橫琴文化創意、科技研發和高新技術等功能區，共同建設粵澳合作產業園區，面積約 5 平方公里。"並將"共同建設粵澳合作中醫藥科技產業園，作為粵澳合作產業園區啟動項目"，並且要"合作建設橫琴文化創意區"，從而"將澳門區域商貿服務平台功能延伸到橫琴，拓展澳門商貿服務業發展腹地"。[01] 通過這一制度安排，澳門企業在橫琴獲得了至少 5 平方公里的發展空間，可以重點發展澳門具相對比較優勢的產業，從而改變博彩業"一業獨大"的產業結構，推進經濟適度多元化。據澳門貿易投資促進局主席張祖榮表示，截至 2013 年 6 月，澳門貿易投資促進局已收到共 53 個有意到橫琴投資的意向，主要涉及中醫藥、文化創意、旅遊、教育培訓等產業。澳門中小企業參與橫琴開發終於邁出了可喜的一步。

2. 橫琴粵澳合作產業園區近期發展重點與澳門企業的發展商機

根據橫琴粵澳合作產業園區的建設目標和發展階段，近期將積極發展中醫藥科技產業園區和中小企業產業園。不過，筆者認為文化創意產業園也應啟動發展。這些產業園的建設發展，將為澳門企業特別是中小企業帶來發展商機。

（1）中醫藥科技產業園

01

《粵澳合作框架協議》，
2011 年 3 月 6 日。

目前，橫琴粵澳合作產業園區中最早啟動建設的是粵澳合作中醫藥科技產業園。該園區佔地面積達 50 萬平方米，規劃建築面積達 90 萬平方米，計劃將於 2020 年完成整體建設。負責粵澳中醫藥科技產業園建設、經營、運作以及管理的"粵澳中醫藥科技產業園開發有限公司"已完成內地全部行政審批程序，首期註冊資金全部到位。2011 年 4 月 19 日，粵澳中醫藥科技產業園的基礎建設正式啟動，2012 年 5 月，園區內 50 萬平方米的土地吹沙工程竣工。根據規劃，中醫藥科技產業園的產業發展目標分為短、中、長三個階段。短期目標是首先建立國際級中藥檢測和認證中心，完善基礎設施建設及企業孵化環境；中期目標是將中醫藥養生保健、商務、會展、文化及物流集於一體，打造國際健康產業集群基地；長期目標是雲集國內外大型醫藥企業、科研機構及人才交流中心，成為國際級中醫藥質控基地和國際健康產業交流平台。

2013 年 7 月 5 日，中醫藥科技產業園在澳門貿易投資促進局商務促進中心舉辦首場項目推介會，澳門貿易投資促進局執行委員、粵澳中醫藥科技產業園開發有限公司董事長陳敬紅表示，澳門工商界、醫務界等多個領域的參與對粵澳合作打造中醫藥科技產業園是不可或缺的。澳門發展中醫藥產業有很好的民眾基礎和悠久的歷史，鏡湖醫院早在 1841 年成立時就以提供中醫藥服務為主。澳門回歸以來，特區政府加強了對中醫藥研究和人才培訓方面的支持，包括 2002 年澳門大學創辦了中華醫藥研究院，並和澳門科技大學藥物與健康應用研究所聯合向國家申報成為國家重點實驗室的夥伴試驗室。目前，澳門提供中醫藥服務的機構包括科技大學醫院、政府衛生中心、鏡湖醫院以及一些慈善機構和 200 多家中醫藥診所。澳門發展中醫藥產業已具備一定的基礎。

橫琴中醫藥科技產業園的建設發展，無疑將有利於澳門充分利用廣東所擁有的豐富中醫藥資源、長期積累的科研成果和產品，充分發揮粵澳兩地的資源優勢和比較優勢，共同推動中醫藥產業走向世界。早在園區啟動建設前，澳門中醫生協會會長彭向強就表示，"中醫藥科技產業園"若能建成，相信會吸引不少商人投資，並推動澳門中醫藥產業的發展，為澳門中醫藥質量評估和國際商業認證方面的發展提供了機會。

（2）文化創意產業園

2010 年，珠海市委常委、宣傳部長黃曉東公開表示，文化產業合作是珠澳合作的最佳切入點。他提議珠澳兩地共同成立文化產業發展基金，合作開發橫琴文化創意產業園，推動文化產業加快發展。筆者認為，面對當前形勢的發展，澳門特區政府應盡早啟動橫琴粵澳產業園區中文化創意產業園的建設。其開發模式可參照中醫藥科技產業園區的股份制合作模式，由澳門特區政府（澳門投資發展股份有限公司）與珠海橫琴新區和廣東省政府的有關機構共同出資組成"粵澳文化創意產業園開發有限公司"，其中澳方以現金形式入股，佔有 51% 的股權，並控制實際運營權。該產業園區佔地 0.5 平方公里，所處地段最好能與澳門大學橫琴新校區相鄰，以便借助澳門大學的文化資源推動發展。粵澳雙方應以"共同規劃、共同投資、共同經營、共用收益"為原則，推動文化創意產業園的發展。

文化創意產業園的產業發展重點，應配合澳門作為"世界旅遊休閒中心"的特色定位。博彩業作為澳門主導產業，給澳門帶來了發展繁榮。因此，澳門文創產業發展必須立足現實，在豐富休閒旅遊的文化內涵、創新多樣類型模式、滿足多元化消費需求的基礎上，構建以博彩業為主導的立體多元的產業體系，包括視覺藝術、影視製作、流行音樂、動漫、設計、廣告、出版等。文化創意產業園的產業發展，也同樣應視為重點。這樣既可配合澳門經濟適度多元化發展，又有利於澳門發揮自身的比較優勢。

建議由澳門特區政府籌建文化創意發展基金，鼓勵和支持澳門企業與珠海橫琴、廣東省的同行共同組建財團，在文化創意產業園投資發展符合澳門文化創意產業方向的項目，利用橫琴的發展空間加強培訓創意人才，令創意人才集聚起來，形成文化創意中心。

（3）中小企業產業園

2012 年 5 月，廣東省省長朱小丹在粵澳合作聯席會議後與澳門行政長官崔世安的共同會見會中已明確宣佈，粵澳雙方即將在橫琴建設澳門中小企業產業園。同期，橫琴新區管委會主任牛敬表示，籌備中的橫琴澳門中小企業園規劃佔地 3 萬平方米，建築面積 6 萬平方米，橫琴將透過特區政府，選擇質素較好、有經驗、有實力的澳門中小企進入。筆者認為，面對澳門中小企業希望盡早進入橫琴發展的訴求，特區政府應盡早與橫琴新區商議啟動橫琴澳門中小企業產業園的建設，而現有產業園的建築面積遠不能滿足澳門中小企業發展的需求。規劃中的中小企業園至少佔地面積在 0.5 至 1 平方公里，或者可以考慮起步發展階段為 0.5 平方公里，然後再根據發展需要逐步擴大。考慮到目前橫琴發展的現實情況和澳門中小企業發展的需要，中小企業產業園的重點發展產業，可以旅遊休閒業、批發零售業、商務會展業、物流運輸業、教育培訓業為主。

横琴新區黨委書記劉佳曾公開表示，横琴為澳門企業的進入準備了“做園區”、“進園區”和個人創業三種方式，讓澳門企業可以透過不同的層次和管道參與横琴開發。其中，“做園區”，即採取中醫藥產業園的股份制模式，由珠海（横琴）和澳門雙方的投資機構共同成立開發公司，具體負責園區的開發。澳門企業以這種方式進入的難度較高，故只有少數企業可以這種方式進入横琴發展。“進園區”，即澳門企業通過在產業園區註冊企業、投得土地興建物業或者以租賃物業的方式進入園區發展經營。這是澳門企業進駐園區最普遍的方式。有意進園區的澳門企業，其投資項目須向澳門貿易投資促進局申請，項目能否入園由特區政府的横琴發展澳門項目評審委員會和横琴新區管委會審核決定。而個人創業，即澳門居民透過產業園區內的商業街等發展平台，以租賃方式經營特色商舖，出資幾萬元即可創業。

四、推動澳門企業參與横琴開發的政策思考

為了推動澳門企業參與横琴新區開發，利好中小企業的發展，促進澳門經濟適度多元化，筆者認為當前應重視以下幾方面的政策推進：

1. 特區政府以澳門投資公司為戰略工具，加大對中小企業的政策扶持。

横琴開發及横琴粵澳合作產業園區的建設，對澳門經濟適度多元化、對澳門中小企業的發展乃至對澳門居民的生活，都影響深遠，意義重大。澳門特區政府有必要根據形勢的發展，在政策制定、城市交通發展規劃等各方面作出相應的戰略部署和政策調整。當前的關鍵有兩點：

（1）以澳門投資公司為戰略工具，帶動澳門企業參與横琴粵澳合作產業園區的建設。2011年，澳門特區政府宣佈籌組澳門投資發展股份有限公司（簡稱“澳門投資公司”）。該公司是澳門方面參與建設、經營、管理横琴粵澳中醫藥科技產業園的澳方公司。特區政府應在此基礎上，根據横琴粵澳合作產業園區建設的需要，制定澳門投資公司的長遠發展規劃，循序漸進，分階段、有計劃地擴大澳門投資公司的資本規模。現階段，澳門有不少企業都有興趣參與横琴新區開發，但是澳門企業以中小企業為主體，如果由這些中小企業零散出擊，難免會分散實力、散亂無序，不利投資。因此，特區政府可以澳門投資公司為投資主體，在其轄下成立新的營運公司，並在澳門社會募集資金，在横琴粵澳合作產業園區尋找

有利的項目發展，帶動企業參與橫琴開發。當然，前提條件是應預先制定管理制度和機制，並制定嚴格的監管制度，監管包括行政運作、財務、政府財政支出的投放等。這種模式可最大限度地調動起澳門各界參與橫琴開發的積極性。

（2）加大對中小企業的扶持，帶動澳門企業以各種形式參與橫琴開發。特區政府自 2003 年以來，相繼為中小企業推出了免息財務援助的"中小企業援助計劃"、為中小企業提供銀行信貸保證和支援的"中小企業信用保證計劃"、"中小企業專項信用保證計劃"等政策。特區政府應在此基礎上，根據澳門中小企業的實際需要，進一步制定完善的金融財稅扶持政策，建立長期有效的中小微企融資機制和多元化、多層次、多管道的中小企業融資體系。特區政府應通過政策引導企業參與橫琴開發，為推動澳門中小企業參與大型項目的配套服務制定相應的傾斜政策，強化和增加部門處理或協助本澳企業參與區域投資相關事務的責任和職能，包括引資推介及簡化行政手續等。此外，特區政府在廣泛動員澳門企業參與橫琴開發的同時，要將最早收到的有關資訊，以更快捷、更透明的方式傳遞給澳門工商界和社會各界，並加強對企業的相關引導和培訓。

2. 積極推動建立橫琴粵澳合作產業園區的協調機制。

考慮到橫琴粵澳產業園區建設的成功是否，對於落實《框架協議》中關於粵澳"合作開發"橫琴的重要意義，建議園區的組織架構可借鑒蘇州工業園的發展模式，在園區的開發公司之上，設立粵澳合作協調機制，該機制包括三個層面：

第一個層面是粵澳兩地政府聯合協調理事會，理事會共同主席分別由廣東省省長和澳門特區政府行政長官擔任，負責協調橫琴粵澳產業園區建設的重大問題，就橫琴粵澳合作產業園的總體發展思路和發展定位、發展階段和建設目標，以及政府的角色定位等重大問題展開協商討論。

第二個層面是珠（橫）澳雙邊協調委員會（或者可稱為"橫琴粵澳合作產業園區的聯席會議"），由珠海市市長（或橫琴新區管委會主任）和澳門特區經濟財政司司長共同主持，就橫琴粵澳合作產業園區開發建設中的一系列具體問題，包括開發模式、土地發展規劃、企業准入門檻等問題進行具體協商。

第三個層面是粵澳合作產業園區協調指導工作小組，由澳門貿易投資促進局和橫琴新區產業發展局合作成立，負責澳門企業進入園區的具體協調和指導工作。

目前澳門企業進入橫琴粵澳合作產業園區的程序，是澳方企業需先向特區政府提交申請，再由特區政府向橫琴推薦，由橫琴新區管委會負責制定項目的規劃、功能、用地和環保等。澳門企業指出，在申請上受著粵方限制，澳門根本沒有決定權，頂多是一個"收件者"或提供意見的角色，這並不符合《框架協議》的精神。筆者認為，澳方應盡快爭取在建設粵澳合作產業園區上的話語權，最少都應該有共同評審的權力，這才有利於園區的發展。

3. 適當降低橫琴粵澳合作產業園區的企業准入門檻。

根據《發展規劃》和《框架協議》的指導思想，橫琴粵澳合作產業園區的制度安排，實質就是要解決橫琴高標準的產業規劃及企業進入門檻與澳門中小企業的實力之間存在的落差和矛盾，降低澳門企業進入的門檻，以保證澳門企業在橫琴的發展空間。然而，從近月橫琴新區公佈的粵澳合作產業園的企業進入門檻來看，該標準仍然過高。澳門商界人士普遍認為這些條件過於苛刻，能夠滿足以上條件的澳門企業為數甚少。有評論認為，有關當局為橫琴島上的粵澳合作產業園區設立如此高的入園門檻，實際結果可能就是將澳門企業拒之園外。橫琴方面實際上也瞭解到進入門檻偏高，橫琴新區交流合作局局長劉揚表示，澳門中小企較難獨力參與橫琴發展項目，建議組成聯營體一同參與項目評審。筆者認為，目前粵澳合作產業園區的進入標準仍然偏離澳門企業的實際情況，不利於澳門企業參與橫琴發展，也不利於推動澳門經濟適度多元化，建議對此做進一步的調整。

4. 全面落實、深化中央對橫琴新區頒佈的制度創新與政策措施。

2011 年 7 月，國務院明確提出橫琴要實行"比經濟特區更加特殊"的優惠政策，並正式批覆橫琴開發的有關政策。其中，最大的亮點就是創新海關通關制度，實行"一線放寬，二線管住，人貨分離，分類管理"的分線管理制度。2013 年 7 月，海關總署推行《中華人民共和國海關對橫琴新監管辦法（試行）》，分別從通關、監管、徵稅、保稅、企業管理等方面作出闡述和規定。相信新通關模式實施後，在實際運行中還將遇到不少具體問題，需要進一步解決。這些都需要中央有關部門和海關總署進一步深入貫徹落實國家制定的相關政策規定，制定具體實施辦法，落實好各項優惠政策，及時研究解決實際工作所遇到的新情況新問題，進一步完善橫琴新區的通關模式，為進入橫琴的澳門企業創造良好的投資營商環境。

根據國務院就橫琴開發有關政策的批覆，橫琴將實施"比照港澳"的稅收優惠政策，具體包括：15% 的企業所得稅；專為港澳居民而設的個人所得稅優惠；特殊的關稅政策；以及特殊的流轉稅政策。這些特殊稅收政策，對進入橫琴的澳門企業至關重要。然而,據瞭解,截至目前,橫琴的產業准入及優惠目錄還未推出,企業仍難以享受到這些稅收優惠政策。有進入橫琴的企業反映,批覆規定在橫琴工作的香港、澳門居民涉及的個人所得稅問題,暫由廣東省政府按內地與港澳個人所得稅負差額對港澳居民給予補貼,這對高端人才的進駐無疑有著極大的吸引力。但直至現時,具體的操作辦法仍沒有推出。目前,許多公司面臨的普遍問題是如何為已引進的人才代扣代繳個稅,因為港澳地區由個人按年度申報個稅,而且有許多可以扣除的項目,而內地的稅法規定由單位按月為員工代扣代繳,而且實行累進稅率。有的公司引進的高端人才年薪百萬元人民幣以上,如果按照目前內地的稅法規定,適用於他們的個稅稅率就會很高,稅負相對較重。如果等政府補貼,不知要等到何時。這些具體問題,都需要及時解決。

(原文發表於澳門《澳門理工學報(人文社會科學版)》,2014 年第 1 期)

澳門參與區域合作的戰略目標與發展模式

一、澳門參與區域合作的戰略目標和總體思路

根據澳門的資源稟賦、比較優勢和產業發展現狀，澳門參與區域合作的戰略目標和核心內容，是要充分把握國家實施"一帶一路"戰略、推進自貿區建設和實施"十三五"規劃的契機，加強與廣東珠三角地區合作，特別是加強與周邊的珠海橫琴、廣州南沙、中山翠亨及江門大廣海灣等廣東對港澳開放新區的合作，共同建設"世界旅遊休閒中心"和"中國與葡語國家商貿合作服務平台"，借助周邊地區的土地、人力資源、技術等生產要素，拓展澳門多元產業的發展空間，促進旅遊休閒、會展商貿、金融、教育培訓、文化創意、中醫藥等支柱產業及新興產業的發展，做大做強澳門企業，推進經濟的適度多元化。

根據目前廣東珠三角對港澳開放的基本態勢，作為微型經濟體的澳門，在與廣東珠三角的區域合作中，首先要加強與珠海橫琴新區的深度融合和全面合作。珠海橫琴毗鄰澳門，是廣東自貿區的重要組成部分，是"特區中的特區"。澳門要與珠海橫琴形成協調發展和錯位發展，共同建設"一個中心、一個平台"。其次，澳門要深化與同樣作為廣東自貿區組成部分的廣州南沙，以及廣東省對港澳開放的兩個重要發展平台 —— 中山翠亨新區和江門大廣海灣經濟區的合作，以進一步拓展澳門經濟腹地和產業發展的空間。

根據過去 10 多年澳門參與區域合作的實踐、經驗與教訓，澳門要成功參與區域合作，其中有兩個關鍵，其一是發揮特區政府資金雄厚的優勢，組建主權財富基金，以主權財富基金為宏觀工具帶動澳門的中小企業參與，使廣大中小企業能夠分享區域合作的紅利；其二是重視發揮澳門在區域合作中的主導作用，使合作向有利於自身經濟適度多元化的方向發展，讓產業和企業進一步取得戰略優勢。

當然，應該看到，參與區域合作與推進經濟適度多元化發展是相輔相成、相互促進及互為因果的。當前澳門經濟已進入發展的"新常態"，整體經濟已連續多

個季度處於下行調整的形勢，經濟收縮的影響已遍及多個行業。因此。澳門要有效、主動參與區域合作，首先必須自己"強身健體"，整固現有產業基礎，加強投資與消費，包括有選擇地引進合作與投資，引進相關專業人才等，從而加快優勢產業的發展，提高其參與區域合作的競爭力，由此推動經濟適度多元化發展。

二、粵澳"合作開發"橫琴新區的幾種發展模式分析

由於澳門是典型的微型經濟體，企業規模細小，參與區域合作的模式選擇顯得十分重要，從某種意義來說，這直接關係到區域合作的成效、成敗。從過去幾年珠海橫琴的開發實踐來看，粵澳"合作開發"橫琴主要有以下幾種發展模式：

1. 租賃制：澳門大學橫琴校區模式

2000 年，澳門行政長官何厚鏵曾向中央政府提出"租借"橫琴島或島上部分土地，設立出口加工區並發展旅遊娛樂事業，作為澳門產業的腹地。這是澳門大學橫琴校區模式的最初起源。其後，澳門社會要求中央政府將橫琴"租借"給澳門的呼聲此起彼伏。2009 年 6 月 27 日，全國人大常委會通過《關於授權澳門特別行政區對設在橫琴島的澳門大學新校區實施管轄的決定》，授權澳門特別行政區對設在橫琴島的澳門大學新校區實施管轄，從而開創了澳門參與區域合作的新模式：租賃制。

澳門大學橫琴新校區坐落於橫琴口岸南岸，佔地 1.0926 平方公里。該幅土地由澳門特區政府以 12 億澳門元的土地租金租用，租賃期由校區啟用之日至 2049 年 12 月 19 日止，租賃期限屆滿，如經批准還可以續期。澳門大學橫琴新校區全部建成後將採取封閉式管理，橫琴校園間將建有一條 24 小時全天候運作的隧道與澳門特區連接，師生、職員、澳門居民及訪客可通過隧道便捷地進出校園，無須辦理邊檢手續，與現在進出校園無異。新校區將依照澳門法律實施管轄，並實行隔離式管理。換言之，澳門大學橫琴新校區將完全參照澳門的法律、制度進行管理，成為實施"一國兩制"的新區域。

澳門大學橫琴校區模式的實質，是以租賃制的形式，將橫琴部分土地劃歸澳門管理、發展、經營，這無疑是過去 20 年來無數澳門人士憧憬的發展模式，對澳門的經濟發展最為有利。不過，這一模式需要由全國人大常委會授權，難度最高。

2. 股份制模式：橫琴粵澳合作中醫藥科技產業園模式

中醫藥科技產業園是橫琴粵澳合作產業園區展開的首個合作項目。根據《發

展規劃》和《框架協議》的指導思想，2011 年 11 月，粵澳雙方分別由“澳門投資發展股份有限公司”與“珠海大橫琴投資有限公司”共同出資組成“粵澳中醫藥科技產業園開發有限公司”，其中澳方將以現金形式投入 6 億元人民幣，珠海則以土地作價出資，註冊資本為 12 億元人民幣。雙方股份比例分別為 51% 和 49%，實際運營由澳方控股，利潤分配則為澳門方 45%，珠海方 55%。粵澳合作的中醫藥科技產業園坐落在橫琴新區高新技術片區，佔地 0.5 平方公里，預計 2020 年完成整體建設。粵澳雙方將以“共同規劃、共同投資、共同經營、共用收益”為原則，推動中醫藥產業園的發展。該產業園將整合廣東中醫藥醫療、教育、科研、產業的優勢，以及澳門的科技能力和人才資源，吸引國內外大型醫藥企業總部聚集，打造集中醫醫療、養生保健、科技轉化、健康精品研發、會展物流於一體的國際中醫藥產業基地，以及綠色地道藥材及名優健康精品的國際交易平台。

中醫藥科技產業園模式的實質，是以股份制的模式，通過特區和珠海兩地政府牽頭成立“粵澳中醫藥科技產業園開發有限公司”，以作為園區開發運營主體。其中，澳門特區政府成立准主權財富基金——“澳門投資發展股份有限公司”，出資 6 億元人民幣，並實際控制園區的營運。可以說，中醫藥科技產業園模式實質上是 5 平方公里的橫琴粵澳合作產業園區最早期的開發模式，也是澳門與中山簽署協議中的 5 平方公里的“粵澳全面合作示範區”的起源。從澳門的實際情況和比較優勢來看，這一模式最有利於澳門推進區域合作，也最具可行性。但是該模式對澳門來說存在一定的風險，即一旦經營失利，將會導致澳門特區政府資產損失。

3. 企業主導型合作模式：“以大帶小”模式

該模式採取大企業主導、小企業配合，或者大小企業結盟的發展模式參與橫琴粵澳合作產業園區的開發。目前，澳門推介給橫琴的 33 個投資項目即基本採取這種模式。

本來，根據粵澳《框架協議》，粵澳雙方將“按照《橫琴總體發展規劃》要求，在橫琴文化創意、科技研發和高新技術等功能區，共同建設粵澳合作產業園區，面積約 5 平方公里”，包括“共同建設粵澳合作中醫藥科技產業園，作為粵澳合作產業園區啟動項目”，以及“合作建設橫琴文化創意區”，從而“將澳門區域商貿服務平台功能延伸到橫琴，拓展澳門商貿服務業發展腹地”。這些規定為“澳門特區政府統籌澳門工商界參與建設，重點發展中醫藥、文化創意、教育、培訓等產

表 4—6 | 粵澳 "合作開發" 橫琴的幾種模式比較

開發模式	內容與特點	好處／風險／困難
澳門大學橫琴校區模式	其實質是以租賃制的形式，將部分土地劃歸澳門管理、發展、經營。	這是澳門人士憧憬的發展模式，對澳門的經濟發展最為有利。不過，這一模式需要由全國人大常委會授權，難度最高。
中醫藥科技產業園模式	其實質是以股份制的模式，通過兩地政府牽頭成立開發有限公司，以作為園區開發運營主體。	模式實質上是橫琴粵澳合作產業園區最早期的開發模式，也是中山翠亨 "粵澳全面合作示範區" 的起源。從澳門的實際情況和比較優勢來看，這一模式最有利於澳門推進區域合作，也最具可行性。但該模式存在一定的風險，即一旦經營失利，將會導致政府資產損失。
企業主導型合作模式	採取大企業主導、小企業配合，或者大小企業結盟的發展模式參與開發。	有利於推動澳門企業升級轉型，提高參與區域合作的競爭力，但由於澳門企業規模普遍較小，組合難度較大。

業，推動澳門居民到園區就業，促進澳門產業和就業的多元發展" 掃除了障礙，提供了有效的載體和發展平台。通過這一制度安排，澳門企業在橫琴獲得了至少 5 平方公里的發展空間。

然而後來，這 5 平方公里的粵澳合作產業園區中，除了 0.5 平方公里的中醫藥產業園得到落實，其餘 4.5 平方公里的產業合作園由於種種原因，實際上並未落實。最後演變成由澳門方面推薦 33 個投資項目，而由珠海橫琴方面篩選決定。而這 33 個項目的發展規模基本就是企業 "以大帶小" 的模式，即由企業或投資商組成財團投資橫琴特定項目，並帶動其他中小企業進入發展。然而這樣一來，所謂粵澳合作產業園區的模式實際上也就無從落實。粵澳 "合作開發" 橫琴的幾種模式比較見表 4—6。

三、模式創新：共建 "粵澳全面合作示範區"

正是由於澳門與橫琴的區域合作遲遲未能取得突破，澳門方面開始將合作的目標轉向廣州南沙、中山翠亨、江門大廣海灣等開放新區。2014 年 7 月 16 日，在澳門召開的粵澳高層聯席會議上，特區政府與中山市人民政府正式簽署《關於合作建設中山翠亨新區的框架協定》（簡稱《框架協定》）。協定決定，為了落實《粵澳合作框架協議》、《珠江三角洲地區改革發展規劃綱要（2008-2020）》、CEPA及其補充協議，推進粵澳更緊密合作，雙方將在"一國兩制"方針指導下"合作開發"中山翠亨新區，共同建設具國際特色的"粵澳全面合作示範區"，示範區首期規劃面積為5平方公里。這是澳門方面汲取了在橫琴開發中的經驗教訓後參與區域合作的一種模式創新。具體分析如下：

（1）從合作模式看，橫琴開發是由珠海方面主導，而翠亨開發則是雙方"全面合作"，澳門將發揮一定的主導作用。

根據《粵澳合作框架協議》，橫琴開發是粵澳雙方"合作開發"，是"共同參與"，藉此"探索粵澳合作新模式"。協議並規定："澳門特區政府研究採取多種措施，從資金、人才、產業等方面全面參與橫琴開發，重點建設粵澳合作產業園區和旅遊休閒等相關項目"，並且要"建立粵澳合作開發橫琴協調機制，對橫琴開發重大問題提出政策建議，支持橫琴新區就具體合作項目與澳門特區政府有關部門直接溝通"。但是，在推進過程中，由於這些規定條文缺乏具體制度和機制的保障，實際上是由珠海橫琴方面主導，包括土地發展規劃的制定、5平方公里的落實（包括是完整的"一塊"土地還是分散的"多塊"土地）、企業准入的門檻等，導致澳門絕大多數中小企業難以進入發展，只能望而興嘆，所謂"合作開發"實際上變成"參與開發"。

相比之下，澳門與中山翠亨的合作，成為澳門參與區域合作以來第一次的"全面合作"和真正的"共同開發"。根據《框架協定》的規定，合作的核心內容是雙方"共同開發、協助管理"具有國際特色的"粵澳全面合作示範區"。示範區將不僅僅是單純的產業合作園區，更是一個"全面合作"的示範區。示範區的建設，由雙方合資組建的開發公司牽頭推進，根據澳門經濟適度多元化的需要和中山翠亨的實際情況，雙方"共同編製區域合作專項規劃，優化兩地資源配置"。因此，"全面合作"和"共同開發"從一開始就有制度和機制上的保障。在此過程中，不但特區政府能夠全程參與，發揮主導作用，為澳門經濟的適度多元化未雨綢繆；澳門投資者、中小企業、社會團體和廣大市民也將參與其中。這種"全面合作"的模式，是中央賦予廣東"先行先試"政策的一次重大突破，也是澳門參與區域合作的一次重大突破。

（2）從合作開發的主體和規模來看，橫琴 4.5 平方公里的合作產業園區缺乏開發主體，而翠亨全面合作示範區的開發主體是由雙方組建的合資公司。

根據《粵澳合作框架協議》，為了推動澳門經濟適度多元化，橫琴新區將規劃出 5 平方公里的土地面積，"共同建設粵澳合作產業園區"。其中，0.5 平方公里以股份制的形式組建開發公司，以作為園區開發的運營主體。這在當時是一種很有價值的制度創新。可惜的是，及後雙方在其餘 4.5 平方公里產業園區的建設上一直無法消除分歧，最後由澳門方面推薦 33 個項目給橫琴，由橫琴分別就這些項目談條件。所謂 "粵澳合作產業園區" 也就成為一紙空文，沒有合作開發的主體。由於 33 個項目分散在橫琴各地，無法作為一個產業園區統一管理，亦無法共同爭取和落實優惠政策。

而根據《框架協定》，中山翠亨的首期 5 平方公里的 "粵澳全面合作示範區" 是完整的一塊土地，園區的開發有明確的主體 —— 由澳門和中山雙方組建的合資公司。澳門方面由特區政府組建投資公司參與合作，中山方面由翠亨投資有限公司參與合作。雙方各佔 50% 的股份。其中，澳門方面主要以現金形式入股，中山方面則以新區劃定範圍內的土地作價入股，並考慮吸收其他一部分資金。在開發規模方面，與橫琴中醫藥產業園的 0.5 平方公里相比，翠亨新區示範區的規模要大得多，僅首期面積就達 5 平方公里。言下之意是只要發展得好，規模還可以進一步擴大。由於示範區區位條件好，發展潛力大，合資公司將享有土地開發的紅利。換言之，特區政府的投資是有效益的、有回報的。多年來，澳門社會一直在討論如何借鑒新加坡淡馬錫公司的經驗，推進經濟適度多元化。這次合作對澳門來說無疑是一次如何有效運用主權財富基金的有益嘗試，也是一次合作制度的創新。

（3）從合作的領域看，橫琴粵澳合作產業園區是單純的產業合作，而翠亨新區的 "粵澳全面合作示範區" 則是全方位的、多元化的合作。

在橫琴開發上，《粵澳合作框架協議》規定："澳門特區政府研究採取多種措施，從資金、人才、產業等方面全面參與橫琴開發，重點建設粵澳合作產業園區和旅遊休閒等相關項目，並積極研究制定澳門居民跨境就業、生活的社會福利安排等配套政策"。粵澳雙方在橫琴的合作中，產業合作表面上將兼顧民生，但從近 5 年來的實踐看則基本集中在產業方面，而且中小企業難以進入，民生的合作工程亦尚未起步。這就導致社會普羅大眾和眾多中小企認為特區政府在推進區域合作的過程中未能照顧到他們的利益而感到不滿。

　　特區政府汲取這些教訓，在推進與中山翠亨的合作中提出了"全面合作"的戰略目標，合作將突破以往"產業園區"模式的窠臼，並將拓展到教育、旅遊、文化交流、商貿服務、產業等多方面。根據規定，合資公司將主營選址範圍內的園區開發、城市道路、港口、市政公用設施建設和招商等；而園區內將規劃建設五大功能區，包括產業合作、商貿服務、教育培訓、文化交流、旅遊合作等。因此，這一合作將為澳門經濟適度多元發展提供廣闊的腹地，符合澳門中小企業轉型發展的迫切需要，更重要的是有利於推進澳門民生福祉的提升。可以說，在這次合作中，特區政府、商界和中小企業、普羅大眾都有份參與，並能從中得益。

　　（4）從合作的機制看，無論是橫琴新區的"合作開發"還是翠亨新區的共建"粵澳全面合作示範區"，都強調包括官方和民間多層次合作協商機制的建立和完善。

　　在橫琴開發上，《粵澳合作框架協議》規定：將"組建粵澳發展策略研究專責小組，吸納各界代表和專家參與，形成政府、業界和研究機構互動機制，研究粵澳合作發展策略，強化諮詢論證功能，向粵澳高層提供政策建議"。可惜的是，在過去近 5 年的實踐中，有關合作協商機制的建設差強人意，導致雙方在"合作開發"方面缺乏緊密的溝通和交流。

　　這次與中山翠亨的合作從一開始就高度重視合作機制的建立。根據協定，該合作機制由兩個層次組成，第一個層次是官方的，由澳門特區政府和中山市人民政府合作專責小組定期會晤，提出合作的年度工作重點，共同推進落實；第二個層次則是民間的，由澳門和中山雙方合作專責小組組織有關部門和社會團體定期（雙月或季度）會晤，共同商討合作開發示範區的具體事宜。這有利於調動民間的積極性，發揮民間的監督作用。但關鍵是，不要讓這些條件成為一紙空文。

　　總體而言，澳門與中山翠亨合作建設的"粵澳全面合作示範區"，是澳門參與區域合作的一個模式創新，它充分反映了澳門經濟發展的優勢和特點，有利於澳門揚長避短，有效地參與合作，因而值得予以充分的肯定和推廣。

（未公開發表文稿，完成於 2015 年 12 月）

責任編輯　　張軒誦

封面設計　　吳冠曼

書　　　名　轉型時期的澳門經濟

著　　　者　馮邦彥

聯合出版　　三聯書店（香港）有限公司
　　　　　　香港北角英皇道 499 號北角工業大廈 20 樓

　　　　　　澳門基金會
　　　　　　澳門新馬路 61-75 號永光廣場 7-9 樓

香港發行　　香港聯合書刊物流有限公司
　　　　　　香港新界大埔汀麗路 36 號 3 字樓

印　　　刷　美雅印刷製本有限公司
　　　　　　香港九龍觀塘榮業街 6 號 4 樓 A 室

版　　　次　2019 年 11 月香港第一版第一次印刷

規　　　格　16 開（180 mm × 240 mm）376 面

國際書號　　ISBN 978-962-04-4530-9

© 2019 Joint Publishing (H.K.) Co., Ltd.

Published & Printed in Hong Kong